平台金融视角下
银行业系统性风险形成及防范研究

Research on the Formation and Prevention
of Systemic Risk in the Banking Industry
from the Perspective of Platform Finance

朱辰 著

中国社会科学出版社

图书在版编目（CIP）数据

平台金融视角下银行业系统性风险形成及防范研究 / 朱辰著. -- 北京：中国社会科学出版社，2024.8.
ISBN 978-7-5227-3767-6

Ⅰ.F832.3

中国国家版本馆 CIP 数据核字第 2024GB9375 号

出 版 人	赵剑英	
责任编辑	郭曼曼	
责任校对	韩天炜	
责任印制	王　超	

出　　版	中国社会科学出版社	
社　　址	北京鼓楼西大街甲 158 号	
邮　　编	100720	
网　　址	http://www.csspw.cn	
发 行 部	010-84083685	
门 市 部	010-84029450	
经　　销	新华书店及其他书店	
印　　刷	北京君升印刷有限公司	
装　　订	廊坊市广阳区广增装订厂	
版　　次	2024 年 8 月第 1 版	
印　　次	2024 年 8 月第 1 次印刷	
开　　本	710×1000　1/16	
印　　张	20.75	
插　　页	2	
字　　数	323 千字	
定　　价	109.00 元	

凡购买中国社会科学出版社图书，如有质量问题请与本社营销中心联系调换
电话：010-84083683
版权所有　侵权必究

序　一

中央金融工作会议强调，要有效防范化解金融风险，规范金融市场发行和交易行为，防范风险跨区域、跨市场、跨境传递共振。当前，随着我国金融市场不断发展壮大，以数字化、绿色化、普惠性为特征的金融创新发展进入快车道，在更好满足经济社会发展需求的同时，也给金融风险防控提出了新的课题和挑战。平台金融是一种创新的金融模式，在为社会经济发展带来新动力的同时，也对银行等传统金融领域的高质量发展形成了新挑战。这种挑战一方面体现在平台金融运营模式压缩了银行业原有发展空间，迫使银行业开展产品服务创新和经营模式转型，从红海转向蓝海；另一方面也体现在基于平台金融构成的"银行+平台"金融生态系统增加了风险的传播速度和影响范围，使得银行业自身风险质态呈现新的特点，跨领域、跨类型、跨范围的风险传染事件愈加多发，使得银行业风险管控体系不断面临新的问题。因此，如何在优化平台金融运营模式的基础上有效防范银行业系统性风险，成为了摆在我们面前的一个紧迫而重要的课题。

青年学者朱辰博士的《平台金融视角下银行业系统性风险形成及防范》一书，为我们研究这个问题提供了新的视角。该书通过全面、深入的理论和实证分析，提出在平台金融视角下，银行业系统性风险主要来自两方面：一方面，平台金融发展改变金融市场的结构，使得银行业的风险管理手段面临新的挑战；另一方面，平台金融自身也有可能成为系统性风险的传播渠道，导致银行业系统性风险的快速扩散。这一论述对平台金融对银行业系统性风险的影响提出了新的研究思路，同时也为防范银行业系统性风险提供了一种新的视角和方法。

  本书综合运用了理论分析、实证研究等多种方法，对银行业系统性风险进行了深入剖析，通过大量数据的收集和分析，揭示了风险的内在规律和外在表现。在此基础上，该书针对银行业系统性风险的防范提出了一系列针对性策略：对监管部门而言，应加强对银行业的监督和管理，及时发现和处置风险隐患；对银行业而言，则应建立完善的风险管理制度和内部控制机制，提高风险抵御能力；同时还应积极推动金融科技创新，利用大数据、人工智能等先进技术提升风险识别和预警水平。

  新时代的金融要为经济社会发展提供高质量服务，包括平台金融在内的金融新业态与传统金融业态的融合发展为促进经济高质量发展提供了新思路、新模式。相信本书能为读者提供有价值的信息和洞见，并对我国金融市场发展的研究和实务做出积极的贡献。

南京大学长江三角洲经济社会发展研究中心主任
教育部国家级特殊人才特聘教授
南京大学商学院教授，博士生导师，范从来

序 二

中央金融工作会议强调指出，金融要为高质量发展提供高质量服务。数字化背景下的新金融时代集中呈现出"金融与科技融合前所未有，创新发展与服务有机统一，创新与风险防控高位平衡"三大特征，数字技术在金融领域的广泛应用，一方面深刻改变了金融业的传统经营模式，为银行、保险等传统金融领域带来了前所未有的发展机遇，另一方面也使得金融风险的形成、演进和传染机制出现了一系列新的变化，新的变化对金融业风险防范与化解提出新的挑战。平台金融作为数字化背景下金融创新发展的新业态，对于传统金融业尤其是银行业具有重大影响。如何促进平台金融等新金融业态与银行业等传统金融业态"互促共生"，避免风险传染和资源错配带来的系统性风险"死亡螺旋"，将是金融学界和实务界必须要共同面对的一个重大课题，朱辰博士的新作《平台金融视角下银行业系统性风险形成及防范研究》就是在这一领域所做的有益尝试。

朱辰博士是我指导的金融学博士，早在2013年，她就选择了对互联网金融发展风险防范和控制为研究方向，具有一定的学术前瞻性。10多年来，她一直专注于该研究领域，不仅成功申请到了国家社科基金，且产出了不少相关成果。本书可以说既是对新金融时代三大特征的及时回应，也是她相关研究工作的阶段小结。

如所周知，银行业系统性风险的形成与演化是一个复杂且漫长的过程，以往的研究往往集中在信贷规模的过度扩张、房地产市场的价格泡沫、政府债务的持续累积以及经济增速的逐渐放缓等因素所带来的挑战上。然而，随着平台金融的迅猛崛起，银行业面临的风险格局发生了显著变化，更使得风险形成、演化与传染的速度大大加快、影响范围更加广泛。因为平台金融的快速发展不仅可能导致银行激励机制的扭曲，加剧同质化竞争的激烈程度，还可能加剧对宏观经济的冲击与影响，增强银行体系内部的风险关联性，以及影响投资者的心理预期。这些变化深刻改变了过去银行业系统性风险的生成、演化和传染机制，使得风险防控工作面临前所未有的复杂局面。

本书在全面梳理和分析传统的金融脆弱性理论、银行挤提理论、信息不对称理论和风险溢出理论等风险成因理论基础上，提出平台金融发展形成了流动性螺旋、恶魔回路和债务漩涡等新型风险传染渠道，阐释平台金融规模急速扩大将对传统银行业造成巨大冲击。在此基础上，探索平台金融和银行业相互作用下的动态风险传染机制，分类识别平台金融视角下的银行业系统性风险，以相关性为理论基础设计新的风险预警体系，并从复杂网络视角给出宏观审慎风险管理机制下的政策建议，对于拓展金融风险管控领域的研究视野，完善风险预警和监管机制研究体系做了有益尝试，可读性和可操作性都比较强。

我相信，广大读者能够从这部专著中汲取有益的启示和借鉴，希望无论是从事银行业工作的专业人士，还是在读的博士、硕士生，也包括关注金融行业发展的广大读者，都可以从中获益，加深对金融系统性风险形成及防范的理解，为推动我国金融业的高质量健康发展贡献自己的力量。

南京师范大学校长

南京师范大学商学院教授，博士生导师

华桂宏

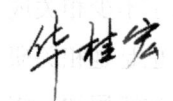

目 录

第一章 导论 ……………………………………………………… (1)
 第一节 选题背景及研究意义 ……………………………… (1)
 第二节 研究思路 …………………………………………… (3)
 第三节 研究内容及框架 …………………………………… (5)

第二章 概念界定与文献综述 …………………………………… (8)
 第一节 平台金融 …………………………………………… (8)
 第二节 银行业系统性风险 ………………………………… (36)
 第三节 小结 ………………………………………………… (67)

第Ⅰ部分 平台金融视角下银行业系统性风险形成机理

第三章 中国平台金融发展历史及现状 ………………………… (73)
 第一节 互联网金融规模发展 ……………………………… (73)
 第二节 互联网金融平台乱象及监管 ……………………… (77)
 第三节 科技+金融技术升级 ……………………………… (80)
 第四节 大型互联网平台垄断 ……………………………… (83)
 第五节 小结 ………………………………………………… (85)

第四章 银行业系统性风险引发的理论基础及机制 …………… (87)
 第一节 理论基础 …………………………………………… (87)

第二节　银行业系统性风险界定及引发机制分析……………（96）
第三节　小结………………………………………………（131）

第五章　银行业系统性风险引发机制检验……………………（132）
第一节　银行业系统性风险生成机制检验…………………（132）
第二节　银行业系统性风险传染机制检验…………………（152）
第三节　小结………………………………………………（167）

第Ⅱ部分　平台金融视角下银行业系统性风险分类识别

第六章　银行业系统性风险识别：互联网金融平台类…………（171）
第一节　DCC – BEKK – MVGARCH 模型介绍……………（171）
第二节　DCC – BEKK – MVGARCH 模型设定……………（172）
第三节　指标选取……………………………………………（175）
第四节　结果分析……………………………………………（176）
第五节　小结………………………………………………（194）

第七章　银行业系统性风险识别：金融科技平台类……………（195）
第一节　模型设定……………………………………………（195）
第二节　指标选取……………………………………………（196）
第三节　结果分析……………………………………………（199）
第四节　小结………………………………………………（217）

第八章　银行业系统性风险识别：大型互联网平台类…………（218）
第二节　模型设计……………………………………………（220）
第三节　指标选取……………………………………………（223）
第四节　结果分析……………………………………………（224）
第五节　小结………………………………………………（241）

第Ⅲ部分　平台金融视角下银行业系统性风险防范

第九章　银行业系统性风险预警 ……………………………… (245)
第一节　SCCA 模型设定 ………………………………… (245)
第二节　SCCA 模型指标选取 …………………………… (247)
第三节　拓展的 SCCA 模型设定 ………………………… (249)
第四节　拓展的 SCCA 模型指标选取 …………………… (249)
第五节　结果分析 ………………………………………… (252)
第六节　小结 ……………………………………………… (263)

第十章　银行业系统性风险监管 ……………………………… (264)
第一节　复杂网络风险监管 ……………………………… (264)
第二节　促进平台金融健康发展 ………………………… (265)
第三节　数字手段推进银行发展 ………………………… (268)
第四节　加强平台金融法治建设 ………………………… (273)
第五节　推动金融高质量发展 …………………………… (276)
第六节　宏观审慎监管 …………………………………… (279)
第七节　小结 ……………………………………………… (281)

第十一章　研究结论及展望 …………………………………… (283)

参考文献 ………………………………………………………… (288)

第 一 章

导　论

在全球金融体系不断发展和演进的过程中，平台金融作为一种崭新的金融模式，正快速发展并深刻影响着银行业。这种金融模式的出现，使银行业的风险格局发生了根本性的变化，系统性风险作为其中的重要组成部分，引起了广泛的关注和深入的研究。然而，相较于传统的金融体系，平台金融对银行业系统性风险的影响尚未得到充分的理解和关注。

第一节　选题背景及研究意义

在高投入、高产出的经济增长模式下，中国商业银行走出了一条"融资→放贷→再融资→再放贷"的典型外延扩张路径。但随着经济结构的调整和发展方式的转变，以经济高增长带动信贷高投放、以信贷高投放促进经济高增长的经营环境渐行渐远，国内宏观经济增速下降，商业银行面临着资产质量带来的盈利压力。利率市场化的加快推进，导致企业发债成本远低于银行贷款的利率水平。商业银行资产收益率下降，不良贷款率增加，以存贷利差为主的盈利模式受到挑战。此外，金融脱媒降低了实体经济对银行信贷的需求，银行信贷占社会融资总额的比重逐步下降。商业银行面临优质客户分流、贷款增长受限、负债不稳定性增加等诸多考验。存、贷、汇等传统业务增长受到渠道分流的巨大挑战，商业银行累积个体风险的同时，也诱发了整体行业风险。

随着网络信息技术和移动终端设备的广泛使用，平台金融借助互联网实现了支付、借贷、投资和信息中介服务的飞速发展，助力改善小微企业融资环境，优化金融资源配置，提高金融体系包容性。平台金融发展至今已衍生出第三方支付、网络借贷、互联网基金、互联网保险、网络小额贷款等众多业态。可以说，平台金融的市场定位在一定程度上填补了传统金融覆盖面的空白，其利用电子商务及社交网络形成的庞大的数据库和数据挖掘技术，显著降低了交易成本。此外，平台金融还提供了有别于传统银行和证券市场的新融资渠道，以及全天候、全方位、一站式的金融服务，提升了资金配置效率和服务质量。平台金融借助强大的网络平台，及时了解客户的资金需求，并且有针对性地提供各项资金服务，其快速发展为满足日益多样化、差异化的金融需求发挥了重要作用。

虽然平台金融开辟了独特的金融市场，形成了非传统的投资平台及支付结算体系，且作为金融科技创新的重要组成部分，为社会发展带来了一系列好处。但是平台金融本质仍属于金融，没有改变金融风险隐蔽性、传染性、广泛性和突发性等特点。因此平台金融对于银行业，乃至整体金融行业的影响仍以负面为主。一方面，平台金融的出现打破了传统的金融中介角色，导致银行在金融体系中的地位和作用发生变化，可能会产生新的风险传染机制。另一方面，平台金融的运营模式使其风险管理能力受到挑战，无法像传统银行那样依赖资本缓冲吸收潜在风险。因此，平台金融与银行业之间复杂的竞争与合作关系对传统商业银行产生了强大的冲击，并打开了风险传染渠道。众所周知，冲击和传染均极易引发系统性风险，而首当其冲的就是银行业系统性风险。

银行业系统性风险往往具有较长的累积和演化过程。就中国银行业而言，影响系统性风险积累、演变的因素有很多，如信贷膨胀、房地产价格泡沫、政府债务负担、经济增速趋缓等。但平台金融的急速发展会导致银行激励机制扭曲、同质化竞争激烈、宏观经济冲击加剧、关联性过度及投资者心理预期调整，从而改变过去银行业系统性风险的生成、演化和传染机制。

当前银行业系统性风险研究主要针对风险的积聚、传导和来源，以及个体银行的风险压力测试等。因此传统银行业系统风险成因理论，如金融脆弱性理论、银行挤兑理论、信息不对称理论、风险溢出理论等，已不能完全解释因平台金融直接冲击、间接冲击而引发的银行业系统性风险。当前研究所总结出的风险传导机制，如银行间的传导、资产价格传导、信用传导等，也不能完全覆盖因平台金融发展而产生的流动性螺旋、恶魔回路和债务旋涡等资金和信息的传染渠道。当前研究还缺乏以相关性为理论基础的风险预警模型和以宏观审慎为理论基础的风险监管模式。

基于上述原因，本书将挖掘新的理论阐释平台金融规模急速扩大对传统银行业的冲击，探索平台金融和银行业相互作用下的动态风险传染机制，分类识别平台金融视角下的银行业系统性风险，以相关性为理论基础设计新的风险预警体系，并从复杂网络视角给出宏观审慎风险管理机制下的政策建议。

健全金融监管体系，守住不发生系统性金融风险的底线是我国金融改革实践与探索相结合的科学部署，也是指导金融改革稳定发展的行动指南。因此，研究银行业系统性风险的引发机制，对中国银行业乃至金融行业的发展既具有重要的理论和现实意义，也有较强的实践指导作用。

第二节 研究思路

平台金融和银行业组成的系统本质上是一个复杂网络，该系统具有小世界、无标度、自组织、自相似及鲁棒性、脆弱性等复杂网络所具有的特征。由于复杂网络各节点总是进行自我调整以适应环境的变化，造成其拓扑结构性质区别于简单网络，因此除了上述特征，复杂网络还应具备自适应性特征。事实上，平台金融和银行业的发展可以看作复杂网络节点自组织性及自适应性的延伸，引致银行业系统性风险是由于复杂网络系统和节点天然存在脆弱性。

平台金融急速发展和传统银行激励机制扭曲助推了银行业系统性风险，并形成直接冲击和间接冲击两种动力机制。在直接冲击下，平台金融利用其技术优势，从开始的"萌芽状态"到目前的"井喷态势"，逐步推进利率市场化改革，致使银行业微观主体盈利预期低迷，加剧金融业同质化竞争，导致期限、流动性和信用错配。在间接冲击下，平台金融触发宏观经济不寻常波动，急剧放大银行信用创造功能，货币预防需求下降，致使宏观经济顺周期性加速，引发货币政策调整不当，导致银行表内外业务结构分布不均衡。两种冲击共同作用导致资产负债结构性失衡，形成资金敞口，改变银行业系统性风险的生成机制。

经济运行中，金融系统的稳定状态和风险状况始终在动态变化，风险运行路径也不确定，最终形成接触式和非接触式两种风险传染渠道。研究接触式传染渠道时，基于平台金融和传统银行间的资金托管关系，模拟资产波动及风险敞口，推算单一银行风险发生概率，刻画风险传染方向和路径。研究非接触式传染渠道时，基于投资者的从众心理，离析金融资产收益分布尾部风险及非线性相依关系，探究危机新闻效应如何作用于平台金融，引发市场恐慌。两种传染渠道交互作用放大"刚性兑付"，导致市场过度关联性提升，改变银行业系统性风险的传染机制。

之后本书从平台金融不同阶段的三种表现形式——"互联网金融平台、金融科技平台、大型互联网平台"着手，分类识别平台金融视角下银行业系统性风险。第一阶段从"互联网金融平台"入手，通过动态刻画风险冲击及内部溢出机制两方面，识别互联网金融平台视角下的银行业系统性风险。第二阶段将焦点转向"金融科技平台"，测度金融科技平台对银行业的边际风险贡献，以识别金融科技平台视角下的银行业系统性风险。第三阶段通过动态刻画风险冲击和内部溢出机制两方面，识别"大型互联网平台"视角下的银行业系统性风险。

基于风险引发机制及风险识别过程，运用相关性理论构建一个相互关联的、动态的、时间上延续的银行业系统性风险预警机制。该机制将从以下三方面构建风险预警体系。一是估计机构影响。基于变量间的相关关系，将现有未定权益分析模型与相关性函数结合，探究平台金融冲击一个或更多金融机构的影响。二是监测系统损失。通过捕捉银行体系风险结构的变化、银行资产组合对不同外部冲击现象的敏感性，度量负面影响传播到银行系统其余部分所产生的损失。三是计量溢出效应。通过规模、关联度、不可替代性和复杂性等指标筛选系统重要性银行，并依此附加资本，确认银行系统脆弱性及时间上的演变规律，度量风险溢出效应。

本书提出银行业宏观审慎监管方案将立足三大体系，具体如下。一是逆周期资本约束宏观审慎制度体系。包括引入动态难度值，控制逆周期流动性限制，释放附加资本，制定动态拨备逆周期资本规则，弱化跨周期资本套利行为。二是货币政策、宏观审慎双支柱调控体系。货币政策应基于异步性模块化分层设计，通过预期引导流动性救助，协同宏观审慎效果；宏观审慎应考虑缓冲资本计提，基于因子均衡有序牵引信贷行为。三是类金融机构纳入宏观审慎预警体系。包括采用交叉验证，逐层引进累进权益留存比及抵押扣减率标准，推进风险资产合约标准化、交易分散化、清算集中化等穿透式监管策略。

第三节 研究内容及框架

本书从复杂网络理论入手，基于平台金融和银行业之间的相互作用，分析银行业系统性风险引发机制，并基于风险识别过程及风险预警体系，设计银行业系统性风险监管机制，除第一章导论及第二章概念界定与文献综述，其余内容共分为三个部分。

第Ⅰ部分研究平台金融视角下银行业系统性风险形成机理，共分为三章。第三章为中国平台金融发展历史及现状。本章基于互联网金融十年发展大事件，从"互联网金融规模发展""互联网金融平台乱象及监管""科技+金融技术升级"及"大型互联网平台垄断"四个角度，梳理平台金融产业由盛转衰到规范发展的全过程。第四章为平台金融视角下银行业系统性风险引发的理论基础及机制。在平台金融和银行业组成的复杂网络中，金融企业平台和银行作为系统重要节点，具有自组织、自适应、脆弱性等复杂网络特征。事实上，平台金融和银行业的发展可以看作复杂网络各节点自组织及自适应的延伸，引发银行业系统性风险是由于复杂网络天生存在脆弱性。因此平台金融视角下的银行业系统性风险是一个在复杂网络中，由于各节点自组织及自适应的分别延伸，加之系统和节点本身脆弱而引发的复杂网络风险。之后分析平台金融视角下银行业系统性风险具体生成机制及传染机制，包括由资产、负债、中间业务渠道组成的直接生成机制，互联网金融通过影响宏观经济中介变量冲击商业银行盈利水平而产生的间接生成机制，由各类资金存管渠道组成的接触式传染机制，以及由传媒性、从众性和策略性渠道组成的非接触式传染机制。第五章基于上述风险引发机理，运用实证方法检验平台金融视角下银行业系统性风险引发机制，包括生成机制检验和传染机制检验。

第Ⅱ部分为平台金融视角下银行业系统性风险分类识别，共分为三章。从平台金融不同阶段的三种表现形式——"互联网金融平台、金融科技平台、大型互联网平台"着手，分类别对平台金融视角下银行业系统性风险进行识别。第六章中，互联网金融平台通过技术手段提供金融服务，极大地改变了金融市场的生态。然而互联网金融平台对银行业冲击所产生的潜在系统性风险仍然存在，该章通过多种异常检测算法相结合的方法，构建银行业系统性风险识别模型，而后通过动态刻画风险冲击及内部溢出机制两方面，识别互联网金融平台视角下的银行业系统性风险。第七章中，金融科技平台以互联网金融为基础，利用大数据分析、区块链、人工智能等技术，提升金融服务效率和普惠性，但同时也可能导致风险积聚。该章使用市场收益数据，构建金融科技平台和商业银行的资金关联网络，将 Lasso 引入高维数据的期望分位数回归，测度金融科技平台对银行业的边际风险贡献，以识别金融科技平台视角下的银行业系统性风险。第八章中，大型互联网平台以其海量用户基础和强大的数据处理能力，深度参与金融业务，形成了具有巨大影响力的平台金融模式。然而大型互联网平台在提供便捷服务的同时，也对银行业系统性风险的集聚产生了重大影响。该章结合时变参数向量自回归模型与时变参数 TVP – VAR 模型的广义预测误差方差指数，通过动态刻画风险冲击和内部溢出机制两方面，识别大型互联网平台视角下的银行业系统性风险。

第Ⅲ部分为平台金融视角下银行业系统性风险防范，分为两章。第九章运用拓展的 SCCA 模型，建立当前银行业系统性风险预警体系。包括找出影响风险变化的各项因素，验证拟合效果并运用该模型对未来一定期限内的风险水平进行预测。第十章运用复杂网络理论，基于直接生成机制、间接生成机制、接触式传染机制和非接触式传染机制、风险识别及预警结果，创新系统性风险管理理论，分别从中央金融委员会、财政部及央行、国家金融监督管理总局和立法部门四个角度，设计出银行业系统性风险监管机制，以避免风险的引发。

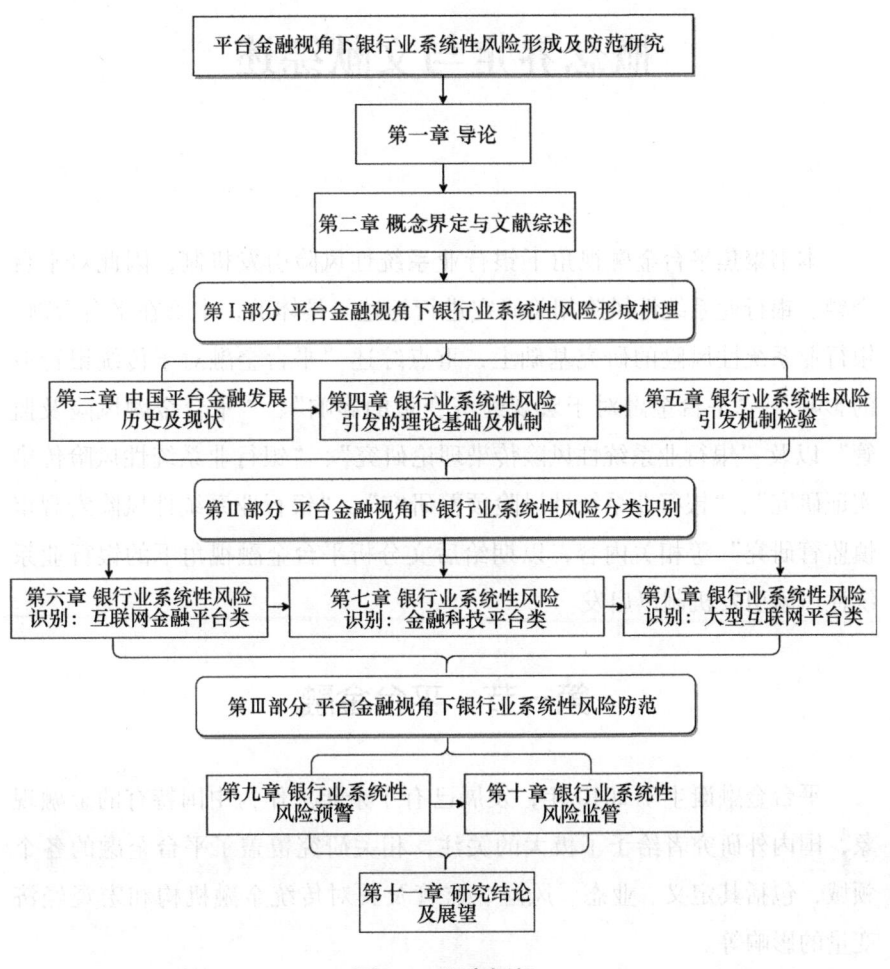

图1.1 研究框架

资料来源：笔者自制。

第 二 章

概念界定与文献综述

本书聚焦平台金融视角下银行业系统性风险引发机制，因此对平台金融、银行业系统性风险相关研究进行综述。具体的，本书在平台金融、银行业系统性风险的研究基础上，重点综述"平台金融对于传统银行业的影响"、"平台金融对于宏观经济变量的影响"、"平台金融风险及监管"以及"银行业系统性风险传染理论研究"、"银行业系统性风险传染实证研究"、"银行业系统性风险预警研究"、"银行业系统性风险宏观审慎监管研究"等相关内容，以期给后文分析平台金融视角下的银行业系统性风险引发机制以启发。

第一节 平台金融

平台金融诞生于2010年，发展已有十余年。作为中国特有的金融现象，国内外研究者给予了极大的关注，相关研究覆盖了平台金融的各个领域，包括其定义、业态、风险、监管及其对传统金融机构和宏观经济变量的影响等。

一 平台金融及其模式演化

（一）平台金融定义及业态

平台金融发展早期为互联网金融平台，学界对互联网金融定义一直存在争议，谢平等从金融模式角度出发，认为互联网金融是各类金融机构或准金融组织借助网络信息技术，提供资金融通、资源配置和金融服务渠道的新金融模式。① 林采宜将互联网金融与传统金融机构进行对比，认为互联网金融是直接融资和间接融资在互联网上的延伸，而非直接融资和间接融资之外的第三种金融模式。② 吴晓求从金融结构出发，认为互联网金融是借助互联网技术并具有金融功能链和独立生存空间的投融资运行结构。③ 虽然研究的视角不完全相同，但都指出了互联网金融的本质，即利用网络信息技术从事金融活动。近年来，平台金融的定义逐渐清晰，即平台金融是指互联网企业利用互联网技术，实现支付、借贷、投资和信息中介服务的新型金融模式，发展至今已衍生出第三方支付、网络借贷、互联网基金、互联网保险、网络小额贷款、数字普惠金融等不同业态，形成了不同阶段的三种表现形式——互联网金融平台、金融科技平台、大型互联网平台。

平台金融有其独立的体系、市场和支付结算系统，研究者分别从不同的角度阐释平台金融的业态特征。Freedman 和 Jin 认为，网络借贷平台能够充分利用大数据技术，降低贷款利率，对传统商业银行产生倒逼机制。④ Klafft 指出，网络借贷平台省去了复杂的中间环节，有效降低了交易成本，对借款者双方均有益。⑤ Chen 等认为网络借贷平台贷款的审批速度不仅比商业银行要快得多，而且可以享受比较低的贷款利率。⑥ 目前，国内平台金融主要有三种模式，即第三方支付、网络借贷及互联网基金。

第三方支付是指通过计算机、手机等设备，依托互联网发起支付指令、转移资金的服务。Fedorowicz 等最早对第三方支付进行研究，认为第

---

① 谢平、邹传伟、刘海二：《互联网金融监管的必要性与核心原则》，《国际金融研究》2014 年第 8 期。

② 林采宜：《互联网如何改变金融?》，《上海国资》2015 年第 9 期。

③ 吴晓求：《互联网金融：成长的逻辑》，《财贸经济》2015 年第 2 期。

④ Freedman, S. and Jin, G. , "Dynamic Learning and Selection: the Early Years of Prosper. com", University of Maryland, 2008.

⑤ Klafft, M. , "Online peer‐to‐peer Lending: A Lenders' Perspective", Proceedings of the international conference on E‐learning, E‐business, enterprise information systems, and E‐government, EEE, 2008.

⑥ Chen, Y. , Gong, X. , Chu, C. C. and Cao, Y. , "Access to the internet and access to finance: Theory and evidence", Sustainability, Vol. 10, No. 7, 2018.

三方支付具有收款和支付上的便捷性、可开发性以及信用中介保证等巨大优势。① Kim 等从第三方支付创新角度出发，分析了第三方支付市场的发展趋势，认为第三方支付是不受管制的银行，建议将第三方支付机构定位为从事"货币服务机构"的非存款性金融机构。② 第三方支付模式的推出，在一定程度上解决了网上银行支付方式不能对交易双方进行约束和监督的问题。③ 对银行而言，通过互联网平台，银行可以扩展业务范畴，同时也节省了为大量中小企业提供网关接口的开发和维护费用。④

网络借贷指的是个体和个体之间通过互联网平台实现的直接借贷。中国网络借贷行业具有线上和线下模块共同发展的特点⑤，投资门槛低，所有人都可以享受投资收益，这是其他投资工具尤其是高门槛的信托以及银行理财产品所无法实现的⑥。相比期货等保证金交易产品，网贷通过分散投资，将风险控制在一定范围之内，在低迷的中国股市中，随之消沉的开放式基金和各种私募产品，以及与 CPI 拉不开距离的低收益储蓄和银行产品，网贷投资的收益率稳定而且保持较高水平。⑦ 但也有研究认为，由于网络借贷出现时间较短，很多借款人缺乏经验，网络借贷比传统商业银行贷款风险更高。⑧

互联网基金指的是投资者与第三方理财机构绕开银行等传统交易媒

---

① Fedorowicz, J., Gelinas Jr, U. J., Gogan, J. L. and Williams, C. B., "Strategic Alignment of Participant Motivations in e‐government Collaborations: The Internet Payment Platform Pilot", *Government Information Quarterly*, Vol. 26, No. 1, 2009.

② Kim, C., Tao, W., Shin, N. and Kim, K. S., "An Empirical Study of Customers' Perceptions of Security and Trust in E‐payment Systems", *Electronic Commerce Research and Applications*, Vol. 9, No. 1, 2010.

③ 钟伟、顾弦：《第三方支付的创新趋势与监管思路》，《中国金融》2010 年第 12 期。

④ 谢凯、黄丹：《借助央行跨行清算系统建设规范第三方支付》，《中国金融》2010 年第 12 期。

⑤ 宋鹏程、吴志国、赵京：《投融资效率与投资者保护的平衡：P2P 借贷平台监管模式研究》，《金融理论与实践》2014 年第 1 期。

⑥ Berger, S. C. and Gleisner, F., "Emergence of Financial Intermediaries in Electronic Markets: The Case of Online P 2P Lending", *Business Research*, Vol. 2, No. 1, 2009.

⑦ Duarte, J., Siegel, S. and Young, L., "Trust and Credit: The Role of Appearance in peer‐to‐peer Lending", *The Review of Financial Studies*, Vol. 25, No. 8, 2012.

⑧ Lin, M., "Peer‐to‐peer Lending: An Empirical Study", AMCIS 2009 Doctoral Consortium, 2009.

介，在互联网上直接进行交易。互联网基金销售是对传统银行理财服务的有益补充，是金融脱媒的必然结果。① 与传统理财产品相比，互联网基金产品"比存款更高息，比基金更方便"，在收益性与流动性上均有不错的表现。② 互联网基金产品不限制用户的最低购买金额，有利于最大限度地集中社会闲散资金，提升社会资本的利用率。③ 互联网基金产品将基金公司的基金直销系统内置于第三方支付网站，用户可以在支付过程中进行基金的购买或者赎回，流程快速简单。④

（二）平台金融演化之金融科技平台

随着平台金融的飞速发展，互联网金融平台也逐步演化为金融科技平台。它将互联网、智能手机和人工智能（AI）等数字技术与金融服务相结合。金融科技提供了新的增值，并使以比以前更低的成本提供服务成为可能。现有金融机构的业务发展必须与所在国家的金融监管步调一致。银行尤其趋于保守，缺乏客户服务。在这种情况下，金融科技的出现彻底改变了金融业，引起了全世界的关注。基于这些原因，近年来对金融科技的研究大大增加。

为了理解金融科技的本质及其带来的创新，明确定义是至关重要的。2015 年，当有关金融科技的学术论文开始出现时，并没有明确的定义。直到 2017 年，Leong 等写道："随着技术进步和数字化转型的发展，我们目睹了银行等高度监管行业的猖獗破坏，特别是随着金融科技的发展，这是一个广泛的总称，描述了金融服务领域的颠覆性技术。"⑤ Gai 和 Kapadia 将金融科技定义为一个新兴的技术术语，"描述了企业或组织在广

---

① Belleflamme, P., Lambert, T. and Schwienbacher, A., "Crowdfunding: An Industrial Organization Perspective", Digital Business Models: Understanding Strategies, 2010.

② 者贵昌:《"余额宝"冲击下我国商业银行理财产品的优化策略》，《学术探索》2015 年第 10 期。

③ 韩质栩:《互联网基金的兴起及其对传统商业银行的挑战——以余额宝为例》，《东岳论丛》2015 年第 2 期。

④ 张宏妹、丁忠甫:《对我国互联网货币基金发展和监管的探讨——以余额宝为例》，《学术界》2016 年第 3 期。

⑤ Leong, C., Tan, B., Xiao, X., Tan, F. T. C. and Sun, Y., "Nurturing a FinTech Ecosystem: The Case of a Youth Microloan Startup in China", International Journal of Information Management, Vol. 37, No. 2, 2017.

泛运营中的金融技术部门，主要解决通过使用信息技术应用来提高服务质量的问题"。① Gomber 等提供了更详细的信息，他们说："金融科技是金融技术的组合，描述了 21 世纪新兴的金融服务部门。最初，该术语适用于老牌消费和贸易金融机构后端的技术。自 21 世纪第一个十年结束以来，这个词已经扩展到包括金融部门的任何技术创新，包括金融知识和教育、零售银行、投资，甚至包括比特币这样的加密货币。"② Ozili 的解释更简单："金融科技一词指的是金融技术，被定义为通过计算机程序和算法主导的现代技术创新提供金融和银行服务。"③

尽管关于金融科技的学术论文数量正在迅速增加，但关于金融科技的文献综述仍然很少。关于金融科技的技术方面，Lee 等描述了金融科技公司以及区块链技术创造的创新商业模式和低成本服务，这使巨大的效率提高成为可能。他们还提请人们关注消费者保护和欺诈等未来需要解决的问题。④ Nakashima 报道了将金融科技技术与物联网技术融合在一起的新型汽车贷款的创建，这有望帮助改善贫困人口的生活，他还描述了金融科技平台的可能性，这些平台作为提供金融服务的替代手段正在迅速发展。⑤

关于金融科技的监管问题，Romanova 等描述了金融科技公司如何通过遵守欧洲支付服务指令（PSD2）来提高金融服务的质量和效率，他们还报告了 PSD2 如何通过促进金融服务的高度标准化来提供新的

---

① Gai, P. and Kapadia, S., "Contagion in Financial Networks", *Proceedings of the Royal Society A: Mathematical, Physical and Engineering Sciences*, Vol. 466, No. 2120, 2010.

② Gomber, P., Koch, J. A. and Siering, M., "Digital Finance and FinTech: Current Research and Future Research Directions", *Journal of Business Economics*, Vol. 87, 2017.

③ Ozili, P. K., "Impact of Digital Finance on Financial Inclusion and Stability", *Borsa Istanbul Review*, Vol. 18, No. 4, 2018.

④ Lee, M. R., Yen, D. C. and Hurlburt, G. F., "Financial Technologies and Applications", *IT Professional*, Vol. 20, No. 2, 2018.

⑤ Nakashima, T., "Creating Credit by Making Use of Mobility with FinTech and IoT", *IATSS Research*, Vol. 42, No. 2, 2018.

增值。① Van Loo 强调，监管机构需要将消费者保护、服务稳定和公司之间的竞争等概念有序地纳入，并进一步推进金融科技，其展示了将现有法规应用于资本结构脆弱的金融科技公司如何阻碍金融科技的进步。② 同样，Upton 讨论了将特殊目的国民银行（SPNB）章程应用于美国金融科技公司的利弊。③

盈利相关大多强调现有金融机构如何在内部战略性地积累金融科技技术，并利用这些技术为客户提供新的增值。Sloboda 等以乌克兰银行为例指出，当零售银行基于金融科技创新和透明度开发零售银行服务时，它们更有利可图、更稳定、更安全。④ 同样，Wonglimpiyarat 介绍了泰国银行利用战略性金融科技技术实现的系统性创新，认为虽然金融科技对金融业产生了总体负面影响，但现有的金融机构，因为他们历来投资于IT，很可能会学习金融科技技术来推进自己的技术和服务。⑤ Costa – Climent 和 Martínez – Climent 介绍了采用金融科技技术的欧洲商业银行，积极承担企业社会责任，使银行业务模式更具可持续性。⑥

一些研究人员强调，企业在积累金融科技技术的同时，应该关注适合自身特殊情况的技术。Trelewicz 给出了一个现有金融机构利用大数据分析来创造新信贷的例子，展示了现有金融机构如何利用 AI 个性化客户服务，并提供更高效和以客户为中心的金融服务。⑦ Du 认为，为了提高

---

① Romanova, I., Grima, S., Spiteri, J. and Kudinska, M., "The Payment Services Directive Ⅱ and Competitiveness: The Perspective of European Fintech Companies", *European Research Studies*, Vol. 21, No. 2, 2018.

② Van Loo, R., "Making Innovation More Competitive: The Case of Fintech", *U. C. L. A. Law Review*, Vol. 65, No. 1, 2018.

③ Upton, E. J., "Chartering Fintech: The OCC's Newest Nonbank Proposal", *Geo. Wash. L. Rev.*, Vol. 86, No. 5, 2018.

④ Sloboda, L., Dunas, N. and Limański, A., "Contemporary Challenges and Risks of Retail Banking Development in Ukraine", *Banks and Bank Systems*, Vol. 13, No. 1, 2018.

⑤ Wonglimpiyarat, J., "FinTech Banking Industry: A Systemic Approach", *Foresight*, Vol. 19, No. 6, 2017.

⑥ Costa – Climent, R. and Martínez – Climent, C., "Sustainable Profitability of Ethical and Conventional Banking", *Contemporary Economics*, Vol. 12, No. 4, 2018.

⑦ Trelewicz, J. Q., "Big Data and Big Money: The Role of Data in the Financial Sector", *IT Professional*, Vol. 19, No. 3, 2017.

生产力和客户满意度,现有的美国信用合作社应该通过使用金融科技技术使之成为可能的新的移动支付方式,参与新的金融生态系统。[1] Caron 认为,支付提供商,包括现有的金融机构,必须跟上支付创新的步伐,才能保持竞争力。[2] 其他研究指出,一些现有的金融机构已经选择放弃学习金融科技技术,与金融科技公司进行战略合作或收购,以参与金融科技平台运营商建立的新的金融生态系统。Ashta 和 Biot – Paquerot 给出了与金融科技公司建立合作伙伴关系以创造新服务的现有银行的例子,这些银行认识到金融科技驱动的金融业务转型是提供附加值的好机会,并通过与金融科技公司的战略合作加入了新的金融生态系统,并寻求影响金融科技监管环境。[3] Sinha 确定了新加坡银行未来应该采用的创新金融科技技术。[4] 同样,Zalan 和 Toufaily 也认为,现有的金融机构应该与金融科技公司建立合作关系,以获得金融科技技术,加入新的金融生态系统。[5]

作为提高效率的例子,Dimbean – Creta 展示了金融科技技术,特别是区块链技术,如何实现银行和金融服务的生产力和效率提高[6],而 Kotarba 展示了银行如何通过利用金融科技技术提高客户关系管理效率,同时遵守法规以响应社会需求。[7] Nam 等的研究表明,使用新技术的手机银行

---

[1] Du, K., "Complacency, Capabilities, and Institutional Pressure: Understanding Financial Institutions' Participation in the Nascent Mobile Payments Ecosystem", *Electronic Markets*, Vol. 28, No. 3, 2018.

[2] Caron, F., "The Evolving Payments Landscape: Technological Innovation in Payment Systems", *It Professional*, Vol. 20, No. 2, 2018.

[3] Ashta, A. and Biot – Paquerot, G., "FinTech Evolution: Strategic Value Management Issues in a Fast Changing Industry", *Strategic Change*, Vol. 27, No. 4, 2018.

[4] Sinha, S., "A Glimpse into the World of Fintech Accelerators? The Open Vault at OCBC", *IEEE Potentials*, Vol. 36, No. 6, 2017.

[5] Zalan, T. and Toufaily, E., "The Promise of Fintech in Emerging Markets: Not as Disruptive", *Contemporary Economics*, Vol. 11, No. 4, 2017.

[6] Dimbean – Creta, D. O., "Fintech – already New Fashion in Finance, But What about the Future?", *Calitatea*, Vol. 18, No. S3, 2017.

[7] Kotarba, M., "New Factors Inducing Changes in the Retail Banking Customer Relationship Management (CRM) and Their Exploration by the FinTech Industry", *Foundations of Management*, Vol. 8, No. 1, 2016.

服务具有数字网点的功能，提供与实体银行网点相同的价值，并认为银行通过关闭网点可以显著降低成本。① Brammertz 和 Mendelowitz 认为，利用区块链的智能合约功能进行银行交易，可以大幅降低交易成本，他们还描述了证券交易员投资区块链技术的原因（为来自高科技、电信和其他行业的潜在新竞争对手的进入做好准备），以及区块链技术的采用状态和相关问题。②

（三）平台金融演化之大型互联网平台

金融科技之后，大量研究描述了大型互联网平台如何利用新技术创建前所未有的服务平台，并通过基于这些平台的金融生态系统为客户提供新的服务。Puschmann 描述了使用金融科技技术实现金融服务数字化所导致的整个金融行业的革命性变化，③ 而 Schulte 和 Liu 则描述了大型互联网平台与利用大量数据的物联网、人工智能、量子计算和其他技术的联系将如何取得进一步进展。④ Lee 和 Lee 介绍了一个韩国大型互联网平台建立的以服务平台为中心的金融生态系统，利用行动者网络理论展示了大型互联网平台如何创建与货币政策同步的金融生态系统，为促进金融业的发展作出了贡献。⑤

Lee 和 Shin 描述了以大型互联网平台为核心，围绕传统金融机构、技术开发商、政府和客户建立的新金融生态系统，并对新金融生态系统中创建的支付、资产管理、众筹和 P2P 贷款等新商业模式进行了分类。⑥ Gozman 等通过对大型互联网平台核心服务和组件技术的聚类分析，描述

---

① Nam, K., Lee, Z. and Lee, B. G., "How Internet has Reshaped the User Experience of Banking Service?", *KSII Transactions on Internet and Information Systems*, Vol. 10, No. 2, 2016.

② Brammertz, W. and Mendelowitz, A. I., "From Digital Currencies to Digital Finance: the Case for a Smart Financial Contract Standard", *The Journal of Risk Finance*, Vol. 19, No. 1, 2018.

③ Puschmann, T., "Fintech", *Business and Information Systems Engineering*, Vol. 59, No. 1, 2017.

④ Schulte, P., and Liu, G., "FinTech Is Merging with IoT and AI to Challenge Banks: How Entrenched Interests Can Prepare", *The Journal of Alternative Investments*, Vol. 20, No. 3, 2018.

⑤ Lee, S. H. and Lee, D. W., "A Study on Analysis of FinTech Start-ups in Conversions Period", *Journal of Engineering and Applied Sciences*, Vol. 12, No. S4, 2017.

⑥ Lee, I. and Shin, Y. J., "Fintech: Ecosystem, Business Models, Investment Decisions, and Challenges", *Business Horizons*, Vol. 61, No. 1, 2018.

了大型互联网平台的竞争战略。① Riikkinen 等在对芬兰十家金融科技初创公司的服务创新组成部分的研究中，解释了大型互联网平台的服务创新方法，并分析了它们创新服务的起源。② Gimpel 等根据非功能特征对德国消费大型互联网平台的服务内容进行了分类，将金融科技技术和服务映射到矩阵上，纵轴为市场和商业竞争的破坏者和互补者，横轴为客户体验的扩展和补充，以显示大型互联网平台的发展方向。③ Gomber 等使用三维数字金融立方体对大型互联网平台服务进行分类，该立方体由业务功能轴、技术概念轴和公司结构轴组成，从五个技术方面研究和分析了大型互联网平台的问题：面向数据的方法、设施和设备开发、应用程序设计、服务模型放置和安全隐私。他们指出，数据驱动的应用程序和相关硬件将对金融行业产生重大影响。④ 最后，Stoeckli 等使用扎根理论方法评估了纳入各种保险技术创新的保险服务。⑤

除此之外，还有一些研究论文提供了通过使用金融科技技术和大型互联网平台提供增值服务的例子。Kang 提出了一个使用金融科技技术的移动支付服务取代金融机构独家提供的支付服务的案例。⑥ Dorfleitner 等介绍了一个使用在线发票平台的小企业贷款功能，大型互联网平台提供的透明收费结构、快速开户和实时更新账户信息服务对提高国际汇款服

---

① Gozman, D., Liebenau, J. and Mangan, J., "The Innovation Mechanisms of Fintech Start-ups: Insights from SWIFT's Innotribe Competition", *Journal of Management Information Systems*, Vol. 35, No. 1, 2018.

② Riikkinen, M., Saraniemi, S. and Still, K., "FinTechs as Service Innovators – Understanding the Service Innovation Stack", *International Journal of E-Business Research*, Vol. 15, No. 1, 2019.

③ Gimpel, H., Rau, D. and Röglinger, M., "Understanding FinTech Start-ups – a Taxonomy of Consumer-oriented Service Offerings", *Electronic Markets*, Vol. 28, No. 3, 2018.

④ Gomber, P., Koch, J. A. and Siering, M., "Digital Finance and FinTech: Current Research and Future Research Directions", *Journal of Business Economics*, Vol. 87, No. 5, 2017.

⑤ Stoeckli, E., Dremel, C. and Uebernickel, F., "Exploring Characteristics and Transformational Capabilities of InsurTech Innovations to Understand Insurance Value Creation in a Digital World", *Electronic markets*, Vol. 28, No. 3, 2018.

⑥ Kang, J., "Mobile Payment in Fintech Environment: Trends, Security Challenges, and Services", *Human-centric Computing and Information Sciences*, Vol. 8, No. 1, 2018.

务质量非常重要。在互联网相关服务中，也有提供新增值服务的例子。①Mamonov 和 Malaga 介绍了股权众筹是风险公司的投资平台，讨论了社交—交易平台的模仿机制，即使是业余投资者也能获得与成功投资者相同的结果。② 此外，还有与虚拟货币相关的新增值的例子。Adhami 等讨论了欧洲首次代币发行融资成功的决定因素，③ 而 Yue 等描述了亚洲比特币市场的发展，包括比特币交易所的演变。④

此外，普惠金融可以定义为努力让所有人以负担得起的成本获得和使用信贷、储蓄、保险、支付和汇款等基本金融服务。在移动设备和大型互联网平台技术普及之前，发展中国家的大多数人无法使用金融服务。然而，大型互联网平台创新正在让金融服务离每个人更近。Bollinger 和 Yao 描述了向穷人提供传统金融机构无法提供的贷款和其他金融服务的大型互联网平台，这种商业模式为发展中国家的金融稳定作出了巨大贡献。⑤ Larios – Hernández 指出，利用区块链技术降低金融服务成本有助于实现金融普惠。⑥ 根据 Iman 的研究，一个地区实现普惠金融的程度取决于该地区在引入金融科技技术时的发展状况。⑦ 在缺乏移动支付基础设施的地区，大型互联网平台可以有效地投资金融科技技术，以帮助实现普惠金融。另外，他指出，并非任何地区都能通过智能手机和大型互联网平台服务实现普惠金融。

---

① Dorfleitner, G., Rad, J. and Weber, M., "Pricing in the Online Invoice Trading Market: First Empirical Evidence", *Economics Letters*, Vol. 161, 2017.

② Mamonov, S. and Malaga, R., "Success Factors in Title Ⅲ Equity Crowdfunding in the United States", *Electronic Commerce Research and Applications*, Vol. 27, 2018.

③ Adhami, S., Giudici, G. and Martinazzi, S., "Why Do Businesses Go Crypto? An Empirical Analysis of Initial Coin Offerings", *Journal of Economics and Business*, Vol. 100, 2018.

④ Yue, X., Shu, X., Zhu, X., Du, X., Yu, Z., Papadopoulos, D. and Liu, S., "Bitextract: Interactive Visualization for Extracting Bitcoin Exchange Intelligence", *IEEE Transactions on Visualization and Computer Graphics*, Vol. 25, No. 1, 2019.

⑤ Bollinger, B. and Yao, S., "Risk Transfer Versus Cost Reduction on Two – sided Microfinance Platforms", *Quantitative Marketing and Economics*, Vol. 16, No. 3, 2018.

⑥ Larios – Hernández, G. J., "Blockchain Entrepreneurship Opportunity in the Practices of the Unbanked", *Business Horizons*, Vol. 60, No. 6, 2017.

⑦ Iman, N., "Is Mobile Payment still Relevant in the Fintech era?" *Electronic Commerce Research and Applications*, Vol. 30, 2018.

在大型互联网平台出现之前，中国的银行没有为无收入的大学生提供金融服务，Leong 等展示了一家电子商务公司如何使用金融科技技术构建一个专有的评分模型，该模型汇总和分析采购数据、政府指定机构提供学生信息、其他大型互联网平台公司提供数据和财产信息。通过使用这个评分模型，中国的大学生可以获得小额贷款。[1] Qi 和 Xiao 介绍了蚂蚁金服的案例，该公司为无法获得传统银行服务的人提供移动支付和小额信贷。[2] Chen 解释说，作为大型互联网平台，蚂蚁金服之所以成功，不仅仅是因为他们的技术，而是因为该公司及时响应了消费者对普惠金融的强烈需求。[3]

在中东、非洲和南亚等发展中地区，普惠金融的实现一直备受期待和欢迎。Ozili 讨论了中东和北非的金融包容性。[4] Burns 以引领撒哈拉以南非洲移动货币革命的 M-PESA 为例，在缺乏金融和支付基础设施的肯尼亚，以非接触式移动电话为基础的转账、支付和小额信贷服务。除了网络和智能手机的广泛使用，M-PESA 在肯尼亚取得成功的一个关键因素不是宽松的政府监管，而是建立了一个创新体系，使大型互联网平台的金融科技技术和服务能够在将汇款资金转换为信托并防止洗钱等活动的监管框架中生存。[5] Rastogi 描述了 M-Kopa Solar，这是一种创新的能源供应服务，利用 M-PESA 的移动支付功能为非洲贫困的消费者提供服务。[6] Ranade 描述了如何通过采用 JAM 实现金融包容性和大型互联网平

---

[1] Leong, C., Tan, B., Xiao, X., Tan, F. T. C. and Sun, Y., "Nurturing a FinTech Ecosystem: The Case of a Youth Microloan Startup in China", *International Journal of Information Management*, Vol. 37, No. 2, 2017.

[2] Qi, Y. and Xiao, J., "Fintech: AI Powers Financial Services to Improve People's Lives", *Communications of the ACM*, Vol. 61, No. 11, 2018.

[3] Chen, L., "From Fintech to Finlife: The Case of Fintech Development in China", *China Economic Journal*, Vol. 9, No. 3, 2016.

[4] Ozili, P. K., "Impact of Digital Finance on Financial Inclusion and Stability", *Borsa Istanbul Review*, Vol. 18, No. 4, 2018.

[5] Burns, S., "M-Pesa and the 'market-led' Approach to Financial Inclusion", *Economic Affairs*, Vol. 38, No. 3, 2018.

[6] Rastogi, C., "M-Kopa Solar: Lighting up the Dark Continent", *South Asian Journal of Business and Management Cases*, Vol. 7, No. 2, 2018.

台的发展，JAM 是印度政府的一项倡议，利用大型互联网平台技术将 Jan Dhan Yojana 银行账户、Aadhaar 身份证、手机和智能手机联系起来。[1] Kshetri 和 Voas 发现，在发展中国家，银行使用区块链技术减少了欺诈和腐败，使人们能够合法保护自己的资产，并有为世界上最贫穷的人提供房地产支持的投资机会。[2]

（四）平台金融的各业态演化

一些论文提出了平台金融企业提供服务替代银行的案例。这些服务主要是另类借贷，例如 P2P 借贷和众筹。另类贷款有两种类型："资产负债表贷款"，即平台金融企业自己从个人和公司那里筹集贷款；以及"市场贷款"，即平台金融企业使用自己的网站将贷款人与借款人进行匹配，而无须投入任何自己的资金。P2P 借贷和众筹是市场借贷的例子，匹配借款人和贷款人的过程包括在互联网上收集借款人的各种信息和数据，使用基于大数据的评分模型创建信用评分，以及提供移动应用程序，方便用户进行借贷。新进入的平台金融企业利用自己的金融科技平台，在客户对现有金融机构提供的服务高度不满的领域提供服务，这种不满涉及无法贷款、流程复杂而混乱、使用不便等问题。Cai 讨论了众筹平台成为传统金融机构的替代。欧洲已经做了很多关于这个话题的研究。[3] Maier 解释了平台金融企业在英国充当银行替代品的原因：便利性（快速、灵活性和可用性）和透明度（流程清晰度和效率）。中小企业尤其看重这些，并把它们作为从银行借款转向 P2P 借贷的理由。[4] Ivashchenko 等还展示了英国的消费者和小企业如何转向 P2P 贷款和众筹，将其作为银行贷

---

[1] Ranade, A., "Role of 'Fintech' in Financial Inclusion and New Business Models", *Economic and Political Weekly*, Vol. 52, No. 12, 2017.

[2] Kshetri, N. and Voas, J., "Blockchain in Developing Countries", *It Professional*, Vol. 20, No. 2, 2018.

[3] Cai, C. W., "Disruption of Financial Intermediation by FinTech: A Review on Crowdfunding and Blockchain", *Accounting and Finance*, Vol. 58, No. 4, 2018.

[4] Maier, E., "Supply and Demand on Crowdlending Platforms: Connecting Small and Medium-sized Enterprise Borrowers and Consumer Investors", *Journal of Retailing and Consumer Services*, Vol. 33, 2016.

款的替代品，以及银行如何将这些平台纳入自己的贷款。[1] Martínez – Climent 等采用文献计量分析的方法，展示了众筹平台作为银行的替代品是如何吸引眼球的。[2]

至于其他国家，Jagtiani 和 Lemieux 介绍了 Lending Club，这是美国新兴平台金融企业中最成功的 P2P 贷款人。使用 Lending Club 等金融科技贷款平台的客户对其他现有服务不满意，例如，居住在银行网点数量减少或人口密度高的地区意味着需要很长时间才能获得服务。客户看重 Lending Club 的便利性和高服务质量，这就解释了为什么消费贷款业务作为传统银行贷款的替代品正在增长。[3] Wonglimpiyarat 描述了在泰国使用众筹作为企业家融资的替代方案，这是基于泰国企业家创新体系的基础泰国 4.0 平台。[4] Huang 调查了一些与 P2P 借贷相关的问题，并总结了中国金融监管部门收紧贷款限制的情况。[5]

另外，一些论文对这种替代贷款兴起产生的负面影响提出了警告。Langley 和 Leyshon 警告说，英国的众筹在适应监管的同时，有可能取代和摧毁现有的融资工具。[6] Zetzsche 和 Preiner 在讨论众筹在欧洲已成为中小企业重要融资选择的监管时指出，即使在欧洲内部，由于不同国家金融部门的法律要求不同，众筹在国际上也受到限制。[7]

---

[1] Ivashchenko, A., Britchenko, I., Dyba, M., Polishchuk, Y., Sybirianska, Y. and Vasylyshen, Y., "Fintech Platforms in SME's Financing: EU Experience and Ways of Their Application in Ukraine", *Investment Management and Financial Innovations*, Vol. 15, No. 3, 2018.

[2] Martínez – Climent, C., Zorio – Grima, A. and Ribeiro – Soriano, D., "Financial Return Crowdfunding: Literature Review and Bibliometric Analysis", *International Entrepreneurship and Management Journal*, Vol. 14, No. 3, 2018.

[3] Jagtiani, J. and Lemieux, C., "Do Fintech Lenders Penetrate Areas That Are Underserved by Traditional Banks?", *Journal of Economics and Business*, Vol. 100, 2018.

[4] Wonglimpiyarat, J., "FinTech Banking Industry: A Systemic Approach", *Foresight*, Vol. 19, No. 6, 2017.

[5] Huang, R. H., "Online P2P Lending and Regulatory Responses in China: Opportunities and Challenges", *European Business Organization Law Review*, Vol. 19, No. 1, 2018.

[6] Langley, P. and Leyshon, A., "Capitalizing on the Crowd: The Monetary and Financial Ecologies of Crowdfunding", *Environment and Planning A: Economy and Space*, Vol. 49, No. 5, 2017.

[7] Zetzsche, D. and Preiner, C., "Cross – border Crowdfunding: Towards a Single Crowdlending and Crowd Investing Market for Europe", *European Business Organization Law Review*, Vol. 19, No. 2, 2018.

随着这种替代贷款的持续蓬勃发展,平台金融企业作为银行的替代品也将在社会上发挥"影子银行"的作用。影子银行为无法通过正常途径获得贷款的公司或个人提供了一种获取资金的途径,Buchak 等描述了在美国,Quicken Loans 等平台金融贷款机构如何作为绕过监管的影子银行发挥作用。① 它们向低收入消费者放贷,这些消费者由于严格的贷款监管而无法从正规银行借款。这些消费者不会向银行申请抵押贷款,因为这需要与银行签订复杂的合同,而且需要时间来执行,他们使用平台金融企业提供的类似产品,即使利率很高。

对新技术使金融科技创新成为可能的研究并不局限于替代贷款。平台金融企业通过使用新的支付技术降低支付费用,作为银行的替代品,正在迅速取得进展。Jun 和 Yeo 为卖家和买家引入了"双面平台战略",该战略利用了韩国平台金融企业建立的支付平台,② 而 Tsai 和 Kuan – Jung 讨论了利用中国制造商开发的金融科技技术对在线供应链金融的监管。③ Stern 等描述了移动支付在中国如何成为电子支付和现金的替代方案,以及移动支付基础设施如何帮助替代贷款增长。④ Gatteschi 等引入了一种使用 Insure Tech 的保险合同替代应用,该应用利用了记录区块链网络参与者之间交易的能力。⑤

关于平台金融企业如何通过提高业务系统效率来取代现有金融机构,已经有很多研究。特别是,利用互联网的另类借贷,如平台金融企业的众筹和 P2P 借贷,引起了人们的极大兴趣,并成为平台金融研究的一个重要主题。

---

① Buchak, G., Matvos, G., Piskorski, T. and Seru, A., "Fintech, Regulatory Arbitrage, and the Rise of Shadow Banks", *Journal of Financial Economics*, Vol. 130, No. 3, 2018.

② Jun, J. and Yeo, E., "Entry of FinTech Firms and Competition in the Retail Payments Market", *Asia – Pacific Journal of Financial Studies*, Vol. 45, No. 2, 2016.

③ Tsai, C. H. and Kuan – Jung, P., "The FinTech Revolution and Financial Regulation: The Case of Online Supply – chain Financing", *Asian Journal of Law and Society*, Vol. 4, No. 1, 2017.

④ Stern, C., Makinen, M. and Qian, Z., "FinTechs in China – with a Special Focus on Peer to Peer Lending", *Journal of Chinese Economic and Foreign Trade Studies*, Vol. 10, No. 3, 2017.

⑤ Gatteschi, V., Lamberti, F., Demartini, C., Pranteda, C. and Santamaria, V., "To Blockchain or Not to Blockchain: That Is the Question", *It Professional*, Vol. 20, No. 2, 2018.

二 平台金融对于传统银行业的影响

（一）对盈利和效率的影响

平台金融基于自身方便快捷等优势，在运行效率和盈利性方面对传统商业银行造成了冲击，使商业银行不得不节约成本提高效率以应对新的挑战。早前国外的研究主要集中于网络银行对传统银行业的影响，Elyasiani 和 Mehdian 的研究结果表明网络银行可以提高美国银行业的盈利性，[1] Jayawardhena 和 Foley 发现网络银行提高了欧盟以及英国银行的效率，降低了银行的经营成本，[2] 但 Sullivan 研究的结果与上述研究结论相反，他并没有发现网络银行为美国的传统银行带来的益处。[3] Simpson 基于美国 17 家银行和新兴市场中的 40 家银行的经营数据，通过对比发现在发达国家中网络银行的作用更明显，[4] 然而，Furst 等进行的研究却发现美国联邦银行在使用传统的经营模式时资产回报率更高[5]。

国内研究中，管仁荣等探究了平台金融的发展对商业银行运行效率造成的影响，认为对于不同的银行影响正负性也不同。[6] 钱诚认为平台金融的发展在一定的程度上减少了商业银行的利润，但是影响程度有限，并由此提出商业银行面对平台金融发展冲击在业务上的应对策略。[7] 陈嘉欣和王健康探究了平台金融产品对商业银行相关业务的影响，结果表明

---

[1] Elyasiani, E. and Mehdian, S. M., "A Nonparametric Approach to Measurement of Efficiency and Technological Change: The Case of Large US Commercial Banks", *Journal of Financial Services Research*, Vol. 4, No. 2, 1990.

[2] Jayawardhena, C. and Foley, P., "Changes in the Banking Sector – the Case of Internet Banking in the UK", *Internet Research*, Vol. 10, No. 1, 2000.

[3] Sullivan, R. J., "How Has the Adoption of Internet Banking Affected performance and Risk in Banks?", *Financial Industry Perspectives*, No. Dec, 2000.

[4] Simpson, J., "The Impact of the Internet in Banking: Observations and Evidence from Developed and Emerging Markets", *Telematics and Informatics*, Vol. 19, No. 4, 2002.

[5] Furst, K., Lang, W. W. and Nolle D. E., "Internet Banking: Developments and Prospects", Economic and Policy Analysis Working Paper, 2000.

[6] 管仁荣、张文松、杨朋君：《互联网金融对商业银行运行效率影响与对策研究》，《云南师范大学学报》（哲学社会科学版）2014 年第 6 期。

[7] 钱诚：《互联网金融对现有金融体系的影响》，《山东社会科学》2015 年第 S1 期。

平台金融会加速商业银行的改革创新进程。[①] 卞进和郭建鸾认为平台金融与商业银行之间形成竞争关系，并就三大业务对商业银行形成替代。[②] 刘忠璐和林章悦认为平台金融发展对城市商业银行盈利影响较大，对大型商业银行和农村商业银行影响较小，而股份制商业银行并未受到显著影响。[③] 王亚君等认为平台金融会提高银行吸储能力，增加流动性，但长期会导致银行融资成本上升，增加流动性风险。[④] 申创和赵胜民研究了平台金融对于商业银行盈利的影响，认为平台金融能够通过技术外溢效应对银行产生积极影响，但是由于竞争效应所带来的消极影响更强。[⑤] 赵红和姬健飞认为余额宝的出现在一定程度上促进了银行理财产品收益率的提高，余额宝收益率对于银行理财产品收益率有正向相关关系。[⑥] 张芳芳认为互联网货币基金对中国商业银行相似类型的基金产品和业务造成了一定程度的冲击，同时也对商业银行的中间业务产生了替代效应，极大地影响了商业银行自身的经营成果。[⑦]

（二）对商业银行业务的影响

随着平台金融的发展以及研究的深入，研究者们开始关注平台金融业务本身的特征以及对传统银行存贷款业务的影响。Deyoung 对比了美国平台金融与传统银行的业绩，并没有发现仅基于技术可以提高平台金融

[①] 陈嘉欣、王健康：《互联网金融理财产品余额宝对商业银行业务的影响——基于事件分析法的研究》，《经济问题探索》2016年第1期。

[②] 卞进、郭建鸾：《互联网金融对商业银行的影响："替代还是互补"？——基于协同度理论模型的研究》，《经济体制改革》2016年第4期。

[③] 刘忠璐、林章悦：《互联网金融对商业银行盈利的影响研究》，《北京社会科学》2016年第9期。

[④] 王亚君、邢乐成、李国祥：《互联网金融发展对银行流动性的影响》，《金融论坛》2016年第8期。

[⑤] 申创、赵胜民：《互联网金融对商业银行收益的影响研究——基于我国101家商业银行的分析》，《现代经济探讨》2017年第6期。

[⑥] 赵红、姬健飞：《余额宝收益率对我国商业银行理财产品收益率的影响研究》，《河北经贸大学学报》2017年第3期。

[⑦] 张芳芳：《互联网货币基金对我国商业银行经营绩效的影响研究》，《江淮论坛》2017年第2期。

的存贷款业绩。① 在后来的研究中，DeYoung 等对比了平台金融和传统银行的业绩，发现平台金融在未改变贷款组合的前提下，通过增加存款服务费提高了利润。② 他们的研究结果与 Hernando 等的研究结果一致，即平台金融可以被看作传统银行存款活动的补充渠道，而非替代品。③ Ciciretti 等以意大利银行为样本，将平台金融产品分成不同的类别，发现平台金融对传统银行存贷款业绩产生积极的影响。④ 然而 Atay 认为，传统银行采用互联网服务是为了抢占市场份额，而不是作为一种手段来提高它们存贷款的业绩。⑤ Onay 和 Ozsoz 以土耳其的商业银行为样本进行了研究，他们发现网络银行对传统银行利润水平、存贷款的影响很复杂。在初期阶段，其影响是积极的，但网络银行引入两年之后，其影响是负面的，因为网络银行增强了银行之间的竞争，从而降低了银行的利息收入。⑥

平台金融的出现会迫使商业银行做出改变，但是其影响也是多方面的。王锦虹认为平台金融改变了金融体系资源配置，对商业银行负债的影响较大，对资产和中间业务的影响较小，但总体对商业银行还是会产生较大影响。⑦ 牛华勇和闵德寅认为平台金融对国有银行冲击较小，对股份制银行冲击较大。⑧ 郑联盛认为，平台金融目前在各自业务领域的影响整体较小，对银行部门影响短期有限但长期可能较为深远，对金融体系

---

① DeYoung, R., "The Performance of Internet – based Business Models: Evidence from the Banking Industry", *The Journal of Business*, Vol. 78, No. 3, 2005.

② DeYoung, R., Lang, W. W. and Nolle, D. L., "How the Internet Affects Output and Performance at Community Banks", *Journal of Banking and Finance*, Vol. 31, No. 4, 2007.

③ Hernando, I. and Nieto, M. J., "Is the Internet Delivery Channel Changing Banks' Performance? The Case of Spanish Banks", *Journal of Banking and Finance*, Vol. 31, No. 4, 2007.

④ Ciciretti, R., Hasan, I. and Zazzara, C., "Do Internet Activities Add Value? Evidence from the Traditional Banks", *Journal of Financial Services Research*, Vol. 35, No. 1, 2009.

⑤ Atay, E., "Macroeconomic Determinants of Radical Innovations and Internet Banking in Europe", *Annales Universitatis Apulensis Series Oeconomica*, Vol. 2, No. 10, 2008.

⑥ Onay, C. and Ozsoz, E., "The Impact of Internet – banking on Brick and Mortar Branches: The case of Turkey", *Journal of Financial Services Research*, Vol. 44, No. 2, 2013.

⑦ 王锦虹：《互联网金融对商业银行盈利影响测度研究——基于测度指标体系的构建与分析》，《财经理论与实践》2015 年第 1 期。

⑧ 牛华勇、闵德寅：《互联网金融对商业银行的影响机制研究——基于新实证产业组织视角》，《河北经贸大学学报》2015 年第 3 期。

整体的影响是综合性的但目前极为有限。[①]

除了挤占传统业务,平台金融还从市场结构和金融结构等多个路径对商业银行产生影响。郑志来将商业银行与零售业进行对比,探究了平台金融对中国商业银行的影响路径和机制,并认为其影响路径与零售业具有相似性。[②] 吴昊和杨济时探究了平台金融客户行为对商业银行创新的影响,认为客户行为变化是商业银行创新的动力。[③] 王飞认为乐观预期导致平台金融加剧金融市场竞争,从而使金融市场的结构更趋分散。[④] 滕超和叶蜀君认为,平台金融一方面通过挤压银行存贷款规模和利润空间影响金融结构;另一方面挖掘潜在需求和资金投向影响金融结构。[⑤]

针对上述影响,Raza 和 Hanif 认为银行应该与平台金融有效融合,减少成本,节省时间,留住潜在用户,降低信息不对称性,增加安全性,提升利润率。[⑥] 袁博等认为平台金融是传统金融的有益补充,商业银行应进行深刻变革以迎接冲击和挑战。[⑦] 郝身永和陈辉认为充分合作能产生互利共赢的结果。[⑧] 黄建康和赵宗瑜认为传统商业银行应该主动寻求自身价值体系的转型,加强与互联网企业的合作。[⑨] 但也有研究者认为,平台金

[①] 郑联盛:《中国互联网金融:模式、影响、本质与风险》,《国际经济评论》2014 年第 5 期。

[②] 郑志来:《互联网金融对我国商业银行的影响路径——基于"互联网+"对零售业的影响视角》,《财经科学》2015 年第 5 期。

[③] 吴昊、杨济时:《互联网金融客户行为及其对商业银行创新的影响》,《河南大学学报》(社会科学版) 2015 年第 3 期。

[④] 王飞:《互联网金融策略行为对金融市场结构的影响》,《郑州大学学报》(哲学社会科学版) 2016 年第 4 期。

[⑤] 滕超、叶蜀君:《互联网金融发展对我国金融结构的影响分析》,《深圳大学学报》(人文社会科学版) 2016 年第 6 期。

[⑥] Raza, S. A. and Hanif, N., "Factors Affecting Internet Banking Adoption among Internal and External Customers: A Case of Pakistan", *International Journal of Electronic Finance*, Vol. 7, No. 1, 2013.

[⑦] 袁博、李永刚、张逸龙:《互联网金融发展对中国商业银行的影响及对策分析》,《金融理论与实践》2013 年第 12 期。

[⑧] 郝身永、陈辉:《互联网金融对传统商业银行的短期冲击与深远影响》,《上海行政学院学报》2015 年第 2 期。

[⑨] 黄建康、赵宗瑜:《互联网金融发展对商业银行的影响及对策研究——基于价值体系的视域》,《理论学刊》2016 年第 1 期。

融对传统金融中介的替代作用较小，两者之间存在较大的融合空间。① 平台金融基于自身中介角色，一定程度上促进了银行业务的发展，并且无明显替代效应。② 郭品和沈悦研究了平台金融对商业银行风险承担的影响，认为平台金融对商业银行风险承担的影响呈现先降后升的"U"形趋势。③ 刘忠璐、邹静和王洪卫探究了平台金融的发展对系统性金融风险的影响，认为短期影响存在，但是长期影响可以忽略。④⑤

三 平台金融对于宏观经济变量的影响

（一）金融创新对于货币政策的影响

金融创新一词自 1912 年 Schumpeter 提出以来，广受经济学界的关注，主要集中于金融创新或是创新过度是否会对货币政策造成影响。⑥ 20世纪 70—90 年代，许多文献分析了布雷顿森林体系崩溃后的金融创新程度和央行在货币政策执行中的积极程度。⑦ 之后研究者将金融创新对于货币政策的影响进行了细分，集中于货币流通速度、供给需求量、存贷款利率的影响等方面。Bordo 和 Jonung 经过大量分析表明，金融创新对于货币流通速度会产生巨大影响，短期内流通速度呈现先高后低的发展态势，从长期来看，流通速度会随着货币化程度的提高而上升。⑧ Kloten 讨论了金融创新对货币需求稳定性的影响，认为金融创新加大了货币交易性需

---

① 刘澜飚、沈鑫、郭步超：《互联网金融发展及其对传统金融模式的影响探讨》，《经济学动态》2013 年第 8 期。

② 罗长青、李梦真、杨彩林、卢彦霖：《互联网金融对商业银行信用卡业务影响的实证研究》，《财经理论与实践》2016 年第 1 期。

③ 郭品、沈悦：《互联网金融对商业银行风险承担的影响：理论解读与实证检验》，《财贸经济》2015 年第 10 期。

④ 刘忠璐：《互联网金融对商业银行风险承担的影响研究》，《财贸经济》2016 年第 4 期。

⑤ 邹静、王洪卫：《互联网金融对中国商业银行系统性风险的影响——基于 SVAR 模型的实证研究》，《财经理论与实践》2017 年第 1 期。

⑥ Schumpeter, J. A., The Theory of Economic Development, Routledge, 2021.

⑦ Meltzer, A., "The Effects of Financial Innovation on the Instruments of Monetary Policy", Carnegie Mellon University, 1996.

⑧ Bordo, M. D. and Jonung, L., "The Stochastic Properties of Velocity: A New Interpretation", NBER Working Paper, No. 2255, 1987.

求和预防性需求。① Von Hagen 和 Fender 经研究发现金融创新使货币政策的中介指标和最终目标发生偏离，可以说金融创新给央行在货币政策管控方面带来巨大的压力。② Tobin 提出了一般均衡分析法，建立了资产选择模型，强调金融创新改变了货币供给的外生性特征及货币政策传导效果。③ Savona 等的研究侧重于金融创新对货币政策操作工具所产生的影响，认为金融创新过度会削弱货币政策传导效果。④ Palley 通过格兰杰因果检验发现动态金融创新过程削弱了央行对货币供给量的控制力度，并提出，货币供给是结构性内生变量。⑤ Katafono 认为金融创新会改变当前货币及非货币政策变量之间的关系，使其变得更加不稳定，甚至无法预测。因为金融创新带来了更多金融资产，新资产的替代性使货币总量计量更加困难。⑥ Ignazio 认为金融创新不仅增加了新兴金融市场的投资机会，也会影响货币政策传播效应的力度和速度。⑦ 因此随着金融市场流动性和完整性的加强，存贷款利率会通过影响期限结构，从而影响金融资产价格。这反过来会对投资成本和储蓄收益造成影响，从而影响宏观经济的发展。2007 年金融危机后，关于金融创新过度是否会对货币政策产生负面影响的讨论越来越多，其中具有代表性的是 Mishra 和 Pradhan，该研究将关注的重点放在金融创新过度是不是必然会对货币政策造成冲击。他们认为金融创新是否会直接影响货币政策执行效果取决于一国的金融

---

① Kloten, N., "The Control of Monetary Aggregates in the Federal Republic of Germany under Changing Conditions", Monetary Policy and Financial Innovations in Five Industrial Countries: The UK, the USA, West Germany, France and Japan, 1992.

② Von Hagen, J. and Fender, I., "Central Bank Policy in a more Perfect Financial System", Open Economies Review, Vol. 9, No. 1S, 1998.

③ Tobin, J., "Monetary Policy: Recent Theory and Practice", Current Issues in Monetary Economics, 1998.

④ Savona, P., Maccario, A. and Oldani, C., "On Monetary Analysis of Derivatives", The New Architecture of the International Monetary System, 2000.

⑤ Palley, T. I., "Asset-based Reserve Requirements: Reasserting Domestic Monetary Control in an Era of Financial Innovation and Instability", Review of Political Economy, Vol. 16, No. 1, 2004.

⑥ Katafono, R., "The Implications of Evolving Technology on Monetary Policy: A Literature Survey", Economics Department, Reserve Bank of Fiji, 2004.

⑦ Ignazio, V., "Financial Deepening and Monetary Policy Transmission Mechanism", BIS review, 124, 2007.

结构是否稳定。①

（二）电子货币对于货币供需的影响

后金融危机时代，金融创新开始向 ICT 技术创新转移，如平台金融、金融科技等，而相关研究则关注电子货币对于传统货币的挤占等问题。Lietaer 和 Dunne 认为，电子货币、创新支付手段及数字货币的出现会给当前以国家为支撑、央行发行的传统货币带来巨大的挑战，从而引发传统货币政策中介目标及最终目标的改变。② Dabrowski 认为金融全球化和金融创新促进了日益激烈的竞争以及由此产生的货币替代。电子货币和数字货币似乎可以解决小型开放经济体中的货币需求，因此极大地缩小了央行的政策空间，削弱了传统货币政策的有效性。③ 近两年，部分研究讨论了金融创新成果对现金的替代性，Luther 认为数字银行、货币、交易和支付的迅速扩张，导致现金需求减少，甚至是急剧减少，因此 M2 会受到影响，而政府的财政政策规定可能会进一步强化这一趋势。毫无疑问，金融创新对货币的各种技术层面产生了影响。④

杨弋帆研究了包含第三方支付的电子货币对于货币供给及货币乘数的影响，发现第三方支付在放大货币乘数方面尤为明显。⑤ 张文庆等、李淑锦和张小龙认为平台金融的发展，尤其是第三方支付会改变货币的流通速度和流通方式，影响货币供给和需求，进而对货币政策效果产生影响。⑥⑦ 全颖和杨大光分析表明，支付货币电子化对流通中的现金和活期

---

① Mishra, P. K. and Pradhan, B. B., "Financial Innovation and Effectiveness of Monetary Policy", SSRN Working Paper, 2008.

② Lietaer, B. and Dunne, J., *Rethinking Money: How New Currencies Turn Scarcity into Prosperity*, Berrett - Koehler Publishers, 2013.

③ Dabrowski, M., "Managing capital flows in a globalized economy", A New Model for Balanced Growth and Convergence: Achieving Economic Sustainability in CESEE Countries, 2013.

④ Luther, W., "The Curse of Cash", *The Independent Review*, Vol. 22, No. 4, 2018.

⑤ 杨弋帆：《电子货币对货币供给及货币乘数的影响机制研究——包含第三方支付机构的三级创造体系》，《上海金融》2014 年第 3 期。

⑥ 张文庆、李明选、孟赞：《互联网金融对传统货币政策影响的实证研究——基于第三方支付视域》，《烟台大学学报》（哲学社会科学版）2015 年第 3 期。

⑦ 李淑锦、张小龙：《第三方互联网支付对中国货币流通速度的影响》，《金融论坛》2015 年第 12 期。

存款替代效应显著,同时对货币需求和货币传导机制也会造成负面影响。[1] 崔海燕实证分析了第三方支付对中国居民消费的影响,结果表明加快第三方支付的发展确实能够促进居民消费的增长。[2] 汤凌冰等发现第三方支付交易规模与货币供给之间存在长期稳定的均衡关系。[3]

(三) 平台金融对于宏观经济的促进

李炳和赵阳以平台金融为研究对象,分析平台金融对于宏观经济的促进及对金融稳定的冲击。研究表明金融创新会促进经济增长,但是过度创新也会带来新的风险。[4] 吴诗伟等分析了利率市场化、商业银行与平台金融之间的关系,结果表明平台金融的发展导致商业银行风险水平上升,同时倒逼利率市场化改革。[5] 张李义和涂奔从内生增长理论视角出发,对平台金融发展和上述变量之间的相关性进行实证研究。结果表明平台金融发展对宏观经济变量产生了正向影响,即能够有效促进经济增长。[6]

网络借贷方面,对网贷利率波动性以及对利率溢出效应的相关研究较多。陈霄和叶德珠发现,样本期间网贷市场利率波动存在逆周期性,并且与利率之间存在溢出效应。[7] 赵煜坚和叶子荣研究了当前 P2P 网络借贷平台暂停注册的问题,经理论推导表明,P2P 通过影响资金漏损率和活期转定期比率,能够促进社会生产的增加,制造通货膨胀。实证分析结果显示,P2P 网贷对中国货币政策中介变量和消费物价指数造成了影响,

---

[1] 全颖、杨大光:《互联网金融发展、支付货币电子化及对货币供给的影响》,《中国流通经济》2016 年第 7 期。

[2] 崔海燕:《互联网金融对中国居民消费的影响研究》,《经济问题探索》2016 年第 1 期。

[3] 汤凌冰、彭品、罗长青:《互联网金融对利率影响的实证研究》,《求索》2016 年第 8 期。

[4] 李炳、赵阳:《互联网金融对宏观经济的影响》,《财经科学》2014 年第 8 期。

[5] 吴诗伟、朱业、李拓:《利率市场化、互联网金融与商业银行风险——基于面板数据动态 GMM 方法的实证检验》,《金融经济学研究》2015 年第 6 期。

[6] 张李义、涂奔:《互联网金融发展对中国经济增长影响的实证》,《统计与决策》2017 年第 11 期。

[7] 陈霄、叶德珠:《中国 P2P 网络借贷利率波动研究》,《国际金融研究》2016 年第 1 期。

但是对经济发展的促进作用并不显著。① 李苍舒通过考察网络借贷规模对国家重要经济金融指标的影响后发现,网络借贷规模的持续增长对实体经济与金融业发展产生了显著影响,短期内会产生冲击,但长期来看可以提升宏观经济景气度。②

关于平台金融的其他业态,也有部分研究者进行了研究,刘国艳从中国中小企业融资现状出发,指出在紧缩性货币政策的宏观环境和有效的金融监督及政策引导下,网络小额贷款公司在解决中小企业融资难问题上发挥了积极作用。③ 周展宏认为以互联网理财产品为代表的平台金融对金融业最大的影响是存款利率市场化。④ 如庄雷认为互联网理财产品冲击了传统金融市场收益率。实证研究结果表明,互联网理财收益率引起了国债收益率的下降,平台金融创新有助于降低传统金融市场的风险补偿,从而降低社会的融资成本。⑤ 刘远翔研究发现互联网保险业务发展对保险企业成本效率与利润效率都有积极影响,并且这种影响具有方向性。⑥

四 平台金融风险及监管

(一) 平台金融风险

鉴于平台金融的具体业务特征,加之网络信息技术的不完善,平台金融较易引发操作风险、信用风险、资金滥用风险等。⑦ Chaffee 等、闫真

---

① 赵煜坚、叶子荣:《P2P 网络借贷对我国货币政策有效性的影响——对沪深 P2P 平台暂停注册的忖量》,《兰州学刊》2016 年第 4 期。

② 李苍舒:《中国网络借贷新业态的规模及影响测度研究——基于 VAR 模型的实证》,《金融评论》2016 年第 6 期。

③ 刘国艳:《我国小额贷款公司对中小企业融资的影响》,《思想战线》2013 年第 S1 期。

④ 周展宏:《利率市场化对中国金融改革的重大意义——以互联网金融为契机启动直接融资市场的可行性探讨》,《人民论坛·学术前沿》2014 年第 12 期。

⑤ 庄雷:《余额宝与国债市场收益率波动的实证研究》,《经济与管理》2015 年第 3 期。

⑥ 刘远翔:《互联网保险发展对保险企业经营效率影响的实证分析》,《保险研究》2015 年第 9 期。

⑦ 徐勇:《国有商业银行如何应对互联网金融模式带来的挑战》,《经贸实践》2015 年第 11 期。

宇指出，平台金融法律体系不健全、资金监管空白、信息易遭泄露。[1][2] 童文俊认为，平台金融除了传统金融所具有的三大风险，[3] 还有其独特的技术操作风险。[4] 互联网上的融资方经常在高杠杆比率下经营，无抵押无担保状态下的借款现象比较多。加上中国个人征信体系仍不够完善，网络数据的数量不够、质量不高。在这些条件下，互联网交易双方地域分布的分散化使信息不对称问题愈加严重，甚至加剧了信用风险。[5] 技术风险带来的最大问题是信息安全问题。技术的不成熟，会导致信息泄露、丢失、被截取、被篡改，影响到信息的保密性、完整性、可用性。这些信息安全问题进而又会造成用户隐私泄露，威胁用户资金安全。[6] 多数平台金融用户对金融市场的知识与信息并不了解，仅仅是被动接受支付机构所选取的"合作单位"，存在信息不对称引发的道德风险。[7]

国内平台金融面临着信用风险、操作风险、合规风险和市场风险等多种风险。近年来，随着中国平台金融行业的迅速发展，平台金融风险也逐渐显现出来。[8] 首先，信用风险是中国平台金融面临的主要风险之一。由于平台金融通常提供个人和中小企业的借贷服务，存在借款人的信用违约风险。这可能是借款人信息不真实、贷款用途不明确或还款意愿不强等因素导致的。[9] 其次，操作风险也是平台金融面临的重要风险。平台金融的运营涉及大量的信息技术系统和在线交易环节，存在技术故

---

[1] Chaffee, E. C. and Rapp, G. C., "Regulating Online Peer–to–Peer Lending in the Aftermath of Dodd–Frank: In Search of an Evolving Regulatory Regime for an Evolving Industry", *Wash. and Lee L. Rev.*, Vol. 69, No. 2, 2012.

[2] 闫真宇：《关于当前互联网金融风险的若干思考》，《浙江金融》2013年第12期。

[3] 童文俊：《互联网金融洗钱风险与防范对策研究》，《浙江金融》2014年第8期。

[4] 李展：《我国金融科技风险的度量与监管研究》，博士学位论文，北京交通大学，2022年，第56页。

[5] 谢平：《互联网金融的现实与未来》，《新金融》2014年第4期。

[6] 谢平、邹传伟：《互联网金融模式研究》，《金融研究》2012年第12期。

[7] 王倩：《互联网金融发展中伦理道德失范及原因分析》，《对外经贸实务》2016年第4期。

[8] 黄益平、黄卓：《中国的数字金融发展：现在与未来》，《经济学》（季刊）2018年第4期。

[9] 杨东：《监管科技：金融科技的监管挑战与维度建构》，《中国社会科学》2018年第5期。

障、黑客攻击和信息泄露等风险。这些风险可能导致平台系统瘫痪、客户资金损失以及用户隐私泄露等问题。① 再次，合规风险也是平台金融需要面对的挑战。监管部门对平台金融行业实施了一系列监管政策和规定，以保护投资者的权益和维护金融市场稳定。平台金融需要遵守这些规定，如合规审查、风险管理和资金监管等方面，以避免违规操作和法律责任。② 最后，市场风险也是平台金融需要警惕的风险之一。市场风险包括宏观经济环境变化、金融市场波动以及竞争加剧等因素带来的不确定性。这些风险可能影响平台金融的盈利能力和稳定性。③

平台金融风险也存在一定的特征。一是高度创新：国内平台金融领域充满了新兴业务模式、技术和产品，包括第三方支付、P2P 网络借贷、众筹等。这种高度创新增加了风险的不确定性。④ 二是监管滞后：平台金融的发展速度远远超过了监管政策的制定和实施能力。监管机构在技术和市场的变化方面面临挑战，导致监管滞后。⑤ 三是高度关联性：平台金融之间及平台金融与传统金融之间存在着高度的关联性。一家平台的风险可能会迅速扩散到其他平台和传统金融机构，甚至整个金融系统，形成系统性金融风险。⑥ 四是不完善的信用评估体系：平台金融中的借贷和投资活动往往依赖于个人或企业的信用评估。然而，目前的信用评估体系还不够完善，容易出现信息不对称和道德风险。⑦ 五是信息安全风险：平台金融涉及大量的个人和金融数据的传输和存储，存在信息泄露、黑客攻击和网络诈骗等安全风险。这可能导致用户隐私泄露、资金损失和

---

① 金洪飞、李弘基、刘音露：《金融科技、银行风险与市场挤出效应》，《财经研究》2020 年第 5 期。

② 皮天雷、刘垚森、吴鸿燕：《金融科技：内涵、逻辑与风险监管》，《财经科学》2018 年第 9 期。

③ 汪可、吴青、李计：《金融科技与商业银行风险承担——基于中国银行业的实证分析》，《管理现代化》2017 年第 6 期。

④ 易宪容：《金融科技的内涵、实质及未来发展——基于金融理论的一般性分析》，《江海学刊》2017 年第 2 期。

⑤ 邓天佐、张俊芳：《关于我国科技金融发展的几点思考》，《证券市场导报》2012 年第 12 期。

⑥ 李敏：《金融科技的系统性风险：监管挑战及应对》，《证券市场导报》2019 年第 2 期。

⑦ 俞勇：《金融科技与金融机构风险管理》，《上海金融》2019 年第 7 期。

金融体系的脆弱性增加。① 六是快速扩张和高杠杆：平台金融企业往往通过大规模融资和高杠杆运营在短时间内快速扩张。这种快速扩张和高杠杆带来了业务规模飞速增长，但也增加了风险暴露和运营不稳定性。② 七是不完善的内部控制：一些金融平台在内部控制方面存在不足，缺乏有效的风险管理和合规机制。这可能导致资金管理不规范、内部欺诈和风险隐患的积累。③ 八是法律法规不完善：相对于平台金融的快速发展，相关的法律法规体系还不够完善。缺乏明确的监管边界和规范，使平台金融领域存在一些法律风险及合规挑战。④ 九是投资者保护问题：平台金融的高收益吸引了大量的投资者，其中包括一些风险承受能力较低的个人投资者。由于信息不对称和不完善的投资者保护机制，投资者容易受到误导和损失。

（二）平台金融监管

国内平台金融风险具有高度创新、监管滞后、高度关联性、不完善的信用评估体系、信息安全风险、快速扩张和高杠杆、不完善的内部控制、法律法规不完善、投资者保护问题等特征。因此有效管理和规避这些风险对于保障平台金融行业的健康发展和金融体系的稳定至关重要。

刘士余研究了平台金融监管的原则，认为平台金融企业要以更稳健、规范的方式拓展业务范畴，监管部门要运用更审慎、灵活的手段创新监管，共同促进新兴支付服务市场协调发展。⑤ 张晓朴通过借鉴国际监管经验提出平台金融监管的新范式，认为对于平台金融这样的新金融业态，监管部门应当坚持鼓励和规范并重、培育和防险并举，维护良好的竞争

---

① 郭丽虹、朱柯达：《金融科技、银行风险与经营业绩——基于普惠金融的视角》，《国际金融研究》2021年第7期。

② 刘孟飞：《金融科技与商业银行系统性风险——基于对中国上市银行的实证研究》，《武汉大学学报》（哲学社会科学版）2021年第2期。

③ 李学峰、杨盼盼：《金融科技、市场势力与银行风险》，《当代经济科学》2021年第1期。

④ 陈红、郭亮：《金融科技风险产生缘由、负面效应及其防范体系构建》，《改革》2020年第3期。

⑤ 刘士余：《互联网支付的创新与监管》，《中国金融》2013年第20期。

秩序、促进公平竞争，维护金融体系稳健运行。① 沈晓晖等提出了围绕防范系统性区域性风险、确保消费者的权益设计监管思路，包括区别对待分类监管、完善法律画出红线、明确责任加强协调、培育中介强化自律、提示风险保护权益等。② 袁新峰就建立平台金融征信制度提出建议，认为当前平台金融乃至整个互联网发展的重大课题就是要构建平台金融征信，前瞻性地构建完善的平台金融征信体系，确保《征信业管理条例》在平台金融行业中的贯彻实施。③

许多学者认为，传统监管模式无法适应迅猛发展的平台金融行业的需求。平台金融的特点包括创新性、高速度和跨界性，这使传统监管模式面临挑战。传统监管主要依赖于规则和法律的制定与执行，但平台金融的灵活性和复杂性使这种监管方式不够灵活和高效。平台金融的运作模式和业务形态与传统金融机构有很大的差异，涉及多个参与方和复杂的交易模式。传统监管往往侧重于监督机构的资本充足率、合规性和风险管理等方面，但对于平台金融来说，这些指标并不能全面反映其风险和运作方式。传统监管无法全面了解和监控平台金融的交易、数据和技术运作，因此无法对其实施有效的监管。④⑤ 此外，一些学者认为，传统监管模式在平台金融领域存在监管漏洞和监管边界模糊的问题。传统监管机构往往难以及时把握新兴平台金融业务的动态变化和创新模式，导致监管滞后和不完备。同时，由于平台金融跨界经营和虚拟化特点，监管边界模糊，难以确定哪个机构应负责监管，从而形成监管漏洞。⑥⑦

---

① 张晓朴：《互联网金融监管的原则：探索新金融监管范式》，《金融监管研究》2014 年第 2 期。

② 沈晓晖、李继尊、冯晓岚：《互联网金融的监管思路》，《中国金融》2014 年第 8 期。

③ 袁新峰：《关于当前互联网金融征信发展的思考》，《征信》2014 年第 1 期。

④ 唐松、伍旭川、祝佳：《数字金融与企业技术创新——结构特征、机制识别与金融监管下的效应差异》，《管理世界》2020 年第 5 期。

⑤ 许多奇：《互联网金融风险的社会特性与监管创新》，《法学研究》2018 年第 5 期。

⑥ 薛莹、胡坚：《金融科技助推经济高质量发展：理论逻辑、实践基础与路径选择》，《改革》2020 年第 3 期。

⑦ 陆岷峰、徐博欢：《普惠金融：发展现状、风险特征与管理研究》，《当代经济管理》2019 年第 3 期。

在传统监管模式不能有效监管平台金融的基础上,许多学者提出了一些替代性的监管方法和理念。一种被广泛讨论的方法是开展监管创新。这意味着监管机构需要与时俱进,采用更加灵活和创新的监管手段来适应平台金融行业的发展。包括可以探索采用监管科技、监管沙盒和监管合作等方式,为平台金融提供更加定制化和灵活的监管环境。监管科技的应用可以利用人工智能、区块链和大数据等技术来提升监管效能和准确性,监管沙盒则可以为平台金融创新提供测试和试点的机会,而监管合作则强调跨机构和跨国界的合作与信息共享。[①] 同时,学者们也强调了加强行业自律的重要性。平台金融行业的参与方,包括平台运营商、金融机构和投资者等,可以自主建立行业准则和规范,通过自我监管来维护市场秩序和保护消费者权益。这种自律机制可以通过行业组织、行业协会和行业标准的建立来实现,监管机构可以与行业参与方进行合作,共同制定和执行这些准则。[②] 另外一些学者提倡从传统的事后监管转变为事前监管,即强调对平台金融的事前审慎监管和风险预防。这意味着监管机构需要在平台金融业务开展之前进行严格的审查和监管,确保其合规性、风险可控性和消费者保护等方面的要求。这种前瞻性的监管方法有助于预防金融风险的发生,减少监管的被动性。[③][④]

此外,学者们还强调了监管的跨界性和国际合作的重要性。平台金融业务往往跨越国界,监管问题也涉及多个国家和地区。加强跨界监管合作是解决监管难题的关键之一。建立国际监管合作机制,促进监管信息的共享和交流,协调监管政策和标准,以实现对跨境平台金融活动的有效监管。此外,还应加强对跨境平台金融风险的监测和预警,建立跨

---

① 柴瑞娟:《监管沙箱的域外经验及其启示》,《法学》2017年第8期。

② 李苍舒、沈艳:《数字经济时代下新金融业态风险的识别、测度及防控》,《管理世界》2019年第12期。

③ 董昀、李鑫:《中国金融科技思想的发展脉络与前沿动态:文献述评》,《金融经济学研究》2019年第5期。

④ 胡滨:《数字普惠金融的价值》,《中国金融》2016年第22期。

境金融合作机制，以及加强对风险的应对和危机的处理。[1][2] 最后，学者们也呼吁监管机构加强对平台金融的信息披露和透明度监管。平台金融业务涉及大量的交易数据和用户信息，因此监管机构需要确保平台金融企业提供充分的信息披露，使投资者和用户能够全面了解其风险和运作情况。对应地，监管企业还应加强对平台金融机构的透明度监管，确保其合规性和风险管理能力。[3] 学者还强调了监管的公正性和中立性。平台金融行业的发展涉及多个利益相关方，监管机构应确保公正和中立地履行监管职责，不偏袒任何一方利益，以维护市场秩序和公众利益。[4]

针对传统监管模式在平台金融领域的有效性问题，学者们提出了跨界合作、信息披露和透明度监管、公正性与中立性等方面的建议。这些建议旨在提高监管的跨界性、效能和公众信任度，以实现对平台金融的有效监管和风险防范。同时，监管机构需要与学者、业界和国际组织等各方加强合作，共同应对平台金融行业带来的监管挑战。

第二节 银行业系统性风险

关于银行业系统性风险研究则更加丰富且深入，主要围绕银行业系统性风险定义及成因、风险传染理论研究、风险传染实证研究、风险预警研究和风险宏观审慎监管研究等，全面涵盖了银行业系统性风险理论、实证及政策研究。

一 银行业系统性风险定义及成因

银行业系统性风险的定义总体上可以分成三大类。第一类定义以

---

[1] 胡滨、程雪军：《金融科技、数字普惠金融与国家金融竞争力》，《武汉大学学报》（哲学社会科学版）2020年第3期。
[2] 王达：《论全球金融科技创新的竞争格局与中国创新战略》，《国际金融研究》2018年第12期。
[3] 吴燕妮：《金融科技前沿应用的法律挑战与监管——区块链和监管科技的视角》，《大连理工大学学报》（社会科学版）2018年第3期。
[4] 张红：《监管沙盒及与我国行政法体系的兼容》，《浙江学刊》2018年第1期。

Kaufman 为代表,其将银行业系统性风险定义为某家特定金融机构失败可能给其他金融机构带来巨大的损失乃至影响整个金融市场稳定的风险。[1] 该定义侧重于某家银行的违约带来的一系列连锁反应及相应威胁,也即系统性风险的关联性特征。第二类定义以 Kupiec 和 Nickerson 为代表,其将银行业系统性风险定义为"一个适度的经济冲击引发资产价格的大幅波动、公司流动性的显著减少、潜在的破产和效率损失的可能性"。[2] 该定义侧重于适度经济冲击带来的资产价格的波动及流动性的相应减少。第三类定义则以 CFTC 为代表,其将银行业系统性风险定义为"由于金融市场存在连锁性质,一个市场参与者的无法履约对其他市场参与者造成负面影响的风险"。[3] 该定义侧重于一个市场参与者的违约和系统性风险负外部性,即风险传染问题。

其余定义较为关注银行业系统性风险的内在机理,侧重于系统性风险所造成的经济系统失衡[4]和系统性风险对实体经济的负面溢出效应[5],以及系统性风险造成的结果,[6][7] 如资产泡沫[8][9]等。银行业系统性风险的定义多样,在很大程度上说明系统性风险本身处于复杂网络中,表现形式多样且动态发展,具有很强的复杂性。由于银行业系统性风险的形成

---

[1] Kaufman, G. G., "Bank Failures, Systemic Risk, and Bank Regulation", *Cato Journal*, Vol. 16, No. 1, 1996.

[2] Kupiec, P. and Nickerson, D., "Assessing Systemic Risk Exposure from Banks and GSEs under Alternative Approaches to Capital Regulation", *The Journal of Real Estate Finance and Economics*, Vol. 28, No. 2 – 3, 2004.

[3] Commodity Futures Trading Commission, "A Guide to the Language of the Futures Industry", https://www.cftc.gov/LearnAndProtect/AdvisoriesAndArticles/CFTCGlossary/index.htm.

[4] Caballero, R. J., "The 'other' Imbalance and the Financial Crisis", NBER Working Paper, No. 1563, 2010.

[5] Moussa, A., "Contagion and Systemic Risk in Financial Networks", Columbia University, 2011.

[6] Maddaloni, A., Peydró, J. L. and Scopel, S., "Does Monetary Policy Affect Bank Credit Standards?", ECB Working Paper, 2008.

[7] Mishkin, F. S., "Remarks on Systemic Risk and the International Lender of Last Resort", Globalization and Systemic Risk, 2009.

[8] Rosengren, E., "Asset Bubbles and Systemic Risk", Federal Reserve Bank of Boston, 2010.

[9] Altunbas, Y., Gambacorta, L. and Marques – Ibanez, D., "Does Monetary Policy Affect Bank Risk – taking?", ECB Working Paper, No. 1166, 2010.

主要由于一家银行的危机给市场带来了负外部性，因此本书中沿用上述第三类定义，将银行业系统性风险定义为"由于金融市场存在连锁性质，一个市场参与者的无法履约对其他市场参与者造成负面影响的风险"，重点强调银行业系统性风险的传染性。

银行业系统性风险形成机理大致可划分为货币政策理论及顺周期理论。早期许多研究者从货币政策理论出发，试图证明金融动荡产生的根本原因是货币政策失误，Friedman 和 Schwartz、Cagan 都属于该类研究。[1][2] Masson、Borio 和 Lowe 也研究了货币政策如何导致较高的系统性风险和金融紊乱。[3][4] 随后的研究从货币政策实践角度出发，Borio 和 Shim 认为，过低的利率及充足的流动性刺激了投机性泡沫的膨胀。[5] Reinhart 和 Rogoff、Alessi 和 Detken 发现，资产价格泡沫膨胀和破灭周期循环的主要原因是信贷量和货币政策。[6][7] Rajan、Borio 甚至认为，美联储长期实行宽松货币政策引发了全球金融危机。[8][9] 国内学者刘吕科证明，应将货币政策和金融稳定结合起来。[10]

---

[1] Friedman, M. and Schwartz, A. J., "Money and Business Cycles", *The Review of Economics and Statistics*, Vol. 45, No. 1, 1963.

[2] Cagan, P., "The Money Stock and Its Three Determinants", Determinants and Effects of Changes in the Stock of Money, 1875 – 1960, 1965.

[3] Masson, P. R., "Contagion: Monsoonal Effects, Spillovers, and Jumps between Multiple Equilibria", 1998.

[4] Borio, C. and Lowe, P., "Assessing the Risk of Banking Crises", BIS Quarterly Review, 2002.

[5] Borio, C. and Shim, I., "What Can (macro –) Prudential Policy Do to Support Monetary Policy?", BIS Working Paper, No. 242, 2008.

[6] Reinhart, C. M. and Rogoff, K. S., This Time is Different: Eight Centuries of Financial Folly, Princeton University Press, 2009.

[7] Alessi, L. and Detken, C., "Quasi Real Time Early Warning Indicators for Costly Asset Price Boom/Bust Cycles: A Role for Global Liquidity", *European Journal of Political Economy*, Vol. 27, No. 3, 2011.

[8] Rajan, R. G., "Has financial development made the world riskier?", NBER Working Paper, No. 11728, 2005.

[9] Borio, C., "Central Banking Post – crisis: What Compass for Uncharted Waters", BIS Working Paper, No. 353, 2011.

[10] 刘吕科：《货币政策与金融系统性风险关系研究述评》，《金融纵横》2012 年第 8 期。

随着货币危机和金融危机的频发,学者们以金融因素在经济周期中的影响为视角研究系统性风险的成因。Bagehot 最早将金融因素引入经济周期模型,[①] Fisher 的债务——通货紧缩理论将信贷周期的产生原因归结为信息不对称下的金融市场缺陷。[②] 之后,Bernanke 和 Blinder、[③] Bernanke 和 Gertler、[④] Bernanke 和 Gertler、[⑤] Bernanke 和 Gilchrist、[⑥] Bernanke 等[⑦]对货币和证券"中性论"进行了批判,使金融经济周期理论取得突破性的进展。Borio 等、Goodhart 认为高度非线性的过度顺周期性正是当前金融系统性风险的主导因素。[⑧][⑨] 基于以往的金融危机,Buiter、White、Adrian 和 Shin 指出顺周期与系统性风险的高度相关性。[⑩][⑪][⑫] 国内研究中,宋清华、翟金林结合顺周期理论,研究了银行系统性风险的形

[①] Bagehot, W., "Lombard Street: A Description of the Money Market", *HS King and Company*, 1873.

[②] Fisher, I. "The Debt-deflation Theory of Great Depressions", *Econometrica*, Vol. 1, No. 4, 1933.

[③] Bernanke, B. S. and Blinder, A. S., "Credit, Money and Aggregate Demand", *American Economic Review*, Vol. 78, No. 2, 1988.

[④] Bernanke, B. S. and Gertler, M., "Agency Costs, Net Worth, and Business Fluctuations", *American Economic Review*, Vol. 79, No. 1, 1989.

[⑤] Bernanke, B. S. and Gertler, M., "Inside the Black Box: the Credit Channel of Monetary Policy Transmission", *Journal of Economic Perspectives*, Vol. 9, No. 4, 1995.

[⑥] Bernanke, B. S. Gertler, M. and Gilchrist, S., "The Financial Accelerator and the Flight to Quality", *Review of Economics and Statistics*, Vol. 78, No. 1, 1996.

[⑦] Bernanke, B. S., Gertler, M. and Gilchrist, S., "The Financial Accelerator in a Quantitative Business Cycle Framework", *Handbook of Macroeconomics*, Vol. 1, Part C, 1999.

[⑧] Borio, C., Furfine, C. and Lowe, P., "Procyclicality of the Financial System and Financial Stability: Issues and Policy Options", BIS Working Paper, 2001.

[⑨] Goodhart, C. A., "The Regulatory Response to the Financial Crisis", *Journal of Financial Stability*, Vol. 4, No. 4, 2008.

[⑩] Buiter, W. H., "Lessons from the 2007 Financial Crisis", CEPR Discussion Paper, No. 6596, 2007.

[⑪] White, W. R., "Procyclicality in the Financial System: Do we Need a New Macro Financial Stabilization Framework?", BIS Working Paper, No. 193, 2007.

[⑫] Adrian, T. and Shin, H. S., "Money, Liquidity and Monetary Policy", *American Economic Review*, Vol. 99, No. 2, 2009.

成机理。①②

二 银行业系统性风险传染理论研究

风险传染是银行业系统性风险研究的另一项重要内容,银行业系统性风险传染理论分为风险的资金传染和风险的信息传染两方面。风险的资金传染主要基于商业银行之间的网络结构如何导致银行业系统性风险的传染,而风险的信息传染则偏重于研究羊群效应与风险传染之间的关系。

(一)银行网络结构与风险传染

早期的银行网络结构研究从验证商业银行间的复杂网络结构入手,理论分析银行网络结构与风险传染的关系,证明银行网络结构导致风险的传染。

1. 银行间复杂网络结构

在研究银行业网络结构时,研究者发现银行间市场的网络结构是具有无标度、小世界及其相应特征的复杂网络结构。Souma 等最早对日本银行业的网络结构进行了研究,发现其具有明显的无标度性,并且符合幂率分布特征。③ Becher 等证明了英国的银行市场是具有自相似性的无标度网络。④ Imakubo 和 Soejima 对日本银行间市场进行了研究,发现日本的银行网络结构是时变的,并且过去的结构和现在的结构差别较大。⑤ Li 通过设置信任度方法构建银行间市场网络,系统地分析了网络聚集系数、结

---

① 宋清华:《银行危机:中国必须正视的现实》,《中南财经政法大学学报》2000 年第 6 期。

② 翟金林:《银行系统性风险的成因及防范研究》,《南开学报》(哲学社会科学版) 2001 年第 4 期。

③ Souma, W., Fujiwara, Y. and H. Aoyama, "Complex Networks and Economics", *Physica A: Statistical Mechanics and Its Applications*, Vol. 324, No. 1 – 2, 2003.

④ Becher, C., Millard, S., and Soramaki, K., "The Network Topology of CHAPS Sterling", *Bank of England Quarterly Bulletin*, Vol. 48, No. 4, 2008.

⑤ Imakubo, K. and Soejima, Y., "The Microstructure of Japan's Interbank Money Market: Simulating Contagion of Intraday Flow of Funds Using BOJ – NET Payment Data", *Monetary and Economic Studies*, Vol. 28, 2010.

构和出入度,进而确定了银行间网络形成。[1] Leonidov 和 Rumyantsev 研究了俄罗斯银行间市场,研究发现银行网络具有自组织特征,且网络的累加度服从幂率分布。[2] 隋聪和王宗尧提出了一种新的分析银行间网络特征的方法,检验节点强度和分布规律。研究发现银行业网络节点强度和节点度存在幂函数关系,并且呈现出无标度网络特征。[3]

不仅如此,研究者们还发现银行间形成了以货币为中心的分层结构和进行动态演化的群聚结构分层结构,Degryse 和 Nguyen 发现比利时是以货币为中心的分层结构,并且符合无标度网络特征。[4] Upper 和 Worms 研究发现德国银行网络是上下两层的货币中心化结构。[5] Teteryatnikova 构建了分层结构的银行网络,证明了该种类型的网络有利于降低流动性带来的冲击。[6] Craig 和 Von Peter 接续之前的研究,对英国和芬兰银行间双边市场数据进行分析,证实了两国与德国类似。[7] D'Souza 等通过假定银行网络度服从幂率分布仿真模拟了银行分层结构,发现该网络系统有利于抵御冲击。[8] 陈少炜和李旸基于复杂网络理论,依据银行间债权债务关系构建了中国银行网络模型并对其网络统计性质进行了分析。研究发现,中国银行网络符合无标度网络结构的特征,是一个拥有少数货币中心且

---

[1] Li, S., "Contagion Risk in an Evolving Network Model of Banking Systems", *Advances in Complex Systems*, Vol. 14, No. 5, 2011.

[2] Leonidov, A. V. and Rumyantsev, E. L., "Default Contagion Risks in Russian Interbank Market", *Physica A: Statistical Mechanics and Its Applications*, Vol. 451, 2016.

[3] 隋聪、王宗尧:《银行间网络的无标度特征》,《管理科学学报》2015 年第 12 期。

[4] Degryse, H. and Nguyen, G., "Interbank Exposure: An Empirical Examination of Systemic Risk in the Belgian Banking System", *International Journal of Central Banking*, Vol. 3, No. 2, 2007.

[5] Upper, C. and Worms, A., "Estimating Bilateral Exposures in the German Interbank Market: Is there a Danger of Contagion?", *European Economic Review*, Vol. 48, No. 4, 2004.

[6] Teteryatnikova, M., "Resilience of the Interbank Network to Shocks and Optimal Bailout Strategy: Advantages of 'tiered' Banking Systems", European University Institute, 2009.

[7] Craig, B. and Von Peter, G., "Interbank Tiering and Money Center Banks", *Journal of Financial Intermediation*, Vol. 23, No. 3, 2014.

[8] D'Souza, R. M., Brummitt, C. D. and Leicht, E. A., "Modeling Interdependent Networks as Random Graphs: Connectivity and Systemic Risk", *Networks of Networks: The Last Frontier of Complexity*, 2014.

具有三层结构特征的银行网络。[1]

在动态演化方面，Iori 等分析了意大利的银行市场结构，发现该国银行网络结构为群聚结构，并且随时间推移逐步演化。[2][3] Cajueiro 和 Tabak 基于复杂网络方法研究了巴西银行间市场的网络结构，发现巴西与意大利一样，存在高度一致性和实时的动态演化性。[4] Martínez-Jaramillo 等通过研究墨西哥银行网络，发现银行间债务联系会随着时间的推移而产生变化。[5] Silva 等基于网络结构理论构建了巴西银行的网络结构，通过聚集系数测度金融机构之间的可替代性，发现巴西银行网络具有高度的异配模式。[6]

2. 银行间市场的风险传染

在确定了银行间网络特征之后，研究开始转向银行间市场的风险传染，确定了债权债务、信息及流动性等关联渠道。在债权债务渠道方面，Allen 和 Gale、Krishnamurthy 认为，如果银行网络是以货币为中心的分层结构，那么风险传染的可能性更大。[7][8] 张志波和齐中英、Nier 等、韩剑发现风险传染与银行债权债务之间的关系呈负相关且非

---

[1] 陈少炜、李旸：《我国银行体系的网络结构特征——基于复杂网络的实证分析》，《经济问题》2016 年第 8 期。

[2] Iori, G., Reno, R., De Masi, G. and Caldarelli, G., "Trading Strategies in the Italian Interbank Market", Physica A: Statistical Mechanics and Its Applications, Vol. 376, 2007.

[3] Iori, G., De Masi, G., Precup, O. V., Gabbi, G. and Caldarelli, G., "A Network Analysis of the Italian Overnight Money Market", Journal of Economic Dynamics and Control, Vol. 32, No. 1, 2008.

[4] Cajueiro, D. O. and Tabak, B. M., "The Role of Banks in the Brazilian Interbank Market: Does Bank Type Matter?", Physica A: Statistical Mechanics and Its Applications, Vol. 387, No. 27, 2008.

[5] Martínez-Jaramillo, S., Pérez, O. P., Embriz, F. A. and Dey, F. L. G., "Systemic Risk, Financial Contagion and Financial Fragility", Journal of Economic Dynamics and Control, Vol. 34, No. 11, 2010.

[6] Silva, T. C., de Souza, S. R. S. and Tabak, B. M., "Network Structure Analysis of the Brazilian Interbank Market", Emerging Markets Review, Vol. 26, 2016.

[7] Allen, F. and Gale, D., "Financial Contagion", Journal of Political Economy, Vol. 108, No. 1, 2000.

[8] Krishnamurthy, A., "Comment on Systemic Risk, Interbank Relations, and Liquidity Provision by the Central Bank", Journal of Money, Credit and Banking, Vol. 32, No. 3, 2000.

线性。[1][2][3] Garratt 等分析了风险传染效应如何从地区扩散至全球,认为债权债务传染渠道起了主要作用。[4] Krause 和 Giansante 模拟了不同标度参数的银行网络,发现参数越小,风险传染程度越低。[5] Memmel 和 Sachs 认为银行网络风险传染存在自组织性,传染持续时间和速度符合幂率分布。[6] Montagna 和 Lux 基于银行网络结构集中度,研究了银行间市场违约引起的系统性风险。[7] 王占浩等引入资产价格传染渠道,构建银行间风险传染模型,并对传染机制进行研究,结果表明资产价格关联是重要参考因素,具有系统重要性属性的银行倒闭会造成高强度的风险传染。[8] 廉永辉用最大熵方法,以网络联系强度为权重,计算了各银行同业业务的总风险,考察了其对各银行风险的影响。研究表明,债权银行和债券银行风险影响特征不同,而风险是由债务向债权端传染。[9] 孙艳霞等、方意在传统网络模型中加入去杠杆—降价抛售机制,研究房地产贷款违约和地方政府融资平台贷款违约对银行体系系统性风险的影响。[10][11] 结果显示,房地产贷款违约引起的风险传染是系统性风险的重

---

[1] 张志波、齐中英:《基于 VAR 模型的金融危机传染效应检验方法与实证分析》,《管理工程学报》2005 年第 3 期。

[2] Nier, E., Yang, J., Yorulmazer, T. and Alentorn, A., "Network Models and Financial Stability", *Journal of Economic Dynamics and Control*, Vol. 31, No. 6, 2007.

[3] 韩剑:《流动性冲击与金融危机传染》,《上海金融》2009 年第 4 期。

[4] Garratt, R., Mahadeva, L. and Svirydzenka, K., "Mapping Systemic Risk in the International Banking Network", Bank of England Working Paper, No. 413, 2011.

[5] Krause, A. and Giansante, S., "Interbank Lending and the Spread of Bank Failures: A Network Model of Systemic Risk", *Journal of Economic Behavior and Organization*, Vol. 83, No. 3, 2012.

[6] Memmel, C. and Sachs, A., "Contagion in the Interbank Market and Its Determinants", *Journal of Financial Stability*, Vol. 9, No. 1, 2013.

[7] Montagna, M. and Lux, T., "Contagion Risk in the Interbank Market: A Probabilistic Approach to Cope with Incomplete Structural Information", *Quantitative Finance*, Vol. 17, No. 1, 2017.

[8] 王占浩、郭菊娥、薛勇:《资产负债表关联、价格关联与银行间风险传染》,《管理工程学报》2016 年第 2 期。

[9] 廉永辉:《同业网络中的风险传染——基于中国银行业的实证研究》,《财经研究》2016 年第 9 期。

[10] 孙艳霞、鲍勤、汪寿阳:《房地产贷款损失与银行间市场风险传染——基于金融网络方法的研究》,《管理评论》2015 年第 3 期。

[11] 方意:《中国银行业系统性风险研究——宏观审慎视角下的三个压力测试》,《经济理论与经济管理》2017 年第 2 期。

要来源，大型商业银行受平台贷款违约的影响小于股份制和城市商业银行。

在信息及流动性渠道方面，Kodres 和 Pritsker 认为银行网络间风险传染是由于信息不对称造成的储户挤兑。① Cassar 和 Duffy、Caballero、Cifuentes 等认为资产价格下跌导致了银行网络间流动性风险的传染，这一恶性循环最终引发了系统性风险。②③④ Hasman 和 Samartín 发现完全结构和零结构的市场可以抵御风险传染，结构不完全的市场风险传染强度较高。⑤ Gai 和 Kapadia 通过构建银行间网络模型，说明了银行间负债比重的增加可能会加速流动性危机的传染。⑥ Acharya 等、Lenzu 和 Tedeschi 发现银行会囤积流动性，甚至为了避免传染而冻结流动性。⑦⑧ Georg 通过研究表明，银行网络稳定性取决于拓扑结构和连通度。⑨ Battiston 等证明银行间网络密度越大，信息溢出效应越强。⑩ He 和 Manela 发现流动性不足

---

① Kodres, L. E. and Pritsker, M., "A Rational Expectations Model of Financial Contagion", *The Journal of Finance*, Vol. 57, No. 2, 2002.

② Cassar, A. and Duffy, N., "Contagion of Financial Crises under Local and Global Networks", Agent - Based Methods in Economics and Finance: Simulations in Swarm, 2002.

③ Caballero, R. J., "The Future of the IMF", *American Economic Review*, Vol. 93, No. 2, 2003.

④ Cifuentes, R., Ferrucci, G. and Shin, H. S., "Liquidity Risk and Contagion", *Journal of the European Economic Association*, Vol. 3, No. 2 - 3, 2005.

⑤ Hasman, A. and Samartín, M., "Information Acquisition and Financial Contagion", *Journal of Banking and Finance*, Vol. 32, No. 10, 2008.

⑥ Gai, P. and Kapadia, S., "Contagion in Financial Networks", *Proceedings of the Royal Society A: Mathematical, Physical and Engineering Sciences*, Vol. 466, No. 2120, 2010.

⑦ Acharya, V. V., Pedersen, L. H., Philippon, T. and Richardson, M., "Measuring Systemic Risk", *Review of Financial Studies*, Vol. 30, No. 1, 2017.

⑧ Lenzu, S. and Tedeschi, G., "Systemic Risk on Different Interbank Network Topologies", *Physica A: Statistical Mechanics and Its Applications*, Vol. 391, No. 18, 2012.

⑨ Georg, C. P., "Basel Ⅲ and Systemic Risk Regulation - What Way Forward?", Working Papers on Global Financial Markets, No. 17, 2011.

⑩ Battiston, S., Gatti, D. D., Gallegati, M., Greenwald, B. and Stiglitz, J. E., "Liaisons Dangereuses: Increasing Connectivity, Risk Sharing and Systemic Risk", *Journal of Economic Dynamics and Control*, Vol. 36, No. 8, 2012.

导致的挤兑会迅速传播至银行网络。[1] Fourel 等、Hausenblas 等基于流动性渠道，发现流动性囤积存在弹性，对于银行网络的演化存在较为复杂的影响。[2][3] Sachs 认为，在完全市场结构中，连接越对称，流动性越小，金融系统越稳定。[4] Fink 等通过建立德国系统性风险传染模型，证明了资产价格贬值会作用于银行，增大期望损失。[5] 吴卫星等采用 CoVaR 模型和资产负债表研究了银行流动性风险传染特征，认为银行同业拆借市场化程度更高，因而成为风险传染的重要渠道。[6] 韩景倜和曹宇建立了一个基于避险行为的银行间网络模型，研究了流动性囤积等行为对系统性风险传染的影响，结果表明短期避险行为有助于减缓风险传染，但长期则不然。[7]

（二）羊群效应与风险传染

关于风险的信息传染渠道，相关研究集中于羊群效应，包括羊群效应产生的原因以及羊群效应的演化规律。Banerjee 对羊群效应进行了定义，认为金融市场中的各类投资者会形成大小不同的群体，在面临类似选择时会依据群体中其他投资者的行为改变自己的投资策略，形成羊群效应。[8] Hirshleifer 等认为羊群效应应该区分理性羊群和非理性羊群，利益获得即为理性羊群，反之则为非理性羊群。[9] Boyson 对声誉性羊群效应

---

[1] He, Z. and Manela, A., "Information Acquisition in Rumor-based Bank Runs", *The Journal of Finance*, Vol. 71, No. 3, 2016.

[2] Fourel, V., Heam, J. C., Salakhova, D. and Tavolaro, S., "Domino Effects When Banks Hoard Liquidity: The French Network", Banque de France Working Paper, 2013.

[3] Hausenblas, V., Kubicová, I. and Lešanovská, J., "Contagion Risk in the Czech Financial System: A Network Analysis and Simulation Approach", *Economic Systems*, Vol. 39, No. 1, 2015.

[4] Sachs, A., "Completeness, Interconnectedness and Distribution of Interbank Exposures—a Parameterized Analysis of the Stability of Financial Networks", *Quantitative Finance*, Vol. 14, No. 9, 2014.

[5] Fink, K., Krüger, U., Meller, B. and Wong, L. H., "The Credit Quality Channel: Modeling Contagion in the Interbank Market", *Journal of Financial Stability*, Vol. 25, 2016.

[6] 吴卫星、邵旭方、吴锟：《中国商业银行流动性风险传染特征分析——基于商业银行同业负债的时间序列数据》，《国际商务》（对外经济贸易大学学报）2016 年第 4 期。

[7] 韩景倜、曹宇：《基于避险行为的银行间网络系统性风险传染研究》，《复杂系统与复杂性科学》2017 年第 1 期。

[8] Banerjee, A. V., "A Simple Model of Herd Behavior", *The Quarterly Journal of Economics*, Vol. 107, No. 3, 1992.

[9] Hirshleifer, D., Subrahmanyam, A. and Titman, S., "Security Analysis and Trading Patterns When Some Investors Receive Information Before Others", *The Journal of Finance*, Vol. 49, No. 5, 1994.

进行了延伸研究,再次证明了羊群效应的存在。[1]

1. 羊群效应产生原因

投资者心理因素决定了非理性羊群效应,社会文化和经济环境等多种因素导致人们放弃思考的过程,触发非理性羊群效应。Scharfstein 和 Stein 率先提出了基于委托代理人的声誉羊群效应理论。其认为委托代理人的能力是不确定的,但是采取与其他代理人不同的交易策略可能会给代理人带来声誉风险。[2] 由于机构投资者在获取信息方面具有优势,个体投资者对于信息成本的支付能力较弱,因此机构投资者远比个人投资者获得的信息更多且更有效。[3] Bikhchandani 等认为信息重叠是羊群效应出现的根本原因,机构投资者可以通过观察其他机构投资者的投资行为来猜测其获取的私有信息,这种情况也会造成机构投资者的羊群效应。[4] Hirshleifer 等指出信息瀑布与羊群效应的内在联系,证明了信息重叠对于羊群行为的影响。[5] Devenow 和 Welch 认为,为了避免业绩水平较低,委托代理人通常采取羊群行为,通过模仿其他代理人决策实施最优选择。[6] Maug 和 Naik 认为代理人激励机制扭曲以及同行相互模仿导致了羊群效应的出现。[7] 彭惠运用微观结构理论分析,发现信息不对称是羊群效应以及泡沫现象产生的原因。[8] Decamps 和 Lovo 认为个体投资者为了避免投资失

---

[1] Boyson, N. M., "Implicit Incentives and Reputational Herding by Hedge Fund Managers", *Journal of Empirical Finance*, Vol. 17, No. 3, 2010.

[2] Scharfstein, D. S. and Stein, J. C., "Herd Behavior and Investment", *The American Economic Review*, Vol. 80, No. 3, 1990.

[3] Froot, K. A., Scharfstein, D. S. and Stein, J. C., "Herd on the Street: Informational Inefficiencies in a Market with Short-term Speculation", *The Journal of Finance*, Vol. 47, No. 4, 1992.

[4] Bikhchandani, S., Segal, U. and Sharma, S., "Stochastic Dominance under Bayesian Learning", *Journal of Economic Theory*, Vol. 56, No. 2, 1992.

[5] Hirshleifer, D., Subrahmanyam, A. and Titman, S., "Security Analysis and Trading Patterns When Some Investors Receive Information before Others", *The Journal of Finance*, Vol. 49, No. 5, 1994.

[6] Devenow, A. and Welch, I., "Rational Herding in Financial Economics", *European Economic Review*, Vol. 40, No. 3-5, 1996.

[7] Maug, E. and Naik, N., "Herding and Delegated Portfolio Management: The Impact of Relative Performance Evaluation on Asset Allocation", *The Quarterly Journal of Finance*, Vol. 1, No. 2, 2011.

[8] 彭惠:《信息不对称下的羊群行为与泡沫——金融市场的微观结构理论》,《金融研究》2000 年第 11 期。

败，将会模仿机构投资者的投资选择，很大程度上造成了"羊群效应"。[1] Richards、Park 和 Sgroi 基于信息不对称理论和交易者的过度追随心理，分析了股票市场羊群效应的出现及变化特征。[2][3]

2. 羊群效应的演化规律

信息重叠导致少数非理性投资者的策略选择影响了大多数理性投资者，并让其改变投资策略，产生非理性羊群效应，[4] 因此 Fehr 和 Tyran 认为，人与人之间相互传播信息，导致非理性行为对理性行为产生影响。[5] 之后研究者们开始关注信息传播对投资市场价格波动的影响，Datst、Baker 和 Wurgler 认为资本市场的新闻报道对于投资者预期的改变有着非常重要的作用，不同语气和措辞也会对资产价格产生影响。[6][7] Meschke、Frieder 和 Subrahmanyam 发现高知名度的公司股票受到投资者的追捧，也即品牌效应对资本市场会产生影响。[8][9] Tetlock 发现投资者更相信媒体的公信力而非传统的市场分析，在新闻自由度较高且言论管制力度较弱的国家，受质疑的新闻报道对投资市场的冲击更大。[10]

之后研究者将羊群行为与复杂网络理论结合，探讨了羊群效应的演

---

[1] Decamps, J. P. and Lovo, S., "A Note on Risk Aversion and Herd Behavior in Financial Markets", *The Geneva Risk and Insurance Review*, Vol. 31, No. 1, 2006.

[2] Richards, M. A. J., "Idiosyncratic Risk: An Empirical Analysis, with Implications for the Risk of Relative – value Trading Strategies", IMF Working Paper, No. 1999/148, 1999.

[3] Park, A. and Sgroi, D., "Herding, Contrarianism and Delay in Financial Market Trading", *European Economic Review*, Vol. 56, No. 6, 2012.

[4] Bernardo, A. E. and Welch, I., "On the Evolution of Overconfidence and Entrepreneurs", *Journal of Economics and Management Strategy*, Vol. 10, No. 3, 2001.

[5] Fehr, E. and Tyran, J. R., "Individual Irrationality and Aggregate Outcomes", *Journal of Economic Perspectives*, Vol. 19, No. 4, 2005.

[6] Datst, D. M., The Art of Asset Allocation: Asset Allocation Principles and Investment Strategies for any Market, The McGraw – Hill Companies Inc., 2003.

[7] Baker, M. and Wurgler, J., "Investor Sentiment and the Cross – section of Stock Returns", *The Journal of Finance*, Vol. 61, No. 4, 2006.

[8] Meschke, F., "CEO Interviews on CNBC", SSRN Working Paper, 2004.

[9] Frieder, L. and Subrahmanyam, A., "Brand Perceptions and the Market for Common Stock", *Journal of Financial and Quantitative Analysis*, Vol. 40, No. 1, 2005.

[10] Tetlock, P. C., "Giving Content to Investor Sentiment: The Role of Media in the Stock Market", *The Journal of Finance*, Vol. 62, No. 3, 2007.

化规律及其影响因素。Nirei 等运用羊群效应分析模型研究了投资成交量与投资价格之间的关系，发现在纳什均衡情况下投资者行为会出现幂率分布现象。[1] Alfarano 等研究了异质性情况下羊群效应的演化过程及其主要影响因素，指出投资人群体分布状况及自相关受益的流动性，影响了资本市场羊群效应的演化。[2] Adam 等认为投资群体间的相互信任网络对资本市场稳定性造成了较大的影响。[3] Harras 和 Sornette、Tedeschi 等仿真模拟了群体投资决策反馈而形成的资本市场泡沫，构建了受指令驱动的投资市场模型，发现在羊群效应动态演变过程中，投资者的跟队行为和模仿现象是引发羊群效应的主要原因。[4][5] Fahr 和 Irlenbusch 发现在博弈学习机制的影响下，个人投资者和机构投资者的羊群效应会逐渐消失，演变为理性投资决策。[6] Hsieh 认为信息重叠性造成的机构投资者高度羊群行为加快了市场价格调整和波动。[7]

三 银行业系统性风险传染实证研究

在理论研究的基础上，银行业系统性风险传染还涉及较多实证研究，依旧分为风险的资金传染和风险的信息传染两方面。风险的资金传染研究主要运用实证模型和模拟仿真等方法，基于各国银行业案例验证商业银行网络结构的风险传染效应，而风险的信息传染实证研究则偏重于验

---

[1] Nirei, M., Stamatiou, T. G. and Sushko, V., "Stochastic Herding in Financial Markets Evidence from Institutional Investor Equity Portfolios", BIS Working Paper, No. 371, 2012.

[2] Alfarano, S., Milakovi, M. and Raddant, M., "Network Hierarchy in Kirman's ant Model: Fund Investment Can Create Systemic Risk", Economics Working Paper, No. 2009 – 09, 2009.

[3] Adam, H. J., Richardson, S. E., Jamieson, F. B., Rawte, P., Low, D. E. and Fisman, D. N., "Changing Epidemiology of Invasive Haemophilus Influenzae in Ontario, Canada: Evidence for Herd Effects and Strain Replacement due to Hib Vaccination", Vaccine, Vol. 28, No. 24, 2010.

[4] Harras, G. and Sornette, D., "How to Grow a Bubble: A Model of Myopic Adapting Agents", Journal of Economic Behavior and Organization, Vol. 80, No. 1, 2011.

[5] Tedeschi, G., Iori, G. and Gallegati, M., "Herding Effects in Order Driven Markets: The Rise and Fall of Gurus", Journal of Economic Behavior and Organization, Vol. 81, No. 1, 2012.

[6] Fahr, R. and Irlenbusch, B., "Who Follows the Crowd—Groups or Individuals?", Journal of Economic Behavior and Organization, Vol. 80, No. 1, 2011.

[7] Hsieh, S. F., "Individual and Institutional Herding and the Impact on Stock Returns: Evidence from Taiwan Stock Market", International Review of Financial Analysis, Vol. 29, 2013.

证羊群效应的存在。

(一) 银行网络结构的风险传染效应

Carron 和 Friedman 最早运用实证模型验证了银行市场中的风险传染效应。[1] Aharony 和 Swary 对银行的偿付能力与银行规模的关系进行研究,并运用资本市场数据测试了风险传染的资金触发机制。[2] Furfine 发现安全网络可以减少一定的风险,但是大银行倒闭会触发传染效应。[3] Van Lelyveld 和 Liedorp 对荷兰银行网络进行了模拟冲击,发现银行系统结构、规模、连接数量及分布对传染效果均存在影响。[4] Bech 和 Atalay 发现以货币为中心的分层结构可以减少风险传染。银行网络结构分层后,小银行作为市场主要参与者,是少数大银行的净贷款者。[5] 周再清等对传统矩阵法进行改进,求解列昂惕夫逆矩阵,并构建了银行风险传染测度模型,结果显示危机传染具有乘数放大效应。[6] 高国华和潘英丽基于资产负债表,研究了银行间市场双边传染风险,并从信用违约和流动性风险对传染路径和资本损失进行了估测。结果表明,中国大银行处于中心环节,银行间市场风险传染性较小。[7] Georg 在研究央行对于系统性风险的影响时,发现银行间的传染效应比市场内生波动威胁更大。[8] Souza 等通过矩阵法

---

[1] Carron, A. S. and Friedman, B. M., "Financial Crises: Recent Experience in US and International Markets", *Brookings Papers on Economic Activity*, Vol. 1982, No. 2, 1982.

[2] Aharony, J. and Swary, I., "Contagion Effects of Bank Failures: Evidence from Capital Markets", *Journal of Business*, Vol. 56, No. 3, 1983.

[3] Furfine, C. H., "Interbank Exposures: Quantifying the Risk of Contagion", *Journal of Money, Credit and Banking*, Vol. 35, No. 1, 2003.

[4] Van Lelyveld, I. and Liedorp, F., "Interbank Contagion in the Dutch Banking Sector: A Sensitivity Analysis", *International Journal of Central Banking*, Vol. 2, No. 2, 2006.

[5] Bech, M. L. and Atalay, E., "The Topology of the Federal Funds Market", *Physica A: Statistical Mechanics and Its Applications*, Vol. 389, No. 22, 2010.

[6] 周再清、邓文、周云伯:《宏观审慎监管框架下银行系统性风险传染测度研究》,《广州大学学报》(社会科学版) 2012 年第 6 期。

[7] 高国华、潘英丽:《基于资产负债表关联的银行系统性风险研究》,《管理工程学报》2012 年第 4 期。

[8] Georg, C. P., "The Effect of the Interbank Network Structure on Contagion and Common Shocks", *Journal of Banking and Finance*, Vol. 37, No. 7, 2013.

证明巴西银行市场风险传染效应有限,并且银行间市场风险传染路径较短。[1] Caccioli 等发现投资组合会放大风险暴露导致风险传染效应,之后又发现风险在单独渠道传染时,银行受到的冲击并不显著,而在多渠道传染时,冲击效果较大。[2][3]

  仿真模拟研究方面,Inaoka 等通过构建银行网络仿真模型,发现了不断增加的复杂网络节点分布规律,并解释了无标度网络形成的原因。[4] 李守伟等借助生物学中传染病模型建立了银行风险传染的随机模型,描述了风险传染过程及传染概率。[5] 周天芸等将系统性风险成因划分为冲击和传染两个过程,研究了机构集聚的香港银行业,通过测量条件在险价值,刻画银行脆弱性传染机理。[6] 陈建新等借助生物学集合种群理论,构建了银行间风险传染模型,并运用元胞自动机方法对风险传染的动态过程进行模拟,得到风险传染特征及影响因素。[7] Chakrabarty 和 Zhang 通过矩阵法对银行间风险传染进行测算及仿真,构建了上市银行双边敞口矩阵,并估计了传染损失率。[8] Lee 提出了一种计算流动性短缺的方法,通过仿真分析发现,以货币为中心的分层结构中,货币中心银行的流动性对于

---

[1] Souza, S. R., Tabak, B. M., Silva, T. C. and Guerra, S. M., "Insolvency and Contagion in the Brazilian Interbank Market", *Physica A: Statistical Mechanics and Its Applications*, Vol. 431, 2015.

[2] Caccioli, F., Farmer, J. D., Foti, N. and Rockmore, D., "How Interbank Lending Amplifies Overlapping Portfolio Contagion: A Case Study of the Austrian Banking Network", arXiv: 1306.3704, 2013.

[3] Caccioli, F., Farmer, J. D., Foti, N. and Rockmore, D., "Overlapping Portfolios, Contagion, and Financial Stability", *Journal of Economic Dynamics and Control*, Vol. 51, 2015.

[4] Inaoka, H., Takayasu, H., Shimizu, T., Ninomiya, T. and Taniguchi, K., "Self-similarity of Banking Network", *Physica A: Statistical Mechanics and Its Applications*, Vol. 339, No. 3-4, 2004.

[5] 李守伟、何建敏、龚晨:《银行风险传染随机模型研究》,《统计与信息论坛》2010 年第12 期。

[6] 周天芸、周开国、黄亮:《机构集聚、风险传染与香港银行的系统性风险》,《国际金融研究》2012 年第 4 期。

[7] 陈建新、罗伟其、庞素琳:《银行风险传染的集合种群模型——基于元胞自动机的动态模拟》,《系统工程理论与实践》2012 年第 3 期。

[8] Chakrabarty, B. and Zhang, G., "Credit Contagion Channels: Market Microstructure Evidence from Lehman Brothers' Bankruptcy", *Financial Management*, Vol. 41, No. 2, 2012.

整个银行体系的稳定性起着决定性作用。[1] 张英奎等对银行间的风险交易建模,并对不同复杂网络形态下的银行系统进行仿真模拟,统计外部风险比例、网络规模等对于风险传染的影响。[2] 鲍勤和孙艳霞利用国内银行业的数据,建立银行间网络,仿真模拟了单个银行的破产导致风险传染的概率及影响。[3] Lux 通过随机连接的方式构建初始银行网络结构,仿真结果表明,银行间市场是以货币为中心的分层结构,上层的大银行发挥货币中心的作用,满足下层小银行的流动性需求。[4] 陈庭强等、王晓枫和廖凯亮用复杂网络方法构造了银行同业拆借网络,模拟并刻画了风险传染的基本路径,分析了复杂网络结构对风险传染效应的影响。研究表明小银行更脆弱,并会将风险传染给大银行,银行数量增加有利于弱化银行间市场的风险传染效应。[5][6]

(二) 羊群效应表现及检验

针对羊群效应的风险传染效应,研究者设计了羊群效应的检验模型,之后还将研究范围扩大至资本市场和平台金融领域。

1. 羊群效应模型运用

在模型设计方面,Lakonishok 等提出了 LSV 模型,通过构造羊群效应强度指标,考察投资者同时买卖某种特定股票的传染效应。[7] Wermers 运用组合变动度量方法 PCM 模型,在影响方向和影响力大小上,度量市场

---

[1] Lee, S. H., "Systemic Liquidity Shortages and Interbank Network Structures", *Journal of Financial Stability*, Vol. 9, No. 1, 2013.

[2] 张英奎、马茜、姚水洪:《基于复杂网络的银行系统风险传染与防范》,《统计与决策》2013 年第 10 期。

[3] 鲍勤、孙艳霞:《网络视角下的金融结构与金融风险传染》,《系统工程理论与实践》2014 年第 9 期。

[4] Lux, T., "Emergence of a Core–periphery Structure in a Simple Dynamic Model of the Interbank Market", *Journal of Economic Dynamics and Control*, Vol. 52, 2015.

[5] 陈庭强、李心丹、何建敏:《基于熵空间交互理论的 CRT 网络信用风险传染模型》,《中国管理科学》2016 年第 6 期。

[6] 王晓枫、廖凯亮:《商业银行同业业务风险传染特征及因素分析》,《东北财经大学学报》2017 年第 2 期。

[7] Lakonishok, J., Shleifer, A. and Vishny, R. W., "The Impact of Institutional Trading on Stock Prices", *Journal of Financial Economics*, Vol. 32, No. 1, 1992.

投资的羊群效应。[①] Christie 和 Huang 设计了 CSCD 模型,通过检验投资市场价格大幅波动时的离散程度与平均值下的方差大小来验证是否存在羊群效应。[②] Chang 等提出了 CSAD 模型,该模型为检验羊群效应的常用方法。该模型运用单只股票收益率与市场整体收益率的横截面绝对偏离程度,来衡量投资者的羊群行为。研究者还选取了不同国家进行羊群效应的实证检验。[③] 胡赫男和吴世农、张屹山和方毅在有限理性假设下建立了行为主动庄家的交易操纵模型,捕捉到了庄家操纵时的市场价格波动情况。[④⑤] 董志勇和韩旭根据 GCAPM 提出了新的羊群行为测度模型,认为如果某一资产组合存在羊群行为,那么该预期收益率与市场平均预期收益率呈非线性关系。[⑥] 崔巍改进了传统的 BHW 模型,研究了风险回避情况下的信息瀑布和投资者羊群效应。[⑦] 陈莹等在计算实验平台上,通过协同模拟,发现羊群行为和收益波动存在较强相关性。[⑧] 阮青松和吕大永运用 CCK 模型和 CH 模型对沪深 300 指数中的羊群效应进行了实证检验,发现牛市和熊市中的羊群效应显著性不同。[⑨] 肖欣荣等构建了基金的网络模型,揭示了基金羊群行为的内在形成机制,检验了基金网络结构对重

[①] Wermers, R., "Herding, Trade Reversals, and Cascading by Institutional Investors", SSRN Working Paper, 1994.

[②] Christie, W. G. and Huang, R. D., "Following the Pied Piper: Do Individual Returns Herd around the Market?" *Financial Analysts Journal*, Vol. 51, No. 4, 1995.

[③] Chang, E. C., Cheng, J. W. and Khorana, A., "An Examination of Herd Behavior in Equity Markets: An International Perspective", *Journal of Banking and Finance*, Vol. 24, No. 10, 2000.

[④] 胡赫男、吴世农:《我国基金羊群行为:测度与影响因素》,《经济学家》2006 年第 6 期。

[⑤] 张屹山、方毅:《中国股市庄家交易操纵的模型与政策分析》,《管理世界》2007 年第 5 期。

[⑥] 董志勇、韩旭:《基于 GCAPM 的羊群行为检测方法及中国股市中的实证依据》,《金融研究》2007 年第 5 期。

[⑦] 崔巍:《投资者的羊群行为分析——风险回避下的 BHW 模型》,《金融研究》2009 年第 4 期。

[⑧] 陈莹、袁建辉、李心丹、肖斌卿:《基于计算实验的协同羊群行为与市场波动研究》,《管理科学学报》2010 年第 9 期。

[⑨] 阮青松、吕大永:《沪深 300 指数羊群效应研究》,《商业研究》2010 年第 8 期。

仓股票动量或反转效应的影响。①

2. 资本市场的羊群效应

伍旭川和何鹏证明了国内证券投资基金的羊群交易行为，认为羊群效应加速了股价的波动率。② 徐信忠等认为国内证券投资基金存在羊群行为，程度高于美国，且卖方行为大于买方行为。③ 闫海峰和李鑫海构建了羊群效应相关指标，通过 ARCH 模型研究证实股指波动会受到羊群行为的影响。④ 郭海星和万迪昉运用实验经济学的研究方法对期货市场中的羊群行为进行研究，发现信息精度对羊群效应产生了影响。⑤ Chiang 和 Zheng 研究表明国内 A 股存在显著的羊群效应，而 B 股市场无显著羊群效应特征。⑥ Economou 等选取了欧洲四国，研究了 1998—2008 年十年间的资本市场羊群效应。发现金融危机发生前，四国资本市场并无显著的羊群效应。⑦ 蔡庆丰等、路磊等经过实证研究发现评级调整对证券投资基金的羊群行为具有显著影响，且分析师的羊群效应会加剧投资者的羊群行为，造成股价的剧烈波动。⑧⑨ Tedeschi 等对比了发达国家和发展中国家资本市场的羊群效应，发现不仅发达国家的成熟资本市场存在羊群行为，

---

① 肖欣荣、刘健、赵海健:《机构投资者行为的传染——基于投资者网络视角》,《管理世界》2012 年第 12 期。

② 伍旭川、何鹏:《中国开放式基金羊群行为分析》,《金融研究》2005 年第 5 期。

③ 徐信忠、张璐、张峥:《行业配置的羊群现象——中国开放式基金的实证研究》,《金融研究》2011 年 4 月。

④ 闫海峰、李鑫海:《羊群效应对股指波动率的影响分析》,《现代财经》(天津财经大学学报) 2010 年第 2 期。

⑤ 郭海星、万迪昉:《期货市场中的信息精度与羊群行为实验研究》,《系统工程》2010 年第 10 期。

⑥ Chiang, T. C. and Zheng, D., "An Empirical Analysis of Herd Behavior in Global Stock Markets", *Journal of Banking and Finance*, Vol. 34, No. 8, 2010.

⑦ Economou, F., Kostakis, A. and Philippas, N., "Cross–country Effects in Herding Behaviour: Evidence from Four South European Markets", *Journal of International Financial Markets, Institutions and Money*, Vol. 21, No. 3, 2011.

⑧ 蔡庆丰、杨侃、林剑波:《羊群行为的叠加及其市场影响——基于证券分析师与机构投资者行为的实证研究》,《中国工业经济》2011 年第 12 期。

⑨ 路磊、黄京志、吴博:《基金排名变化和羊群效应变化》,《金融研究》2014 年第 9 期。

发展中国家的羊群效应也很显著。① Balcilar 等实证分析了阿拉伯地区资本市场的羊群效应，发现市场在危机状态下存在显著羊群效应。② 田存志和赵萌利用 FHW 和序贯交易模型进行研究，认为羊群行为对股票需求跨期反转的贡献高于隐性交易。③ 潘婉彬等运用自正则的 K-S 方法，发现 QFII 在 A 股市场上的羊群行为度序列确实存在均值变点。④ 许年行等研究了机构投资者的羊群行为对资本市场崩溃造成的影响。认为其确实提高了崩盘的风险，且风险存在方向性，QFII 的存在并不能削弱羊群效应对崩盘的影响。⑤

3. 平台金融的羊群效应

随着信息技术发展的如火如荼，互联网技术逐步运用在电子商务领域，但是信息技术的发展仍旧没有解决信息不对称问题，电商的羊群效应问题仍然存在。Simonsohn 和 Ariely 对 eBay 网进行了研究，他们发现在线竞拍者更喜欢已经有出价的产品，投资者甚至不关心产品质量，电商平台存在非理性羊群行为。⑥ 近几年，随着平台金融规模的逐步扩大，研究者开始涉足平台金融的羊群行为。Krumme 和 Herrero 模拟了平台金融不同场景中的羊群行为及其相互作用，解释了放款人的出价模式。⑦ Herzenstein 等利用 Prosper 网站的数据和双因变量 Logit 模型，观察了 P2P 平台的羊群效应，并对羊群效应进行了实证检验，认为投资者更有可能

---

① Tedeschi, G., Iori, G. and Gallegati, M., "Herding Effects in Order Driven Markets: The Rise and Fall of Gurus", *Journal of Economic Behavior and Organization*, Vol. 81, No. 1, 2012.

② Balcilar, M., Demirer, R. and Hammoudeh. S., "Investor Herds and Regime – switching: Evidence from Gulf Arab Stock Markets", *Journal of International Financial Markets, Institutions and Money*, Vol. 23, 2013.

③ 田存志、赵萌:《羊群行为：隐性交易还是盲目跟风？》，《管理世界》2011 年第 3 期。

④ 潘婉彬、丁瑜、罗丽莎:《基于自正则的 K-S 方法对 QFII 羊群行为的变点检验》，《数理统计与管理》2016 年第 5 期。

⑤ 许年行、于上尧、伊志宏:《机构投资者羊群行为与股价崩盘风险》，《管理世界》2013 年第 7 期。

⑥ Simonsohn, U. and Ariely, D., "When Rational Sellers Face Nonrational Buyers: Evidence from Herding on eBay", *Management Science*, Vol. 54, No. 9, 2008.

⑦ Krumme, K. A. and Herrero, S., "Lending Behavior and Community Structure in an Online peer – to – peer Economic Network", 2009 International Conference on Computational Science and Engineering, 2009.

在现有的出价中竞标。[1] Wang 和 Greiner 认为 P2P 借贷平台中的羊群行为导致较低的投资回报率和贷款资源的不充分利用。此外，该研究利用 Logit 市场份额模型，对 P2P 平台羊群效应进行了实证检验。[2]

李悦雷等首先发现国内互联网小额贷款市场存在显著的羊群效应，且会对借款成功率造成影响。[3] 陈霄基于 P2P 网贷平台构建了"柠檬"及"声誉"模型，分析了网贷平台的羊群效应。[4] 曾江洪和杨帅认为潜在出借人在进行投资决策时可能会受到前期出借人行为的影响，导致网络借贷平台出现显著的理性羊群效应。[5] 廖理等借助 P2P 借贷平台的数据，基于个人投资者选择市场份额模型，检验了国内网络借贷市场中的羊群效应及其特点，结果表明此类羊群效应受信息获取程度的影响，但并非一直存在。[6] 吴佳哲通过建立筹集速度模型和多项式 Logit 市场份额模型，发现网络借贷平台存在显著的羊群效应。[7] 吴文清等对众筹市场中的羊群现象进行了行为金融实验，发现筹资过程中存在显著的羊群效应。[8]

四 银行业系统性风险预警研究

金融危机之后，研究者热衷于开发系统性风险测度的模型方法。当前银行业系统性风险测度方法很多，主要分为宏观经济方法、粒状基础和网络测量方法、前瞻性的风险测量方法、截面数据模型等。

---

[1] Herzenstein, M., Dholakia, U. M. and Andrews, R. L., "Strategic Herding Behavior in peer – to – peer Loan Auctions", *Journal of Interactive Marketing*, Vol. 25, No. 1, 2011.

[2] Wang, H. and Greiner, M., "Herding in multi – winner Auctions", ICIS 2010 Proceedings, 2010.

[3] 李悦雷、郭阳、张维：《中国 P2P 小额贷款市场借贷成功率影响因素分析》，《金融研究》2013 年第 7 期。

[4] 陈霄：《民间借贷成本研究——基于 P2P 网络借贷的实证分析》，《金融经济学研究》2014 年第 1 期。

[5] 曾江洪、杨帅：《P2P 借贷出借人的羊群行为及其理性检验——基于拍拍贷的实证研究》，《现代财经》（天津财经大学学报）2014 年第 7 期。

[6] 廖理、李梦然、王正位、贺裴菲：《观察中学习：P2P 网络投资中信息传递与羊群行为》，《清华大学学报》（哲学社会科学版）2015 年第 1 期。

[7] 吴佳哲：《基于羊群效应的 P2P 网络借贷模式研究》，《国际金融研究》2015 年第 11 期。

[8] 吴文清、付明霞、赵黎明：《我国众筹成功影响因素及羊群现象研究》，《软科学》2016 年第 2 期。

(一) 宏观经济方法

Alessi 和 Detken 使用一种信号方法来预测繁荣和萧条时期的资产价格。其通过 1970—2007 年 18 个经合组织国家的数据，研究了大量真实金融变量早期预警指标的表现。[①] Borio 和 Lowe 使用房地产价格缺口、股票价格缺口及信贷缺口，构建宏观经济早期预警指标，预测银行业危机。[②] Alfaro 和 Drehmann 使用了简单的宏观经济压力测试，认为 GDP 增长只取决于其过去的行为。他们观察了国内宏观经济状况，在银行业危机之前，GDP 增长通常会走弱，经济产量大幅下降。[③] Borio 从整个系统的角度，建立了一个宏观审慎的框架，发现风险的驱动因素是由内在因素决定的，最终目标是控制它们为实体经济带来的成本。[④] Ladley 建立了一个带有内生性银行行为和利率的计算模型。研究发现，在一场大范围的经济震荡中，更多的银行间借贷关系加剧了系统性风险。[⑤]

国内，刘春航和朱元倩较早结合金融体系脆弱性评估框架 BLISHER 中金融结构脆弱性的要素分析，构建了适合中国银行业系统性风险的度量框架，并分别从宏观经济冲击、银行自身经营脆弱性以及传染和扩散等多个角度构建了系统性风险矩阵。[⑥] 冯超和肖兰将 KLR 模型应用到中国银行业系统性风险预警研究中，从宏观经济指标、银行业脆弱性指标以及系统性风险传染指标三个方面构建指标体系，计算阈值进行检验并预测。[⑦] 星焱构建了国内 92 家银行的系统性风险指标体系，通过 SYS -

---

[①] Alessi, L. and Detken, C., "Quasi Real Time Early Warning Indicators for Costly asset Price Boom/Bust Cycles: A Role for Global Liquidity", *European Journal of Political Economy*, Vol. 27, No. 3, 2011.

[②] Borio, C. and Lowe, P., "Assessing the Risk of Banking Crises", BIS Quarterly Review, 2002.

[③] Alfaro, R. A. and Drehmann, M., "Macro Stress Tests and Crises: What Can We Learn?", BIS Quarterly Review, 2009.

[④] Borio, C., "Implementing a Macroprudential Framework: Blending Boldness and Realism", *Capitalism and Society*, Vol. 6, No. 1, 2011.

[⑤] Ladley, D., "Contagion and Risk – sharing on the Inter – bank Market", *Journal of Economic Dynamics and Control*, Vol. 37, No. 7, 2013.

[⑥] 刘春航、朱元倩:《银行业系统性风险度量框架的研究》,《金融研究》2011 年第 12 期。

[⑦] 冯超、肖兰:《基于 KLR 模型的中国银行业系统性风险预警研究》,《上海金融》2014 年第 12 期。

GMM 方法，检验了宏观经济波动、金融市场冲击和货币政策调节三大外部风险因素的作用机理。结果表明，宏观经济波动与风险负向相关，金融市场冲击与风险正向关联，货币政策对风险的影响较强，但是方向不明。[1] 杨霞和吴林通过构建系统性风险的预警模型，对中国银行业的系统性风险进行预判。文章首先确立系统性风险的度量指标，其次以此为被解释变量进行回归分析，最后运用预警模型分析中国银行业系统性风险。[2] 孙强和崔光华从宏观、中观和微观层面选取风险预警指标，采用 FR 模型构建中国银行业系统性风险压力指数，从风险的时间、空间两种维度进行风险预警。研究显示，中国银行业系统性风险导火线主要来自信用风险和流动性风险。受经济下行的影响，银行信用风险有所上升，银行业系统性风险也呈上升趋势。[3]

（二）粒状基础和网络测量方法

Giesecke 和 Kim 提出了基于粒状基础的违约强度模型（DIM），这个模型是根据违约率来制定的，通过捕捉金融机构间的直接和间接联系，以及对政府的依赖来测量风险。[4] Chan - Lau 等基于银行间风险敞口的网络模型，利用机构数据，测度银行破产的网络外部性，该模型可以追踪信用事件或流动性紧缩的影响。[5] Billio 等提出了两种经济预警模型，探究对冲基金和银行月度回报率的关联风险，他们的方法可以量化金融危机时期的风险，且可以对未来金融危机造成的损失进行预测。[6] Adrian 和

---

[1] 星焱：《宏观波动、市场冲击与银行业系统性风险：基于中国 92 家银行的面板数据分析》，《金融评论》2014 年第 6 期。

[2] 杨霞、吴林：《我国银行业系统性风险预警研究》，《统计与决策》2015 年第 10 期。

[3] 孙强、崔光华：《我国银行业系统性风险预警指标体系设计与实证分析》，《中央财经大学学报》2017 年第 2 期。

[4] Giesecke, K. and Kim, B., "Risk Analysis of Collateralized Debt Obligations", *Operations Research*, Vol. 59, No. 1, 2011.

[5] Chan - Lau, J. A., Espinosa, M., Giesecke, K. and Solé, J. A., "Assessing the Systemic Implications of Financial Linkages", *IMF Global Financial Stability Report*, Vol. 2, 2009.

[6] Billio, M., Getmansky, M., Lo, A. W. and Pelizzon, L., "Econometric Measures of Connectedness and Systemic Risk in the Finance and Insurance Sectors", *Journal of Financial Economics*, Vol. 104, No. 3, 2012.

Shin 研究发现，回购市场贷款对市场波动具有重要的预测能力。[1] Brämer 等基于 Memmel 等的网络模拟，设计了一个用于测度银行系统风险的网络模型，并根据理论数据进行仿真，研究将外生冲击纳入市场，解释机构的违约情况，并检验系统的波动程度。[2][3] Bluhm 和 Krahnen 基于相互关联的银行资产负债表网络模型，在一个拥有内生性资产市场的银行系统内，对系统性风险的生成进行了分析，之后运用 Shapley 值计算银行对系统性风险的贡献度。[4] Capponi 和 Chen 建立了一个多期结算框架，研究了金融体系如何缓解系统风险，并测度了系统风险对银行间债务变化的敏感性及它们之间的相关性结构。[5]

国内，李守伟等基于网络模型分析了金融危机前后中国银行业系统性风险特征，利用金融机构拆出与拆入资金数据建立了金融机构的网络关联模型，并通过模拟测试揭示冲击在金融机构间的传染路径。研究表明，目前任一类型金融机构违约不足以引发中国银行业系统性风险。[6] 隋聪等提出了基于网络模型的银行系统性风险度量方法。首先模拟外部冲击造成银行网络损失的大样本，之后用 VaR 和 ES 估计银行业系统性风险。文章还利用真实银行间网络结构参数，对模拟的三种银行间网络进行校准，保证了研究的准确性。[7]

（三）前瞻性风险测量方法

前瞻性的风险测量方法是根据潜在违约性建立模型，估算违约数额

---

[1] Adrian, T. and Shin, H. S., "Liquidity and Leverage", *Journal of Financial Intermediation*, Vol. 19, No. 3, 2010.

[2] Brämer, P., Gischer, H. and Lücke, C., "A Simulation Approach to Evaluate Systemic Risk", *European Journal of Political Economy*, Vol. 34, No. S, 2014.

[3] Memmel, C., Sachs, A. and Stein, I., "Contagion at the Interbank Market with Stochastic LGD", Bundesbank Series 2 Discussion Paper, No. 201106, 2011.

[4] Bluhm, M. and Krahnen, J. P., "Systemic Risk in an Interconnected Banking System with Endogenous asset Markets", *Journal of Financial Stability*, Vol. 13, 2014.

[5] Capponi, A. and Chen, P. C., "Systemic Risk Mitigation in Financial Networks", *Journal of Economic Dynamics and Control*, Vol. 58, 2015.

[6] 李守伟、何建敏、孙婧超、谭音邑：《金融危机前后中国银行业系统性风险实证研究》，《华东经济管理》2014 年第 1 期。

[7] 隋聪、谭照林、王宗尧：《基于网络视角的银行业系统性风险度量方法》，《中国管理科学》2016 年第 5 期。

大小。Capuano 最早提出了一个潜在的违约可能性（iPoD）。根据股票期权的原则，基于股票期权的违约概率，最小交叉熵和最大熵原理，测算出概率随机变量的分布。① Segoviano Basurto 和 Goodhart 基于多元密度银行间的相互依存结构，开发了一种衡量银行业系统性风险的多元密度函数（BSMD）。② Khandani 等应用机器学习技术构建非线性消费者信用风险的非参数预测模型。该模型能够实现样本外预测，并计算信用卡持有人的违约率。③ Geanakoplos 提议用"吸收"比率来衡量系统性风险（AR），该研究将"吸收"定义为资产回报方差的一部分，用固定数量的特征向量解释。④

在前瞻性的风险测量方法中，使用率较高的一类模型为或有权益分析（CCA）模型，CCA 模型来自期权定价模型（BS Model），Gray 和 Jobst 首次提出使用或有权益分析（CCA）来衡量系统性风险，其认为风险来自市场暗示的预期损失，并应用于隐性政府或有负债的分解。该模型也有助于量化金融机构的贡献，可以生成一种联合或有负债的估计。⑤ 吴恒煜等基于拓展的 CCA 方法研究了危机后中国商业银行的系统性风险。文章以 PDD 和 ADD 之差以及政府隐性担保为基础，分析了中国银行业系统性风险的动态演变特征。研究发现，不同类型的银行风险大小不同，2012 年时中国银行业系统性风险有所增大。⑥ 方意等将 CCA 与 DAG 模型结合以鉴别中国系统重要性银行。研究表明，违约距离可以反映风险大小，资产加权风险外溢指标可以甄别银行的系统重要性。大型商业银行

---

① Capuano, C., "The Option – ipoD. The Probability of Default Implied by Option Prices Based on Entropy", IMF Working Papers, 2008.

② Segoviano Basurto, M. and Goodhart, C., "Banking Stability Measures", IMF Working Paper, 2009.

③ Khandani, A. E., Kim, A. J. and Lo, A. W., "Consumer Credit – risk Models via Machine – Learning Algorithms", *Journal of Banking and Finance*, Vol. 34, No. 11, 2010.

④ Geanakoplos, J., "Solving the Present Crisis and Managing the Leverage Cycle", *Economic Policy Review*, Vol. 16, No. Aug, 2010.

⑤ Gray, D. F. and Jobst, A. A., "Systemic Contingent Claim Analysis – A Model Approach to Systemic Risk", Managing Risk in the Financial System, 2011.

⑥ 吴恒煜、胡锡亮、吕江林：《我国银行业系统性风险研究——基于拓展的未定权益分析法》，《国际金融研究》2013 年第 7 期。

均为中国的系统重要性金融机构。① 李志辉等设计了针对 SCCA 技术关键环节的优化算法,并采用非参数统计方法估计时变相依函数,提出了新的系统性风险监测指标 J – VaR,动态监测了危机后中国银行业系统性风险的演变过程。研究表明,时变风险相依结构对系统性风险研究十分重要。② 曹琳和原雪梅运用 CCA 方法预警国内银行业系统性风险,研究发现外部冲击造成风险水平的提升,但是不同类型的银行抵御风险的能力不同。之后引入风险相依性因素进行研究,结果表明国内银行业系统性风险整体可控,但是近年来风险有升高的趋势。③ 王征洋优化了 SCCA 模型,动态测度并分析了中国银行业系统性风险,研究发现近年来中国银行业系统性风险有显著上升的趋势。④

(四) 截面数据模型

在截面数据方法中,最具代表性的方法为条件在险价值模型(CoVaR),条件在险价值为金融系统中某个银行的在险价值,可以单独辨别个体金融机构是否为系统重要性金融机构,也即那些关联性紧密或规模较大的拥有强负面溢出效应的金融机构。Adrian 和 Brunnermeier 首次提出了条件在险价值的概念,⑤ 沈悦等、张天顶和张宇拓展了 CoVaR,采用 GARCH – Copula – CoVaR 模型测度了银行、保险、证券以及信托四个子市场对金融业的系统性风险贡献程度以及各子市场之间的风险溢出程度。研究发现商业银行是系统性风险的最大爆发源,且不同子市场之间也存

---

① 方意、王道平、范小云:《我国银行系统性风险的动态特征及系统重要性银行甄别——基于 CCA 与 DAG 相结合的分析》,《金融研究》2013 年第 11 期。
② 李志辉、李源、李政:《中国银行业系统性风险监测研究——基于 SCCA 技术的实现与优化》,《金融研究》2016 年第 3 期。
③ 曹琳、原雪梅:《基于或有权益分析法的中国银行业系统性风险测度》,《金融经济学研究》2017 年第 3 期。
④ 王征洋:《我国银行业系统性违约风险测度——基于系统性或有权益分析模型》,《经济问题》2017 年第 4 期。
⑤ Adrian, T. and Brunnermeier, M. K., "CoVaR", *The American Economic Review*, Vol. 106, No. 7, 2016.

在风险溢出效应。①② 尹力和刘阳证明了中国银行业系统性风险共同因素的存在，之后通过计算各银行的 CoVaR 值，比较了不同种类银行对银行业系统性风险贡献度的差别。③ 邱兆祥和王丝雨利用非对称 CoVaR 模型进行分位数回归，研究不同资本补充行为对银行业系统性风险的影响。研究发现发行债券补充资本、优先股等可以降低系统性风险。增发普通股或配股会导致系统性风险上升。④

还有部分研究者运用 Co–Risk、DIP、MES 等其他模型研究银行业系统性风险。IMF 提出的 Co–Risk 与 CoVaR 相类似，只是 Co–Risk 用的是有条件的公司信用违约价差，且为 95% 的信用分布。⑤ Huang 等提出的危机保险费用（DIP）是一个事前系统性风险度量，DIP 代表系统性金融危机的假想保费，定义为总损失超过给定阈值的部分。⑥ Acharya 等首次引入了系统性的预期短缺（SES）以测度上市金融机构对系统风险的贡献。SES 被解释为金融体系的资本不足。之后，他们还把边际预期短缺（MES）作为衡量制度损失分配的一种手段。⑦ Fender 和 McGuire 回顾了系统性风险测度方法的优劣性，并讨论了监管者如何校准系统重要性银行的附加费用，之后基于市场数据测度了金融机构的系统重要性对监管机构的作用。⑧

---

① 沈悦、戴士伟、罗希：《中国金融业系统性风险溢出效应测度——基于 GARCH–Copula–CoVaR 模型的研究》，《当代经济科学》2014 年第 6 期。

② 张天顶、张宇：《我国上市商业银行风险溢出评价与宏观审慎监管》，《现代财经》（天津财经大学学报）2016 年第 7 期。

③ 尹力、刘阳：《我国银行业系统性风险中的共同风险及溢出效应研究》，《经济体制改革》2016 年第 1 期。

④ 邱兆祥、王丝雨：《银行业系统性风险与资本补充行为研究——来自 16 家上市银行的证据》，《云南财经大学学报》2016 年第 5 期。

⑤ International Monetary Fund Staff, "Responding to the Financial Crisis and Measuring Systemic Risks", Global Financial Stability Report, 2009.

⑥ Huang, X., Zhou, H., and Zhu, H., "Assessing the Systemic Risk of a Heterogeneous Portfolio of Banks during the Recent Financial Crisis", *Journal of Financial Stability*, Vol. 8, No. 3, 2012.

⑦ Acharya, V. V., Pedersen, L. H., Philippon, T. and Richardson, M., "Measuring Systemic Risk", *Review of Financial Studies*, Vol. 30, No. 1, 2017.

⑧ Fender, I. and McGuire, P., "Bank Structure, Funding Risk and the Transmission of Shocks across Countries: Concepts and Measurement", BIS Quarterly Review, 2010.

国内，宋清华和姜玉东、刘阳和董俊杰运用 MES 方法探究贷款行业集中度对中国银行业系统性风险的影响，结果表明影响存在，且为显著的正向影响。①② 陆军和林澍通过构建一个涵盖银行间同业拆借市场与回购市场的矩阵模型，对中国银行业系统性风险进行研究，主要考虑隐性担保与优胜劣汰机制等风险影响因素。研究发现从隐性担保转变到优胜劣汰并不会大幅提高中国银行业系统性风险水平，风险总体较低。③ 张晓玫和毛亚琪首次运用 LRMES 方法测度了中国上市商业银行的系统性风险，并用各银行季度 LRMES 与非利息收入等变量建立面板数据模型。实证研究发现 LRMES 比较符合中国银行业实际情况，其与非利息收入呈显著负相关。④

五 系统性风险宏观审慎监管研究

宏观审慎的一个主要目的是，作为一种对抗力量，其可以在风险自然下降和风险上升过程中起到抵消作用，也可以用来减轻发生重大宏观经济损失的全系统危机。⑤ 虽然金融危机引发了经济学家、政策制定者和研究人员对全球金融风险宏观审慎政策的广泛研究，但这一政策发展领域仍处于起步阶段，需要更多的工作。⑥ 目前全球银行业系统性风险水平仍然较高，因此金融监管应以控制系统性风险为中心，保持微观审慎监

---

① 宋清华、姜玉东：《中国上市银行系统性风险度量——基于 MES 方法的分析》，《财经理论与实践》2014 年第 6 期。
② 刘阳、董俊杰：《贷款行业集中度对商业银行系统性风险影响的实证研究——基于 MES 方法》，《西安财经学院学报》2015 年第 1 期。
③ 陆军、林澍：《中国银行业的系统性风险研究——从隐性担保到优胜劣汰》，《南方经济》2016 年第 8 期。
④ 张晓玫、毛亚琪：《我国上市商业银行系统性风险与非利息收入研究——基于 LRMES 方法的创新探讨》，《国际金融研究》2014 年第 11 期。
⑤ Ely, B., "Bad Rules Produce Bad Outcomes: Underlying Public – policy Causes of the US Financial Crisis", *Cato Journal*, Vol. 29, No. 1, 2009.
⑥ Arnold, B., Borio, C., Ellis, L. and Moshirian, F., "Systemic Risk, Macroprudential Policy Frameworks, Monitoring Financial Systems and the Evolution of Capital Adequacy", *Journal of Banking and Finance*, Vol. 36, No. 12, 2012.

管，并加强基于系统性风险的宏观审慎监管。[①]

(一) 宏观审慎监管要素

国内研究者从外部冲击角度研究其他行业对银行业系统性风险的影响，以此探究国内宏观审慎风险管理机制。彭建刚和童磊对房地产市场价格和银行业系统性风险的关联性进行实证分析，结果表明房价波动可能是引发中国银行业系统性风险的主要因素。[②] 因此对房地产金融实施资本监管和信贷控制，能达到防范银行业系统性风险的目的。王辉和李硕将银行间同业市场与地产行业的信贷市场统一，建立了扩展的矩阵模型，并对中国房地产行业与银行业系统性风险的传染进行测度。结果表明，房地产行业与银行业组成的金融系统比单独的银行系统更加脆弱，银行更容易受到流动性不足的冲击。[③] 彭建刚等在宏观审慎监管框架下引入逆周期的房地产贷款缓释乘数，对房地产贷款进行逆周期的动态调节，并通过减少房地产市场风险相关性，降低中国银行业系统性风险。[④]

还有研究者从公允价值审计方面讨论风险监管。蔡利等以公允价值审计为切入点，研究了外部审计功能对银行业系统性风险监管所发挥的作用。文章分析了公允价值计量对银行业系统性风险的影响，建议从建立政府审计与社会审计的协同机制，以及构建外部审计与银行监管的协作框架两个方面，构建基于公允价值审计的银行业系统性风险监控机制。[⑤] 之后蔡利和周微进一步考察了政府审计功能对银行业系统性风险监管的影响及其功能发挥的作用路径。研究发现，发挥政府审计功能可以防范系统性风险，但该功能具有一定的滞后效应。政府审计可以通过提

[①] 高志勇：《系统性风险与宏观审慎监管——基于美国银行业的实证研究》，《财经理论与实践》2010年第3期。

[②] 彭建刚、童磊：《基于房价波动的我国银行业系统性风险防范研究》，《求索》2013年第5期。

[③] 王辉、李硕：《基于内部视角的中国房地产业与银行业系统性风险传染测度研究》，《国际金融研究》2015年第9期。

[④] 彭建刚、孙满元、黄宇焓：《基于缓释乘数的房地产贷款逆周期调节方法》，《湖南大学学报》(社会科学版) 2017年第3期。

[⑤] 蔡利、马可哪呐、周微、蔡春：《外部审计功能与银行业系统性风险的监控——基于公允价值审计的视角》，《经济学家》2015年第11期。

高资产质量和提高流动性，促进金融机构稳健运行。[1]

还有部分研究者从银行业系统性风险产生原因方面探究如何监管风险。杨霞对中美银行业系统性风险问题进行了比较研究。研究表明美国银行业的系统性风险变化较大，风险的积聚与金融危机的发展趋势一致。[2] 中国银行业的系统性风险尚在可控范围之内，但也受到银行收益率、不良贷款率、存贷款比例、经济增长等因素的影响。监管部门应对风险影响因素加以关注。翟光宇等认为银行间相互持有次级债，尽管能提高其资本充足比率，但削弱了次级债的市场约束功能，加剧了银行业系统性风险。监管当局应加强对于次级债的监管，防止金融危机再次发生。[3] 王璐和童中文研究了风险相关性对系统性风险的影响，之后对风险相关性指标进行设计和量化并纳入风险测度体系。结果表明，相比单一变量而言，交叉变量与风险指标相关性更高，监管各类宏观经济因素仍是降低系统性风险水平的重要方法。[4] 邱兆祥和王丝雨测算银行业系统性风险并比较了不同资本工具对系统性风险的影响。实证结果表明，发行二级资本债券可以降低系统性风险，但增发普通股则会使系统性风险上升。[5] 方蕾和粟芳以各国银行业为研究单位，利用 OLS 和 FGLS 回归模型分析了影响系统性风险的因素，并基于危机组和无危机组的 Oaxaca - Blinder 模型分析了各种成因的贡献度。研究发现，监管部门在风险引发方面负主要责任，消费者其次，银行责任最轻。[6] 刘志洋在借鉴风险二维定义属性基础上，对商业银行偿付能力风险和流动性风险如何影响银行业进行了分析。其认为研究商业银行偿付能力风险和流动性风险的关系，

---

[1] 蔡利、周微：《政府审计与银行业系统性风险监控研究》，《审计研究》2016 年第 2 期。
[2] 杨霞：《中美银行业系统性风险比较研究》，《中南财经政法大学学报》2012 年第 6 期。
[3] 翟光宇、唐澈、陈剑：《加强我国商业银行次级债风险约束作用的思考——基于"相互持有"视角的理论分析》，《金融研究》2012 年第 2 期。
[4] 王璐、童中文：《风险相关性与银行系统性风险测度》，《金融论坛》2014 年第 11 期。
[5] 邱兆祥、王丝雨：《银行业系统性风险与资本补充行为研究——来自 16 家上市银行的证据》，《云南财经大学学报》2016 年第 5 期。
[6] 方蕾、粟芳：《全球银行业系统性风险的成因：内忧还是外患？——基于 74 个国家的比较分析》，《国际金融研究》2017 年第 8 期。

（二）宏观审慎监管措施

部分研究者针对宏观审慎监管措施——巴塞尔协议进行了研究。Caruana认为巴塞尔协议Ⅲ的实施提升了银行资本的质量，并且最大限度地提高了资本要求水平。此外，研究建议将宏观审慎措施进行叠加，以便更好地处理系统性风险。[②] 宏观审慎措施较好地改善了银行系统稳定性，但也有研究认为巴塞尔协议存在部分问题，沈庆劼从套利动机与套利空间存在的必然性角度，论证了新巴塞尔协议下仍会存在监管资本套利问题。监管资本套利降低了资本监管的有效性，加剧了银行业的系统性风险，与顺周期性一同成为新巴塞尔协议的两大难题。[③] Gauthier等基于系统范围在险价值模型，发现银行对于系统性风险的贡献度偏离了最优宏观审慎资本监管，因此可能存在宏观审慎资本监管设计的额外费用。[④] Schwerter研究了《巴塞尔协议Ⅲ》缓解风险的能力。研究认为，尽管《巴塞尔协议Ⅲ》有所改进，提供了一些稳定的奖励措施，但仍然需要仔细考虑风险加权杠杆率。[⑤] Girardi和Ergün讨论了宏观审慎监管框架，包括如何将金融周期及宏观压力测试放进《巴塞尔协议Ⅲ》的逆周期资本缓冲。总的来说，研究揭示了资本监管越强，金融系统复原性越强。[⑥] Pakravan研究了巴塞尔委员会缓解系统性风险失败的原因，包括复杂性，银行机构之间风险加权资产计量的变化、系统博弈能力。他们认为一个

---

① 刘志洋：《商业银行偿付能力风险、流动性风险与银行体系风险》，《财经论丛》2017年第6期。

② Caruana, J., "Basel Ⅲ: towards a Safer Financial System", *Bankarstvo*, Vol. 39, No. 9 – 10, 2010.

③ 沈庆劼：《新巴塞尔协议下是否依然存在监管资本套利》，《上海经济研究》2010年第5期。

④ Gauthier, C., Lehar, A. and Souissi, M., "Macroprudential Capital Requirements and Systemic risk", *Journal of Financial Intermediation*, Vol. 21, No. 4, 2012.

⑤ Schwerter, S., "Basel Ⅲ's Ability to Mitigate Systemic Risk", *Journal of Financial Regulation and Compliance*, Vol. 19, No. 4, 2011.

⑥ Girardi, G. and Ergün, A. T., "Systemic Risk Measurement: Multivariate GARCH Estimation of CoVaR", *Journal of Banking and Finance*, Vol. 37, No. 8, 2013.

简单的TCE杠杆比巴塞尔协议更能控制系统性风险。[1] Skorepa 和 Seidler 描述了系统性风险监管问题的数目,并且指出巴塞尔委员会银行监管方法的弱点。研究表明,在某些情况下,与巴塞尔委员会的建议相反,使用个体数据而非综合数据效果更好。[2]

也有研究者讨论了如何改善金融稳定性等问题。Gai 等通过英国央行制定的分析模型,研究了央行和其他金融监管部门如何制定更清晰、更严谨、更具操作性的系统性风险稳定性监管框架。发达国家的系统性危机引发可能性较小,但是破坏性更强。[3] Hirtle 等描述了管理资本评估项目(SCAP)或联邦政府进行的"压力测试"如何融合以创造一个更强大的管理框架,满足更广泛的监管目标。[4] Duffie 提议应建立一个监管机构收集和分析有关信息,包括 N 个"重要"机构对 M 个定义的压力场景的暴露。对于每一个压力场景,一个重要的机构会报告它的收益或损失。[5] Board 准确地描述了当前解决系统性风险的一系列工具,包括处理快速信贷扩张带来的金融稳定风险的工具,解决杠杆和期限错配等系统风险放大机制的工具,限制系统重要性金融机构溢出效应的工具,等等。[6] Galati 和 Moessner 研究认为,如果合理设计并使用"避免恐慌,要求信息披露,实施金融暴露限制,限制金融机构规模,确保流动性和市场纪律"等宏观审慎措施,可以降低金融市场系统性风险。[7] Laux 认为如果改革能在源头上采取这些激励措施,就有可能减少监管机构在系统中追逐风险

---

[1] Pakravan, K., "Bank Capital: The Case Against Basel", *Journal of Financial Regulation and Compliance*, Vol. 22, No. 3, 2014.

[2] Skorepa, M. and Seidler, J., "Capital Buffers Based on Banks' Domestic Systemic Importance: Selected Issues", *Journal of Financial Economic Policy*, Vol. 7, No. 3, 2015.

[3] Gai, P., Jenkinson, N. and Kapadia, S., "Systemic Risk in Modern Financial Systems: Analytics and Policy Design", *The Journal of Risk Finance*, Vol. 8, No. 2, 2007.

[4] Hirtle, B., Schuermann, T. and Stiroh, K. J., "Macroprudential Supervision of Financial Institutions: Lessons from the SCAP", FRB of New York Staff Report, No. 409, 2009.

[5] Duffie, D., How Big Banks Fail and What to Do about It, Princeton University Press, 2011.

[6] Board, F. S., "Macroprudential Policy Tools and Frameworks: Progress Report to G20", BIS Working Paper, 2011.

[7] Galati, G. and Moessner, R. "Macroprudential Policy – a Literature Review", *Journal of Economic Surveys*, Vol. 27, No. 5, 2013.

的机会，也即有效的治理改革可以在不产生监管套利的情况下抑制风险。[1] Ellis 等认为识别并控制银行业系统性风险是一个新的发展领域，毕竟银行治理是系统风险管理的一个重要方面。[2] Iqbal 研究了系统性风险、政府监管和全球金融稳定性之间的关系。研究认为由于金融系统存在多样性，个体机构的风险也面临多样性，因此使用单独的系统性风险测度方法存在不足。[3] Kara 利用两国三周期模型研究了系统性风险，认为国际金融市场的系统性风险是由于两个国家的银行经历了相似的流动性冲击，而金融放大效应是过量销售引起的。因此高回报率国家的监管者或全球投资者较多的国家应该选择较为宽松的资本管制。[4]

第三节 小结

"平台金融相关研究"从定义入手，将平台金融分为第三方支付、网络借贷、互联网基金、互联网保险、网络小额贷款等不同业态，每种业态具有各自的发展优势。随着电子商务的迅速发展，第三方支付成了线上交易的核心环节。它为用户提供了安全、便捷的支付方式，并能够实现跨境支付和移动支付等功能。网络借贷平台通过互联网将出借人和借款人进行撮合，为小微企业和个人提供融资渠道。相比传统金融机构，网络借贷平台具有低门槛、高效率和灵活性强的特点。互联网基金平台具有低成本、高透明度和个性化投资的特点，吸引了众多年轻投资者的关注。互联网保险平台通过在线渠道销售保险产品，降低了销售成本，并且能够根据用户的需求提供个性化的保险方案。此外，平台金融的演化会形成不同阶段的不同模式：互联网金融平台、金融科技平台、大型

---

[1] Laux, C., "Financial Instruments, Financial Reporting and Financial Stability", *Accounting and Business Research*, Vol. 42, No. 3, 2012.

[2] Ellis, L., Haldane, A. and Moshirian, F., "Systemic Risk, Governance and Global Financial Stability", *Journal of Banking and Finance*, Vol. 45, 2014.

[3] Iqbal, J., Strobl, S. and Vähämaa, S., "Corporate Governance and the Systemic Risk of Financial Institutions", *Journal of Economics and Business*, Vol. 82, 2015.

[4] Kara, G. I., "Systemic Risk, International Regulation, and the Limits of Coordination", *Journal of International Economics*, Vol. 99, 2016.

互联网平台。

"平台金融及其模式演化"部分指出，平台金融作为一种全新的金融形态，主要依托于互联网平台技术，通过大数据、云计算等现代科技手段，实现金融服务的创新与普及。平台金融的演化研究主要涵盖其发展的历史、特性、优势与风险，以及对未来的展望。一方面，随着科技的进步，平台金融有可能实现更高效、更便捷的服务；另一方面，随着监管体系的完善，平台金融的风险将得到更好的控制。然而，平台金融的发展也将面临诸多挑战，如如何更好地保护消费者权益、如何有效防范金融风险等。监管部门应根据不同风险，采取相应监管措施。

从"平台金融对于传统银行业的影响"可以看出，随着平台金融的快速发展，其对传统银行业务本身及盈利和效率均产生了影响，该影响通过不同路径，不同业态渠道，迫使传统商业银行发生了改变，并导致传统银行业受到巨大冲击。

"平台金融对于宏观经济变量的影响"从金融创新对于货币政策及其他宏观经济变量产生的影响着手。进一步的，研究者开始关注金融创新中的科技创新对于宏观经济的影响，包括电子货币对于传统货币的挤占等。国内的研究集中于平台金融对于宏观经济的促进，包括第三方支付与货币供给、网络借贷与存贷款利率等。研究表明，金融科技创新从货币、利率等方面引发了宏观经济的波动。

在"平台金融风险及监管"研究中，针对平台金融风险传导的研究，绝大多数文献是集中于某一种风险对金融市场稳定影响的理论分析，或者是集中于平台金融对传统金融机构管理模式、运行效率的影响方面的研究，很少涉及平台金融对金融市场的接触性影响与非接触性影响方面的研究。而监管多关注监管手段的选择，并未就不同监管模式下，不同的监管效率对监管效果的影响进行讨论，也没有考虑在群体共治监管模式下，如何发挥监管效率对监管效果的促进作用。

"银行业系统性风险定义及成因"研究从定义及成因入手，分析了银行业系统性风险传染理论和实证研究。系统性风险定义分为三大类，分别侧重于风险的关联性、流动性和负外部性。成因机理大致可分为货币政策理论和顺周期理论。而风险传染理论和实证研究主要关注银行网络结构造成的风险传染和羊群效应，也即风险资金传染和信息传染。

"银行业系统性风险传染研究"从理论机制入手，探究商业银行间的复杂网络结构，发现银行间市场的网络结构具有无标度、小世界及其相应特征，并且是以货币为中心的分层结构，或是进行动态演化的群聚结构。之后分析了网络结构与风险传染的关系，认为系统性风险主要从债权债务、流动性和信息传导等关联渠道引发。接下来，研究者从实证模型方面着手，针对具体的银行间市场交易进行研究，首先证明了银行间市场的复杂网络结构，之后认定银行网络结构差别与是否为系统重要性银行均会对风险传染产生重要影响。近年来，研究开始涉及仿真模拟，运用生物学、工程学研究方法，模拟风险的冲击和传染，直观而准确地描述了系统性风险的传染机制。

其中，在"羊群效应"研究中，研究者从委托代理人、信息相似性及信息不对称性三个方面对羊群行为产生的原因进行了理论分析，之后建立了测度羊群效应的模型，从初期的证券投资基金羊群效应的检验，转向羊群效应可能出现的其他行业。近几年研究者还将羊群效应与复杂网络理论结合，并将相关研究拓展至平台金融市场。而随着新闻传播等媒体行业的快速发展，后期研究者开始探讨由新闻媒体引起的风险非接触式传染及其对资本市场造成的影响。

"银行业系统性风险预警研究"从理论和实证两个角度开展，研究者设计了包括 CoVaR、CCA、MES 在内的系统性风险预警模型，利用银行资产负债表数据或上市银行资本市场数据对银行业系统性风险进行测度，之后结合风险相关性等研究描述了每家银行对于银行业系统性风险的贡献度，并依据该贡献度锁定系统重要性银行。理论研究主要针对银行业系统性风险测度的理论模型或测度机理，建立相关机制或框架指导监管部门对银行业系统性风险进行有效识别。国内的研究则重点关注模型方法，包括对原有模型进行调节和优化，使初始预警模型更加适合研究国内银行业系统性风险问题。

"银行业系统性风险宏观审慎监管研究"认为，对银行业系统性风险监管，应基于风险测度结果和巴塞尔协议的要求，对部分系统重要性银行实施重点监控。国内大部分银行业系统性风险监管研究都结合了风险测度模型，从不同行业对银行业的影响和银行业系统性风险的其他形成原因入手，探究当前银行业系统性风险监管存在的问题。

目前研究者已经厘清了平台金融的定义、业态，对商业银行产生的影响甚至冲击，但是现有研究并没有具体描述平台金融对于传统银行业的冲击是如何引发的，引发之后造成了什么后果，银行针对平台金融的冲击产生了怎样的反馈，反馈之后又有怎样的结果，也没有研究将这一冲击及其引发的后果从简单的理论推导转变为实证过程。随着平台金融规模的不断扩大，其对于货币政策，包括货币流通速度、供给需求量、存贷款利率等宏观经济变量均会产生相应影响，但目前研究只涉及金融科技创新对货币、利率等造成的影响，并未研究平台金融如何通过宏观经济变量对传统银行业产生间接冲击，也即当前平台金融引发宏观经济波动造成了什么结果，这样的结果对银行业产生了怎样的影响，银行针对经济波动产生了怎样的反馈，反馈之后又有怎样的结果。

作为金融创新成果，平台金融一方面成为传统银行业的有益补充，另一方面也对商业银行产生巨大的冲击，二者之间合作与竞争触发的风险不仅包括金融业普遍存在的单一风险，更是一种复杂网络风险。虽然研究者已经根据传统商业银行结构体系和业务特征界定了银行业系统性风险的关键要素，还证明了风险的资金传染和信息传染渠道，但是现有风险的资金传染研究并未涉及平台金融与传统银行之间的风险资金传染机制，现有风险的信息传染研究只是在讨论信息的传播是否改变了投资者策略，并没有强调投资者接收到了什么信息，心态、策略发生了何种改变，并且引发了怎样的风险等具体的风险引发机制。当前风险监管研究并未强调如何针对外部冲击引发的银行业系统性风险进行监管，以及如何分角度，对风险监管的不同主体、不同客体进行研究，也没有研究梳理出外部冲击影响下的具体风险宏观审慎监管机制。

平台金融与银行业在复杂网络中相互作用，经由冲击和传染，引发了银行业系统性风险。该风险具有独特性，且无法纳入传统的预警和监管体系，因此，本书将基于复杂网络理论，探究平台金融视角下的银行业系统性风险引发机制，完善现有系统性风险成因和传染理论，指导监管部门建立宏观审慎监管措施，守住不发生系统性金融风险的底线。

第Ⅰ部分

平台金融视角下银行业系统性风险形成机理

第 三 章

中国平台金融发展历史及现状

互联网金融 2010 年上线。2010—2023 年的十余年间，互联网金融行业蓬勃发展，几乎所有互联网企业均"加入战局、上阵搏杀"，拼尽全力从平台金融化大战中分一杯羹。作为金融市场的一种特殊形式，平台金融在中国经历了巅峰到低谷再到平稳的发展过程，因此平台视角下的银行业系统性风险形成机理的分析，离不开对中国平台金融发展历史的剖析。本章将从中国平台金融发展历史及现状入手，依托互联网金融十年发展大事件，梳理互联网金融产业由盛转衰再到规范发展的全过程，为后续风险引发机制分析奠定基础。

第一节 互联网金融规模发展

2013 年被称为互联网金融的元年。互联网思维如同一场当代的文艺复兴，影响并改变着传统的金融业态和格局。[①] 银行、券商、基金、保险等传统金融业机构开始积极谋变以巩固既有优势地位。而阿里巴巴、腾讯、百度、新浪、京东、苏宁等互联网企业则开始在金融领域跑马圈地并试图构建自己的业务模式。这些金融"新贵"成了金融业的"搅局者"，打破了固有的金融格局。

一 淘宝上线支付宝钱包

2013 年 6 月，淘宝宣布与支付宝钱包达成合作，正式将支付宝钱包

---

① 李刚：《"互联网金融"发展现状及安全问题浅析 互联网金融和它的安全"心病"》，《中国信息安全》2014 年第 11 期。

集成到其平台上。这一举措为淘宝用户提供了更便捷、安全的支付方式。淘宝上线支付宝钱包的意义在于提升用户体验和支付安全性。通过整合支付宝钱包，用户无须再输入烦琐的银行卡信息，只需使用支付宝账号即可快速完成支付过程。这样一来，用户可以节省时间和精力，享受更便捷的购物体验。另外，支付宝钱包具备高度安全性，通过多层加密保护用户的支付信息，大大减少了支付风险。用户可以信任支付宝钱包的安全性，放心在淘宝进行交易。此外，淘宝上线支付宝钱包还带来了更多的支付选择。用户可以选择使用支付宝余额、绑定的银行卡、信用卡等多种支付方式，满足不同用户的需求。对于卖家而言，淘宝上线支付宝钱包也是一大利好。它可以提高交易完成率，因为用户使用支付宝钱包支付更加便捷，减少了购物车流失率。同时，支付宝钱包提供了更多的营销工具和优惠活动，卖家可以利用这些工具吸引更多的消费者。淘宝上线支付宝钱包对于淘宝和用户来说，都是一个积极的变化。它提供了更便捷、安全的支付方式，提升了用户体验，促进了交易的完成。这一合作对于淘宝的发展和用户的购物体验都具有重要意义。

二　余额宝2013年规模超1800亿

"余额宝"是中国电子商务巨头阿里巴巴旗下的一款互联网理财产品，于2013年6月推出。它的特点是用户可以通过手机等移动设备进行快速、便捷、低门槛的投资理财。与传统理财产品相比，余额宝的收益率更高，而且随时可以提现，极大地方便了人们的资金运作。2013年，余额宝的资产规模突破了1800亿元人民币，成为中国最受欢迎的互联网理财产品之一。资产规模的快速增长表明余额宝在短时间内就赢得了消费者的信任和认可，也反映出中国市场对高收益、高流动性理财产品的强烈需求。这一事件对于中国互联网金融产业的发展具有重要意义，也标志着互联网理财进入了一个新的时代。除了收益率高、便捷快速，余额宝的另一个特点是可以随时提现，而且没有任何手续费用。这也是其深受用户欢迎的原因之一。与此同时，余额宝还采用了货币基金的方式进行运作，即将用户的资金汇集在一起，再由基金公司进行管理和投资，从而实现高收益。目前，余额宝已经成为中国最大的互联网货币基金，用户覆盖面广泛，成为中国个人理财市场的重要组成部分。同时，余额宝的成功也为中国互联网金融产业的发展提供了重要的经验和借鉴。

三　微信上线"微信支付"功能

2013年8月，微信推出了一项在线支付功能，被称为"微信支付"，用户可以通过微信账号进行交易。这一功能的推出标志着微信开始将平台从一个简单的社交媒体App转变为一个全功能的在线支付和购物平台。微信支付的推出对中国的移动支付产业产生了重大影响。微信拥有数亿用户，其支付功能的易用性和安全性使用户更愿意使用移动支付。在此之前，支付宝一直是中国移动支付市场的霸主，但微信支付的推出对其产生了挑战。作为中国第一个获得第三方支付牌照的社交媒体App，微信的成功促使其他社交媒体App纷纷效仿，推出了自己的在线支付功能。至此，移动支付在中国得到了广泛的应用和推广。微信支付的成功促成了支付宝与微信之间的竞争，也推动了中国金融科技产业的快速发展。

四　五大民营银行获批银行牌照

2014年7月，国家金融监督管理总局批准深圳前海微众银行、天津金城银行、温州民商银行的筹建申请，这三家机构均为民营银行。其中，深圳前海微众银行是由腾讯等机构发起成立的，以互联网金融为主要业务；天津金城银行是由多家本地大型企业和金融机构组建，主要服务于本地的中小微企业和居民；温州民商银行则以服务当地民营企业为主要定位。2014年9月底，上海华瑞银行和浙江网商银行也获得了筹建银行的批复，这两家银行同样是由民营资本发起成立的。其中，上海华瑞银行主要面向上海地区的客户，提供专业化的金融服务；浙江网商银行则以互联网金融为主要业务，面向广大客户提供便捷的金融服务。这一政策的出台，标志着中国政府在金融领域进一步加强了对民营资本的支持和鼓励，同时也为金融业的市场化改革和创新提供了新的动力和机遇。

五　蚂蚁金服集团成立

2014年10月16日，蚂蚁金融服务集团（现更名为蚂蚁集团）正式宣告成立。蚂蚁集团的主要业务包括支付宝、蚂蚁财富、芝麻信用、保险等多个领域，涵盖了数字支付、财富管理和保险服务等多种形式的金融服务，为亿万用户提供了便捷的数字金融服务。蚂蚁集团的成功不仅得益于阿里巴巴集团的支持，还离不开其在技术、创新和风险控制方面的卓越表现。蚂蚁集团拥有自己的技术团队，开发了各种先进的金融技术，包括人工智能、大数据分析、区块链技术等。这些技术的应用使蚂蚁集团能够更好地为用户提供金融服务，并帮助用户更好地管理自己的财富。蚂蚁集团也非常重视风险控制方面，通过建立多层次的风控体系、数据分析和智能识别系统等手段，有效地防范了金融风险的发生，为用户提供了更为安全的服务。蚂蚁集团的目标是通过互联网技术和金融服务的创新来促进普惠金融和数字经济的发展。蚂蚁金融平台的发展进程具有极大的历史意义，不仅是中国金融行业的巨大创新，还对全球金融科技产业的发展产生了深远的影响。

六　中国P2P平台发展规模世界第一

2015—2016年，中国P2P平台经历了迅速的增长和蓬勃发展。在此期间，中国P2P平台的数量迅速增加，从2015年年初的约2000家，增长到2016年中期的超过4500家，注册用户数量更是从2015年年初的约1500万人增长至2016年中期的超过3000万人。此外，平台累计交易金额也从2015年年初的约4000亿元增长至2016年中期的超过10000亿元。中国P2P平台的巅峰时期具有独特的特点和趋势。首先，行业创新和竞争激烈，不同类型的P2P平台不断涌现，如汽车金融、供应链金融、房产金融等。其次，一些大型互联网公司开始进入P2P领域，加剧了行业竞争，例如阿里巴巴旗下的网商银行和蚂蚁金服旗下的芝麻信用等。此外，资本市场对P2P行业的关注度也在不断提高，许多P2P平台在此期间完成了多轮融资，并在资本市场上获得了高额估值。

第二节 互联网金融平台乱象及监管

互联网与金融业的深度融合给社会大众带来了更好地体验、更多地选择，也促进了传统金融机构的变革。然而，在其蓬勃兴起的同时，也伴随着野蛮发展、乱象丛生，一些人打着互联网金融和金融创新的旗号冲破监管红线，扰乱了金融秩序，给消费者带来了严重损失。

一 P2P 平台爆雷

国内的 P2P 网贷平台早在 2014 年就开始出现部分平台爆雷，2018 年 6 月爆发了大规模倒闭潮，一周内 42 家平台关闭，仅 7 月倒闭、经营者失踪失联的网贷平台就高达 221 家，受害者超过百万人。2016 年 2 月，由钰诚集团推出的 P2P 服务网站 e 租宝倒闭，约 90 万用户损失共超过 500 亿元人民币，开启了国内 P2P 平台倒闭潮。2018 年 7 月，网贷平台"投融家"董事长李振军卷款 16 亿元人民币潜逃，至今下落不明。国家公共信用信息中心发布的《2018 年失信黑名单年度分析报告》的数据显示，2018 年出现问题的 P2P 平台共有 1282 家，其中，472 家平台涉案金额超亿元；涉案金额在 5 亿元及以上的有 30 家；警方已介入调查 186 家。深圳钱诚互联网金融研究院的数据显示，2018 年 6 月到 7 月上旬的 40 天里，P2P 网贷新增问题平台 133 家。有媒体人士被广东省公安厅告知截至 2018 年年底，已对总部在广东的 67 家 P2P 网贷平台立案，共追缴涉案资金 10 亿元。

二 分期贷、套路贷、校园贷等网贷骗局

分期贷、套路贷、校园贷是一些常见的诈骗手段，它们都是以"快速借贷"为名义来欺骗受害者。分期贷是指以分期还款的方式向个人提供贷款服务。骗子通常会在网上发布广告，声称无须任何担保或信用评估，申请简便，极速放款，吸引需要贷款的人前来申请。但实际上，骗子通常会要求受害者先支付一定的手续费、保证金等，然后以各种理由拒绝放款，最终欺骗受害者的钱财。套路贷是指骗子通过各种手段欺骗

受害者签订高利贷合同，然后通过暴力威胁、诱骗等手段获取高额的非法收益。骗子通常会以高额利息、长期逾期费用等为条件，强制受害者不断向其借贷，最终造成巨额的债务负担和严重的经济损失。校园贷是指骗子通过在校园内发布广告或通过互联网等渠道，以低息、快速、灵活的方式向大学生提供贷款服务。骗子通常会以"放款快""利息低""不查征信"等为诱饵，吸引大学生申请贷款，但实际上，骗子通常会在合同条款中设置陷阱，以高额的违约金、罚息等方式获取非法利益，导致大学生债务不断累积，最终陷入经济危机。

三　互联网金融加密货币骗局

依托比特币、区块链在投资界引领风潮，一种新的诈骗方式异军突起，就是互联网金融币圈各类骗局。大批的不法之徒拥入了币圈，用新瓶装旧酒的方法将传统骗局装进了区块链的新衣里，借此骗取无辜投资者的血汗钱。2017年9月湖南涉案16亿元的"维卡币"，实质上是以投资虚拟货币为名，宣传高额返利，引诱参加者继续发展他人参加而骗取财物。这些骗局常常采用虚假的宣传手法，如夸大回报、低风险保证或高利润保证，吸引人们投入大量资金。一旦受害者将资金投入该项目或交易平台，骗局主办者通常会消失或以各种手段拖延兑现承诺，最终导致投资者遭受损失。此外，还有一些骗局会伪装成虚拟货币交易平台，诱使用户提供个人信息、账户密码或加密货币钱包信息。骗局主办者可以利用这些信息进行身份盗窃、钱包盗取或其他非法活动。

四　央行密集令直指监管互联网金融

2014年，央行密集发布了《关于清理规范非融资性担保公司的通知》《中国人民银行关于手机支付业务发展的指导意见》《支付机构网络支付业务管理办法》《中国人民银行支付结算司关于暂停支付宝公司线下条码（二维码）支付等业务意见的函》等指令，后来提出了"互联网金融的5大监管原则""对互联网金融差别化监管"等，要求互联网金融机构严格遵守法律法规，加强风险管理和信息披露；规范互联网金融行业的准入标准，严格控制互联网金融机构的资本金和杠杆率；加强对互联网金融行业的监管与对平台资金的监管和风险防控；等等。这些措施旨在保障互联网金融行业的稳健发展，避免出现系统性风险和投资者损失。

五　十部委发布《关于促进互联网金融健康发展的指导意见》

为鼓励金融创新，促进互联网金融健康发展，明确监管责任，规范市场秩序，经中共中央、国务院同意，中国人民银行、工业和信息化部、公安部、财政部、国家工商总局、国务院法制办、中国银行业监督管理委员会、中国证券监督管理委员会、中国保险监督管理委员会、国家互联网信息办公室于 2015 年 7 月 18 日联合印发了《关于促进互联网金融健康发展的指导意见》（以下简称《指导意见》）。《指导意见》按照"鼓励创新、防范风险、趋利避害、健康发展"的总体要求，提出了一系列鼓励创新、支持互联网金融稳步发展的政策措施，积极鼓励互联网金融平台、产品和服务创新，鼓励从业机构相互合作，拓宽从业机构融资渠道，坚持简政放权和落实、完善财税政策，推动信用基础设施建设和配套服务体系建设。《指导意见》按照"依法监管、适度监管、分类监管、协同监管、创新监管"的原则，确立了互联网支付、网络借贷、股权众筹融资、互联网基金销售、互联网保险、互联网信托和互联网消费金融等互联网金融主要业态的监管职责分工，落实了监管责任，明确了业务边界。

六　国务院办公厅公布《互联网金融风险专项整治工作实施方案》

2016 年 10 月 14 日，国务院办公厅公布了《互联网金融风险专项整治工作实施方案》（以下简称《实施方案》），对互联网金融风险专项整治工作进行了全面部署安排。近几年，互联网金融快速发展，在发挥积极作用的同时，积聚了风险隐患，干扰了市场秩序。开展互联网金融风险专项整治，旨在规范各类互联网金融业态，形成良好的市场竞争环境，促进行业健康可持续发展；旨在更好地发挥互联网金融在推动普惠金融发展和支持大众创业、万众创新等方面的积极作用；旨在防范化解风险，保护投资者合法权益，维护金融稳定。《实施方案》是有关方面深入调查研究、认真分析评估和充分听取意见后形成的综合成果，明确了互联网金融风险专项整治工作的目标、原则、重点、职责分工和进度安排等。

《实施方案》要求，按照"打击非法、保护合法，积极稳妥、有序化解，明确分工、强化协作，远近结合、边整边改"的工作原则，区别对待、分类施策，集中力量对 P2P 网络借贷、股权众筹、互联网保险、第三方支付、通过互联网开展资产管理及跨界从事金融业务、互联网金融领域广告等重点领域进行整治。同时，及时总结经验，建立健全互联网金融监管长效机制。

第三节 科技 + 金融技术升级

近年来，随着资源浪费、环境污染等问题频发，经济发展模式开始走出单纯依赖资本、土地、人力等传统要素的模式。在全球迎来新一波科技浪潮之际，人工智能、大数据、云计算、区块链等技术日渐成熟，并且在金融、零售、制造、农业等领域成为经济发展的新动能。

一 国务院发布《"十三五"国家科技创新规划》

《"十三五"国家科技创新规划》首次提出促进科技金融产品和服务创新，包括深化促进科技和金融结合试点，建立从实验研究、中试到生产的全过程、多元化和差异性的科技创新融资模式，鼓励和引导金融机构参与产学研合作创新。在依法合规、风险可控的前提下，支持符合创新特点的结构化、复合型金融产品开发，加大对企业创新活动的金融支持力度。选择符合条件的银行等金融机构，为创新创业企业提供股权和债权相结合的融资方式，与创业投资机构合作实现投贷联动，支持科技项目开展众包众筹。充分发挥政策性银行作用，在业务范围内加大对企业创新活动的支持力度。引导银行等金融机构创新信贷产品与金融服务，提高信贷支持创新的灵活性和便利性，支持民营银行面向中小微企业创新需求的金融产品创新。加快发展科技保险，鼓励保险机构发起或参与设立创业投资基金，探索保险资金支持重大科技项目和科技企业发展。推进知识产权证券化试点和股权众筹融资试点，探索和规范发展服务创新的互联网金融。建立知识产权质押融资市场化风险补偿机制，简化知识产权质押融资流程，鼓励有条件的地区建立科技保险奖补机制和再保险制度。开展专利保险试点，完善专利保险服务机制。推进各具特色的科技金融专营机构和服务中心建设，集聚科技资源和金融资源，打造区域科技金融服务品牌，鼓励高新区和自贸试验区开展科技金融先行先试。

二 央行发行数字人民币

数字人民币是中国人民银行发行的一种数字货币，是以人民币为基础的数字化形式。它与现有的现金人民币一样具有法定货币地位，但是数字人民币是以电子形式发行和流通的，而非纸币和硬币。数字人民币的发行和管理由中国人民银行负责，其发行和运营是基于区块链技术。目前数字人民币已经在多个城市进行试点，包括深圳、成都、苏州等地，涉及银行、商户、个人等多方面。数字人民币的使用方式与传统支付方式类似，可以用于购物、转账、缴费等场景，但是数字人民币的使用具有更高的安全性和便捷性。此外，数字人民币还具有防伪性能和可追溯性，有助于减少非法活动和打击犯罪。具体的，数字人民币的发展历程可以分为以下几个阶段。一是研究探索阶段：自 2014 年起，中国人民银行开始研究数字货币，并于 2016 年成立了中国人民银行数字货币研究所。在此阶段，央行主要关注数字货币的技术可行性、发行方式、支付安全等问题。二是技术研发阶段：在前期的研究基础上，中国人民银行开始探索数字人民币的技术实现。在此期间，央行开发了基于区块链技术的数字人民币系统，并进行了多次测试和优化。三是试点应用阶段：2020 年，中国人民银行开始在多个城市进行数字人民币的试点应用。试点地区包括深圳、成都、苏州等，试点对象则涵盖银行、商户、个人等多方面。四是推广应用阶段：随着数字人民币试点的逐步扩大，中国人民银行开始着手推广数字人民币的应用。截至目前，数字人民币已经可以在部分商家进行支付，并且央行还计划将其推广至更多领域，包括跨境支付、金融市场等。数字人民币的推出不仅有利于加强中国金融体系的稳健性，还有望为中国的数字经济建设和金融科技创新提供新的动力。

三 比特币价格飙涨为年度最狂热资产

2020 年 12 月 16 日，比特币价格首次突破 20000 美元大关，日内涨幅达 11.89%，累计涨超 26%，市值突破 4000 亿美元。数据显示，比特币价格涨幅高峰的 24 小时共有 5.8 万人爆仓，金额达 2.43 亿美元（约合 16.29 亿元人民币）。比特币是一种相对新兴的投资品种，它具有一些独特的特点，如去中心化、不可篡改、匿名性等，这些特点吸引了许多投资者。随着时间的推移，比特币在全球范围内的知名度不断提高，投资者数量也逐渐增加，市场需求随之上升，此外比特币也有一些固定的供应规则，如每四年会减半一次，这也可能会导致供需失衡，推动价格上涨。而随着区块链技术的不断发展，比特币也在不断改进和升级，交易安全性得到了改善，交易速度也得到了大幅提升，这些技术进步可能会吸引更多的投资者。许多国家和企业开始接受比特币成为合法支付方式，这为比特币的广泛应用创造了更多机会。此外，一些大型金融机构和投资公司也开始在其投资组合中增加比特币的比重，将其视为一种避险资产和对冲通胀的工具。尽管存在一些风险和不确定性，比特币的价格飙涨还是为投资者带来了巨大的回报。一些早期投资者获得了巨额利润，这进一步吸引了更多人投身于加密货币市场。比特币的成功也推动了其他加密货币的发展和普及，加速了区块链技术的应用和创新。

四　国内多家银行推出 5G 智慧银行网点

国内多家银行已经开始推出 5G 智慧银行网点。工商银行已经在全国范围内推出了 5G 智慧银行网点，为客户提供更快捷、更便利的服务。这些网点配备了智能柜员机、智能取款机、自助开户机等设备，可以支持语音、人脸、指纹等多种识别方式。建设银行 5G 智慧银行网点采用了 5G 技术，实现了超高速网络连接和数据传输。同时，建设银行还通过引入人工智能、大数据等技术，提升了服务质量和效率。农业银行也在多个城市推出了 5G 智慧银行网点，这些网点采用了智能柜员机、自助设备等技术，支持语音、人脸等多种识别方式。中国银行的 5G 智慧银行网点集成了人脸识别、语音识别、虚拟现实等多种技术，提供全天候自助服务。此外，中国银行还利用 5G 技术推出了"智慧卡＋"等创新产品。交通银行采用了自助设备、智能柜员机等技术，支持人脸识别、指纹识别等多种识别方式。交通银行还推出了"交银 e 行"等移动银行产品，为客户提供更加便捷的服务。中国银行业正在积极探索5G技术在银行业务中的应用，并通过智能化、数字化、科技化的手段，提升服务质量和效率，为客户提供更加优质的金融服务。

五 银行系金融科技子公司加速落地

随着人工智能、大数据、云计算、物联网等新技术在银行业的应用落地加速，"金融科技"被视为银行数字化转型的重要发力点，截至2019年12月31日，包括兴业银行、平安银行、招商银行、光大银行、建设银行、民生银行、华夏银行、工商银行、北京银行、中国银行在内的10家银行先后落地了自己的金融科技子公司，创办金融科技子公司的风潮正在席卷整个银行业。工银科技是工商银行2017年成立的金融科技子公司，致力于数字化转型和金融科技创新，重点发展包括金融科技、区块链、大数据、云计算等领域。阿里云是2015年工商银行与阿里巴巴集团合作成立的云计算子公司，旨在提供云计算、大数据、人工智能等数字化服务。蚂蚁金服是2014年工商银行和阿里巴巴集团的金融科技子公司，旨在提供数字支付、财富管理、信贷、保险等一站式金融服务。微众银行是由腾讯、平安集团等机构于2014年投资的互联网银行，致力于利用数字化技术提供金融服务，包括个人贷款、企业贷款、存款、理财等。招银云创是招商银行2015年成立的金融科技子公司，旨在提供包括云计算、大数据、人工智能、区块链等技术在内的数字化服务。浦发数字金融是浦发银行旗下的金融科技子公司，旨在推进数字化转型，提供金融科技服务，包括智能风控、智能投顾、智能客服、数字化财富管理等。这些子公司的成立标志着银行业正在积极适应数字化时代的到来，不断提高着服务水平和创新能力。

第四节 大型互联网平台垄断

互联网平台的发展犹如一把"双刃剑"。一方面，互联网平台经济优化了资源配置，推动了经济发展，也给人们的生活提供了便利；另一方面，伴随互联网平台的扩张，一些平台企业利用自身的市场势力和信息不对称采取"自我优待"、强制"二选一"、滥用市场地位等垄断行为，严重破坏市场竞争秩序，损害消费者合法权益。①

一 部分大型互联网平台遭反垄断调查

最近，中国政府针对一些大型互联网平台展开了反垄断调查。这些互联网平台包括阿里巴巴、腾讯、美团、滴滴等知名企业。调查的主要内容是针对这些企业在市场中的垄断行为，如限制竞争、垄断市场、打压小企业等。这些互联网平台在中国市场拥有极大的影响力，其垄断行为已经引起了政府的高度关注。反垄断调查的结果可能会对这些企业产生长期影响。此外，政府还可能采取措施限制它们在市场中的活动，如限制它们的收购或投资活动，或要求它们改变商业模式。这些企业也可能需要重新评估它们的商业策略和市场定位，以确保它们符合反垄断法规和市场规则，并维护公平竞争的原则。此外，它们还需要加强内部管理，防止类似的垄断行为再次发生。总的来说，反垄断调查对于整个互联网行业的发展是有益的。它将促进市场公平竞争，保护消费者和小企业的权益，推动互联网行业的健康发展。同时，这也提醒企业要遵守法律和市场规则，不要滥用自己的市场地位，维护公平竞争的环境。

二 2020年蚂蚁金服官宣国内科创板上市

2020年，蚂蚁集团准备在上海证券交易所科创板和香港联交所上市，这将成为全球最大的IPO之一。蚂蚁集团最初计划在香港和上海同时上市，但最终决定只在香港和上海科创板上市。这是因为中国香港和内地资本市场之间的联系越来越紧密，而且这两个市场的上市条件和规则也越来越相似。据报道，蚂蚁集团计划发行的股票数量约为10亿股，预计募资规模将达到350亿美元左右。这将使蚂蚁集团的估值达到约2万亿元人民币，超过了多家全球知名金融机构的市值。这也将是中国股市历史上最大的一次IPO。蚂蚁集团的上市备受关注，其代表着中国科技公司的

---

① 李军国：《着力破解财政、金融支持乡村振兴的瓶颈问题》，《中国发展观察》2021年第22期。

新兴实力，也是中国国内金融市场改革的里程碑。同时，蚂蚁集团在全球范围内具有重要的影响力，其上市也将在国际金融市场上产生广泛的影响。

三 蚂蚁集团上市搁浅并遭两次约谈

戏剧性的是，上市前夕，中国证监会突然发布了对蚂蚁集团的监管新规，金融科技监管环境也发生了变化，相关事项要求蚂蚁集团把自己的业务转型为金融控股公司，并加强对业务和风险的监管。此后，蚂蚁集团的上市计划被暂停，同时蚂蚁集团也被监管部门约谈，被要求加强内部合规和风控管理。随后，蚂蚁集团进行了多轮改革，包括改变公司的组织架构、减少对消费信贷的依赖、强化风险管理等。除了上述改革，蚂蚁集团还在多个领域加强了与监管部门的合作。例如，蚂蚁集团成立了一个由政府机构和行业协会组成的委员会，负责监督蚂蚁集团的业务，确保其遵守监管规定。此外，蚂蚁集团还推出了一系列产品和服务，以满足监管要求。2021年3月，蚂蚁集团宣布转型成为金融控股公司，并获得了中国银行保险监督管理委员会的批准。2021年4月，中国证监会再次约谈蚂蚁集团，要求蚂蚁集团加强内部管理，改进信贷业务的风险控制。蚂蚁集团还被要求履行社会责任，保护消费者权益。由于监管环境的变化和监管部门的调整，蚂蚁集团的上市计划目前仍处于搁浅状态。蚂蚁集团上市搁浅并遭两次约谈，是中国监管部门加强金融监管的一环，也是监管部门对蚂蚁集团高速扩张和庞大规模的反应。在监管环境的变化和监管要求的调整下，蚂蚁集团需要加强内部管理和风险控制，履行企业社会责任，以满足监管部门和用户的需求。

第五节 小结

从2005年开始，首批互联网金融平台涌现，包括在线支付和第三方支付平台。这些平台改变了传统的支付方式，提供了更加便捷的电子支付服务。同时，一些P2P网络借贷平台也开始涌现。其后，中国互联网金融行业经历了快速发展。互联网金融公司开始探索更多的业务领域，包括互联网基金销售、互联网保险和网络贷款等。政府和监管机构也开始关注和引导互联网金融行业的发展，颁布了一系列政策和规定以规范行业。随着互联网金融行业的快速增长，监管风险和乱象也逐渐显现。2015年，政府开始对互联网金融行业进行整顿和监管，以保护投资者权益和维护金融市场稳定。一些不合规的平台被取缔或整顿，监管规定和标准也得到了加强和完善。

近年来，中国数字金融领域进一步创新发展，大数据、人工智能、区块链等新技术被应用于金融行业，促进了金融服务的智能化和数字化。自21世纪初互联网技术的快速发展，一系列数字金融模式开始出现，平台金融就是其中的一种。平台金融主要依托大型的互联网平台，通过集成各类金融服务，实现了金融与互联网的深度融合。平台金融具有几个明显的特性，低门槛、普及性强、服务个性化、高效率等。这些特性使平台金融在市场中得到了广泛的认可和应用，但也使其面临着如风险控制难度大、信息安全问题等挑战。

平台金融的优势主要在于它能够充分利用互联网技术，实现便捷的金融服务。同时，通过大数据分析，可以实现精细化的风险控制和服务个性化。然而，平台金融也存在着巨大的风险。例如，互联网金融服务过程主要依赖于网络，因此信息安全和隐私保护是一大难题，其业务流程复杂，监管难度相对较大，对传统金融机构构成挑战。金融科技平台不断拓展业务边界，涉足银行理财、在线小额信贷、消费金融等领域。此外，大型互联网平台在金融科技领域发挥着重要作用，推动了金融科技的创新和发展，但也对银行业安全问题构成了威胁。

总的来说，中国数字金融领域在过去几年取得了快速发展，并在监管、创新和技术应用方面取得了一定进展。但当数字金融蓬勃发展时，平台金融也在以其强增长、无规则、弱监管的"野蛮生长"态势，在满足社会部门短期资金需求的同时，大大提升银行业系统性风险爆发的可能性。因此下文中，本书将从复杂网络理论入手，基于平台金融和银行业之间的相互作用，分析可能的银行业系统性风险引发机制。

第四章

银行业系统性风险引发的理论基础及机制

平台金融和银行业组成的系统本质上是一个复杂网络,该系统具有小世界、无标度、自组织、自相似及鲁棒性、脆弱性等复杂网络所具有的特征。由于复杂网络各节点总是进行自我调整以适应环境的变化,造成其拓扑结构性质区别于简单网络,因此除了上述特征,复杂网络还应具备自适应性特征。本章将基于复杂网络理论,分析平台金融视角下银行业系统性风险引发机制。

第一节 理论基础

在平台金融和银行业组成的复杂网络中,平台金融企业和银行作为系统重要节点,符合复杂网络所具有的特征,且二者的发展可以看作复杂网络各节点自组织及自适应的延伸,而银行业系统性风险的引发是由于复杂网络天生存在脆弱性。因此平台金融视角下银行业系统性风险是一个在复杂网络中,由于各节点自组织及自适应的分别延伸,加之系统和节点本身脆弱而引发的复杂网络风险。

一 复杂网络理论

网络是由节点和连线构成的,表示诸多对象及其相互联系。相应的,复杂网络①是指将一个系统内部的各个元素作为节点,将元素之间的关系视为连接,构成的一个网络,这些真实网络的拓扑结构性质不同于以前研究的简单网络,且节点众多,故被称为复杂网络。复杂网络之所以区别于简单网络,主要是其具有复杂性。其复杂性主要体现在结构复杂性、网络进化性及复杂融合性等方面。结构复杂性②指的是复杂网络通常拥有数目巨大的节点,并且网络结构呈现多种不同特征。网络进化性指的是复杂网络的节点连接随时可能出现或断开,导致网络结构不断发生变化。此外,复杂网络的复杂性不仅表现在单一的复杂性特征,还表现在复杂性特征的融合,我们称之为复杂融合性。多重复杂性相互叠加,相互影响,导致节点之间的融合从物理变化转变为化学变化。

现代复杂网络的快速发展得益于"小世界"网络和"无标度"网络的提出,但是随着复杂网络理论的深化,研究者发现,真实世界的网络,既不规则也不随机,并且兼具小世界和无标度特性。因此小世界、无标度,连同自组织、自相似、鲁棒性、脆弱性等,共同组成了复杂网络的特征③。

在复杂网络中,多数节点只拥有少量与其他节点的连接,被称为"长程联系",这些节点聚集度高,连接频繁,起着中心角色作用,我们称之为"局域联系"。这种由大量的"长程联系"和"局域联系"构成的平均路径短、节点聚集度高的网络叫作小世界网络。小世界网络具有自组织、自相似等特征。自组织是指复杂网络在内在机制的驱动下,按照某种规则,协调自动地形成有序结构,不断地提高自身的复杂度和精细度的过程。自相似是复杂系统的总体与部分,各部分之间的精细结构或性质所具有的相似性。无标度网络是指复杂网络中的节点增长到一定数量后,少数节点拥有大量的连接,而大量的节点仅仅拥有少量的连接

---

① 复杂网络定义参见崔海蓉、何建敏《基于复杂网络理论的银行系统性风险研究评述》,《西安电子科技大学学报》(社会科学版) 2019 年第 4 期。
② 结构复杂性等定义参见王哈力、单薏《基于复杂网络的一个小型模拟电路分析》,《哈尔滨理工大学学报》2006 年第 11 期。
③ 复杂网络的特征定义参见王哈力、单薏《基于复杂网络的一个小型模拟电路分析》,《哈尔滨理工大学学报》2006 年第 11 期。

的幂律分布网络。无标度性有点类似我们常说的"二八效应",不同节点组成的子网络影响力不同,少数节点的影响力较大,而大多数节点的影响力较小。无标度网络具有鲁棒性、脆弱性等特征。鲁棒性是指复杂网络中,一般性节点的数量远远多于中心节点,这些一般性节点中的某个或某些节点随机断开,不会影响网络整体结构和秩序,因而复杂网络可以表现出较强的抗风险能力。脆弱性与鲁棒性相对,是指少部分中心节点在复杂网络中起支配作用,其他节点与中心节点同向匹配,并对其高度依赖。当这些中心节点出现问题时,复杂网络不堪一击,表现出脆弱性。

几乎所有复杂网络都满足小世界和无标度网络的特征,但是本书认为,复杂网络拓扑结构性质之所以区别于简单网络,是因为其还具备自适应特征,然而当前复杂网络特征缺乏自适应的相关研究。所谓自适应[1],原本是指生物能改变自己的习性以适应新的环境的一种特征;后来引申至系统层面的分析,表征系统可以修正自己的特性以适应扰动动态特性变化的一种特征。

二 平台金融与银行业组成的"新网络"

平台金融是指利用互联网技术和信息通信技术实现资金融通、支付、投资和信息中介服务的新型金融业务模式,其本质是金融业的互联网化。因此平台金融本身是一个网络。银行业是由许多依法经营货币信贷业务的金融机构组成的一种金融行业,其本身也是一个网络。而平台金融和银行业由于相互间存在竞争与合作,两个网络系统中各个节点相互影响、相互补充甚至产生融合,由此产生了一个"新网络"。从复杂网络的定义中可以看出,复杂网络本身是一个网络,而与简单网络的区别在于其具有复杂性。平台金融和银行业组成的系统,本身是网络,并且具备复杂网络属性和特征,因此可以被称为复杂网络。

---

[1] 自适应性定义参见 [英] 约翰·伊特韦尔、[美] 皮特·纽曼、[美] 默里·米尔盖特《新帕尔格雷夫经济学大辞典》,陈岱孙等译,经济科学出版社1996年版,第78页。

(一)"新网络"属性

由于平台金融与银行业本身分属于两种不同的网络,因此二者组成的"新网络"也呈现出结构复杂性、网络进化性及复杂融合性等复杂网络属性。

如果将一项金融业务看成一个微节点,那么由业务组成的金融机构就是一个小节点,机构组成的金融业态就是一个中节点,业态组成的金融市场就是一个大节点。平台金融和银行业均是由不同类型、不同功能、不同结构的节点组成,在二者组成的"新网络"中,除了各自的节点,还存在融合平台金融和银行业各自特点的新节点,称得上数目巨大。除了节点数目,平台金融和银行业组成的"新网络"存在新节点与新节点、新节点与旧节点、旧节点与旧节点等不同的网络结构。可以认为,平台金融与银行业组成的"新网络"结构复杂。

网络进化性其实也是金融市场的特征,金融市场中的机构,会由于业务的互补性产生合作,机构融合,节点连接,也会因为业务的相似性出现竞争,机构分解,节点断开。平台金融是利率市场化改革和金融脱媒的产物,其发展初期利用自身普惠金融特性与银行业相互补充,机构合作、融合,节点连接;发展成熟后挤占银行存贷款业务,机构竞争、分解,节点断开。因此,平台金融与银行业组成的"新网络",节点连接不断产生与消失,且结构不断发生变化。

"新网络"的风险一方面是平台金融自身风险和银行业自身风险;另一方面是平台金融与银行业竞争、合作后产生的一系列风险。其中之一即是本书的研究主题——平台金融发展而引发的银行业系统性风险,该风险既不同于平台金融的风险,也不同于银行业系统性风险,是一种在复杂网络中,各节点之间由于竞争、合作,产生冲击、传染而引发的一种新风险,这种风险是复杂融合性的产物。

(二)"新网络"小世界无标度特征

在平台金融和银行业组成的"新网络"中,机构的发展仍旧符合金融市场规则,即不存在外力,机构自发地按照市场规则进行自我调整,协调有序地发展并进行自我提升,不断识别问题、采取措施并自我完善。此外,由于平台金融企业间存在相似性,银行之间也存在相似性,因此

"新网络"中,从微节点到大节点,均存在不同程度的相似性,这种相似性不仅体现在同业业务上,还体现在机构规模、结构、功能所具有的相似性。因此,"新网络"具有自组织、自相似等特征。

"新网络"还具有鲁棒性、脆弱性等特征。平台金融中规模较小的机构和银行业中规模较小的银行之间展开的合作与竞争,并不会对"新网络"整体造成影响,说明"新网络"具有鲁棒性。而我们常说的"系统重要性金融机构"就是脆弱性在金融市场的直观表现。在"新网络"中,少部分平台金融重要机构和银行业重要机构强强联合,产生了"新系统重要性金融机构",一旦这样的机构遭遇风险,复杂网络便会不堪一击,引发系统性风险。

(三)"新网络"自适应性特征

自适应是复杂系统的特性,强调系统会依照环境变化进行自我完善以应对新的环境。据此,本书认为复杂网络必然具有该属性。复杂网络中节点的连接和断开,除了依靠自组织性相互协调,自动地形成有序结构,还具有主动契合网络环境变化,进行自我调整以适应新网络环境特性。可以说自组织中的"自"靠的就是节点对于网络环境的敏感性,正因为有了敏感性,才具有组织性,因此自组织的前提就是自适应。自适应也是金融市场的显著特征之一,完全竞争市场中的机构发生复杂变化,靠的不是政府调控或外力推动,而是自身应对市场环境改变时作出的敏锐判断并及时进行自我调整以适应市场环境改变的相应做法。

三 平台金融视角下银行业系统性风险成因

风险的内涵在于它是在一定时间内,有风险因素、风险事故和风险结果递进联系而呈现的可能性。[①] 也就是说,风险是在一定环境下和一定限期内,客观存在的风险构成要素相互作用的结果。在复杂网络中,风险要素就是各个节点之间的相互作用。这些作用既有可能推进复杂网络

[①] 叶青、易丹辉:《中国证券市场风险分析基本框架的研究》,《金融研究》2000年第6期。

的升级，也有可能为复杂网络带来风险。平台金融和银行业作为两个相互作用的节点，二者之间的合作、竞争甚至融合一方面会提升网络精度，另一方面也会给网络带来风险。复杂网络依靠节点进行发展和衍生，节点的变化离不开自适应性和自组织性，两种性质的结合使节点相互作用，为复杂网络带来风险可能性，风险可能性在脆弱性的催化下，最终演化为复杂网络风险。

（一）自适应性分析

完全竞争金融市场中，机构的改变取决于市场环境的变化。平台金融的诞生，不仅是为了适应新的市场环境，也是金融脱媒、利率市场化改革和普惠金融发展综合作用的结果。网络环境的改变导致新节点的出现，新节点的出现是为了适应新的网络环境，这就是自适应性理论在复杂网络中的具体表现。

（二）自组织性分析

同样在完全竞争的金融市场中，机构的改变是自发的，不存在任何外力推动。例如，平台金融的自身发展和与银行业的合作、竞争，靠的是机构的"求生欲"，"求生欲"带来"发展欲"，作为经营机构，平台金融要生存，只能靠着对市场环境的探索进行自我发展。在发展初期，平台金融针对的是银行业的短板，其利用自身优势，解决大部分小额资金供给和需求者的投、融资需求；随着平台金融的规模越来越大，其不满足于"短板"，开始挤占银行业务，拓展自己的市场份额和经营范围，与银行开展竞争，这时，平台金融开始求盈利；一旦平台金融的规模发展到一定程度，其对于银行业的影响就不仅仅是挤占业务，而是开疆拓域、野蛮生长，利用其互联网优势和客户基础，全面占领金融市场，风险的种子因此萌芽。平台金融规模的逐步发展和扩大，是复杂网络自组织性理论的具体表现。

自适应性和自组织性是指导复杂网络中节点发展的理论依据，两种性质相辅相成、共同作用促使复杂网络发展。但是自适应性和自组织性同样会导致复杂网络的不规则发展，其结果就是为复杂网络带来风险。平台金融的野蛮生长就是一个典型的例子：许多平台金融企业披着平台金融外衣非法集资、经营不善"跑路"、利用监管漏洞套利，甚至可以说，平台金融某些业态已经偏离正确的创新方向。这些现象是平台金融过分追求盈利性的结果，也是复杂网络自适应性和自组织性发展到一定阶段的产物。

（三）脆弱性分析

然而仅有自适应性和自组织性，并不会引发复杂网络的风险。例如，平台金融挤占商业银行业务，对宏观经济造成影响，将风险从资金渠道或是信息渠道传染至银行业中，也不一定会引发银行业系统性风险。但是复杂网络本身具有脆弱性，之前的风险可能性在脆弱性的催化下，最终演化为风险。复杂网络的脆弱性是研究系统性风险经常提到的理论之一。与鲁棒性相对，脆弱性表征复杂网络中心节点断开或消失会对系统整体产生影响，说明了复杂网络对中心节点的高度依赖。

过去的研究主要针对复杂网络的外部冲击对于系统内部中心节点的影响。但是由平台金融和银行业组成的复杂网络，其冲击既可以来自外力，也可以来自内部，也就是中心节点之间的相互作用。平台金融存在自己的中心节点，银行业也存在自己的中心节点，两者结合的"新网络"中，由于平台金融中心节点的野蛮生长导致银行业中心节点受到影响甚至消失，同样会造成复杂网络的崩溃，引发风险。随着平台金融规模的逐步扩大，其对于银行业务的挤占不仅威胁着中小银行，也开始对上市银行的盈利造成影响，可以说平台金融的发展已经影响到了整体银行业的发展。由于平台金融和银行业组成的复杂网络本身具有脆弱性，网络内部中心节点的相互作用必将引发复杂网络风险。

四 平台金融视角下银行业系统性风险引发机制概述

根据上述风险成因可知，平台金融视角下的银行业系统性风险，是复杂网络自适应、自组织和脆弱性联合作用的结果。复杂网络依靠节点进行发展和衍生，节点的变化离不开自适应性和自组织性，两种性质的结合使节点相互作用，为复杂网络带来风险可能性，风险可能性在脆弱性的催化下，最终演化为复杂网络风险。而具体的风险引发机制，是抽象的复杂网络具体到实际金融市场的反映，本书根据平台金融和银行业之间的相互作用，描绘出平台金融视角下银行业系统性风险传导渠道，包括直接生成、间接生成、接触式传染、非接触式传染四个分支。

（一）直接生成机制

平台金融利用其大数据、社交网络、搜索引擎及云计算等技术优势，从开始的"补充发展"到目前的"业务挤占"再到未来的"彻底颠覆"，经网络借贷、互联网基金、第三方支付三种渠道对传统银行造成冲击，成功挤占了商业银行的资产、负债及中间业务。传统银行在二者竞争过程中不得不采取降低利率、提升效率、增加产品种类等措施，导致银行出现经营成本提升、盈利水平下降等问题。这些问题一方面推进利率市场化改革，另一方面加剧金融业同质化竞争。资产负债的结构性失衡、缺口风险加上金融行业顺周期性，最终引发银行业系统性风险。

（二）间接生成机制

平台金融通过改变货币供需、调节利率水平、刺激居民消费、带动经济增长等方式，对宏观经济中介变量产生了一定的影响，该影响是引发银行业系统性风险的第一步，而宏观经济不寻常波动通过货币政策及经济形势的改变对商业银行盈利水平造成的冲击为风险引发的第二步。可以认为，平台金融的野蛮生长经由宏观经济中介变量冲击了商业银行盈利水平，一方面导致银行信贷扩张，另一方面加速宏观经济波动。银行信用创造功能急剧放大，货币预防需求下降，宏观调控的有效性减弱，最终引发银行业系统性风险。

（三）接触式传染机制

平台金融通过与商业银行业务合作产生的资金往来渠道，经由各业态平台，基于虚拟账户、网关账户与银行电子账户、存款账户、存管账户、备付金账户的捆绑结合等多种方式，将平台金融的整体行业风险、服务对象风险、法律监管风险及技术操作风险传染至商业银行。该风险传染一方面导致银行经营成本升高，债务杠杆加剧；另一方面提升了平台金融与银行业之间的过度关联性。信用风险、操作风险、市场风险等经营风险集聚，期限、流动性和信用错配，监管套利、道德风险、"大而不倒"、刚性兑付等各种问题的放大，加上市场间业务联系紧密造成的联动趋势大幅增加，最终引发银行业系统性风险。

（四）非接触式传染机制

平台金融与商业银行之间存在因"危机新闻效应"而产生的信息传染机制，逆向选择、政策风险、失业增加及专项整治等问题导致平台金融面临行业危机。平台金融和银行业之间的信息传染机制在"危机新闻效应"的作用下，经由传媒性、从众性和决策性三大渠道及本地传播、正反时效、信息重叠、广告效应、风险厌恶、决策偏好六个分渠道，将危机从平台金融传染至银行业。该传染机制一方面导致银行业的盈利水平出现波动；另一方面，抛售引发的挤兑风波影响了投资者对市场的心理预期。恐慌情绪在投资者之间相互传染，波及类似金融机构，并冲击原本毫无关联的银行，最终引发银行业系统性风险。

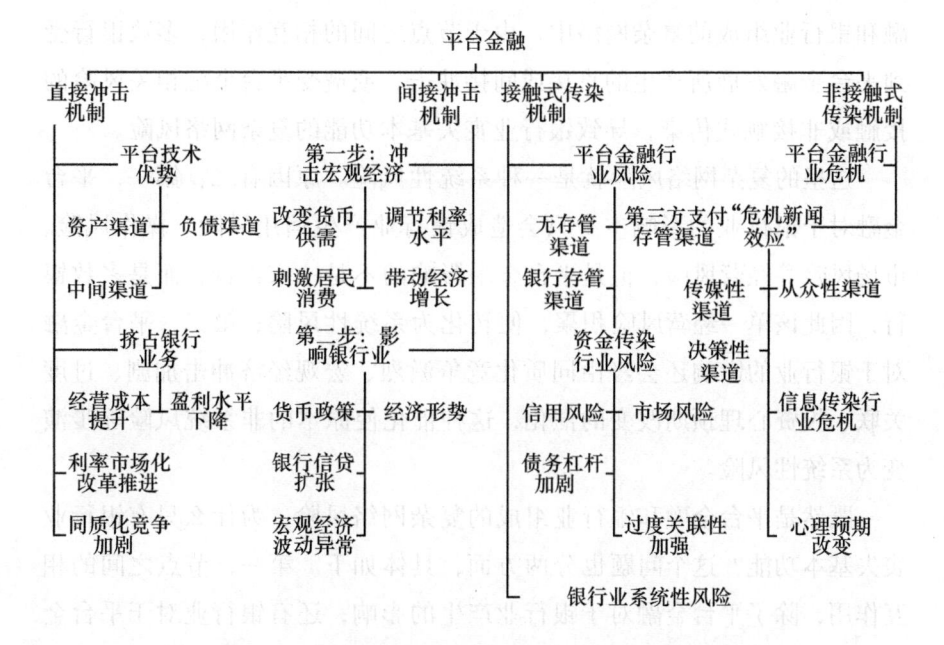

图4.1 平台金融视角下银行业系统性风险引发机制

第二节 银行业系统性风险界定及引发机制分析

根据前文风险分析路径可知,首先,对于平台金融视角下银行业系统性风险的分析,是在复杂网络框架中进行的;其次,直接冲击、间接冲击、接触式传染、非接触式传染均为节点之间相互作用的表现形式,该表现形式抽象于复杂网络中,但是具体表现于金融市场,也就是我们所说的风险引发机制;最后,节点之间的相互作用及作用导致的风险与复杂网络的特征是相结合的,复杂网络的自组织性、自适应性和脆弱性是节点相互作用的原因,同样也是作用的结果。

因此本书将平台金融视角下的银行业系统性风险定义为:在平台金融和银行业组成的复杂网络中,由于节点之间的相互作用,多数银行受到平台金融发展所产生的直接或间接冲击,或遭受平台金融相关风险的接触或非接触式传染,导致银行业丧失基本功能的复杂网络风险。

这里的复杂网络风险就是一种系统性风险。原因有二:第一,平台金融对于银行业的影响本身只会造成银行业产生信用风险、操作风险、市场风险等经营风险,但是平台金融影响的不是一家银行,而是多数银行,因此该单一经营风险积聚,便转化为系统性风险;第二,平台金融对于银行业的影响还会经由同质化竞争激烈、宏观经济冲击加剧、过度关联、投资心理预期改变的催化,这种催化使原本的非系统风险逐步演变为系统性风险。

既然是平台金融和银行业组成的复杂网络风险,为什么只有银行业丧失基本功能?这个问题也分两方面,具体如下。第一,节点之间的相互作用,除了平台金融对于银行业产生的影响,还有银行业对于平台金融产生的影响,后一个影响属于本书的反向研究,因此在这里不做讨论。第二,过去的研究多数是将平台金融当作外部冲击,探究其对于银行业的影响。但是本书创新地将平台金融与银行业放在同一复杂网络环境中进行研究,认为平台金融对银行业造成的影响引发的不是节点风险而是网络风险。理论上,该网络风险也会使平台金融丧失基本功能,但是由于各节点的脆弱性是不同的，对风险的认知性和承受度也不同。与银行业相比，平台金融体制机制灵活，面对风险时可较快进行自身调整，因此丧失基本功能的可能性较低。另外，平台金融与银行业的重要性不同，银行业丧失基本功能会触发金融危机，平台金融则不然，因此本书重点讨论平台金融与银行业组成的复杂网络产生的风险对银行业的影响。

一　直接生成机制理论分析

根据前文理论分析可知，银行业系统性风险是平台金融与银行业两个中心节点，以自组织、自适应及脆弱性为基础，并且在"新网络"中相互作用而生成的风险。相互作用包括平台金融与银行业之间的竞争与合作，因此风险的直接生成机制就是二者之间直接竞争导致的风险引发。因此本部分将基于复杂网络理论，立足平台金融优势，从资产业务渠道、负债业务渠道及中间业务渠道描述平台金融对于传统银行业的冲击如何促使同质化竞争加剧，最终演化为银行业系统性风险。

（一）平台金融优势

平台金融的优势在于其具有强大的信息处理能力，这是传统银行业无法比拟的。平台金融的信息处理主要体现在三个方面，具体如下。第一个方面是针对"信息不对称现象"的社交网络生成及信息传播。平台金融可以披露许多个人及机构没有义务披露的信息，大大增加信息量，借贷双方的诚信度也会因此得到相应提高，从而降低金融交易的成本。第二个方面是基于搜索引擎的信息处理能力，包括信息组织、排序、检索等。基于搜索引擎的平台金融信息处理技术可以有效缓解信息超载现象，且有针对性地完成大数据处理。现阶段，平台金融已经将搜索引擎与社交网络融合，打造以社交平台为基础的搜索引擎处理技术，从信息量和信息组织两方面为平台金融获取海量信息助力。第三个方面是平台金融的云计算功能。在云计算的保障下，经由社交网络和搜索引擎标准化后的信息，可成为时间连续、动态变化的信息序列。云计算可以保证资金供求双方信息动态实时匹配，可以提升海量信息组织及处理速度，给出风险定价或违约概率，且计算成本极低、速度极快，为平台金融交易平台提供安全、有效、可靠的信息计算功能。以互联网为依托的技术处理能力不断强大,是平台金融快速发展的技术保障,也是其自组织性的具体表现。社交网络、搜索引擎和云计算功能的结合,也是平台金融运营成本低、渠道维护效率高的重要原因。

(二) 资产业务渠道

有了技术的支持,网络借贷平台从最初的个人借贷到如今的企业借贷,大量占领了银行资产业务的市场份额,导致平台金融与银行业在资产业务方面产生了激烈的竞争。随着利率市场化的推进,大型企业的存贷利差逐渐缩小,中、小、微企业信贷收益普遍偏高,而根据长尾理论,中、小、微企业和个人信贷需求远高于大型企业,因此中小企业信贷业务越来越为商业银行所看重。然而平台金融的借贷业务因具备商业银行所不具备的优势,从而在信贷市场中受到了个人和中、小、微企业贷款者的欢迎。

针对个人贷款者,平台金融利用平台大数据模块收集、处理借款者信息,实现资金供求信息的快速匹配。平台审查和借贷流程得到创新,贷款品种多样化,客户依赖程度提高,产品设计更为科学合理。同时,个人借贷门槛降低、放款迅速,资金周转速度也相应加快,进一步提升了平台金融对个人借贷者的服务效率。平台金融借助天然的技术优势,更好地满足了资金价值链下游的客户需求。针对企业贷款者,平台金融冲破了传统信贷模式的禁锢,为规模小、授信资质不完全达标,由传统渠道获得贷款相对困难的企业,提供了新的融资渠道。平台金融利用平台快捷高效的优势,降低了中介服务的资金和时间成本,同时,网络借贷平台利用网络技术创新借款模式,提高贷款效率,降低贷款利率,吸引了大量的中、小、微企业贷款者。未来,平台金融仍会逐步扩大规模,比肩传统银行,占比甚至超越传统金融机构,形成以资金借贷为主要服务内容,社交平台、搜索引擎等综合服务为一体的多功能互联网平台。

平台金融从开始的"补充发展"到目前的"业务挤占"再到未来的"彻底颠覆",符合节点自组织及自适应性特征。将来,平台金融仍会保持这两种特性,创新量化风险管理模式,打造自动化信贷模式,变革自身以适应新的金融市场环境。反观银行业,由于资产业务是商业银行的主要利润来源,因此在平台金融的作用下,商业银行必须做出改变以应对平台金融的发展。目前，传统银行业正着力寻求转型升级，但传统银行经营规模较大，结构较为复杂，渠道运营成本较高，维护效率较低，针对资金价值链下游的客户需求，商业银行需要降低门槛，同时降低利率。无论改变哪一步，都需要银行业投入大量的人力物力从而增加成本，成本的提升带来利润的降低及盈利水平的大幅下降。

(三) 负债业务渠道

中国的基本国情和国人的理财观念，决定了商业银行的存款一直维持在较高水平。此外，银行本质上是负债经营的特殊企业，存款作为其负债资金的主要来源，是其资本结构的重要组成部分。如果说资产业务是银行的盈利业务，那么负债业务属于商业银行的红线，但是互联网投资的出现，在投资选择和利息收益方面改变了银行的存款结构，触及了商业银行的红线。

互联网投资理财产品各具特色，流动和变现能力极强，对银行活期存款产生了替代效应，其与第三方支付平台及电商平台的结合，大大增加了客户黏性，"余额宝+支付宝+淘宝"就是平台金融提升客户黏性的典型案例。此外，互联网基金超市简化了消费者的选择过程，消费者足不出户即可享受基金选择、申购及赎回的一条龙服务，互联网基金销售量显著高于线下基金销售。利息收益方面，以余额宝为代表的互联网基金，将存款利率拉高，导致商业银行不再是个人和企业存款的主要渠道。互联网投资理财产品的实时买入和赎回机制给消费者带来了全新的投资理念。同时，基于"饥饿营销"等销售模式的互联网投资理财产品，结合第三方支付平台后，还会产生资金沉淀效应，就算利率波动，消费者依旧会选择利用平台金融进行投资理财。

金融脱媒和利率市场化改革背景下，平台金融在考虑自身发展的同时，基于自适应和自组织性，充分适应金融市场环境的变化，改变消费者投资选择、提升投资产品利息收益。未来，互联网基金还会进入下一个良性发展时期，适应新的市场环境的同时，开发出新业务，加速替代传统银行理财产品。由于存贷款利差是商业银行主要利润来源，其中，存款是其借贷的来源，贷款利息是盈利来源，因此互联网投资理财产品的出现，导致银行存款分流、储蓄搬家，存款结构发生变化，存款面临金融市场的重新分配。存款数量的减少意味着商业银行无法借贷更多资金，资金运用能力不足，对于以存贷款利差为主要收入来源的银行，不失为致命打击。传统银行不仅需要提升成本吸储，也要降低利率放贷，一进一出便会增加传统银行业负债成本，导致利润空间进一步下降，最终在盈利水平上受到平台金融的猛烈冲击。

（四）中间业务渠道

第三方支付是平台金融最常见的业务模式，随着平台金融的发展，第三方支付也演变为集支付结算、产品代销、生活缴费等各类金融服务项目为一体的创新服务金融业态。就平台金融与传统银行业的竞争关系看，中间业务渠道受冲击较大的还是支付结算和产品代销类业务。

支付结算类业务是商业银行最古老也是最重要的业务之一。很长一段时间内，银行卡替代了现金，成为最便捷、最受欢迎的消费结算方式。但是在平台金融出现之后，以支付宝、微信为代表的第三方支付在支付结算领域对银行卡的替代性越来越强。第三方支付逐渐形成支付闭环，摆脱了对银行的依赖。相比于银行卡每年缴纳的卡费、支付转账服务费，第三方支付减轻了消费者的负担，比较优势明显。因此，网上购物、转账还款、缴纳水电费、校园一卡通等原本通过银行卡结算的业务，逐渐被第三方支付取代。金融产品代理销售是第三方支付对于传统银行中间业务的第二大冲击。由于基金、保险等理财产品的直销模式并不普及，因此产品销售通常由银行代为完成。然而平台金融出现之后，以支付宝为首的第三方支付平台开始尝试金融产品代理销售。相比于商业银行的实体销售，第三方支付平台将销售渠道互联网化，客户轻触手机屏幕即可完成基金、保险等理财产品的购买。同时，第三方支付基于普惠金融优势，降低了金融产品购买门槛，更低的起点金额和手续费及方便快捷的购买渠道逐渐降低了银行的客户依赖度，间接影响商业银行利润增长。

将来，平台金融仍会沿着自组织及自适应性，不断扩展第三方支付业务范围，将居民生活的方方面面融入第三方支付功能，更好地应对新的市场环境。面对平台金融的冲击，商业银行也在逐步改变，包括提升客户黏性、取消年费及各类服务费用，降低产品购买门槛，增加产品销售种类等。然而上述改变无一不要求商业银行提升成本，由此引发的利润大幅降低会使银行失去很大一部分佣金及非利息收入，直接影响商业银行盈利水平。

（五）同质化竞争催化风险直接生成

利率市场化改革初期，银行业无法及时有效地适应市场转变，必会遭遇过渡时期市场转变带来的风险，商业银行的经营管理将受到一定威胁。同时，在利率市场化环境下，商业银行的资产和负债易产生结构上的失衡，并由此面临资产负债缺口风险。中国商业银行长期处于高负债经营状态，利率市场化改革将在负债数量锐减及期限缺口扩大的情况下，影响商业银行盈利水平。此外，就利率市场化改革带来的其他影响而言，银行的存贷款利率如果不能保持同方向一致波动，存贷款利差将缩小，而长期和短期的存贷款利差波动不一，也将使银行的负债资产结构失调，从而导致银行面临利率市场化的结构性风险。另外，商业银行会在利益的驱动下不断地变换和调整利率水平，增加贷款违约行为，而一些客户也会将调整贷款行为常态化，迫使商业银行被迫应对存贷行为的变化，从而导致自身经营遭遇客户选择风险。平台金融加速了"金融脱媒"及利率市场化改革，加上商业银行本身存在劣势，在平台金融资产、负债、中间业务的冲击面前显得毫无招架之力。可以说平台金融的出现，驱动了利率市场化，从而提高系统性银行危机发生的概率。

除了利率市场化造成的风险，机构间同质化竞争也不能忽视。金融市场中关键领域的集中度过高，或同质化程度过高，同样会加剧系统的脆弱性和市场的波动性。经济繁荣时期，同质性较高的市场助推资产泡沫，经济萧条时期则加剧流动性紧缩，带来系统脆弱性的上升。平台金融和银行业组成的"新网络"，也属于同质性较高的金融市场。该复杂网络与网络外部环境，即实体经济形成的动态反馈机制放大繁荣和萧条周期，加剧经济的周期性波动，从而导致金融体系的不稳定性。平台金融的出现加剧了同质化竞争，增强了金融市场信贷行为与经济周期的同步效应，使金融市场呈现明显的顺周期性，放大了实体经济的波动，造成了"新网络"的脆弱性，同时生成了银行业系统性风险。

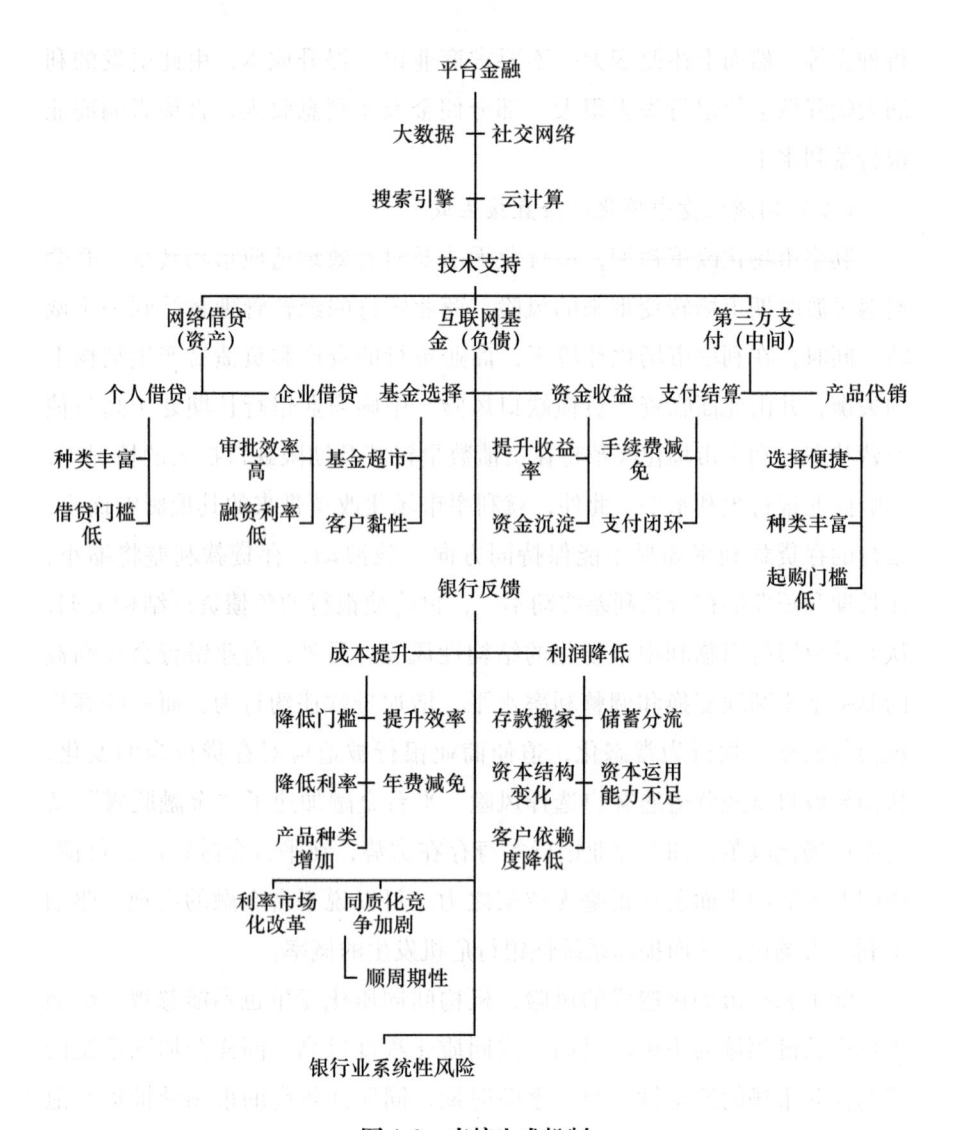

图 4.2 直接生成机制

二 间接生成机制理论分析

在风险生成机制中，除了平台金融对于传统银行业的直接冲击，还有一部分属于间接冲击，也即银行业系统性风险间接生成机制。间接生成机制指的是平台金融通过影响宏观经济中介变量，冲击银行业并生成银行业系统性风险，此类中介变量体现宏观经济整体运行水平，与金融行业高度相关，同时作用于商业银行。传统银行业系统性风险的影响因素众多，包括经济增长、货币发行、固定资产投资、消费价格指数等，但鲜有研究探讨平台金融如何通过影响上述宏观经济变量引发银行业系统性风险。因此，本书基于间接冲击视角，将货币供需、利率水平、居民消费、经济增长等宏观经济中介变量带入平台金融与商业银行间，考察平台金融如何影响此类中介变量，以及中介变量如何将影响传导至银行，引发银行业系统性风险。

在复杂网络中，节点与节点之间除了因合作、竞争产生的直接作用，还有一部分作用来自节点外部环境。节点生长在外部环境中，外部环境作用于节点产生自组织、自适应性，节点同样也会因自组织及自适应性作用于外部环境，并通过外部环境作用于其他节点，形成间接作用。间接作用导致的冲击同样会生成复杂网络风险，并且是部分中心节点通过影响外部环境冲击其他中心节点，导致复杂网络脆弱性加剧而引发的风险。在平台金融与银行业组成的复杂网络中，除了平台金融野蛮生长对银行业盈利水平产生的直接冲击，还有平台金融对宏观金融环境产生影响而作用于银行业产生的间接冲击，此类冲击同样会生成银行业系统性风险。

（一）平台金融对宏观经济的影响

近年来，平台金融规模不断扩大，为中国宏观经济发展带来了新的挑战，其对于货币供需、利率水平、居民消费、经济增长等宏观经济中介变量产生的影响是生成互联化银行业系统性风险的第一步。

1. 货币供需渠道

第三方支付利用互联网平台开设虚拟交易账户，交易双方对虚拟账户进行充值完成第三方支付过程，并形成电子货币。电子货币借助虚拟账户进行流通，整个过程可跨越银行账户，甚至无须完成电子货币与传统货币之间的转换。第三方支付的这种特性导致货币流通速度和货币乘数发生变化，并对货币需求和货币供给造成影响。

（1）货币需求。近年来，流通中的货币，金融机构存款与基础货币增发变化程度截然不同，存款增长幅度远大于流通中的货币增长速度。平台金融的去中介化，吸收了小额闲散资金，加速了银行存款分流，冲击了银行垄断现状，打破了沉淀资金，大幅提高了资金使用效率，提升了金融资产流动性，推动货币乘数增大。基于方程式：

$$M = \frac{PT}{V} \tag{4.1}$$

M 为一定时期内流通货币的平均数量，V 为货币流通速度，P 为各类商品价格的加权平均数，T 为各类商品交易数量，M 取决于 P、V、T 三个经济变量的相互作用。随着电商平台的发展，流通中的现金量减少，货币流通速度 V 增大，在价格水平 P 和总量 T 不变的情况下，货币需求 M 减少。第三方支付的快速发展对传统货币的替代作用较为明显，尤其是流通中的现金，导致中国货币需求增长率持续下降。

（2）货币供给。传统的货币供给理论中，货币供给在长期中为外生变量，央行可以通过调节基础货币 B 和货币乘数 K 来控制货币供给总量 M。货币供应量表达式为 $M = K \times B$，其中 M 为货币供给量、K 为货币乘数、B 为货币基数。

$$K = \frac{M}{B} = \frac{C+D}{R_r + R_e + C} = \frac{\frac{C}{D}+1}{\frac{R_r}{D}+\frac{R_e}{D}+\frac{C}{D}} = \frac{1+k}{r_r + r_e + k} \tag{4.2}$$

其中 C 为现金，D 为存款数，R_r 为法定存款准备金，R_e 为超额准备金，r_r 为法定存款准备金率，r_e 为超额准备金率，k 为现金漏损率。第三方支付平台将电子货币存放在金融机构，金融机构又将电子货币转移给下一支付环节。上述循环中电子货币未被变现为普通货币，但仍存在乘数效应。第三方支付带来的是 k 的下降，公众持币需求降低，同时互联支付的发展使超额准备金持有量 R_e 下降，因此货币乘数 K 将变大。另外，第三方支付提高了资金支付结算的效率，现金 C 和活期存款 D 的比例同时下降，定期存款所占比重上升，也会造成货币乘数的增大。一旦基础货币稍有变动，货币供给量就会在货币乘数的作用下，产生大幅波动。

2. 利率水平渠道

互联网理财产品借助线上平台吸纳存款，节省了线下实体网点铺设和人工成本，高效率完成交易。从成本角度考虑，平台金融降低了资金供需双方信息不对称程度和资金流通、组织成本，对利率产生了影响。此外，平台金融加快利率市场化进程，从供需渠道及信息渠道，共同作用于利率水平。

（1）供需渠道。平台金融的核心在于将融资过程从线下转移到线上，降低了融资成本，倒逼利率市场化改革。根据前文的分析，中国金融体系长期处于"金融抑制"状态下，利率管控，资金沉淀现象较为突出，平台金融的出现改变了货币供给与货币需求。支付宝余额、微信钱包余额甚至是数字货币等平台金融中的电子货币属于传统金融体系外的虚拟货币。一方面，平台金融导致货币乘数的增加，并对基础货币造成影响，改变了货币供给；另一方面，第三方支付导致交易性货币需求和预防性货币需求下降，投机性货币需求上升。不仅如此，其通过影响货币市场中的基础货币，提升了货币流通速度，改变了货币的需求量。根据IS—LM模型的分析框架，货币的供求结构发生变化，利率作为资金的价格也会发生相应变化。

（2）信息渠道。资金供求双方的交易信息在社交平台网络进行生成与传播，互联网平台强大的搜索引擎又将上述信息进行甄别并分析，高效完整的数据处理程序最终排列出交易信息，并根据风险状况对交易个体完成自动定价，传送回互联网金融交易平台。互联网信息时代来临之前，上述工作均为人工操作，用时较长，但在平台金融时代，交易信息传播、处理、分析、排列、定价均数字化，在云计算的保障下，平台金融提升了资金市场的有效性。信息在短时间内高速扩散，从而引起市场主体对交易预期的改变，交易预期的快速变化也会带来资金价格预期的改变，因此平台金融的信息化发展对于利率的作用是显而易见的。

3. 居民消费渠道

凯恩斯在"绝对收入假说"中提到了影响居民消费的六大因素，主要因素为收入水平以及收入分配。平台金融作为结合互联网技术和移动通信的新兴金融服务模式，其对居民消费的影响，也体现在收入水平与收入分配两方面——平台金融提升了收入效应、促进了消费的转换效应，并且刺激了消费欲望。

(1) 收入水平。收入是消费的前提，收入水平决定着消费能力，也影响着消费信心、消费欲望及消费能力。收入效应[1]是指由商品价格的变动引起的实际收入水平的变动，实际收入水平变动又引起了商品需求量的变动。平台金融的出现，通过改变商品价格，改变了消费者收入水平，同时改变了收入效应。随着电子商务在中国的快速发展，平台金融利用高新技术做支撑，将互联网精神渗透进第三方支付等众多业态平台的创新中。第三方支付模式的创新给居民消费的付款方式甚至是消费方式带来了巨大的变化，消费方式的变化又带来商品成本的削减以及商品价格的降低，直接影响就是消费者收入水平的提升。

(2) 收入分配。平台金融理财产品的快速发展颠覆了传统商业银行线下销售渠道，面对投资门槛较高的银行理财产品，中小投资者更愿意将资金投放到门槛较低的平台金融。线上平台交易迅速、提现简易、过程高效，因此平台金融的出现，不仅对银行的长期垄断地位造成了冲击，也导致消费者收入分配发生了变化。消费者在预算约束下，总希望在消费支出中将自己的全部收入进行最优分配，以达到效用最大化，因此会在当期消费和未来消费中做出最优选择。平台金融为消费者提供的高于活期存款利率的投资理财产品，会通过利率影响消费者对未来收入的预期，当期消费很有可能转化为未来消费，最终改变消费者的收入分配。

4. 经济增长渠道

平台金融的出现加大了金融机构之间的竞争，迫使金融业不断提升融资效率，降低融资成本以适应竞争。根据熊彼特的理论，金融创新与实体经济中的创新一样能够对经济的长期增长产生影响[2]。平台金融作为一种金融创新模式，其创新的主要目的在于提升资金配置效率，改变金融系统的基本功能，从资金需求与资金供给两方面改变当前融资模式，进而促进整体经济快速增长。

---

[1] 收入效应定义参见高鸿业主编《西方经济学（微观部分）》，中国人民大学出版社2011年版，第135页。

[2] 熊彼特理论参见 Schumpeter, J. A. and Swedberg, R., "The Theory of Economic Development", Routledge, 2021。

(1) 资金需求。在传统借贷模式中，资金供给者与需求者无法直接完成交易，须经由金融中介机构为不同风险偏好的资金提供相应的投资及融资机会，由于所耗成本远高于利润，银行等传统中介机构不愿开展中小企业信贷服务。平台金融依靠低成本平台有效降低融资双方交易成本，匹配资金期限，有效分担风险，缓解了资金供需双方的信息不对称现象。随着中小企业数量的增多，其对资金需求量越来越大，平台金融的出现对于国内众多资金需求方，尤其是中小企业融资难问题提供了新的解决途径，其提升了资金使用效率，使中小企业保持经济活力，进而对宏观经济增长起到了强有力的促进作用。

(2) 资金供给。由于认购起点较高，传统理财产品无法满足中低收入者的投资需求，而以网络理财为主的平台金融能够较好地将线上低成本集聚资金与线下投资理财及快捷支付等功能结合起来，给传统金融行业的负债业务带来巨大冲击。平台金融能够通过其自身平台优势降低运作成本，通过网络渠道发行理财产品，使投资者大量聚集，投资者可以利用互联网平台进行有效的资金管理，在满足借款者小额资金需求的同时也满足了贷款人零散投资的愿望，节省了投资成本。平台金融起到了把储蓄资金转换为生产资金的作用，为产业发展及经济增长提供了重要的资金来源，并且有效提升了资金的使用效率，降低了使用成本，从另一方面促进了经济增长。

(二) 宏观经济对商业银行的影响

平台金融对于宏观经济产生的影响是风险生成的第一步，宏观经济对于商业银行的影响为风险生成的第二步。本书依照宏观经济发展水平与商业银行盈利水平之间的相关性，以宏观经济中介变量中的货币政策和经济增长两种因素为例，探究宏观经济变量对商业银行盈利水平造成的影响。

1. 货币政策

货币政策[①]是政府货币当局通过银行体系变动货币供给量来调节总需

---

① 货币政策定义参见高鸿业主编《西方经济学（微观部分）》，中国人民大学出版社2011年版，第123页。

求的政策。经济萧条时增加货币供给，一方面可降低利息率，刺激消费，增加生产和就业。另一方面可直接支持企业扩大投资，进而刺激消费，增加生产和就业。反之，在经济过热、通货膨胀率太高时，可紧缩货币供给量以提高利率，抑制投资和消费，使生产和就业减少或缓慢增长。上述扩张性和紧缩性货币政策均会对银行造成影响。其中，扩张性货币政策带来经济繁荣，同时资产价格扭曲会导致银行效率降低，过度放贷，加剧道德风险，增加的不良资产必会造成商业银行盈利水平的下降。而紧缩性货币政策会导致市场需求不足，银行资金不够充裕，流动性风险加剧，从另一个方面造成商业银行盈利水平的下降。在IS—LM曲线中，如果IS曲线不变，扩张的货币政策会使LM曲线向右下方移动，均衡利率降低，银行收入增加；紧缩性货币政策会使LM曲线向左上方移动，均衡利率上升，银行收入减少。

2. 经济增长

多年来，中国经济发展呈现幅度较大的周期性波动。经济上行阶段，企业生产投资积极性较高，银行为了参与市场竞争，会放松对企业信贷资格的审查，扩大信贷规模，企业较易获得信贷资金，银行也会获得较高利润。但是，企业生产能力增强，扩大生产规模，货币需求上升，资本市场和房地产价格上涨，会产生大量泡沫。因此，经济处于金融周期的下行调整阶段时，本来低资质的高风险融资企业极易发生资金链断裂，导致大量信贷违约，商业银行不良贷款率攀升，降低商业银行盈利水平。商业银行的本质是集中社会闲散资金将其转移至紧缺部门，调剂资金供求。当经济处于繁荣时期，资金需求增加，企业扩大生产规模，居民消费增多，利率升高，货币供给增加，银行业因此增加盈利收入。反之，经济下行银行盈利能力也会因此下降。

（三）信贷过度扩张催化风险间接生成

近年来，国内商业银行纷纷加大业务转型步伐，一定程度上打破了分业经营模式的束缚。同时，国有商业银行均已完成股份制改革并上市，剥离巨额不良资产，一些中小股份制银行也通过上市筹集到大量资本，中国银行业整体资本充足率大幅提高。在利率市场化的条件下，通过新放贷款增加利润的效果非常明显，因此信贷投放扩张依然是商业银行主

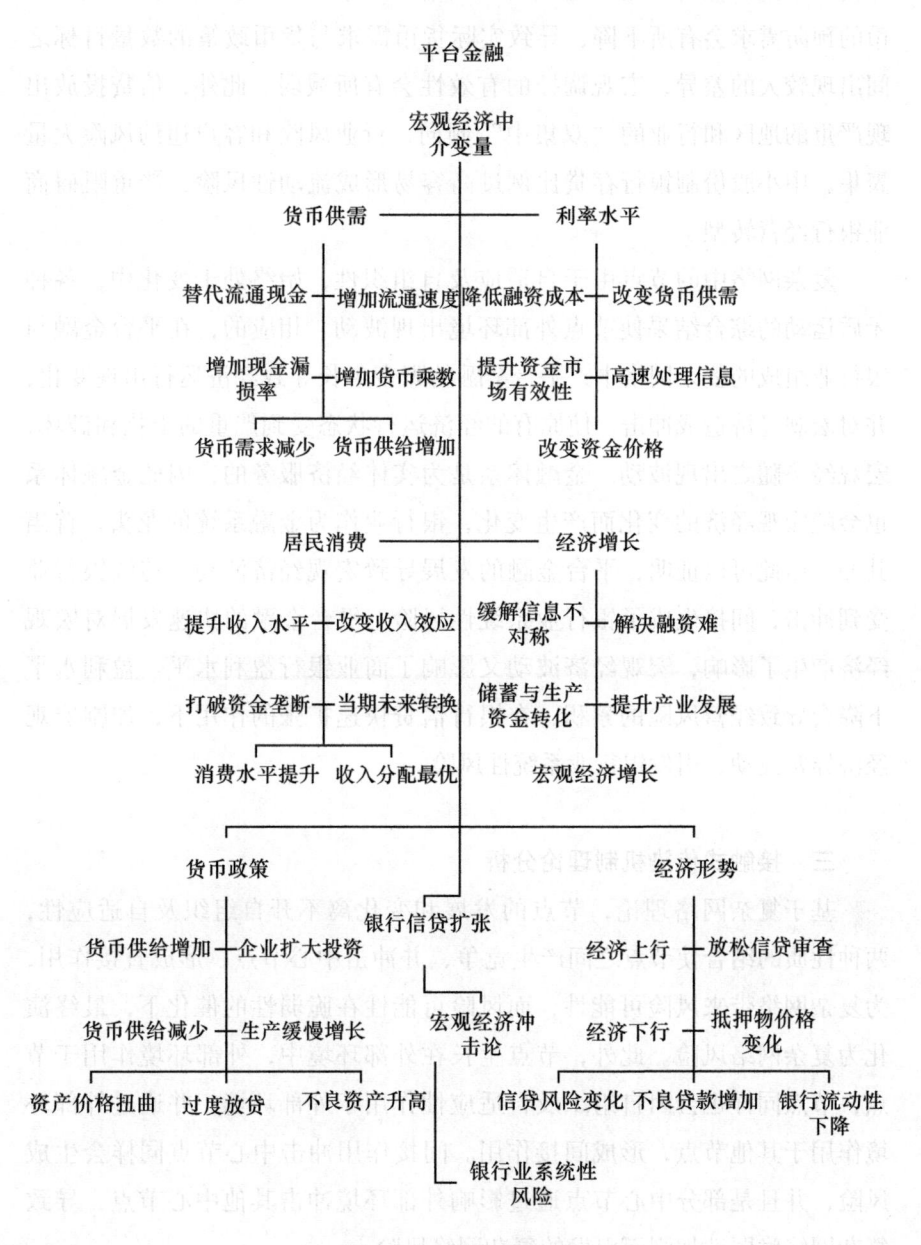

第四章 银行业系统性风险引发的理论基础及机制 109

```
                        平台金融
                           │
                       宏观经济中
                        介变量
                     ┌─────┴─────┐
                   货币供需      利率水平
              ┌──────┴──────┐  ┌──────┴──────┐
         替代流通现金  增加流通速度 降低融资成本  改变货币供需

         增加现金漏   增加货币乘数 提升资金市    高速处理信息
           损率                  场有效性

         货币需求减少 货币供给增加           改变资金价格

                     ┌─────┴─────┐
                   居民消费      经济增长
              ┌──────┴──────┐  ┌──────┴──────┐
         提升收入水平 改变收入效应 缓解信息不    解决融资难
                                对称

         打破资金垄断 当期未来转换 储蓄与生产    提升产业发展
                                资金转化

         消费水平提升 收入分配最优 宏观经济增长

                     ┌─────┴─────┐
                   货币政策     经济形势
              ┌──────┴──────┐  ┌──────┴──────┐
         货币供给增加 企业扩大投资 经济上行     放松信贷审查
                        │
                    银行信贷扩张

         货币供给减少 生产缓慢增长 经济下行     抵押物价格
                        │                    变化
                    宏观经济冲
                     击论

         资产价格扭曲 过度放贷 不良资产升高 信贷风险变化 不良贷款增加 银行流动性
                                                                 下降
                        │
                    银行业系统性
                       风险
```

图 4.3 间接生成机制

要的利润增长途径。但是信贷过度扩张会使银行信用创造功能急剧放大，在货币乘数效应的作用下造成货币供给大幅增加，社会流动性泛滥。货币的预防需求会有所下降，导致实际货币需求与货币政策的数量目标之间出现较大的差异，宏观调控的有效性会有所减弱。此外，信贷投放出现严重的地区和行业的"双集中"倾向，行业风险和客户违约风险大量聚集，中小股份制银行存贷比例过高容易形成流动性风险，严重阻碍商业银行经营转型。

复杂网络中的节点由于自适应及自组织性，始终处于变化中，各种矛盾运动的综合结果使节点外部环境出现波动。相应的，在平台金融与银行业组成的复杂网络中，平台金融的野蛮生长导致经济运行出现变化，并对宏观经济造成冲击，使原有的经济运行状态受到严重的干扰和破坏，宏观经济随之出现波动。金融体系是为实体经济服务的，因此金融体系也会随宏观经济的变化而产生变化，银行业作为金融系统的龙头，首当其冲。由此可以证明，平台金融的发展导致宏观经济波动，传统银行业受到冲击，间接生成了银行业系统性风险。平台金融的快速发展对宏观经济产生了影响，宏观经济波动又影响了商业银行盈利水平。盈利水平下降会导致经营风险的累积，在银行信贷快速扩张的作用下，加剧宏观经济异常波动，引发银行业系统性风险。

三 接触式传染机制理论分析

基于复杂网络理论，节点的发展和变化离不开自组织及自适应性，两种性质的结合使节点之间产生竞争，并冲击中心节点，形成直接作用，为复杂网络带来风险可能性，而风险可能性在脆弱性的催化下，最终演化为复杂网络风险。此外，节点生长在外部环境中，外部环境作用于节点，节点同样也会因自组织及自适应性作用于外部环境，并通过外部环境作用于其他节点，形成间接作用。间接作用冲击中心节点同样会生成风险，并且是部分中心节点通过影响外部环境冲击其他中心节点，导致复杂网络脆弱性加剧而引发的复杂网络风险。

本部分以平台金融中网络借贷平台业态为例，探究平台金融如何通过其与银行业之间的资金存管和业务往来，将自身风险传染至商业银行；

传染产生了何种结果，商业银行针对该传染机制作出了何种反馈及反馈之后的结果，也即探究由资金往来导致的银行业系统性风险接触式传染机制。

（一）复杂网络传染效应理论

传染效应原指一个国家的经济危机以多米诺骨牌效应扩展到其他国家。传染强调的是一国发生的经济危机是另一国经济危机爆发的导火线。本书将传染效应的范围缩小，特指平台金融与银行业之间的风险传播，也即银行业发生风险或危机是由平台金融自身风险或危机导致的。

由于自组织及自适应性，复杂网络中心节点之间除了相互竞争还有合作与融合，节点深度合作极易造成风险在中心节点之间传染。中心节点的脆弱性会很快转变为复杂网络的脆弱性，引发复杂网络风险。在平台金融和银行业组成的复杂网络中，平台金融作为中心节点，与银行业联系紧密，部分银行利用互联网技术充实自身业务，也有部分银行与平台金融企业合作开展新型业务。紧密合作除了带来盈利水平的上升，同样会造成风险的传染，平台金融由于技术不够成熟，缺乏监管，平台携款跑路等问题，存在整体行业风险、服务对象风险、法律监管风险、技术操作风险等，这些风险会随着平台金融企业与银行之间的资金往来，传染至银行，并逐步引发银行业系统性风险。

（二）平台金融风险

平台金融自诞生以来，风险就与发展并存，不断出现的负面新闻使研究界更加关注其内生性风险。平台金融作为金融与科技融合的产物，运用先进的技术和理念创新金融产品，快速远程功能和移动终端加速资金的流动，渗透和交叉网络内部利益相关节点，导致平台金融结构复杂、无法准确预测内部信息，风险预防化解难度提升、传播更快更广，风险溢出效应增强并逐步演化，削弱监管能力。可以说，平台金融比传统金融业风险更加复杂、传染速度更快且与银行之间的风险关联性更强。

平台金融不设严格的准入限制，有无金融牌照均可在网上注册平台，且目前无相关法律对平台金融准入进行严格的规定。因此平台数量虽多，但是质量参差不齐，接近一半数量的网络借贷平台存在提现困难、跑路倒闭等情况，因此平台金融存在整体性行业风险。

经营成本转化为理财收益后，平台金融可以提供收益较高的理财产品，吸引80%的中低收入群体。但是此类服务对象风险承受能力较弱，易产生羊群效应，一旦平台出现问题，大量投资者集中挤兑，平台风险会很快转变为行业风险，因此平台金融的服务对象也是其重要风险来源。

平台金融利用互联网技术创新，突破已有监管区域，躲避监管，应对法律法规，导致行业混乱，损害金融秩序。但是过度监管又会引起舆论风波，阻碍金融创新及普惠金融发展目标，部分行政干预手段甚至让监管让位于发展，出台相应法律法规政策存在一定难度，因此平台金融存在法律监管风险。

平台金融拥有先进的网络与信息技术，交易信息同步传达，突破了金融业的时间空间限制，全面提升了运行效率。但是高科技也需要终端操作，信息技术与人工操作无法衔接，大数据无法保障信息安全，对高科技的过度依赖导致互联网运行的细微问题被无限放大，造成对平台金融整个行业的严重威胁。

平台金融风险中的整体行业风险、服务对象风险、法律监管风险、技术操作风险等阻碍了平台金融的发展，也放大了平台金融与银行业之间的资金传染效应。本书将以网络借贷平台为例，从无存管平台、第三方支付存管平台和银行存管平台的三种资金流动渠道分析平台金融如何将风险通过资金渠道传染至银行并且引发银行业系统性风险。

（三）网络借贷无存管平台渠道

在监管部门没有要求网络借贷平台进行资金存管时，大部分平台都是无存管的网络借贷平台。无存管平台资金走向分为两种情况：直接存款模式和间接存款模式。

直接存款模式是指那些既没有第三方支付平台存管，也没有银行存管的借贷平台。借款人和放款人分别在平台内注册账户，放款人将银行账户资金转入平台中，平台将放款人资金存入平台的银行账户中，再由平台统一匹配借贷信息，之后平台将资金转入借款人账户，借款人再将资金转入自己的银行账户。这里的资金处理过程就是普通的转账划拨及汇款过程，网络借贷平台归集放款人资金，并将资金转移至借款人账户中。

　　间接存款模式指的是互联网投资平台与第三方支付平台合作，将用户资金以存款形式存于银行账户中。其中用户注册过程与直接存款模式一致：放款人将银行账户里的资金转移至借贷平台，平台匹配信息后将沉淀在银行账户的资金划拨至借款人账户。

出借用户 → 借贷平台注册并绑定银行卡 → 生成借贷平台出借账户，资金转入 → 借贷平台运营方在银行开立的普通账户

借贷平台匹配借贷信息 → 资金转移至借贷平台借款账户 → 借款用户

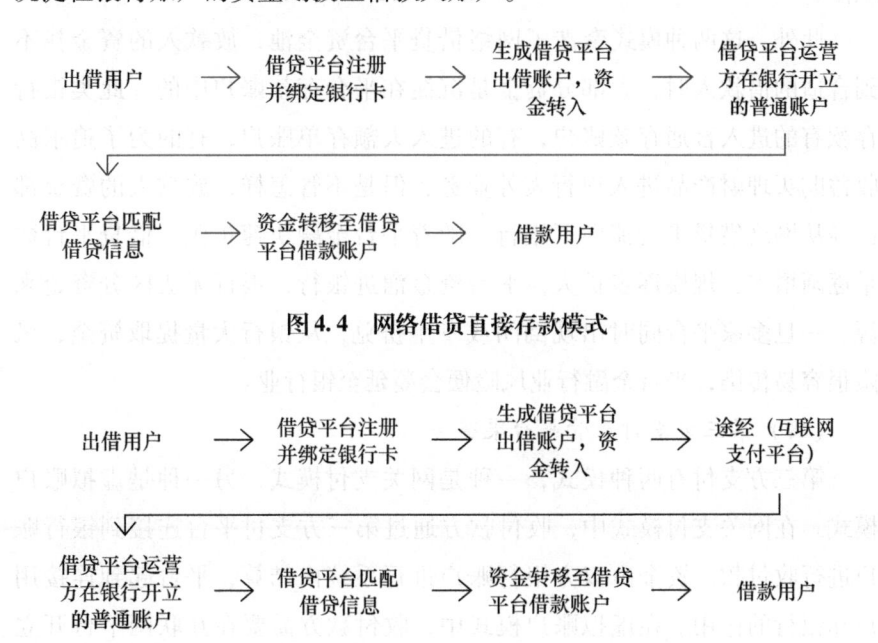

图 4.4　网络借贷直接存款模式

出借用户 → 借贷平台注册并绑定银行卡 → 生成借贷平台出借账户，资金转入 → 途经（互联网支付平台）

借贷平台运营方在银行开立的普通账户 → 借贷平台匹配借贷信息 → 资金转移至借贷平台借款账户 → 借款用户

图 4.5　网络借贷间接存款模式

　　与直接存款模式不同，间接存款模式牵涉第三方支付平台，网络借贷用户要登录合作的支付平台，之后才能跳转至各自的银行账户，第三方支付平台起着连接借贷平台和银行的作用，但是资金并不流经支付平台。通俗地说，间接存款模式假借了第三方支付存管的名义，其实质仍是之前的直接存款模式。

　　对上述两种无存管的网络借贷平台而言，第三方支付平台和银行普通存款账户对借贷平台无任何约束作用。借款时，放款人注册账户，投资平台直到相关标的资金募集完成，借贷平台从资金池内将资金转移至借款人账户；还款时，借款人将资金汇至平台资金池，再由平台将资

金汇至放款人银行账户，放款人申请提现。整个过程中，第三方支付平台并未参与资金转账过程，只提供了相应的账户登录服务，银行也只作为普通存款账户出现。网络借贷平台可擅自动用资金，极易造成网络借贷平台卷款跑路及投资人挤兑等情况，引发平台金融整体行业风险。

此外，这两种模式牵涉了网络借贷平台资金池，放款人的资金找不到合适的借款人时，大部分资金是沉淀在平台存款账户中的。此类银行存款有的进入普通存款账户，有的进入大额存单账户，有的为了追求高收益购买理财产品进入银行表外业务，但是不管怎样，放款人的资金都已经从网络借贷平台流向了银行。随着平台金融快速扩张，借贷平台数量逐渐增多，规模逐步扩大，平台资金涌进银行，银行无法区分资金来源。一旦多家平台同时出现倒闭或发生挤兑，从银行大量提取资金，风险很容易传染，平台金融行业风险便会蔓延至银行业。

（四）第三方支付存管平台渠道

第三方支付有两种模式，一种是网关支付模式，另一种是虚拟账户模式。在网关支付模式中，收付款方通过第三方支付平台连接到银行账户进行收付款。资金由双方银行账户进行系统内结算，平台起到连接用户和银行的作用。在虚拟账户模式中，收付款方需要在互联网平台开立账户，并关联银行账户。资金由付款方银行账户流向付款方支付平台账户，支付平台处理转账信息后，再由收款方支付平台账户流向收款方银行账户。目前大部分第三方支付平台都是虚拟账户模式，交易过程中，资金主要沉淀在第三方支付平台开立的银行备付金账户中。

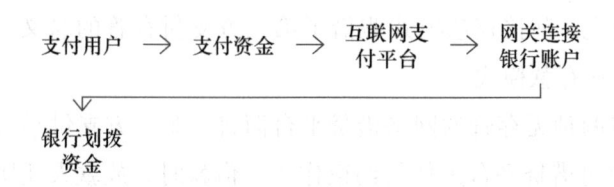

图4.6 第三方支付网关支付模式

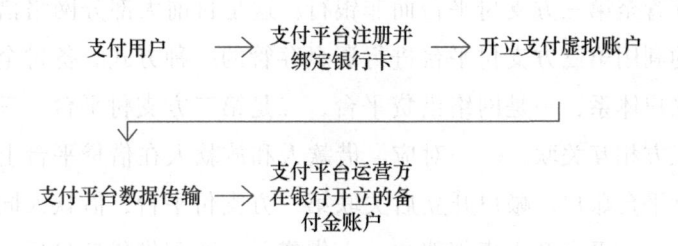

第四章　银行业系统性风险引发的理论基础及机制　115

```
支付用户  →  支付平台注册并  →  开立支付虚拟账户
              绑定银行卡
                                        ↓
支付平台数据传输  →  支付平台运营方
                    在银行开立的备
                    付金账户
```

图 4.7　第三方支付虚拟账户模式

第三方支付平台与银行同样存在关联，因此也会产生风险。网关支付模式的风险点在于技术操作风险，虽然用户资金存放于银行账户，并不直接流经第三方支付平台，但是平台负责处理支付信息及划拨账户余额等事宜，就目前第三方支付平台发展水平而言，技术操作风险仍然存在。

与借贷平台类似，虚拟账户模式也存在资金沉淀及资金池问题，因此与银行之间也存在风险传染。收付款方将第三方支付账户与银行账户绑定，第三方支付平台在银行开立备付金账户，用户资金转移至备付金账户中。此处备付金账户与银行存款账户类似，多为大额存单形式，第三方支付平台可随意挪用用户资金，资金安全不受控制。一旦第三方支付平台倒闭，虚拟账户里的资金无法提取，平台就会发生挤兑，平台金融行业风险很快转嫁给银行。

第三方支付存管的借贷平台是指网络借贷平台依托第三方支付平台进行资金存管，资金流经第三方支付平台。由于第三方支付平台在数据处理技术、系统对接便利性及对平台金融行业熟悉程度上具备优势，更善于处理烦琐和复杂的个人用户需求，处理成本更低且效率更高。此外，第三方支付平台可以将网络借贷平台的闲散资金归集，化整为零交由银行处理，将银行效用发挥至最大，因此不少网络借贷平台将支付平台融入资金存管方。此类借贷平台也分为两种情况，一种是资金最终流向备付金账户的备付金模式，另一种是资金最终流向银行存管账户的存管模式。

在备付金模式中，网络借贷平台与虚拟账户的第三方支付平台合作，将资金存管至第三方支付平台而非银行。这是目前大部分网络借贷平台所采用的利用第三方支付平台进行资金存管的一种方式。备付金模式设计三套账户体系，一是网络借贷平台，二是第三方支付平台，三是银行账户，三方相互关联，一一对应。借款人和放款人在借贷平台上注册登录，开立平台账户，账户开立后关联第三方支付平台，借款人同样需要在第三方支付平台开立虚拟账户，由借贷平台匹配借贷信息后，传输数据至第三方支付平台。放款人将银行账户资金汇入第三方支付平台中的虚拟账户，第三方支付平台调整虚拟账户余额并将数据发送至银行的备付金账户。备付金账户备案后，银行将信息传回第三方支付平台，第三方支付平台再将信息传回借贷平台，借贷平台对借款人和放款人的账户资金做出相应增减，完成借贷流程。

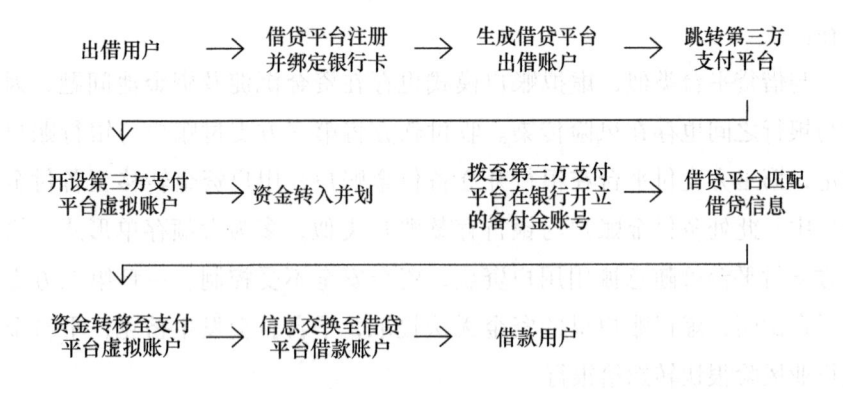

图4.8　第三方支付备付金模式

存管模式与备付金模式类似，但是最终资金归集至网络借贷平台在银行开设的资金存管专用账户中。该种模式下，借款人和放款人双方仍须在网络借贷平台开设账户，之后跳转至第三方支付平台开设相应的虚拟账户作为关联，借贷平台匹配借贷信息之后，将数据发送至支付平台，支付平台收到信息后进行资金转账和划拨，信息处理完毕后将数据发送至银行账户。此处的银行账户是借贷平台运营方的专用资金存管账户，区别于备付金账户。银行备案后将数据反馈给第三方支付平台，第三方支付平台调整虚拟账户余额,同时将数据传输至借贷平台,借贷平台对借贷双方账户资金做出相应增减,完成借贷流程。存管模式是第三方支付平台与银行合作的模式,支付平台提供账户体系,进行具体的资金划拨,并将信息传输给银行,银行负责备案并提供资金存管专用账户。

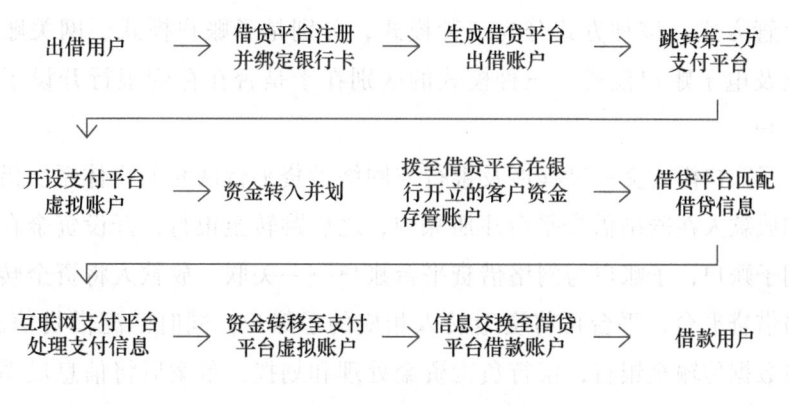

```
出借用户 → 借贷平台注册 → 生成借贷平台 → 跳转第三方
          并绑定银行卡    出借账户        支付平台
                                            ↓
开设支付平台 → 资金转入并划 → 拨至借贷平台在银 → 借贷平台匹配
虚拟账户                    行开立的客户资金    借贷信息
                            存管账户
    ↓
互联网支付平台 → 资金转移至支付 → 信息交换至借贷 → 借款用户
处理支付信息    平台虚拟账户    平台借款账户
```

图 4.9 第三方支付存管模式

上述两种模式中,第三方支付平台与银行进行联合资金托管,支付平台在借贷平台和银行之间进行对接,沉淀借贷平台闲散资金。借贷平台将大量烦琐的转账划拨和支付指令交给支付平台,自己无法擅自挪用资金。该渠道切断了借贷平台与用户的资金接触,相对于前述两种模式,很大程度上减少了网络借贷平台的道德风险。但值得注意的是,由于资金划拨和转账功能主要依靠第三方支付平台,资金也沉淀于支付平台的备付金账户中,因此第三方支付平台同样存在道德风险及擅自挪用资金的可能性,网络借贷平台的各种风险也会反映在支付平台中。再者,如果网络借贷平台与第三方支付平台存在关联或是归属同一母公司,那么其实就回到了无存管状态。

从风险传染机制上看,第三方支付存管模式也没有切断平台金融与银行的联系,只不过风险经由网络借贷平台先传染至第三方支付平台,再传染到银行。同样,随着网络借贷平台数量逐渐增多,规模逐步扩大,资金大量进入银行。一旦多家平台倒闭,备付金账户和存管账户同时出现挤兑，各家借贷平台分别从银行提取大量资金，挤兑风波殃及银行，平台金融行业风险也会传染至银行。

（五）商业银行存管渠道

银行存管平台指的是网络借贷平台直接与银行存管账户接触，不对接第三方支付平台。银行存管满足了监管部门对于网络借贷平台的定位及资金存放规定，也是当前监管部门最为认可的网络借贷平台资金存管方式。该种方式分为三种模式，分别是子账户模式、网关账户模式及电子账户模式，三种模式的区别在于是否在存管银行开设了电子账户。

子账户模式交易过程涉及银行与网络借贷平台两套账户体系。借款人和放款人在网络借贷平台注册账户，之后跳转至银行，开设资金存管专用子账户，子账户与网络借贷平台账户一一关联。放款人将资金转入网络借贷平台，平台再将资金转入相应的子账户，同时匹配借贷信息，并将数据传输至银行，银行负责资金处理和划拨，备案后将信息反馈至借贷平台账户，借贷平台对借款人和放款人的账户资金进行调整，完成借贷流程。该模式与无存管平台最大的区别在于平台在银行开设的不是普通存款或大额存单账户，而是资金存管专用账户，银行还会为每一个平台注册用户提供二级子账户，间接地保证了资金的安全性。

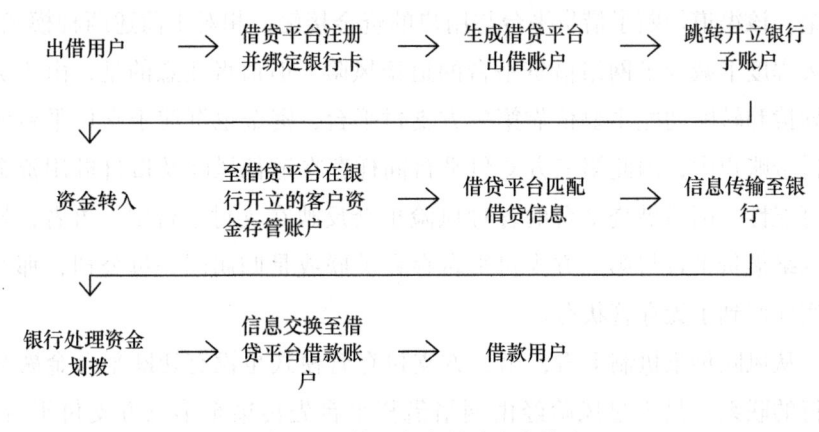

出借用户 → 借贷平台注册并绑定银行卡 → 生成借贷平台出借账户 → 跳转开立银行子账户

资金转入 → 至借贷平台在银行开立的客户资金存管账户 → 借贷平台匹配借贷信息 → 信息传输至银行

银行处理资金划拨 → 信息交换至借贷平台借款账户 → 借款用户

图 4.10　第三方支付子账户模式

网关账户模式是子账户模式的升级,即在网络借贷平台和银行存管账户之间加入了网关模式的第三方支付平台。但是第三方支付平台并没有起到信息处理或者资金划拨的作用,其仅仅具有数据传输功能,方便信息由借贷平台转移至银行。资金划拨与处理任务属于网络借贷平台,资金存管属于银行。与子账户模式类似,借款人与放款人在借贷平台中开设账户,同时跳转至第三方支付平台开立网关账户并对接银行存管账户,存管账户为借款人与放款人开立子账户。放款人将资金转入借贷平台,平台匹配并传输借贷信息至支付平台,同时转移资金至银行,银行收到信息后划拨转账和备案,并将信息传输至支付平台,最终借贷平台对借款人和放款人的账户余额进行增减,完成借贷流程。

出借用户 → 借贷平台注册并绑定银行卡 → 生成借贷平台出借账户 → 跳转至第三方支付平台

资金转入并划拨至借贷平台在银行开立的客户资金存管账户 → 借贷平台匹配借贷信息 → 银行处理支付信息

信息交换至借贷平台借款账户 → 借款用户

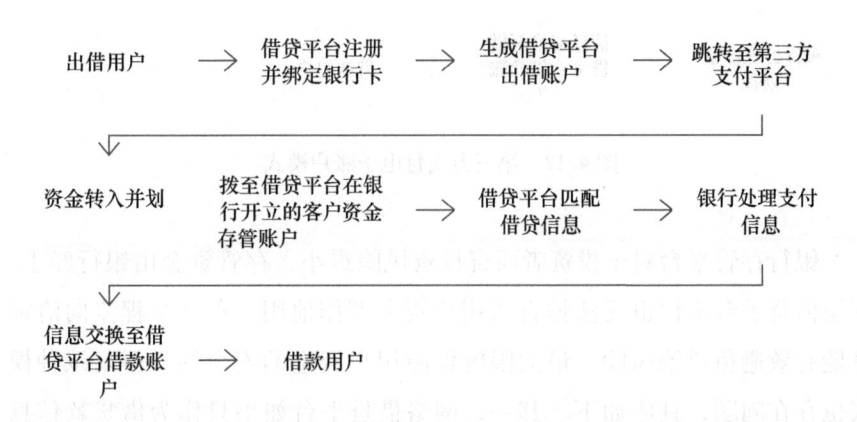

图 4.11　第三方支付网关账户模式

电子账户与上述两种模式的区别在于,借款人与放款人在网络借贷平台注册账户后,自动跳转至关联的存管银行,存管银行为平台用户开立了存管专用账户的电子账户,电子账户属于个人,不属于借贷平台,且与借款人、放款人在借贷平台中开立的账户相互匹配。放款人将资金从自己的银行账户转入电子账户中,网络借贷平台匹配借贷信息后,将数据传输至存管银行,银行按照借贷平台的指令,对电子账户进行资金转移,将放款人的资金转移至借款人的电子账户中,并将数据传输至网络借贷平台,借贷平台收到信息后对借款人和放款人的账户信息进行调整，完成借贷过程。电子账户模式是符合监管部门要求的、最为标准的一种资金存管模式。即存管银行开设针对借款人和放款人的个人账户，资金转账和划拨的过程由银行完成，严格限制网络借贷平台对于资金的动用。

出借用户 → 借贷平台注册并绑定银行卡 → 生成借贷平台出借账户 → 跳转至关联存管银行

资金转入 → 至银行存管专用账户的个人电子账户 → 借贷平台匹配借贷信息 → 信息传输至银行

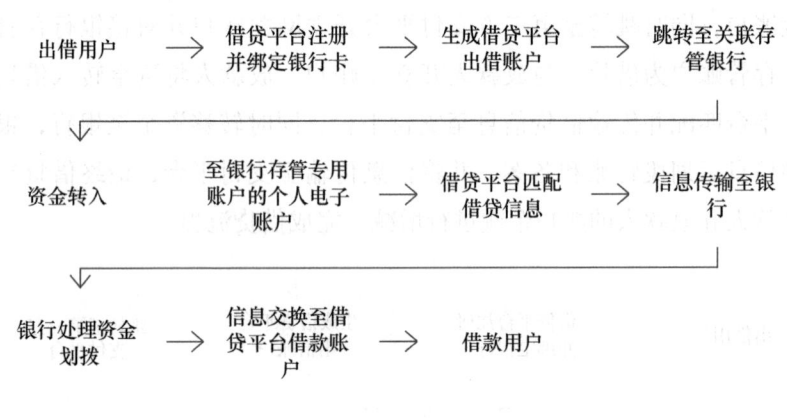

银行处理资金划拨 → 信息交换至借贷平台借款账户 → 借款用户

图 4.12　第三方支付电子账户模式

银行存管平台对于投资者而言投资风险最小，存管资金由银行经手，网络借贷平台不得也无法擅自将用户资金挪作他用。资金全程流向清晰并能有效避免道德风险，最大限度保障用户资金的安全性。但是该种模式也存在问题，具体如下。其一，网络借贷平台如果只作为借贷款信息中介存在，违背了平台创办初衷。平台金融的一大亮点为金融脱媒，网络借贷平台作为新金融媒介，目的是补充传统银行在普惠金融方面的空白。如果网络借贷平台只是信息中介，那么平台金融企业和传统网络搜索引擎将无差别。其二，平台金融资金存管与过去信托、基金等资金托管区别较大，前者资金量小，存管在银行等传统金融机构的巨额存管费将加重平台负担。如果降低平台运营成本而将存管资金变为银行普通存款资金，就回到了之前安全性较低的网络借贷平台模式。其三，银行理财产品起步门槛为 5 万元，许多中小投资者达不到这样的门槛，因此将目光投向网络借贷平台。如果银行等传统金融媒介愿意为中小投资者开辟低门槛的理财业务，那么平台金融发展就不会如此迅速。因此，银行托管可以降低风险,但是违背了平台金融的创办初衷。单独的网络借贷平台资金量较少,巨额托管费用增加了网络借贷平台的负担,此外,该模式无法发挥平台金融和银行业的不同优势,多数借贷平台不会采用此类方法进行资金存管。

而在风险传染方面,除了电子账户模式,其余两种模式并没有切断网络借贷平台与银行之间的资金联系,相反,二者脱离了第三方支付平台,联系更加紧密。风险传染也绕过支付平台,直接从网络借贷平台流向银行。因此风险传染机制与上述渠道相同,一旦平台倒闭引发平台金融行业风险,挤兑风波势必波及银行业。

(六) 过度关联性催化风险接触式传染

纵观三种资金往来渠道可知,平台金融和银行业通过各种资金存管关系被捆绑在了一起。用户将银行账户内的资金转移至平台金融账户,平台进行信息匹配后或直接转账划拨,或将资金沉淀在自己开设的银行存款账户中,或转移至银行资金存管专用账户,或将沉淀资金转移至其他平台中。其他平台对资金进行处理后将资金沉淀至平台备付金账户,或交由银行处理并进行资金存管。从普通银行存款账户到备付金账户再到资金存管专用账户,虽然账户名称不同,但实质都是将平台中的资金转移或划拨至银行。该笔资金随着其余大额资金一并进入商业银行的资金操作流程中,同时也将平台金融风险转嫁至银行业体系内,平台金融的整体行业风险、服务对象风险、法律监管风险、技术操作风险等会随着平台金融企业与银行之间的资金往来,传染给银行。

资本充足率等监管措施制约了金融机构加杠杆的行为,但如果影子银行活动可以绕开监管,那么约束就会被打破。当金融机构出现问题时,出于保护小投资者和防范系统性风险,监管往往不得不救。所以,监管约束本质上就是金融机构向监管交的"保费",以换取危急时刻来自监管的救助。如果杠杆放得太大,那么不利的时候损失也会放大,金融机构破产的概率就会提高。但是部分金融机构的实际运营者,不介意破产时给股东和社会带来的损失,也即易产生道德风险;或者部分金融机构具有"大而不倒"的特征;或者部分金融机构相信人民银行的各种刚性兑付。因此从杠杆角度看，平台金融的出现不仅不能去杠杆，消灭期限、流动性和信用错配，也无法解决金融系统存在的监管套利、道德风险、大而不倒以及刚性兑付四大问题。

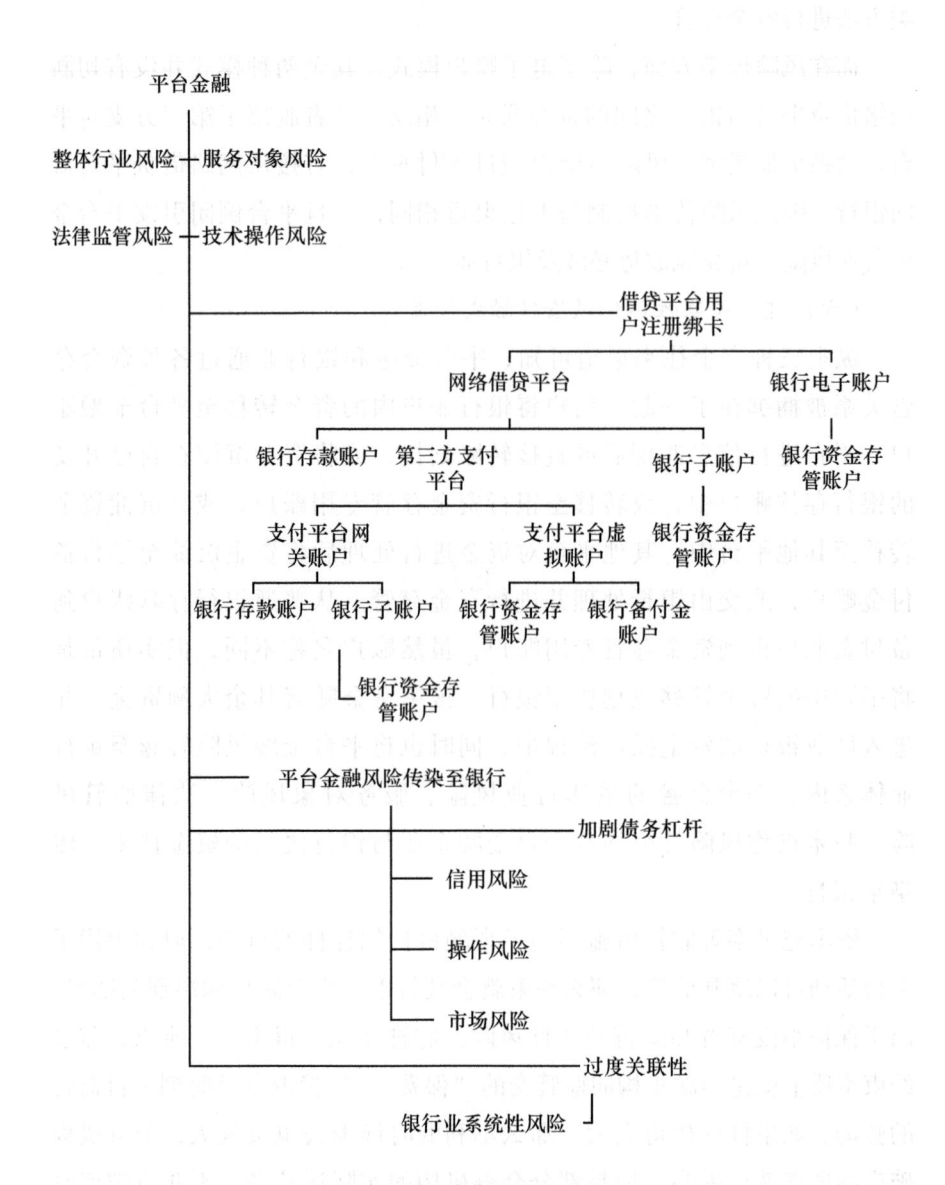

图 4.13　接触式传染机制

另外，平台金融与商业银行的密切合作引发了二者的过度关联性，也即二者间联动趋势大幅增加。Forbes 和 Rigobon[①] 提出了"过度关联说"，将风险传染定义为，冲击对一个地区造成的破坏引发了相关地区联动趋势的上升，并认为过度关联引发了系统性风险。我们将"过度关联说"中的地区传染性引申至金融市场，即市场间业务联系紧密造成二者联动趋势的大幅增加。平台金融与银行业的资金合作，是将平台金融信用转化为银行信用，降低资产的风险权重从而起到节约资本的目的。但是资金合作并没有真正地将风险转移出银行，相反基础信用风险仍旧滞留在银行体系内部。一旦平台出现倒闭风潮，银行便会受到传染，风险从银行体系外部转入内部造成损失，损失的后果即银行业系统性风险。"过度关联说"强调市场业务合作过度后触发"关联性"，本书中平台金融与传统商业银行之间因为业务关联，也存在"关联性"，因此平台金融与商业银行之间的资金往来渠道，经由过度关联性的催化，演变为风险传染渠道，而过度关联也是复杂网络引发银行业系统性风险的原因之一。

四　非接触式传染机制理论分析

除了经由资金往来而产生的风险接触式传染机制，平台金融与银行业之间还存在风险的非接触式传染机制。风险的非接触式传染渠道众多，如信息传播、季风效应[②]、太阳黑子理论[③]等。季风效应指的是由于存在同一种外部原因导致部分国家、地区同时或相继遭受集聚性冲击压力，导致金融危机发生的非接触性传导现象。太阳黑子理论认为太阳黑子的周期性变化会影响气候的周期变化，继而影响农业收成，最终影响经济发展。由于平台金融与银行业不存在集聚性冲击或周期性变化，因此本

[①] Forbes, K. J. and Rigobon, R., "No Contagion, Only Interdependence: Measuring Stock Market Comovements", *The Journal of Finance*, Vol. 57, No. 5, 2002.

[②] 季风效应定义参见 Masson, P. R., "Contagion: Monsoonal Effects, Spillovers, and Jumps between Multiple Equilibria", IMF Working Paper, No. 1998/142, 1998.

[③] 太阳黑子理论参见 Fratzscher, M., "On Currency Crises and Contagion", *International Journal of Finance and Economics*, Vol. 8, No. 2, 2003.

小节所讨论的传染是基于信息传播的风险非接触式传染机制。

　　复杂网络中节点之间的相互作用包括竞争与合作，冲击为节点竞争，传染则引申为节点合作，非接触式传染就是节点与节点之间经由非接触式"合作"导致的风险传染，也即风险的信息传染。本书将要讨论的"危机新闻效应"就是信息传染渠道的一种，其也是引发金融危机的重要原因之一。"危机新闻效应"运用金融实验方法论证了危机新闻在不相关的两个金融市场间的传染途径，包括从众效应和策略风险。本书将"危机新闻效应"研究具体化，运用在平台金融和银行业两个不相关的金融市场中，找出除策略性和从众性以外的第三种途径以推导风险的非接触式传染机制。

（一）平台金融"危机"

　　一个行业或危机爆发前的征兆，就是进入该行业不需要门槛，很显然，互联网投资平台已经出现了这样的情况。回顾平台金融的发展历史，2010年为萌芽期，2013年出现爆发式增长，平台金融产品收益率居高不下，最高时曾突破20%的年化收益率。高收益通常伴随高风险，因此大部分投资者只愿意投资高收益（风险）的平台，将互联网投资平台视为"赚快钱"的地方，逆向选择和金融行业信息不对称导致低收益（风险）优质平台不受青睐，逐渐被挤出平台金融投资领域，互联网投资平台出现"劣币驱逐良币"现象。以上过程不断持续，最终平台金融行业只剩下"跑路"平台。

　　针对该现象，各地司法部门广泛开展了平台金融专项整治活动，推动对互联网融资借贷活动的规范和监管，2015年年末密集出台的平台金融行业综合治理相关规定，就是要最大限度地减少平台金融无序发展对社会稳定的影响。纵观金融发展史，一旦金融创新遭遇"一刀切"的严厉监管，从业者便会放弃扩大产业规模、产品研发或进一步的金融创新，创新过程便会出现整体性衰退。平台金融创新发展不受政策保护将导致行业形势持续低迷，最终可能出现行业危机。

（二）危机新闻效应

　　风险信息分散在复杂网络环境中，中心节点通过产生、传播、获取、交换等各种途径将信息传染至无直接接触的其他中心节点，导致中心节点出现同时性的相似行为并引发复杂网络风险，这样的过程被称为风险的非接触式传染。在平台金融与银行业组成的复杂网络中，部分平台金融企业与商业银行之间无业务往来、无资金直接接触，只是业务形态具有相似性，我们就可以称其为不相关的两个中心节点。平台金融的危机信息充斥着金融市场，投资者通过产生、传播、获取、交换等各种途径将危机信息由平台金融端传染至银行业端，导致商业银行投资者出现同时性的资产抛售行为，直至引发银行业系统性风险。与风险的资金传染渠道相对，该过程被称为风险的信息传染渠道。[①]

"危机新闻效应"[②]是风险信息传染渠道的一种，指的是一个市场（平台金融）的危机新闻会影响另一个无关联市场（银行业）投资者，引发他们改变交易策略，导致另一个市场出现危机的投资现象。由定义可知，"危机新闻效应"研究的是相关程度不高甚至无相关性的两个金融市场之间的风险传染问题。此外，触发"危机新闻效应"是一个市场出现了危机，危机新闻传播导致另一个市场的投资者受到了影响，从而引发了风险。本书以互联网投资平台[③]为例，从传媒性渠道、从众性渠道及决策性渠道三个方面理论推导银行业系统性风险非接触式传染机制，也即平台金融的"危机"如何经由"危机新闻效应"导致银行业出现"危机"。

(三) 传媒性渠道

"危机新闻效应"传染渠道分为三个阶段，传媒性是"危机新闻效应"的第一重传染渠道，由新闻媒体作为依托。本地新闻的快速传播加上互联网投资平台"跑路新闻"存在时效性及反时效性，各方因素共同作用，导致危机传染。

1. 本地传播

近几年，互联网投资平台遍布各地，与之呼应的是商业银行常设于

[①] 信息传染渠道定义参见 Acharya, V. V. and Yorulmazer, T., "Information Contagion and Bank Herding", *Journal of Money, Credit and Banking*, Vol. 40, No. 1, 2008。

[②] 危机新闻效应定义参见 Vardanyan, S., "Contagion in Experimental Financial Markets", CERGE–EI Working Paper Series, 2016。

[③] "互联网投资平台"包含网络借贷及网络小额贷款平台。

各地区的分行、支行等大小网点。除大型银行,城市商业银行及农村商业银行等地区性银行发展时间不长,通常规模较小,有的也是从农村信用合作社、村镇银行等改制而来,且总部设在市县地区,发展也呈现较强的区域性。许多平台金融投资者认为,现在的互联网投资平台与当年村镇银行开展的金融业务、提供的金融服务甚至发展规律如出一辙,这就造成了同地区互联网投资平台与商业银行被看作类似的金融机构。因此互联网投资平台的倒闭很容易让人联想到,同地区的商业银行是否存在同样的问题。

另外,本地互联网投资平台跑路、倒闭等危机新闻会在当地(尤其是中小城市)产生巨大舆论效应。出于对热点新闻的追踪,当地媒体会开始进行详细、周密、专业的报道,导致本地银行投资者对本地互联网投资平台新闻的持续性关注。新闻报道对投资平台的描述,加上对同地区商业银行状况的了解,谨慎投资者会立刻减少对同地区商业银行的投资行为,此时互联网投资平台的危机已经传染至同地区商业银行。谨慎投资者的行为会影响其他不知情的投资者,风险也开始从地区性银行向各大商业银行的分支网点传播,最终覆盖银行业,平台金融危机便转化为银行业危机。

2. 正反时效

时效性[1]指的是信息的获取仅在一定时间段内具有改变决策的能力。但是在信息爆炸时代,受众有时不会在意当时发布的新闻,而是在新闻发布之后,甚至是新闻再次出现时,才开始关注该新闻。与时效性相对,该现象被称为反时效性。平台金融与银行业之间的信息传染既具有时效性,也具有反时效性。

由于网络技术的飞速发展,平台金融与商业银行投资收益率的波动实时更新,且信息给市场带来的变化迅速且灵敏。新闻媒体充分掌握此规律,舍弃传统纸质媒体和电子媒体,利用网络等云媒体端加快新闻的传播速度。此外,社交软件的广泛使用导致互联网投资平台跑路、倒闭

---

[1] 时效性定义参见 Basu, S., "The Conservatism Principle and the Asymmetric Timeliness of Earnings", *Journal of Accounting and Economics*, Vol. 24, No. 1, 1997。

等危机新闻通常在第一时间就会向全社会发布，商业银行甚至来不及做出反应，股价已经下跌。

除了时效性，传媒性渠道还存在反时效性特征。互联网+带来信息爆炸，新闻信息的数量快速增加，个人接受严重"超载"，媒体更加注重信息的舆论性和接受度，因此经常出现"头条撞车"等传媒现象。互联网投资平台"跑路"等危机新闻的普及性、受众率和接受度相比其他新闻较低，部分投资者不会关心新闻的新与旧，只要平台金融的危机新闻出现，哪怕是"旧闻"，也会引发投资者的强烈反应，出现反时效性，同样造成银行股票价格波动，触发危机的信息传染。

（四）从众性渠道

从众性渠道是"危机新闻效应"的第二种传染渠道，表明风险已由传媒传染至投资者群体。从众性渠道分为信息重叠及广告效应。信息重叠[①]指的是投资者运用相同的方法处理信息导致信息的大面积传播，广告效应[②]指的是平台利用虚假广告蒙蔽投资者并波及银行业。二者共同作用促成从众性风险传染渠道。

1. 信息重叠

两个无关联的金融市场的投资者之间也存在同质性，虽然关注不同的市场信息，但是双方投资者仍会采用相似的数理模型、经济学方法、信息处理技术、投资组合以及风险防控策略，因此两个金融市场的投资者对于类似的问题，在听取了相似的盈利预期和分析建议时，通常采取相同的处理方法，或者做出类似的反应，这就是信息重叠带来的从众性模仿行为。平台金融和银行业都属于金融行业，宏观经济发展水平收缩或是经济处于衰退周期影响金融行业时，两个金融市场会呈现相似状态，投资者对预期的分析也会相似，因此一个市场出现危机，另一个市场极有可能发生相同的危机。

除了相似的投资策略，信息的大量铺洒导致每个人都会识别到同种

---

① 信息重叠定义参见 Wu, S. and Keysar, B., "The Effect of Information Overlap on Communication Effectiveness", *Cognitive Science*, Vol. 31, No. 1, 2007。

② 广告效应定义参见 Cox, D. and Stark, O., "Intergenerational Transfers and the Demonstration Effect", Boston College Working Papers in Economics, 1994。

信息。基于所处环境的相似性，面对同样的信息，大部分人会做出相同的选择，这也属于信息重叠导致的从众性。这类从众性无关社会经济发展状况，甚至不区分投资者的专业程度。只要接收到类似信息，大多数投资者就会采取相似的投资行为。投资者的同质性及信息大量铺洒是信息重叠的重要特征，也是导致危机在两个不相关金融市场间进行传播的原因。

2. 广告效应

过去金融机构以商业银行为主，且大部分属于国有或国有控股的商业银行，因此并不重视金融业务对投资者的吸引。如今，金融机构类型不断扩充，数量急剧增加，包括银行在内的多数金融机构开始模仿销售行业，大规模投放广告。平台金融更是如此，从2010年第一家互联网投资平台上线，如今的纸质媒体、电子媒体、网络媒体、自媒体等各类媒体平台均出现了大量互联网投资平台的广告。这些广告吸引了无数从未涉足投资领域的初级投资者，这类拥有资金实力但并不专业的投资者在广告的宣传下，也加入了平台金融投资大军。可以说，广告效应是从众性渠道的另一个方面。

广告数量急剧增多极易导致"跑路"平台发布虚假广告。平台金融专项整治主要任务之一就是打击互联网投资平台的虚假广告，包括向投资者承诺高收益理财，谎称商业银行托管甚至打着平台金融的旗号暗中实施非法集资或传销的投资平台。投资者对于平台金融虚假广告的摒弃同样会波及银行业，部分投资者甚至简单地认为，只要是做广告的金融机构就都存在问题。商业银行的广告效应在平台金融虚假广告的影响下逐渐产生负面效应。

（五）决策性渠道

决策性渠道是"危机新闻效应"的第三重传染渠道，也是本书对"危机新闻效应"传染渠道的补充，包括绝对风险厌恶及投资者决策偏好两个方面。绝对风险厌恶递减及对投资标的的偏好使投资者在决策上出现一致性，"危机新闻效应"通过改变投资决策将平台金融风险传染至银行业。

1. 风险厌恶

通常，危机的可能性随着投资人财富的减少而增加。金融市场中的大多数投资者属于风险厌恶型，平台金融市场出现危机后，投资人财富相应减少，在绝对风险厌恶边际递减的情况下，平台金融市场危机会导致投资人在对银行业进行投资时不愿意再冒险。平台金融市场出现的危机减少了投资人财富，也增加了银行业发生危机的可能性。危机后的投资人好比"惊弓之鸟"，认为只要是同类型的金融投资就会产生风险，因此平台金融出现危机后，投资者无任何动机进行高风险投资，甚至会放弃关于银行业的一些风险较低甚至无风险的投资。

部分投资者认为，平台金融危机发生之后，银行业也有可能发生危机，这意味着危机后平台收益率降低等现象也会传染至银行业，因此对银行业进行投资或拥有该想法的投资者，不管是平台金融投资市场中的，还是银行业投资市场中的，或是重叠双方市场的投资者，均有抛售银行股票、出售银行理财产品甚至撤出银行存款的动机。此时平台金融的危机已经传染至银行业，严重时还会造成挤兑。

2. 决策偏好

部分投资者进行投资时存在自己的决策偏好，不会完全关注收益率。部分投资者愿意投资名称带有强烈盈利暗示的投资标的，不喜爱的标的名称投资者会直接抛售。许多互联网投资平台充分利用了投资人的投资心理，设计出符合投资者操作的投资平台，选择符合投资者心理的平台名称，甚至利用偶像代言人吸引一批粉丝进入投资领域。相应的，银行也会采取类似的做法以迎合投资决策偏好。

但是此类偏好的副作用也十分明显，如代言人合约期满需要更换代言人时，偏好投资者也会随着代言人的更换而放弃该投资平台。极端可能性为银行和互联网投资平台选择了同样的代言人，一旦该互联网投资平台出现负面新闻，投资者自然联想到其代言的另一家金融机构是否也存在类似问题。在资讯发达、海量信息迅速传播的互联网＋时代，人们无法通过识别有效信息做出理性选择，相反会借助一些非理性判断方法。当非理性判断次数不断增多时，投资决策便会改变，危机传染也会因此产生。

（六）心理预期理论催化风险非接触式传染

投资者对平台金融企业和银行进行投资，实际上是与企业机构达成

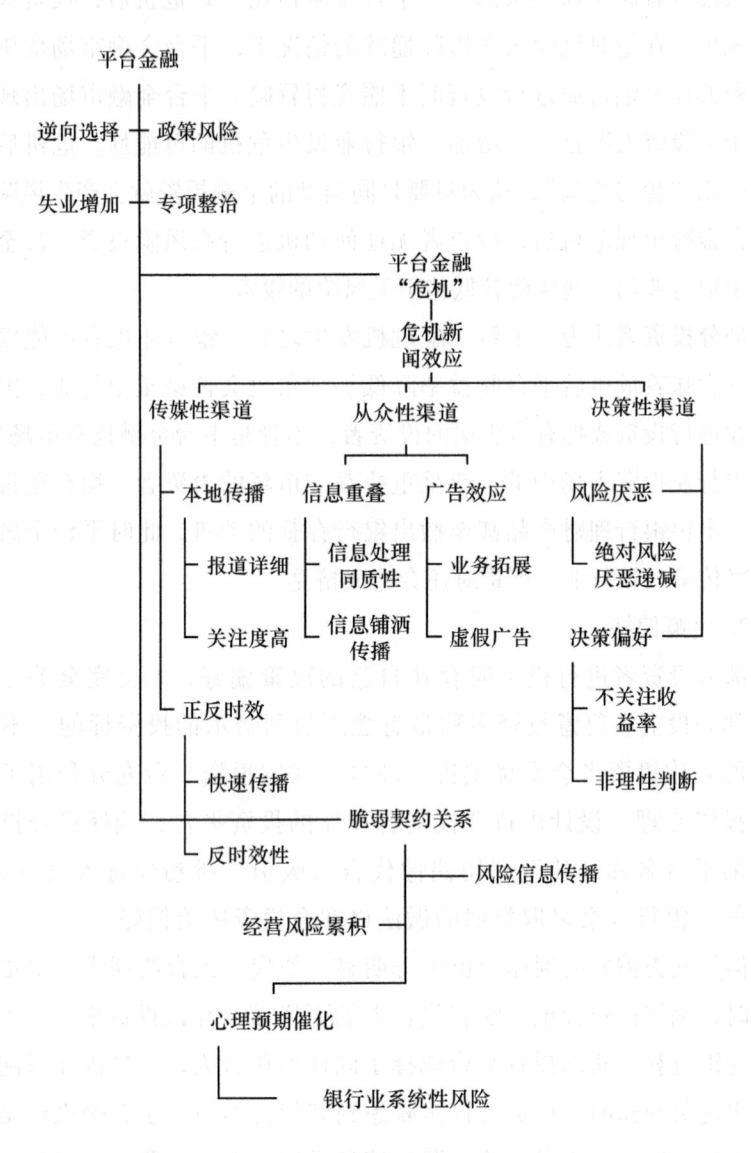

图 4.14　非接触式传染机制

了某种契约关系，由于信息不对称，该种契约关系非常不稳定。平台金融企业和银行间存在信息传染的三重渠道，因此平台金融投资者的损失更易导致银行业投资者对标的安全性产生担忧。但是投资者并不明确平台金融对于银行业产生的影响，只能凭借自己所获得的信息对影响进行判断。风险厌恶型的银行投资者会率先放弃相关投资，这本是个人行为，但是如果该行为被其他投资者了解，其他投资者也会出于谨慎心理，加入"抛售"行列，从而引起挤兑风波，导致银行经营风险的增加。

另外，平台金融危机经由三种风险传染渠道传播至银行业，导致的仅仅是部分银行出现问题，银行业整体风险或危机还需要"心理预期理论"[①]的催化。金融危机本质上是人们对未来流动性冲击的担忧。互联网投资平台的倒闭，影响了投资者对金融市场的预期。个体投资者产生的恐慌情绪在投资者之间相互传染，不仅会影响同一金融市场中的其他平台，也会波及其他金融市场中类似的金融机构，甚至原本毫无关联的金融机构也会受到冲击。当投资者发现某个规模较大的银行或多数银行的偿付能力下降时，便会对整体金融市场失去信心，导致恐慌情绪进一步放大。在恐慌情绪的作用下，风险经由互联网投资平台传染到平台金融市场，再传染至银行业，最终引发银行业系统性风险。

第三节 小结

在平台金融与银行业组成的复杂网络中，二者作为中心节点，存在自组织及自适应性，并在无限制发展中逐步形成了竞争与合作的关系，包括平台金融发展对银行业造成的业务挤占；平台金融通过对宏观经济产生影响，间接冲击商业银行盈利水平；平台金融通过与商业银行构建资金托管桥梁，将风险传染至银行业；平台金融通过"危机新闻效应"将自身危机传染至银行业。由于复杂网络天生存在脆弱性，因此平台金融与银行业之间的相互作用在复杂网络脆弱性的催化下，引发了银行业系统性风险。本章根据平台金融和银行业之间的相互作用，描绘出平台金融影响下的银行业系统性风险引发机制，包括直接生成机制、间接生成机制、接触式传染机制和非接触式传染机制。

---

① 心理预期理论来源于：Kahneman, D. and Tversky, A., "Prospect Theory: An Analysis of Decision under Risk", *Econometrica*, Vol. 47, No. 2, 1979.

第五章

银行业系统性风险引发机制检验

根据上文的分析，平台金融视角下银行业系统性风险引发机制包含风险的生成及风险的传染。本章将通过实证分析检验平台金融视角下银行业系统性风险生成机制及风险传染机制。

第一节 银行业系统性风险生成机制检验

平台金融视角下银行业系统性风险生成机制检验分为两步。取平台金融和传统银行业之间部分宏观经济中介变量，第一步探究平台金融对于宏观经济中介变量的影响，第二步探究宏观经济中介变量对于传统银行业的影响，最终验证平台金融视角下银行业系统性风险生成机制。

一 模型一设定

较少研究者从动态角度分析平台金融与宏观经济发展之间的关系，也未有研究涉及不同省份、不同业态下，平台金融对于宏观经济中介变量的影响。因此，模型将以平台金融相关指标为解释变量，探究平台金融对于宏观经济中介变量的影响。模型设定如下：

$$MACROECON_{i,t} = \alpha MACROECON_{i,t-1} + \beta_1 INTERNETFINA_{i,t}$$
$$+ \beta_2 CONTROL + K + \varepsilon_{i,t} \quad (5.1)$$

其中 i 为省份，t 代表给定的时间，$MACROECON_{i,t}$ 是因变量，表示各类宏观经济中介变量。$MACROECON_{i,t-1}$ 为因变量滞后一期加入自变量，考察政策时滞及时间惯性。$INTERNETFINA_{i,t}$ 为平台金融相关变量，$CONTROL$ 为控制变量。α 为 $MACROECON_{i,t-1}$ 的系数，β_1 为 $INTERNETFINA_{i,t}$ 的系数，β_2 为 $CONTROL$ 的系数。K 为常数，$\varepsilon_{i,t}$ 为随机干扰项。

二 模型一指标选取

由于金融类宏观经济指标较多，针对平台金融不同业态，本章选取了各项贷款余额、各项存款余额、社会融资规模、居民消费价格指数、金融行业生产总值、广义货币、银行间同业拆借利率、沪深 300 指数、对其他存款性公司负债 9 项指标作为因变量，分别探究平台金融的发展对于中国宏观经济不同方面的影响。由于上述 9 项指标中区分省级面板数据的只有省级各项贷款余额、省级各项存款余额、各省社会融资规模、各省居民消费价格指数和各省金融行业生产总值等 5 项指标，因此该 5 项指标连同贷款余额增长率和存款余额增长率一共 7 个变量，共同作为模型的被解释变量。

在解释变量方面，由于中国平台金融发展规模缺乏各业态及各省份的分类数据，因此本章运用北京大学互联网金融研究中心课题组编制的《北京大学互联网金融发展指数》来替代平台金融及各业态在各省的发展规模。该指数按照互联网金融各业态发展的广度和深度指标合成单项业务的发展指数，再根据不同地区、不同属性相对于全国发展的比例，计算分地区及分属性的面板指数。互联网金融发展指数以 2014 年 1 月为基期，由于 2016 年后监管逐渐加强，平台金融发展速度放缓，因此选取全国 31 个省份，2014 年一季度至 2015 年四季度，平台金融总体及支付、借贷、基金、保险、小贷 5 个业态的面板数据，作为模型的解释变量。

表 5.1　　　　　　　　　　模型一相关变量说明

指标分类		变量名称	定义	依据
被解释变量	金融类宏观经济变量	LB	各项贷款余额	贷款类
		LBR	各项贷款余额增长	
		OD	各项存款余额	存款类
		ODR	各项存款余额增长	
		SF	社会融资规模	融资水平
		CPI	居民消费价格指数	消费价格
		GDP	金融行业生产总值	宏观经济
	因变量滞后一期	LB_{t-1}	滞后各项贷款余额	政策时滞及时间惯性
		LBR_{t-1}	滞后各项贷款余额增长	
		OD_{t-1}	滞后各项存款余额	
		ODR_{t-1}	滞后各项存款余额增长	
		SF_{t-1}	滞后社会融资规模	
		CPI_{t-1}	滞后居民消费价格指数	
		GDP_{t-1}	滞后金融行业生产总值	
解释变量	平台金融及分业态指标	IF	平台金融总体	整体发展
		IFR	平台金融总体增长	
		P2P	网络借贷	资产业务
		P2PR	网络借贷增长	
		IMC	互联网小额贷款	
		IMCR	互联网小额贷款增长	
		EBAO	互联网货币基金	负债业务
		EBAOR	互联网货币基金增长	
		OI	互联网保险	
		OIR	互联网保险增长	
		TPP	第三方支付	中间业务
		TPPR	第三方支付增长	

在被解释变量中，各项贷款余额 LB 指借款人尚未归还放款人的贷款总额，等于贷款总额扣除已偿还的贷款数额。该数据是各省贷款类重要指标，显示各省贷款水平，反映了各省信贷结构和贷款投向优化程度。各项存款余额 OD 是全省各金融机构存款总和，反映了各省居民储蓄量大

小，属于存款类统计指标。社会融资规模 SF 是指一定时期内实体经济从金融体系获得的全部资金总额，该指标全面反映了金融与经济关系，以及金融对实体经济的资金支持总量，较好地代表了各省融资规模和水平。居民消费价格指数 CPI 是反映居民家庭消费品价格水平变动情况的宏观经济指标，是特定时段内度量一组代表性消费商品及服务项目价格水平随时间而变动的相对数，属于价格类指标。金融行业生产总值 GDP 是 GDP 统计中一个非常重要的指标，表明金融业对国内生产总值的贡献。上述指标统称为金融类宏观经济变量。

除因变量滞后一期作为解释变量考察政策时滞及被解释变量的时间惯性，剩余解释变量均为平台金融相关变量。根据平台金融业态分类，网络借贷、互联网小额贷款、互联网货币基金、互联网保险、第三方支付分别属于资产业务指标、负债业务指标、中间业务指标。增长指标为相关数据的同比增长率。

IF 和 IFR 表示各省平台金融发展规模及其增长，R2P 和 P2PR 表示各省网络借贷发展规模及其增长，IMC 和 IMCR 表示各省互联网小额贷款发展规模及其增长，EBAO 和 EBAOR 表示各省互联网货币基金发展规模及其增长，OI 和 OIR 表示各省互联网保险发展规模及其增长，TPP 和 TPPR 表示各省第三方支付发展规模及其增长，上述 12 个变量均为宏观经济中介变量的影响因素。其中，P2P 和 P2PR 作为各项贷款余额的直接影响因素，是 LB 和 LBR 的主要解释变量；EBAO 和 EBAOR 作为各项存款余额的直接影响因素，是 OD 和 ODR 的主要解释变量；OI 和 IMC 作为社会融资规模的直接影响因素，是 SF 的主要解释变量；TPP 作为消费价格指数的直接影响因素，是 CPI 的主要解释变量；IF 作为金融行业生产总值的直接影响因素，是 GDP 的主要解释变量。

除居民消费价格指数及互联网金融指数，其余变量单位均为亿元，并已作对数处理，同比增长率为后期计算得出。本章所需数据主要来自 Wind 数据库，部分数据来自人民银行、金融监管总局和国家统计局官方网站。表 5.2 为变量描述性统计。

表 5.2　　　　　　　　　模型一变量描述性统计

变量名	均值	标准差	最小值	最大值
LB	9.89	0.873	7.07	11.46
LBR	3.59	1.64	0	11.93
OD	10.20	0.92	7.86	12.00
ODR	3.20	3.04	-1.27	25.20
SF	7.77	0.869	5.13	9.64
CPI	101.73	0.62	100.09	103.49
GDP	8.16	1.15	4.93	10.51
IF	207.22	129.60	71.54	796.35
IFR	17.52	9.27	-2.16	38.88
P2P	246.19	173.03	50.83	1017.63
P2PR	21.64	15.56	-9.32	59.90
EBAO	150.07	79.67	64.96	461.54
EBAOR	6.93	10.11	-15.99	26.12
OI	252.92	115.04	109.02	821.73
OIR	14.94	16.48	-20.50	81.70
TPP	140.89	67.13	66.4	414.98
TPPR	8.41	5.11	-5.37	18.16
IMC	5.27	1.07	1.04	7.05
IMCR	2.48	5.95	-8.10	50.17

从变量的描述性统计可以看出，各项贷款余额 LB 的标准差较小，说明各省信贷规模及结构较为平稳，代表了各省经济发展水平，最小值 7.07 来自西藏自治区，最大值 11.46 来自广东省。网络借贷发展规模 P2P 作为各项贷款余额的主要解释变量，在模型中被用来量化互联网资产业务发展规模对于各省各项贷款余额造成的影响。从统计结果看，全国各省 P2P 发展水平离散程度较大，其中发展势头最强的是北京市，最弱的是青海省，与贷款余额的各省发展水平有较大出入，可见各省发展观念不一。

存款余额 OD 同 LB 类似，标准差较小，离散程度较低，规模结构较为平稳。其中最小值 7.86 来自西藏自治区，最大值 12.00 来自广东省。

互联网货币基金发展规模 EBAO 作为各项存款余额 OD 的主要解释变量，在模型中被用来量化互联网负债业务发展规模对于各项存款余额造成的影响。由于互联网负债业务的快速发展对各项存款余额造成了一定的挤占，因此期望为负。从 EBAO 的统计结果可知，规模最小的贵州省发展规模仅为规模最大的上海市的七分之一，说明各省互联网负债业务发展水平与地区经济水平相关。

社会融资规模 SF 包括各种金融机构、金融市场通过直接或间接方式向实体经济提供的资金支持。从变量的描述性统计可以看出，各省社会融资规模差别较小，离散程度与 LB 接近，最小值为宁夏回族自治区，最大值为北京市。平台金融中的 OI 和 IMC 指标作为社会融资规模 SF 的主要解释变量，可以较好地说明平台金融融资规模对于中国社会融资规模产生的影响。IMC 标准差为 1.07，最小值为西藏自治区 1.04，最大值为江苏省 7.05；OI 标准差为 115.04，最小值与最大值之间差距较大，分别为西藏自治区 109.02 和上海市 821.73。

从统计数据看，各省居民消费价格指数 CPI 标准差在所有数据中最小，最大值和最小值仅差 3.4 个单位，说明中国居民消费水平处于一个较为稳定的水平。由于第三方支付对于居民消费指数产生的影响较为直接，因此将第三方支付发展规模 TPP 指标作为 CPI 的主要解释变量。第三方支付是近年来发展规模最大也是最为迅速的平台金融业态之一，但是各省发展规模不一，最大值 414.98 为北京市，最小值 66.4 为甘肃省，不同省份之间差距较大，因此数据离散程度较大。

近年来，国内经济结构逐渐由第一产业主导向第三产业主导转变，其中金融业因其利润较高备受关注。金融行业生产总值显著地反映了各省金融业的发展情况，相应的，平台金融总体规模 IF 作为平台金融总体发展水平，应作为 GDP 的主要解释变量，解释其对于金融行业生产总值造成的理论及现实影响。经对数处理后的 GDP 最大值为广东省 10.51，最小值为西藏自治区 4.93。从数据可以看出，金融发展水平高的省份，其经济发展水平也较高。而平台金融 IF 最大值与最小值差距较大，因此数据离散程度也较大。

三 模型二设定

上文分析了平台金融的发展对于其和商业银行之间宏观经济中介变量的影响，模型二将探究上述宏观经济中介变量对于商业银行自身的影响，目的在于探究平台金融是否会通过上述宏观经济中介变量对银行盈利水平造成冲击。具体的，通过选取商业银行盈利相关指标及上文宏观经济中介变量，建立商业银行盈利水平影响因素模型，模型设定如下：

$$BANKPROFIT_t = \gamma_1 MACROECON_t + \gamma_2 CONTROL + K + \varepsilon_t \quad (5.2)$$

其中，$BANKPROFIT_t$ 为 t 时刻银行业总体盈利水平，$MACROECON_t$ 为宏观经济中介变量，$CONTROL$ 为控制变量，γ_1 为 $MACROECON_t$ 的系数，γ_2 为 $CONTROL$ 的系数，K 为常数，ε_t 是服从均值为 0 的独立同分布的扰动项。

四 模型二指标选取

模型二为上文模型一的接续，研究的重点为宏观经济中介变量对商业银行盈利水平的影响，因此被解释变量为商业银行盈利水平。目前关于银行业整体盈利水平的时间序列数据较少，因此模型二将申万行业指数中的银行指数作为商业银行盈利水平的替代指标。解释变量一共 9 个，除了将模型一中已经使用的金融行业生产总值、居民消费价格指数、金融机构贷款余额、社会融资规模及金融机构存款余额 5 项指标转化为时间序列数据，又添加了广义货币、沪深 300 指数、对其他存款性公司负债、银行间同业拆放利率共 4 项时间序列指标。模型二中的 9 项指标均为金融类宏观经济中介指标，与银行业高度相关，可以完整地概括中国金融行业发展水平，模型也可以较为客观地描述中国宏观经济波动对于商业银行盈利水平造成的影响。相关变量说明如表 5.3 所示。

表 5.3　　　　　　　　　模型二相关变量说明

指标分类	变量名称	定义	依据
被解释变量	BANK	申万行业指数银行指数	盈利水平
解释变量 — 外生指标	GDP	金融行业生产总值	宏观经济
	M2	广义货币	货币供给
	CPI	居民消费价格指数	消费价格
	SHIBOR	银行间同业拆放利率	利率水平
	INDEX	沪深 300 指数	资本市场
解释变量 — 内生指标	LB	各项存款余额	存贷款规模
	OD	各项贷款余额	
	SBS	对其他存款性公司负债	融资水平
	SF	社会融资规模	

除被解释变量 BANK，剩余 9 个解释变量被分为两大类，一类是外生性金融类宏观经济指标（简称"外生指标"）；一类是内生性金融类宏观经济指标（简称"内生指标"）。金融行业生产总值 GDP 属于宏观经济指标，指代金融业对国内生产总值的贡献度，M2 是货币供给指标，反映现实和潜在购买力，若 M2 增速较快，则投资和中间市场较活跃。CPI 是消费价格指标，反映居民消费价格水平，银行间同业拆放利率 SHIBOR 属于利率水平指标，其为投资业在市场资金面分析时所需的一项重要指标。沪深 300 指数 INDEX 是由沪深证券交易所联合发布的，能够作为投资业绩的评价标准并反映中国证券市场股票价格变动的概貌和运行状况的指数。以上 5 项指标属于银行业系统外决定的变量，表明银行业经营环境。而与银行业相关性较大的内生性金融类宏观经济指标则表明银行业经营本身，包括金融机构存贷款余额 LB、OD，二者表征金融机构存贷款规模；社会融资规模 SF 及对其他存款性公司负债 SBS，二者表征金融机构融资水平，我们通常用对其他存款性公司负债 SBS 来衡量影子银行规模。通常来说，宏观经济形势越好，存贷款规模和融资水平越高，银行的盈利水平越高。

在解释变量与被解释变量中，BANK 与 INDEX 是指数类数据，CPI 与 SHIBOR 为百分比数据，其余以亿元为单位的数据均做了对数处理。所有变量均自 2007 年 1 月开始至 2017 年 1 月结束，为 10 年间的月度数据。本章所需的数据主要来自 Wind 数据库，部分数据来自人民银行、金融监管总局和国家统计局官方网站。表 5.4 为变量的描述性统计。

表 5.4　　　　　　　　　模型二变量描述性统计

变量名	均值	标准差	最小值	最大值
BANK	2588	725.88	1240	4243
GDP	9.06	0.44	8.25	9.75
INDEX	2157	617.82	1445	4528
SBS	11.19	0.57	9.90	11.88
CPI	102.81	2.20	98.20	108.70
M2	13.69	0.43	12.87	14.31
OD	13.27	0.44	12.45	13.97
SF	9.27	0.53	7.16	10.52
SHIBOR	2.38	0.90	0.80	6.69
LB	13.66	0.42	12.84	14.30

从表 5.4 可以看出，申万银行指数 BANK 和沪深 300 指数 INDEX 标准差较大，说明银行业整体盈利水平和资本市场波动幅度较大，离散程度较高。居民消费价格指数 CPI 的标准差是 2.20，其余宏观经济变量的波动幅度很小，标准差均小于 1，说明十年间，中国居民消费水平不存在较大幅度的波动，宏观经济形势只存在少许起伏。

金融行业生产总值的最小及最大值分别出现在 2007 年 8 月及 2017 年 3 月。十年间，中国 GDP 翻了三番，宏观经济形势发展稳中求进，实现了快速增长，金融行业生产总值作为 GDP 第三产业的主力，对 GDP 的贡献度逐年提高，其也在国民收入增长和经济快速发展中达到了新的高度。纵观变量中各类宏观经济中介指标，如广义货币 M2，存贷款余额 LB、OD，社会融资规模 SF，对其他存款性公司负债 SBS 等可以发现，其发展趋势与 GDP 大致相同，只是从广义货币、存贷款规模等不同方面表征了中国宏观经济发展态势。随着时间的推移，上述宏观经济中介指标均达到了三倍至四倍的增长，对其他存款性公司负债甚至已经达到六倍增长，虽然增长过程中存在小幅波动,但大体增长态势一致,表明中国经济始终处于快速稳定的发展状态。

但是SHIBOR、CPI及INDEX三个指标则不平稳,且波动起伏较大,离散程度也较大。上述三个指标分别代表利率水平、消费价格及资本市场。从SHIBOR的走势可以看出,其在2013年年中时达到了最高点6.69,在2009年3月降至最低点0.80。SHIBOR的上升和下降与央行的公开市场操作分不开,因此每当央行上调存准率或者有上调预期时,SHIBOR都会有一定程度的上升,而SHIBOR下降则意味着银行业资金充足,市场处于较为宽松状态。CPI与SHIBOR走势类似,也于2009年降至最低点。由于消费价格指数代表通货膨胀水平,通胀又决定着消费者花费多少购买商品和服务,左右企业经营的成本,因此CPI的高低直接影响着国家宏观经济调控措施的力度。同时CPI也间接影响资本市场的变化,因此INDEX与CPI的走势基本一致,均于2008年处于最高点,2009年处于最低点。

五 结果分析

模型设定和指标选取后,本章基于实证结果验证平台金融视角下银行业系统性风险生成机制,即平台金融的发展是否对其与银行之间的宏观经济中介变量产生了影响,并且宏观经济中介变量作为影响因素时,其波动是否会对银行业的盈利水平产生影响。

(一) 模型一结果

模型一设定了7个因变量,共7个模型,每个因变量对应7个自变量,模型结果将原始值变量和增长类变量分开。由于篇幅局限,因此表5.5的模型结果只保留了SYSGMM的结果和相关检验结果。从结果看,7个模型均通过了Sargan及AR(1)、AR(2)的检验,模型设定合理。

表5.5　　　　　　　　　模型一估计结果

	LB	LBR	OD	ODR	SF	CPI	GDP
	SYSGMM1	SYSGMM2	SYSGMM3	SYSGMM4	SYSGMM5	SYSGMM6	SYSGMM7
LB(-1)	0.9653263 ***						
	(0.0045289)						

续表

	LB	LBR	OD	ODR	SF	CPI	GDP
	SYSGMM1	SYSGMM2	SYSGMM3	SYSGMM4	SYSGMM5	SYSGMM6	SYSGMM7
LBR(−1)		0.1608806 ***					
		(0.0356491)					
OD(−1)			1.040145 ***				
			(0.0032315)				
ODR(−1)				0.1794937 ***			
				(0.0262635)			
SF(−1)					−0.1151172 ***		
					(0.0169732)		
CPI(−1)						0.5636623 ***	
						(0.0350508)	
GDP(−1)							−0.1249332 ***
							(0.0153197)
IF	0.0000749 ***		0.0005859 ***		−0.0057943 ***	0.0105554 ***	−0.0096732 ***
	(8.890e−06)		(0.0000232)		(0.000351)	(0.008831)	(0.0007678)
IFR		0.0193839 ***		0.016674 ***			
		(0.0035012)		(0.0044577)			
P2P	−0.0000811 ***		−0.0004099 ***		0.0015172 ***	−0.0017376 ***	0.0053385 ***
	(9.66e−06)		(0.0000192)		(0.0003612)	(0.0005569)	(0.0004604)
P2PR		0.011039 ***		−0.1194251 ***			
		(0.0024656)		(0.0073939)			
EBAO	0.0006031 ***		0.0026271 ***		−0.0317012 ***	−0.0122551 ***	−0.0426017 ***
	(0.0000221)		(0.0001049)		(0.0010823)	(0.001595)	(0.0011176)
EBAOR		0.0128756 **		0.1851761 ***			
		(0.0058455)		(0.0216561)			
OI	−0.0000712 ***		−0.0001302 ***		0.0008231 **	−0.0038901 ***	0.0037474 ***
	(9.74e−06)		(0.0000125)		(0.0003493)	(0.0004187)	(0.0003947)
OIR		0.0208349 ***		−0.078526 ***			
		(0.002983)		(0.0054861)			
TPP	−0.000438 ***		−0.0031955 ***		0.0481176 ***	−0.0051964 ***	0.0577136 ***
	(0.0000484)		(0.000152)		(0.0009606)	(0.00182)	(0.0012865)

第五章 银行业系统性风险引发机制检验 143

续表

	LB	LBR	OD	ODR	SF	CPI	GDP
	SYSGMM1	SYSGMM2	SYSGMM3	SYSGMM4	SYSGMM5	SYSGMM6	SYSGMM7
TPPR		-0.1874783 ***		-0.3020281 ***			
		(0.0117659)		(0.0286785)			
IMC	0.0132253 ***		-0.0271129 ***		0.7328312 ***	-0.4143877 ***	0.5416194 ***
	(0.0031643)		(0.0037466)		(0.0514764)	(0.1445331)	(0.0576008)
IMCR		0.0260011 **		-0.1401466 ***			
		(0.0108419)		(0.0157585)			
_cons	0.3026156 ***	3.376099 ***	-0.1594055 ***	7.037942 ***	3.375319 ***	48.31545 ***	4.231389 ***
	(0.0243433)	(0.1627903)	(0.0219856)	(0.2476446)	(0.3262879)	(3.853212)	(0.2823454)
Sargan	26.04581	18.21135	27.99381	20.64338	30.25152	28.27576	29.45492
	(0.9993)	(1.0000)	(0.9982)	(0.9931)	(0.9950)	(0.1030)	(0.9964)
AR（1）	-2.7233	-2.3181	-3.6417	-1.2937	-3.4654	-3.0393	-3.3684
	(0.0065)	(0.0204)	(0.0003)	(0.0250)	(0.0005)	(0.0024)	(0.0008)
AR（2）	-1.8342	-1.7233	-2.1971	-2.2407	-1.2727	-2.6805	-3.3294
	(0.1666)	(0.1848)	(0.1280)	(0.1958)	(0.2031)	(0.1074)	(0.2009)

注：括号内为标准误；***、**、*分别表示在1%、5%、10%的水平上显著。

总体来看，除因变量滞后一期，平台金融相关变量对于宏观经济中介变量的影响系数虽较小，但效果显著。该结果符合当前现状——平台金融发展较晚，规模仍较小，理论上对宏观经济确实存在影响，只是效果甚微。但同时我们也要关注平台金融的发展速度，如果照目前的几何形态势无限扩张，未来平台金融一定会对宏观经济发展产生较大冲击。

因变量滞后一期作为自变量放入模型中主要考察政策时滞和时间惯性，其中，LB 和 OD 滞后一期系数分别为 0.97 和 1.04，LBR 和 ODR 滞后一期系数接近，为 0.16 和 0.18，四个系数均为正。其余的，SF、CPI 和 GDP 滞后一期系数正负性不同，分别为 -0.12、0.56 和 -0.12。与其他解释变量相比，上述 7 个模型中因变量滞后一期影响系数均较大，且 t 值较高，说明存贷款余额及其增长、社会融资规模、消费价格指数及金融行业生产总值等指标的后一期对前一期产生了十分显著的影响，政策效果存在时滞。从经济学角度分析,中国经济发展水平一直处于稳定且快速增长状态,而后一期发展水平通常是建立在前一期发展基础上的,因此时间惯性较强,尤其是存贷款规模,消费价格指数等指标。反观金融行业生产总值,由于数据时间设定为2014—2015年,当时中国经济发展正处于新常态"L形"的结点上,经济增速有平稳转向衰弱的趋势,因此影响系数为负。社会融资规模本质上与宏观经济走势相同,因此影响系数也为负。从模型结果角度考虑,7个模型p值均小于0.01,影响效果显著,该结果从另一个侧面验证了模型的准确性。

在SYSGMM1和SYSGMM3中,6个平台金融变量的影响系数均较小,但是结果显著,变量的相关系数绝对值中,TPP最小,IMC最大,可能是由于IMC选取的指标数量级与其余5个变量不同,影响了系数结果。其中负向影响分别为网络借贷P2P、互联网保险OI和第三方支付TPP,也即网络借贷、互联网保险及第三方支付对于存贷款余额会产生显著的负向影响。SYSGMM1和SYSGMM3的主要解释变量分别为P2P及EBAO,从经济学角度考察,随着网络借贷规模及互联网货币基金规模的不断扩大,各省存贷款余额存在显著降低的趋势,也即随着平台金融的快速发展,金融类宏观经济中介变量受到了显著的冲击。

与SYSGMM1、SYSGMM3中非增长性解释变量影响系数较小不同,SYSGMM2和SYSGMM4中增长性解释变量影响系数较大,均在0.01至0.02之间,且除了第三方支付,其余影响均为正向。这可能是由于SYSGMM2和SYSGMM4中,数据统一替换为差分后的增长率,解释变量与被解释变量为相同数量级。SYSGMM2和SYSGMM4中主要解释变量分别为网络借贷P2P的同比增长率及互联网货币基金EBAO的增长率,变量的影响系数为0.011及0.185,且结果显著,说明随着平台金融借贷及货币基金规模增长率的提升,各省存贷款余额增长率也会有相应提升。结合前文银行业系统性风险间接生成机制分析,随着平台金融及其业态规模的逐渐扩大,平台优势逐渐显现,资金供给和需求双方通过低成本、高效率、便利快捷的资金集聚,与第三方支付进行线上线下对接,将投资者的储蓄资金转化为生产资金,零散投资、节省成本及有效的资金管理从多个方面促进宏观经济发展。

SYSGMM5、SYSGMM6、SYSGMM7 选取各省社会融资规模 SF、居民消费指数 CPI 及金融行业生产总值 GDP 三个被解释变量。从模型结果看，由于社会融资规模、居民消费指数和金融行业生产总值三个变量存在特殊性，因此在平台金融的作用下，三个模型解释变量影响因子均大于 SYSGMM1、SYSGMM3 而小于 SYSGMM2、SYSGMM4。

在 SYSGMM5 中，平台金融 IF 对 PSF 的影响为 -0.006，即随着平台金融规模扩大 1 个单位，社会融资规模会减少 0.006 个单位。相应的，随着互联网投资规模扩大 1 个单位，社会融资规模会增加 0.0015 个单位；互联网货币基金规模扩大 1 个单位，社会融资规模会减少 0.032 个单位；互联网保险规模扩大 1 个单位，社会融资规模会增加 0.0008 个单位；第三方支付规模扩大 1 个单位，社会融资规模会增加 0.048 个单位；互联网小额贷款规模扩大 1 个单位，社会融资规模会增加 0.733 个单位。同样的，SYSGMM6 和 SYSGMM7 中，平台金融的发展使消费价格指数和国内生产总值出现显著波动。其中，CPI 和 GDP 与前文间接生成机制分析一致，即平台金融通过改变商品价格，改变了消费者收入水平，同时改变了收入效应。第三方支付模式为付款甚至消费方式带来了巨大的变化，消费方式的变化削减了商品成本、降低了商品价格，直接影响消费者收入水平。经济增长方面，由于平台金融快速发展，加大了金融机构之间的竞争，迫使传统金融业降低融资成本以适应经营环境的改变，平台金融从资金供给与需求两方面同时改变当前融资模式，进而促进整体经济增长。

复杂网络节点生长在外部环境中，外部环境作用于节点产生自组织、自适应性，节点同样也会作用于外部环境。纵观模型一的结果，平台金融不同业态的发展规模对于各省存贷款余额、社会融资规模、消费价格指数和金融行业生产总值的影响不同，但是总体基本呈现负向影响。该结果表明，平台金融相关变量的增加会造成宏观经济中介变量的减少，也即随着平台金融规模的不断扩大，宏观经济发展会受到影响，平台金融会造成宏观经济的波动。

（二）模型二结果

模型一验证了平台金融对于宏观经济中介变量的影响，完成了平台金融视角下银行业系统性风险生成机制检验的第一步验证,之后将运用模型二检验宏观经济波动对于商业银行盈利水平的影响。

1. 平稳性检验

对模型进行回归分析的前提是保证时间序列的数据平稳性。根据一般经验,选择 ADF 检验法对时间序列进行平稳性检验,检验结果如表 5.6 所示。

表 5.6　　　　　　　　　时间序列平稳性检验结果

变量	临界值 1%	临界值 5%	临界值 10%	t 值	p 值
BANK	-3.506484	-2.894716	-2.584529	-10.93437	0.0000
GDP	-3.505595	-2.894332	-2.584325	-4.006777	0.0020
INDEX	-3.546099	-2.911730	-2.593551	-10.89619	0.0000
SBS	-3.548208	-2.912631	-2.594027	-10.77630	0.0000
CPI	-3.507394	-2.895109	-2.584738	-13.01562	0.0000
M2	-3.505595	-2.894332	-2.584325	-10.98967	0.0000
LB	-3.571310	-2.922449	-2.599224	-3.052805	0.0331
SF	-3.571310	-2.922449	-2.599224	-10.59311	0.0000
SHIBOR	-3.571310	-2.922449	-2.599224	-10.50571	0.0000
OD	-3.574446	-2.923780	-2.599925	-13.51052	0.0000

BANK、GDP、INDEX、SBS、CPI、M2、LB、SF、SHIBOR、OD 各数据 t 值均小于其在 1%、5%、10% 显著性水平的临界值,说明 10 个变量都拒绝原假设,即不含单位根,原序列为平稳时间序列。

2. 协整检验

两个或多个非平稳时间序列的线性组合可能是平稳的。如果存在这样的均衡关系使变量之间的线性组合存在同阶单整,这样的关系可被称为协整关系。根据平稳性检验结果,上述变量可能存在协整关系。因此,必须确定滞后阶数,然后根据滞后结果进行协整检验。根据前人研究,确定滞后阶数的方法包括 LR 检验法、AIC 信息准则和 SC 准则等。

表 5.7　　　　　　　　　　滞后阶数结果

Lag	LogL	LR	FPE	AIC	SC	HQ
0	-1355.129	NA	0.045113	25.28017	25.52852*	25.38087
1	-1252.581	184.2065	0.043339	25.23299	27.96479	26.34063
2	-1200.487	83.92986	0.109867	26.12013	31.33538	28.23473
3	-1007.587	275.0615*	0.022080*	24.39975	32.09846	27.52130
4	-924.8161	102.6969	0.038388	24.71882	34.90098	28.84731
5	-831.9297	98.04674	0.066262	24.85055	37.51617	29.98600
6	-705.9320	109.6647	0.081395	24.36711	39.51818	30.51151
7	-546.5978	109.1734	0.082752	23.27033	40.90286	30.41968
8	-301.7473	122.4253	0.035730	20.58791*	40.70390	28.74421

AIC 与 SC 的最小值并不在同一滞后阶数上，根据 LR 值可知，BANK、GDP、INDEX、SBS、CPI、M2、LB、SF、SHIBOR、OD 最佳滞后阶数为二阶。在这一结果的基础上，本章选择 Johansen 检验法对涉及的多个变量进行协整检验。协整关系结果如表 5.8 所示。

表 5.8　　　　　　　　　　协整关系检验结果

Hypothesized No. of CE (s)	Eigenvalue	Trace Statistic	0.05 Critical Value	P 值
None	0.951590	648.3432	239.2354	0.0000
At most 1	0.508687	312.2301	197.3709	0.0000
At most 2	0.383306	233.3453	159.5297	0.0000
At most 3	0.332247	179.6899	125.6154	0.0000
At most 4	0.286797	134.8539	95.75366	0.0000
At most 5	0.272068	97.34718	69.81889	0.0001
At most 6	0.173066	62.09944	47.85613	0.0013
At most 7	0.145781	41.00603	29.79707	0.0017
At most 8	0.117698	23.51607	15.49471	0.0025
At most 9	0.082989	9.616600	3.841466	0.0019

从表 5.8 中可以看出，在显著性水平为 5% 的情况下，当假设"方程最多只有 9 种协整关系"时，p 值为 0.0019，小于 0.05，拒绝原假设，因此方程含有 10 种协整关系。

3. 格兰杰因果检验

为了保证模型二有意义及脉冲响应函数有效，必须在格兰杰因果检验之前确定模型的整体稳定型。结果如图 5.1 所示。

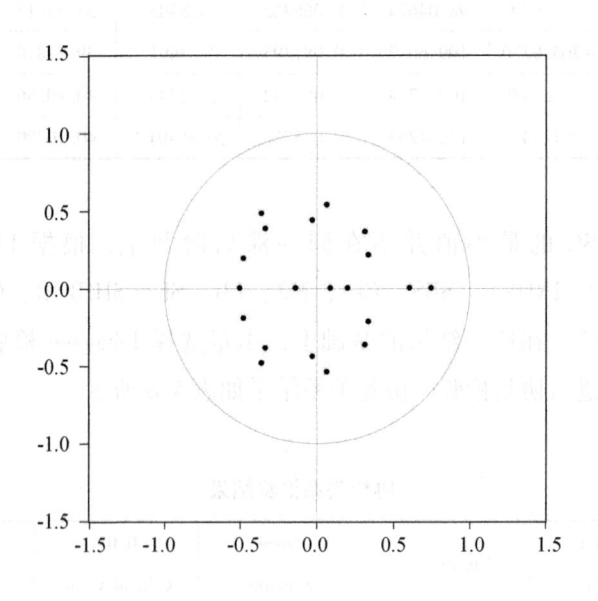

图 5.1　稳定型结果

如图 5.1 所示，VAR 过程平稳，模型稳定，且变量之间存在长期稳定的关系。格兰杰因果检验结果如表 5.9 所示。

表 5.9　　　　　　　　格兰杰因果检验结果

Null Hypothesis：原假设	F – Statistic	Prob.
GDP does not Granger Cause BANK	5.85440	0.0171
SZZS does not Granger Cause BANK	3.50309	0.0191
YZYH does not Granger Cause BANK	4.47246	0.0390

续表

Null Hypothesis：原假设	F - Statistic	Prob.
CPI does not Granger Cause BANK	3.54271	0.0183
M2 does not Granger Cause BANK	2.22385	0.0371
DKYE does not Granger Cause BANK	2.44329	0.0474
SHRZ does not Granger Cause BANK	6.51825	0.0141
SHIBOR does not Granger Cause BANK	5.75942	0.0004
CKYE does not Granger Cause BANK	4.36878	0.0189

根据格兰杰因果检验的结果，金融行业生产总值 GDP、沪深 300 指数 INDEX、对其他存款性公司负债 SBS、居民消费价格指数 CPI、广义货币 M2、金融机构贷款余额 LB、社会融资规模 SF、银行间同业拆放利率 SHIBOR、金融机构存款余额 OD 均不是引起商业银行盈利水平 BANK 的格兰杰原因，因此拒绝原假设，也即上述变量均为引起商业银行盈利水平波动的因素。

4. 脉冲响应分析

为了更好地验证金融行业生产总值 GDP、沪深 300 指数 INDEX、对其他存款性公司负债 SBS、居民消费价格指数 CPI、广义货币 M2、金融机构贷款余额 LB、社会融资规模 SF、银行间同业拆放利率 SHIBOR、金融机构存款余额 OD 等宏观经济中介变量的波动对商业银行盈利水平 BANK 的影响，分别给 9 个影响因素 1 个正的单位大小的冲击，得到脉冲响应函数结果（见图 5.2）。由于模型二采用时间序列数据，因此模型结果并未区分地区，是近十年各指标的总体情况。

货币供给 M2 受到一个正向冲击后，商业银行盈利水平 BANK 上升后下降，且下降幅度明显大于上升幅度，说明货币政策的改变对商业银行盈利存在冲击，且于第三期达到最大。居民消费价格指数 CPI 受到一个正向冲击后，商业银行盈利水平 BANK 在第二期降至最低点，第三期和第四期时又有略微上升，但是并未出现显著的正向影响，第七期后开始保持稳定，说明居民消费价格指数的增加对商业银行盈利存在显著的负向影响。金融行业生产总值受到一个正向冲击后，商业银行盈利水平 BANK 猛然趋于正向。该影响在第二期最大，第三期显著下降，之后逐步趋于平稳。说明金融行业生产总值会推动商业银行盈利的增加。

扩张性货币政策带来经济繁荣，但是资产价格扭曲会导致银行效率降低，过度放贷，加剧道德风险，增加的不良资产必会造成商业银行盈利水平的下降。而紧缩性货币政策导致市场需求不足，银行资金短缺，流动性风险加剧，也会造成商业银行盈利水平的下降。此外，当经济处于繁荣时期，资金需求增加，企业扩大生产规模，居民消费增多，货币供给增加，银行作为中间环节进行调节，因此增加盈利收入。

在其余影响因素中，随着 SHIBOR 的提升，商业银行盈利水平 BANK 起初有显著的下降趋势，于第二期达到最低点后开始上升，并于第三期达到顶点，之后逐步下降至平稳。在社会融资规模 SF 方面，随着融资规模的增加，银行盈利显著下降，并于第三期降至最低点，从图中可以看出，社会融资规模和商业银行盈利水平存在明显的负相关。沪深 300 指数 INDEX 与对其他存款性公司负债 SBS 类似，对于商业银行盈利水平 BANK 的影响先为负，再为正，并于第二期同时降至最低点，之后上升，再逐渐趋于平稳。贷款余额 LB 对商业银行盈利造成的影响不大，可能是因为数据的选取不够全面，加上其余各变量相互影响，尤其是对于贷款余额存在较大影响的社会融资规模。

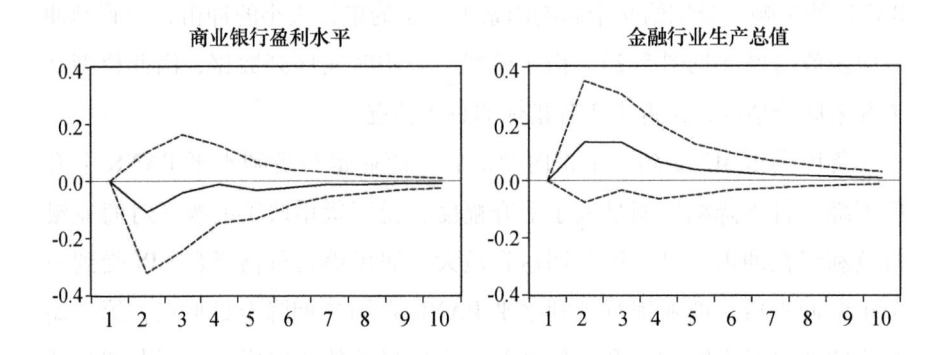

商业银行盈利水平　　　　　　　金融行业生产总值

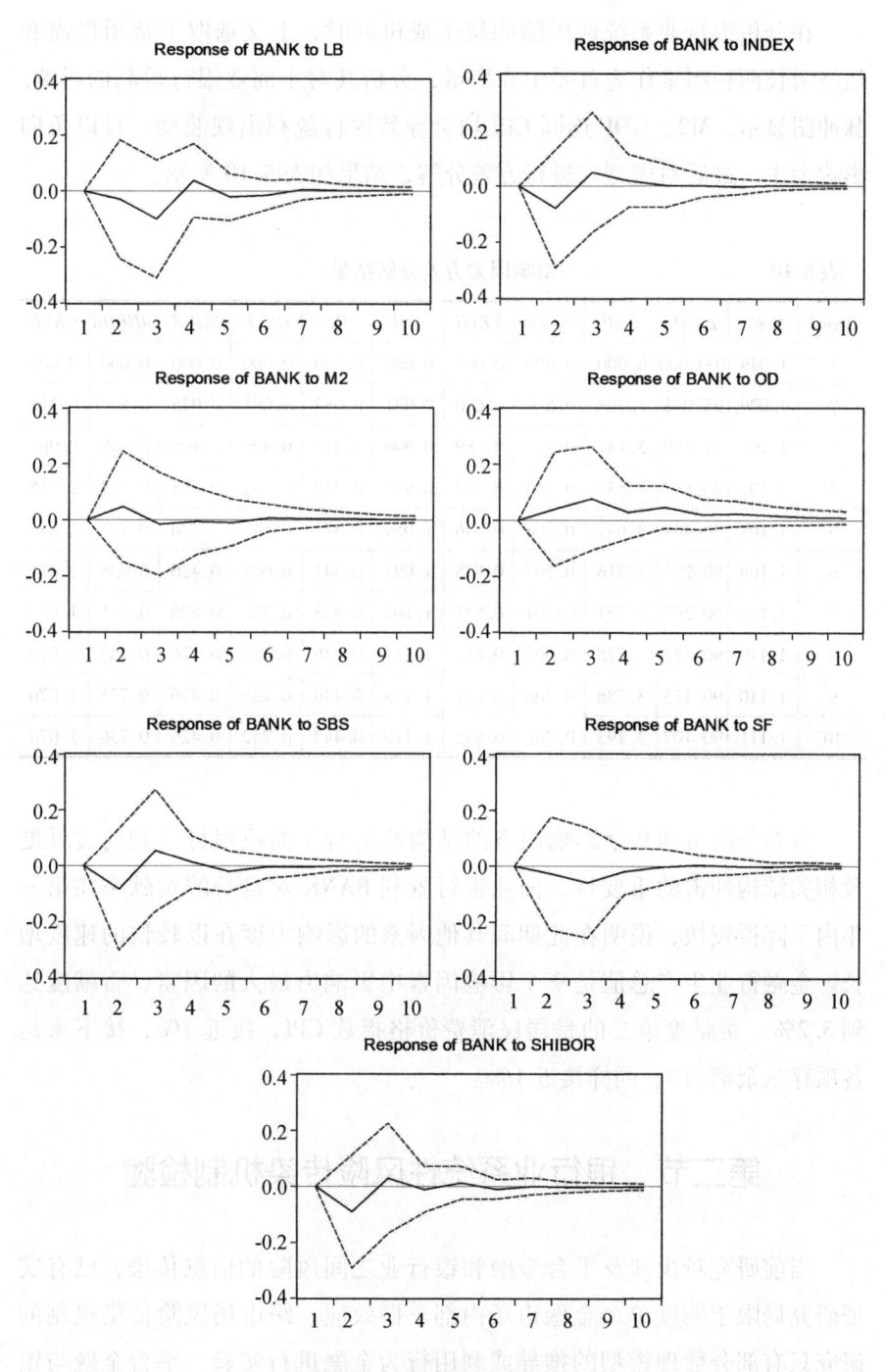

图 5.2 脉冲响应函数结果

在分析银行业系统性风险间接生成机制时，上文选取了货币供需和经济增长两种因素作为首要中介变量，分析其对于商业银行盈利的影响。脉冲图显示，M2、GDP 连同 CPI 均会导致银行盈利出现波动，且以负向影响为主。最后对模型二进行方差分解，结果如表 5.10 所示。

表 5.10　　　　　　　　影响因素方差分解结果

Period	S. E.	BANK	GDP	SZZS	YZYH	CPI	M2	DKYE	SHRZ	SHIBOR	CKYE
1	1.049	100.000	0.000	0.000	0.000	0.000	0.000	0.000	0.000	0.000	0.000
2	1.079	95.061	1.704	0.500	0.680	0.931	0.087	0.045	0.075	0.537	0.378
3	1.100	91.459	3.187	0.690	0.789	0.990	0.411	0.409	0.405	0.698	0.962
4	1.104	90.882	3.533	0.713	0.793	0.989	0.419	0.511	0.426	0.717	1.015
5	1.108	90.464	3.641	0.708	0.846	1.059	0.441	0.646	0.426	0.734	1.035
6	1.109	90.295	3.716	0.707	0.848	1.093	0.441	0.668	0.426	0.736	1.071
7	1.110	90.207	3.751	0.707	0.851	1.102	0.443	0.709	0.426	0.735	1.070
8	1.110	90.152	3.775	0.707	0.851	1.111	0.446	0.728	0.426	0.735	1.070
9	1.110	90.125	3.788	0.706	0.851	1.115	0.446	0.736	0.426	0.735	1.070
10	1.111	90.107	3.795	0.706	0.852	1.119	0.447	0.742	0.426	0.736	1.070

方差分解可知 9 个影响因素的结构冲击对于商业银行盈利的贡献度及相关结构冲击的重要性，商业银行盈利 BANK 对自身的贡献率在第一年内下降得较快，说明在此期间其他因素的影响力度在以较快的速度增长。金融行业生产总值是 9 个影响因素中影响力最大的因素，贡献度达到 3.2%。贡献度第二的是居民消费价格指数 CPI，接近 1%，接下来是各项存款余额 OD，同样接近 1%。

第二节　银行业系统性风险传染机制检验

当前研究较少涉及平台金融和银行业之间风险的信息传染，已有实证研究局限于测度单个金融市场内部羊群效应，跨市场风险传染机制的研究只有部分数理模型的推导或利用行为金融进行实验。平台金融与银行业虽然属于两种金融市场，但是很难依据实验经济学方法找到合适的投资者进行行为金融实验。因此，本节将以网络借贷平台为例，借助网络信息抓取技术，运用实证模型检验平台金融视角下的银行业系统性风险传染机制。

一　模型三设定

平台金融盈利水平的波动如何经由"危机新闻效应"导致银行业盈利水平出现同向波动是模型的研究重点，因此本节基本模型为网络借贷平台盈利水平对银行业的影响，其中被解释变量为商业银行盈利水平，解释变量为网络借贷平台盈利水平。基础模型如下：

$$BANKPROFIT_{i,t} = \alpha IF\ PROFIT_{j,t} + \beta CONTROL + K + \varepsilon \quad (5.3)$$

模型中 $BANKPROFIT_{i,t}$ 为被解释变量，表明 t 时刻上市银行 i 的盈利水平，解释变量 $IF\ PROFIT_{j,t}$ 表明 t 时刻网络借贷平台 j 的盈利水平，α 为解释变量的系数，$CONTROL$ 为控制变量，β 为控制变量的系数。K 为常数，ε 为误差项。

二　模型三指标选取

验证模型的指标选取存在三个方面的考虑，一是危机新闻的量化，包括危机新闻出现的时间，持续的长度；二是网络借贷平台和商业银行盈利指标的选择；三是网络借贷平台和银行进行地区对接时，要去除规模较大、分支机构较广的大型上市银行。

考虑到网络借贷平台数据的可得性和新闻传媒量化分析的特殊性，本节以"平台跑路"为关键词，搜索其在中国重要报纸全文数据库中出现的时间。根据搜索结果，2013年开始出现平台跑路的相关新闻，新闻数量在2014—2016年达到顶峰，之后由于监管逐渐严格且平台金融专项整治活动频繁开展，2017年网络借贷平台跑路新闻的数量有所减少。因此本节选取的网络借贷平台跑路新闻的时间范围为2014年1月1日至2017年6月30日。

解释变量和被解释变量均为盈利性指标。与银行不同，目前没有网络借贷平台在国内上市，但网络借贷平台收益率与商业银行股票价格类似，均指代投资收益，且网络借贷平台与上市银行均有成交量指标。收益率和成交量是指代盈利性的较为准确的指标，因此模型以网络借贷平台为主要研究对象，利用爬虫软件抓取 5086 家网络借贷平台每天的收益率和成交量，对接上市银行每天的股票价格和成交量。网络借贷平台收益率和成交量与上市银行之间存在显著的差异，本节采取一阶差分模型回归，消除无法观测的值对模型可能造成的内生性影响。此外，由于模型样本容量足够大，因此模型回归时使用了聚类稳健标准误，将平台和地区进行聚类分析，消除了异方差及时间变量对参数的影响。这样即使存在异方差，也可以使所有参数估计、假设检验正常进行。具体而言，模型采用对数差分数据处理办法，先对解释变量和被解释变量的所有指标取对数，再做变化率的处理，务必使同一模型中的指标具有可比性。

考虑到盈利指标之间的简单对照并不能说明网络借贷平台和银行之间存在波动的同步性，本节根据陈一洪的研究[①]，设置了控制变量，控制其他因素对于盈利水平的影响。具体包括上市银行市场数据中的换手率、市销率、总市值；上市银行经营数据中的资本充足率、贷存比、不良贷款率、成本收入比、净资产收益率、资产负债率、净息差、营业收入同比增长率；部分宏观经济数据中的沪深 300 指数、金融行业风险系数、金融行业生产总值。此外，还有关于同地区银行和网络借贷平台的相互匹配及 5086 家平台的各项特征作为补充控制变量，包括平台背景、参考投资期限、业务类型、保障模式、注册地区、注册资金、上线时间、债权转让及是否自动投标等，用以控制由其他银行或网络借贷平台特征引起的股票收益率或成交量的变动。

由于大部分上市银行发展时间较长，分支机构数量较多，遍布全国，国有银行和股份制上市银行的盈利指标不存在地区性差异。因此对接同地区上市银行的盈利指标时，须将国有银行和股份制银行剔除，25 家上市银行只剩下宁波、江阴、张家港、无锡、江苏、杭州、南京、常熟、北京、上海、贵阳、吴江等地区性银行。在这些地区性银行中，2014 年之前上市的只有 3 家，本节选取南京银行、宁波银行和北京银行对接江

---

① 陈一洪：《中国城市商业银行盈利能力影响因素分析——基于 50 家商业银行的微观数据》，《统计与信息论坛》2017 年第 3 期。

苏省、浙江省和北京市的所有网络借贷平台，并在加入控制变量后对比二者盈利波动的同步性。

三 变量说明及描述性统计

模型三相关变量说明如表 5.11 所示。

表 5.11　　　　　　　　模型三相关变量说明

指标分类		变量名称	定义	依据
被解释变量	银行业数据	P_B	上市银行股票价格	盈利水平
		Q_B	上市银行股票成交量	
解释变量	平台金融数据	P_I	网络借贷平台收益率	
		Q_I	网络借贷平台成交量	
控制变量	上市银行市场数据	TOR	换手率	市场行情
		PS	市销率	
		SIZE	总市值	
	上市银行经营数据	CAR	资本充足率	经营水平
		NPL	不良贷款率	
		LDR	贷存比	
		CIR	成本收入比	
		ALR	资产负债率	
		ROE	净资产收益率	
		NIM	净息差	
		RGR	营业收入同比增长率	
	宏观经济数据	INDEX	沪深 300 指数	市场环境
		beta	金融行业风险系数	
		GDP	金融行业生产总值	

被解释变量分别为上市银行股票价格P_B及上市银行股票成交量Q_B，解释变量为网络借贷平台收益率P_I及网络借贷平台成交量Q_I。除了解释变量和被解释变量，模型控制变量总共分为三个层次，上市银行市场数据、上市银行经营数据和宏观经济数据，分别体现上市银行在资本市场中的行情、资本缓冲水平、风险状态、流动性水平等市场行情、经营水平及

市场环境。

在市场数据方面，换手率较高的股票流通性强，从市销率可以看出股票收益的质量水平，总市值体现公司的资产规模。在经营数据方面，资本充足率较高的银行抗风险能力较强，不良贷款率较高意味着风险较大，贷存比高表示银行放贷力度大，成本收入比较高意味着盈利水平低，资产负债率表示银行保护债权人利益的程度，净资产收益率是衡量企业获利能力的重要指标，净息差说明利息净收入的不同表现，营业收入同比增长率说明银行的经营水平。沪深300指数、金融行业风险系数及金融行业生产总值贡献度反映市场整体表现。本节所需的数据主要来自Wind数据库，部分数据源于人民银行、金融监管总局和国家统计局官方网站。表5.12为变量的描述性统计。

表5.12　　　　　　　　模型三变量描述性统计

变量	均值	标准差	最小值	最大值
P_B	0.0003252	0.010847	-0.0724072	0.0955782
Q_B	-0.0002817	0.1611487	-4.822008	4.746794
P_I	-0.0439896	0.4684687	-1.460215	1.928278
Q_I	-0.0067033	0.9936618	-10.22537	12.58212
TOR	1.01	1.81	0	85.46
PS	4.45	4.07	1.05	41.91
SIZE	15.28	15.52	11.20	17.00
ROE	38.03	7.08	4.23	58.79
LDR	66.35	12.86	46.46	78.70
CAR	12.12	2.09	3.88	30.67
NPL	1.26	1.15	0.34	23.57
CIR	25.98	4.73	18.53	34.26
NIM	2.11	0.11	1.67	2.44
ALR	93.67	0.46	93.00	94.60
RGR	13.65	10.15	-20.61	54.98
INDEX	2157	617.82	1445	4528
beta	0.87	0.29	0.29	2.08
GDP	8.16	1.15	4.93	10.51

本书对银行股价和成交量，网络借贷平台收益率和成交量分别作了差分处理，即取对数后再计算变化率，总市值取对数，上证银行股指数基期为 1000，市销率单位为倍，剩下的指标单位为百分比。

换手率 TOR 也称"周转率"，指在一定时间内市场中股票转手买卖的频率，是反映股票流通性强弱的指标之一。市销率 PS 既有助于考察公司收益基础的稳定性和可靠性，又能有效把握其收益的质量水平。总市值 SIZE 是指在某特定时间内总股本数乘以当时股价得出的股票总价值。

净资产收益率 ROE 是公司税后利润除以净资产得到的百分比，该指标用以衡量公司资本运营的效率。指标值越高，说明投资带来的收益越高。贷存比 LDR 是银行资产负债表中的贷款资产占存款负债的比例，50% 是商业银行的盈亏平衡点。成本收入比 CIR 是银行营业费用与营业收入的比率，不应高于 45%。资本充足率 CAR 是一个银行的资本总额对其风险加权资产的比率。资本充足率是保证银行等金融机构正常运营和发展所必需的资本比率。不良贷款率 NPL 是指金融机构不良贷款占总贷款余额的比重，金融机构不良贷款率警戒线为 10%。成本收入比 CIR 越低，说明银行单位收入的成本支出越低，银行获取收入的能力越强。净息差 NIM 是生息资产的收益率，即净利息收入与平均生息资产规模的比值。资产负债率 ALR 反映在总资产中有多大比例是通过借债来筹资的。营业收入同比增长率 RGR 是检验上市公司上年挣钱能力是否提高的标准。

金融行业生产总值 GDP 属于宏观经济指标，指代金融业对国内生产总值的贡献度，沪深 300 指数 INDEX 是反映中国证券市场股票价格变动的概貌和运行状况的指数。金融行业风险系数 beta 用以度量一种证券或一个投资证券组合相对总体市场的波动性。

四　模型三结果分析

本节首先设定网络借贷平台"跑路新闻"时间，限定该时间范围内网络借贷平台的盈利水平，之后自动匹配同时间段、同地区的商业银行盈利水平，最后加入影响上市银行盈利水平的控制变量，探究二者的盈利水平之间是否存在同步联动。模型三结果分为四个部分：未加入平台特征时网络借贷平台收益率对上市银行股价的影响；加入平台特征时网络借贷平台收益率对上市银行股价的影响；未加入平台特征时网络借贷平台成交量对银行股票成交量的影响及加入平台特征时网络借贷平台成交量对银行股票成交量的影响。每个部分模型结果又分为四个：（1）普通最小二乘；（2）稳健最小二乘；（3）聚类地区的模型结果；（4）聚类平台的模型结果。

（一）收益率对比

表 5.13　　　　　无平台特征的收益率对比结果

	(1) d_logP	(2) d_logP	(3) d_logP	(4) d_logP
L.d_lnP	0.00475***	0.00475***	0.00475***	0.00475***
	(0.00165)	(0.00130)	(0.000839)	(0.00113)
GDP	−0.120***	−0.120**	−0.120	−0.120**
	(0.0336)	(0.0520)	(0.0536)	(0.0442)
TOR	−0.00348***	−0.00348***	−0.00348	−0.00348***
	(0.000604)	(0.00131)	(0.00249)	(0.00126)
beta	−2.70e−07***	−2.70e−07***	−2.70e−07	−2.70e−07***
	(3.41e−08)	(3.53e−08)	(1.09e−07)	(3.80e−08)
INDEX	−6.59e−05***	−6.59e−05***	−6.59e−05	−6.59e−05***
	(1.83e−05)	(1.80e−05)	(4.34e−05)	(1.92e−05)
PS	0.0117	0.0117	0.0117	0.0117
	(0.0130)	(0.0207)	(0.0202)	(0.0233)
CAR	0.000379	0.000379	0.000379	0.000379
	(0.00266)	(0.00465)	(0.00181)	(0.00399)
CIR	0.00602***	0.00602*	0.00602*	0.00602*
	(0.00160)	(0.00340)	(0.00172)	(0.00341)
NIM	0.142***	0.142*	0.142*	0.142*
	(0.0363)	(0.0800)	(0.0363)	(0.0792)
NPL	−0.873***	−0.873***	−0.873	−0.873***
	(0.108)	(0.183)	(0.310)	(0.189)

续表

	(1)	(2)	(3)	(4)
	d_logP	d_logP	d_logP	d_logP
LDR	0.00154**	0.00154**	0.00154	0.00154**
	(0.000632)	(0.000734)	(0.00156)	(0.000700)
SIZE	2.87e−07***	2.87e−07***	2.87e−07**	2.87e−07***
	(3.21e−08)	(5.35e−08)	(5.26e−08)	(5.21e−08)
RGR	−0.000664**	−0.000664	−0.000664	−0.000664
	(0.000307)	(0.000650)	(0.000412)	(0.000650)
ALR	9.04e−05	9.04e−05	9.04e−05	9.04e−05
	(0.00352)	(0.00480)	(0.00462)	(0.00366)
ROE	−0.00136***	−0.00136***	−0.00136**	−0.00136**
	(0.000277)	(0.000515)	(0.000169)	(0.000600)
Constant	0.707*	0.707	0.707**	0.707**
	(0.374)	(0.471)	(0.0806)	(0.305)
Observations	2,293	2,293	2,293	2,293
R−squared	0.117	0.117	0.117	0.117

注：括号内为标准误。***、**、*分别表示在1%、5%、10%的水平上显著。

表 5.14　　有平台特征的收益率对比结果

	(1)	(2)	(3)	(4)
	d_logP	d_logP	d_logP	d_logP
L.d_lnP	0.00841***	0.00841***	0.00841***	0.00841***
	(0.00324)	(0.00281)	(0.000293)	(0.00126)
GDP	−0.452***	−0.452***	−0.452***	−0.452***
	(0.0665)	(0.0784)	(0.0376)	(0.0619)
TOR	−0.00326***	−0.00326**	−0.00326	−0.00326**
	(0.000623)	(0.00134)	(0.00257)	(0.00134)
beta	−2.83e−07***	−2.83e−07***	−2.83e−07	−2.83e−07***
	(3.53e−08)	(3.74e−08)	(9.87e−08)	(3.98e−08)
INDEX	−4.06e−05**	−4.06e−05**	−4.06e−05	−4.06e−05*
	(1.95e−05)	(1.91e−05)	(5.11e−05)	(2.24e−05)

续表

	(1) d_logP	(2) d_logP	(3) d_logP	(4) d_logP
PS	-0.0630***	-0.0630***	-0.0630**	-0.0630***
	(0.0181)	(0.0204)	(0.00846)	(0.0208)
CAR	0.0294***	0.0294***	0.0294*	0.0294***
	(0.00530)	(0.00599)	(0.00852)	(0.00547)
CIR	0.0159***	0.0159***	0.0159**	0.0159***
	(0.00234)	(0.00274)	(0.00212)	(0.00228)
NIM	0.448***	0.448***	0.448**	0.448***
	(0.0629)	(0.0714)	(0.0633)	(0.0626)
NPL	-2.418***	-2.418***	-2.418**	-2.418***
	(0.286)	(0.354)	(0.268)	(0.278)
LDR	-0.00161*	-0.00161*	-0.00161	-0.00161**
	(0.000825)	(0.000968)	(0.00113)	(0.000652)
SIZE	8.98e-07***	8.98e-07***	8.98e-07**	8.98e-07***
	(1.08e-07)	(1.35e-07)	(1.56e-07)	(1.04e-07)
RGR	-0.00309***	-0.00309***	-0.00309**	-0.00309***
	(0.000512)	(0.000577)	(0.000323)	(0.000516)
ALR	-0.0380***	-0.0380***	-0.0380*	-0.0380***
	(0.00703)	(0.00880)	(0.0104)	(0.00681)
ROE	-0.00315***	-0.00315***	-0.00315**	-0.00315***
	(0.000412)	(0.000481)	(0.000578)	(0.000457)
38.platId	0.178***	0.178***	0.178*	0.178***
	(0.0295)	(0.0400)	(0.0415)	(0.0279)
53.platId	-0.00502	-0.00502	-0.00502***	-0.00502***
	(0.00406)	(0.00432)	(0.000390)	(0.000378)
57.platId	0.00437	0.00437	0.00437**	0.00437***
	(0.0105)	(0.00377)	(0.000578)	(0.000431)
85.platId	-0.00370	-0.00370	-0.00370**	-0.00370***
	(0.00979)	(0.00691)	(0.000676)	(0.000491)
92.platId	0.00474	0.00474**	0.00474**	0.00474***
	(0.00855)	(0.00242)	(0.000756)	(0.000481)

第五章 银行业系统性风险引发机制检验

续表

	(1) d_logP	(2) d_logP	(3) d_logP	(4) d_logP
此处省略剩余987家平台			
4506. platId	-0.0102	-0.0102*	-0.0102***	-0.0102***
	(0.00979)	(0.00600)	(0.000640)	(0.000465)
4531. platId	0.000246	0.000246	0.000246	0.000246
	(0.0148)	(0.00167)	(0.00119)	(0.000604)
4577. platId	0.000183	0.000183	0.000183	0.000183
	(0.00821)	(0.00300)	(0.000757)	(0.000485)
4650. platId	0.00876	0.00876**	0.00876***	0.00876***
	(0.00979)	(0.00408)	(0.000565)	(0.000424)
4891. platId	0.174***	0.174***	0.174*	0.174***
	(0.0295)	(0.0400)	(0.0411)	(0.0279)
5086. platId	-0.00180	-0.00180	-0.00180*	-0.00180***
	(0.0105)	(0.00368)	(0.000601)	(0.000332)
Constant	6.168***	6.168***	6.168**	6.168***
	(0.958)	(1.211)	(0.982)	(0.876)
Observations	2,293	2,293	2,293	2,293
R-squared	0.175	0.175	0.175	0.175

注：括号内为标准误；***、**、*分别表示在1%、5%、10%的水平上显著。

表5.14中d_logP指代一阶差分后的上市银行股价，d_lnP指代一阶差分后的网络借贷平台收益率。解释变量后的数据代表影响因子，正负性代表是否同步，括号中数据为结果的标准误，剩余987家网络借贷平台为控制变量。网络借贷平台收益率波动1个单位，上市银行股价同方向波动0.00841个单位。从四次影响因子检验得出的结果相同可知，上市银行股价和网络借贷平台收益率呈同步波动，且结果显著。该结果符合目前平台金融与银行业发展规模的对比。此外，在平台金融危机新闻传播的时间段内，上市银行股价波动与网络借贷平台收益率同步，说明"危机新闻效应"将平台金融的危机传染至银行业，对商业银行盈利水平造成了显著影响。在普通最小二乘估计中，除部分平台特征，所有控制变

量结果均显著，稳健最小二乘和聚类平台结果类似。在聚类地区的估计中，只有换手率 TOR、行业风险系数 beta、沪深 300 指数 INDEX 和贷存比 LDR 的结果不显著。

在聚类平台控制变量中，金融行业生产总值 GDP 和净息差 NIM 对于上市银行股价的影响绝对值最大，分别为 0.452 和 0.448，GDP 为负向影响，NIM 为正向影响。说明随着 GDP 的增加，股票成交量会有所降低，而随着生息资产收益率的增加，股票成交量会有显著增加。影响因子较低的是金融行业风险系数 beta、沪深 300 指数 INDEX 和总市值 SIZE，虽然结果显著，但是对于股价的变化几乎没有影响。这也与表 5.13 未加入平台特征作为控制变量的分析结果相似，按照平台分类后，不显著的控制变量间可能存在相互影响，也可能是消除异方差导致结果出现了变化，而在聚类地区的所有控制变量中，除了 TOR、beta、INDEX 和 LDR，其余结果均显著。分类地区对于股价变化有影响，但是不如聚类平台造成的影响强烈。上市银行分支机构虽然处在不同地区，但是股价变化统一，不存在差异性。

在 5086 家平台特征的控制变量中，由于共线性，模型结果省略了许多平台，但是剩余平台特征足以作为控制变量对上市银行股价产生影响。从截取的 11 家平台的结果来看，只有 platId 为 4531 及 platId 为 4577 的两家网络借贷平台结果不显著，剩余结果全部为显著影响，说明按照平台分类后，消除了平台差异对于上市银行股价的影响。

（二）成交量对比

表 5.15　　　　　　无平台特征的成交量对比结果

	(1)	(2)	(3)	(4)
	d_logQ	d_logQ	d_logQ	d_logQ
$L.d\_lnQ$	0.0658***	0.0658***	0.0658***	0.0658***
	(0.00988)	(0.0105)	(0.0228)	(0.0247)
GDP	-6.091***	-6.091***	-6.091**	-6.091***
	(1.606)	(1.415)	(1.009)	(1.197)
TOR	0.504***	0.504***	0.504**	0.504***
	(0.0264)	(0.0589)	(0.0909)	(0.0568)

续表

	（1）	（2）	（3）	（4）
	d_logQ	d_logQ	d_logQ	d_logQ
beta	-1.61e-05***	-1.61e-05***	-1.61e-05**	-1.61e-05***
	(1.23e-06)	(1.52e-06)	(2.02e-06)	(1.29e-06)
INDEX	0.00368***	0.00368***	0.00368*	0.00368***
	(0.000659)	(0.000748)	(0.00107)	(0.000708)
PS	-1.328**	-1.328*	-1.328**	-1.328*
	(0.662)	(0.690)	(0.198)	(0.719)
CAR	0.0516	0.0516	0.0516	0.0516
	(0.165)	(0.152)	(0.0535)	(0.163)
CIR	0.262***	0.262***	0.262**	0.262***
	(0.0552)	(0.0445)	(0.0273)	(0.0309)
NIM	6.301***	6.301***	6.301***	6.301***
	(1.140)	(0.956)	(0.606)	(0.698)
NPL	-28.76***	-28.76***	-28.76**	-28.76***
	(8.087)	(6.732)	(6.462)	(6.656)
LDR	0.0184	0.0184	0.0184	0.0184
	(0.0393)	(0.0332)	(0.0268)	(0.0317)
SIZE	6.82e-06***	6.82e-06***	6.82e-06*	6.82e-06***
	(2.01e-06)	(1.70e-06)	(2.00e-06)	(1.58e-06)
RGR	-0.0524***	-0.0524***	-0.0524***	-0.0524***
	(0.00969)	(0.00845)	(0.00402)	(0.00670)
ALR	0.228	0.228	0.228***	0.228
	(0.301)	(0.272)	(0.0192)	(0.259)
ROE	-0.0267***	-0.0267***	-0.0267**	-0.0267***
	(0.00956)	(0.00794)	(0.00365)	(0.00725)
Constant	22.40	22.40	22.40*	22.40
	(19.40)	(18.53)	(6.313)	(17.02)
Observations	2,084	2,084	2,084	2,084
R-squared	0.174	0.174	0.174	0.174

注：括号内为标准误；***、**、*分别表示在1%、5%、10%的水平上显著。

表 5.16　　有平台特征的成交量对比结果

	(1) d_logQ	(2) d_logQ	(3) d_logQ	(4) d_logQ
$L.d\_lnQ$	0.0667***	0.0667***	0.0667***	0.0667***
	(0.0182)	(0.0100)	(0.00770)	(0.0248)
GDP	-6.489***	-6.489***	-6.489**	-6.489***
	(1.737)	(1.537)	(1.144)	(1.339)
TOR	0.496***	0.496***	0.496**	0.496***
	(0.0273)	(0.0585)	(0.0878)	(0.0593)
beta	-1.61e-05***	-1.61e-05***	-1.61e-05**	-1.61e-05***
	(1.27e-06)	(1.52e-06)	(2.16e-06)	(1.36e-06)
INDEX	0.00330***	0.00330***	0.00330*	0.00330***
	(0.000697)	(0.000770)	(0.00103)	(0.000767)
PS	-1.161*	-1.161	-1.161**	-1.161
	(0.692)	(0.724)	(0.252)	(0.799)
CAR	0.0392	0.0392	0.0392	0.0392
	(0.172)	(0.164)	(0.0619)	(0.166)
CIR	0.277***	0.277***	0.277**	0.277***
	(0.0600)	(0.0490)	(0.0286)	(0.0348)
NIM	6.687***	6.687***	6.687***	6.687***
	(1.263)	(1.076)	(0.626)	(0.774)
NPL	-30.82***	-30.82***	-30.82*	-30.82***
	(8.535)	(7.428)	(7.346)	(7.132)
LDR	0.0241	0.0241	0.0241	0.0241
	(0.0410)	(0.0368)	(0.0305)	(0.0342)
SIZE	7.61e-06***	7.61e-06***	7.61e-06*	7.61e-06***
	(2.15e-06)	(1.90e-06)	(2.23e-06)	(1.74e-06)
RGR	-0.0552***	-0.0552***	-0.0552***	-0.0552***
	(0.0107)	(0.00940)	(0.00407)	(0.00731)
ALR	0.246	0.246	0.246**	0.246
	(0.310)	(0.292)	(0.0404)	(0.281)
ROE	-0.0302***	-0.0302***	-0.0302**	-0.0302***
	(0.00994)	(0.00861)	(0.00369)	(0.00819)

续表

	(1)	(2)	(3)	(4)
	d_logQ	d_logQ	d_logQ	d_logQ
38. platId	-0.158	-0.158	-0.158***	-0.158***
	(0.132)	(0.145)	(0.0107)	(0.0101)
53. platId	-0.0111	-0.0111	-0.0111	-0.0111
	(0.129)	(0.131)	(0.0173)	(0.0210)
57. platId	0.125	0.125	0.125*	0.125***
	(0.363)	(0.551)	(0.0314)	(0.0226)
85. platId	-0.121	-0.121	-0.121	-0.121***
	(0.340)	(0.516)	(0.0610)	(0.0324)
92. platId	-0.160	-0.160	-0.160*	-0.160***
	(0.405)	(0.508)	(0.0478)	(0.0178)
此处省略剩余996家平台				
4390. platId	-0.107	-0.107	-0.107***	-0.107***
	(0.126)	(0.142)	(0.00586)	(0.00950)
4420. platId	-0.113	-0.113	-0.113*	-0.113***
	(0.356)	(0.520)	(0.0388)	(0.0199)
4506. platId	-0.199	-0.199	-0.199*	-0.199***
	(0.332)	(0.519)	(0.0496)	(0.0240)
4577. platId	-0.234	-0.234	-0.234*	-0.234***
	(0.407)	(0.777)	(0.0612)	(0.0504)
4650. platId	-0.269	-0.269	-0.269**	-0.269***
	(0.363)	(0.527)	(0.0535)	(0.0234)
5086. platId	-0.0244	-0.0244	-0.0244	-0.0244
	(0.405)	(0.540)	(0.0260)	(0.0153)
Constant	23.27	23.27	23.27*	23.27
	(20.37)	(20.34)	(5.770)	(19.00)
Observations	2,084	2,084	2,084	2,084
R-squared	0.234	0.234	0.234	0.234

注：括号内为标准误。***、**、*分别表示在1%、5%、10%的水平上显著。

表 5.16 中 d_logQ 指代一阶差分后的上市银行股票成交量，d_lnQ 指代一阶差分后的网络借贷平台成交量。解释变量后的数据代表影响因子，正负性代表是否同步，括号中数据为结果的标准误，剩余 996 家网络借贷平台为控制变量。网络借贷平台成交量波动 1 个单位，上市银行股票成交量同方向波动 0.0667 个单位，四次检验影响因子得出的结果相同，平台金融危机新闻传播的这段时间内，上市银行股票成交量和网络借贷平台成交量波动同步。此外，在聚类平台消除异方差之后，网络借贷平台成交量对上市银行股票成交量影响的波动幅度依旧稳定，说明"跑路新闻"经由危机新闻效应，将平台金融的危机传染至银行业，从而对商业银行盈利水平造成了显著影响。除了资本充足率 CAR 和贷存比 LDR，剩余控制变量在四次回归分析中得到的结果均相同，且效果显著。控制变量对于商业银行股票成交量产生了影响，有效地控制了除网络借贷平台成交量之外的变动原因。不显著的两项控制变量可能存在相互影响，也可能是消除异方差，导致结果出现了变化。

在聚类地区的所有控制变量中，依旧是不良贷款率 NPL 对于上市银行股价的影响绝对值最大，且为负向影响，说明不良贷款率越低，股价越高；金融行业生产总值与净息差 NIM 的影响因素也较高，且 GDP 的影响为负，NIM 的影响为正，结果均与前文一致。说明随着 GDP 的增加，股票成交量会有所降低，而随着生息资产收益率的增加，股票成交量会有显著增加。影响因子较低的是金融行业风险系数 beta 和总市值 SIZE 两项指标，虽然结果显著，但是对于股价的变化几乎没有影响。上市银行不同地区都存在分支机构，且可能会导致成交量出现差异，因此聚类平台的所有控制变量与聚类地区的结果相似，唯一的区别在于聚类平台的显著性高于聚类地区，所有控制变量的影响因子几乎都显著，说明检验效果较好。

从截取的 11 家平台的结果来看，普通最小二乘和稳健最小二乘估计中结果均不显著，但是在聚类了地区及平台后，只有 platId 为 53 及 platId 为 5086 的两家网络借贷平台结果不显著，剩余结果全部显著。未消除异方差的检验结果并不可靠，相反聚类分析后的结果更好地说明了网络借贷平台的成交量对于上市银行股票成交量的影响。

第三节　小结

　　平台金融视角下银行业系统性风险引发机制包含风险的生成及风险的传染。本章通过实证分析检验平台金融视角下银行业系统性风险生成机制及风险的传染机制。首先本章基于复杂网络自组织、自适应及脆弱性，将银行业系统性风险间接生成机制分析分为两步，探讨平台金融对于宏观经济中介变量的影响，以及中介变量对于商业银行盈利水平的影响。结果证明，平台金融对于宏观经济中介变量产生了显著影响，同时宏观经济波动，尤其是货币政策和居民消费指数对于商业银行盈利也会产生显著的负向影响，即平台金融视角下银行业系统性风险生成机制存在。之后，本章对平台金融视角下银行业系统性风险传染机制进行分析，探究网络借贷平台"跑路新闻"持续传播的情况下，商业银行盈利水平是否与网络借贷平台的盈利水平出现同方向波动，实证研究结果表明，同向性波动存在，且效果显著，即网络借贷平台盈利水平下降的同时，上市银行盈利水平也出现了明显的下降，因此，平台金融视角下银行业系统性风险传染机制存在。

第Ⅱ部分

平台金融视角下银行业系统性风险分类识别

第 六 章

银行业系统性风险识别：
互联网金融平台类

第二部分为平台金融视角下银行业系统性风险分类识别，因此本书通过第六章、第七章、第八章三个章节，从平台金融不同阶段的三种表现形式——"互联网金融平台、金融科技平台、大型互联网平台"着手，分类别对平台金融视角下银行业系统性风险进行识别。本章将基于平台金融的初始模式"互联网金融平台"，借助 DCC – BEKK – MVGARCH 模型，识别互联网金融平台与银行业之间的风险关联性及风险传染方向，并从第三方支付、网络借贷、互联网基金及互联网保险，分业态对平台金融视角下银行业系统性风险进行识别。

第一节 DCC – BEKK – MVGARCH 模型介绍

动态条件相关多变量广义自回归条件异方差模型 DCC – MVGARCH 是由 Engle 改变常数条件相关模型，并考虑了资产间的动态关联性，进一步扩展得到的[①]。单变量 GARCH 模型中，非条件协方差较难求解，实证研究大多无法满足条件相关系数是常数的假设，Engle 放宽了条件相关系数矩阵假设，使该假设依赖于时间变量，得到了 DCC 模型。BEKK – GARCH 模型是一种多变量的 GARCH 模型，能较好地克服 VECH 模型无

---

① Engle, R., "Dynamic Conditional Correlation: A Simple Class of Multivariate Generalized Autoregressive Conditional Heteroskedasticity Models", *Journal of Business & Economic Statistics*, Vol. 20, No. 3, 2002.

法保证 H_t 正定性的缺点，模型参数简洁、估计过程简单。此外，BEKK 模型特有的协方差矩阵可以使参数估计量减少，同时还能较好地表现时间序列波动性之间的相互关系。

由于平台金融视角下银行业系统性风险具有依赖时间的动态变化特征，并不是单个风险的简单加总，要考虑互联网金融平台和银行业的风险关联性及传染方向。DCC – MVGARCH 和 BEKK – GARCH 两种模型结合恰好可以说明风险传染的不同方面，因此本章将两种模型叠加使用，运用 DCC 识别互联网金融平台与银行业之间的关联性，运用 BEKK 识别风险溢出方向。叠加后的模型采用了长期协方差矩阵及限制样本协方差矩阵，不仅能够估计较大的相关系数矩阵，还能使估计结果更加准确，在参数计算方面具有明显的优势。

第二节　DCC – BEKK – MVGARCH 模型设定

DCC – MVGARCH 模型一般形式如下：

$$y_t = \mu + \varphi y_{t-1} + \varepsilon_t, \varepsilon_t \mid \Psi_{t-1} \sim N(0, H_t) \tag{6.1}$$

$$H_t = D_t R_t D_t \tag{6.2}$$

$$Q_t = \left(1 - \sum_{m=1}^{M} \alpha_m - \sum_{n=1}^{N} \beta_n\right) \bar{Q} + \sum_{m=1}^{M} \alpha_m (\varepsilon_{t-m} \varepsilon'_{t-m}) + \sum_{n=1}^{N} \beta_n Q_{t-n} \tag{6.3}$$

$$Q_t^* = diag(\sqrt{q_{11,t}}, \sqrt{q_{22,t}}, \cdots, \sqrt{q_{kk,t}}) \tag{6.4}$$

$$R_t = (Q_t^*)^{-1} Q_t (Q_t^*)^{-1} \tag{6.5}$$

$D_t = diag(\sqrt{h_{i,t}})$，$h_{i,t}$ 为单变量 i 由 GARCH 模型得到的方差，每一个资产收益率服从以下单变量 $GARCH(p, q)$ 过程：

$$h_{i,t} = \omega_i + \sum_{p=1}^{P} \alpha_{i,p} e_{i,t-p}^2 + \sum_{q=1}^{q} \beta_{i,q} h_{i,t-q}^2 \tag{6.6}$$

运用单变量 GARCH 模型估计收益率的条件方差和残差序列，以消除序列的相关性及波动集聚性，再使用上一步求得的标准化残差序列估计 DCC 模型的参数。

第一阶段的极大似然估计如式（6.7）所示：

$$QL_1(\varphi \mid r_t) = -\frac{1}{2}\sum_{t=1}^{T}(k\log(2\pi) + \log(\mid I_k \mid)$$
$$+ 2\log(\mid Dt \mid) + r'_t D_t^{-1} I_k D_t^{-1} r_t)$$
$$= -\frac{1}{2}\sum_{t=1}^{T}(k\log(2\pi) + 2\log(\mid Dt \mid) + r'_t D_t^{-2} r_t)$$
$$= -\frac{1}{2}\sum_{t=1}^{T}\left(k\log(2\pi) + \sum_{n=1}^{k}(\log(h_{it}) + \frac{r_{it}^2}{h_{it}})\right)$$
$$= -\frac{1}{2}\sum_{n=1}^{k}\left(T\log(2\pi) + \sum_{t=1}^{T}(\log(h_{it}) + \frac{r_{it}^2}{h_{it}})\right) \quad (6.7)$$

第二阶段参数极大似然函数可表示为：

$$QL_2(\psi \mid \widehat{\varphi}, r_t) = -\frac{1}{2}\sum_{t=1}^{T}(k\log(2\pi) + \log(\mid R_t \mid)$$
$$+ 2\log(\mid Dt \mid) + r'_t D_t^{-1} I_k D_t^{-1} r_t)$$
$$= -\frac{1}{2}\sum_{t=1}^{T}(k\log(2\pi) + \log(\mid R_t \mid) + 2\log(\mid Dt \mid) + \varepsilon'_t R_t^{-1} \varepsilon_t)$$
$$(6.8)$$

$$QL_2(\psi \mid \widehat{\varphi}, r_t) = -\frac{1}{2}\sum_{t=1}^{T}(\log(\mid R_t \mid) + \varepsilon'_t R_t^{-1} \varepsilon_t) \quad (6.9)$$

$$R_t = \begin{bmatrix} 1 & \cdots & \rho_{i1,t} \\ \vdots & \ddots & \vdots \\ \rho_{1j,t} & \cdots & 1 \end{bmatrix} \quad (6.10)$$

其中，$\rho_{i,t}$ 为对应的相关系数。

本章的研究对象属于二元 DCC – GARCH 模型。在模型估计结果中，R_t 形式如下：

$$R_t = \begin{bmatrix} \rho_{is,t} & 1 \\ 1 & \rho_{is,t} \end{bmatrix} \quad (6.11)$$

其中，$\rho_{is,t}$ 为 t 时刻 i 和 s 之间的相关系数，随着时间的变化，$\rho_{i,s}$ 的值不同。

BEKK 方差方程的设定形式如下：

$$H_t = C'C + A' \varepsilon_{t-1} \varepsilon'_{t-1} A + B' H_{t-1} B \qquad (6.12)$$

以二元模型为例解释各参数，其中 H_t 是 2×2 的对称矩阵，A 为 2×2 的系数矩阵，表示 ARCH 系数，B 是 2×2 的系数矩阵，表示 GARCH 项的系数。具体为：

$$\begin{cases} h_{11,t} = C_{11}^2 + a_{11}^2 \varepsilon_{1,t-1}^2 + 2 a_{11} a_{21} \varepsilon_{1,t-1} \varepsilon_{2,t-1} \\ \qquad + a_{21}^2 \varepsilon_{2,t-1}^2 + b_{11}^2 h_{11,t-1} + 2 b_{11} b_{21} h_{12,t-1} + b_{21}^2 h_{22,t-1} \\ h_{12,t} = C_{11} C_{21} + a_{11} a_{12} \varepsilon_{1,t-1}^2 + (a_{21} a_{12} + a_{11} a_{22}) \varepsilon_{1,t-1} \varepsilon_{2,t-1} \\ \qquad + a_{21} a_{22} \varepsilon_{2,t-1}^2 + b_{11} b_{21} h_{11,t-1} + (b_{21} b_{12} + b_{11} b_{22}) h_{12,t-1} \\ \qquad + b_{21} b_{22} h_{22,t-1} \\ h_{22,t} = C_{11}^2 + C_{22}^2 + a_{12}^2 \varepsilon_{1,t-1}^2 + 2 a_{12} a_{22} \varepsilon_{1,t-1} \varepsilon_{2,t-1} + a_{22}^2 \varepsilon_{2,t-1}^2 \\ \qquad + b_{12}^2 h_{11,t-1} + 2 b_{12} b_{22} h_{12,t-1} + b_{22}^2 h_{22,t-1} \end{cases}$$

$$(6.13)$$

上式中的参数矩阵分别为：

$$C = \begin{pmatrix} c_{11} & c_{12} \\ 0 & c_{21} \end{pmatrix} \qquad (6.14)$$

$$A = \begin{pmatrix} \alpha_{11} & \alpha_{12} \\ \alpha_{21} & \alpha_{22} \end{pmatrix} \qquad (6.15)$$

$$B = \begin{pmatrix} \beta_{11} & \beta_{12} \\ \beta_{21} & \beta_{22} \end{pmatrix} \qquad (6.16)$$

$CoVaR_q^{j|i}$ 定义为 i 业态处于 $X^i = VaR_q^i$ 时机构 j 的 VaR。

$$\Pr(X \le VaR_q) = q \qquad (6.17)$$

$$VaR_q = -F^{-1}(1 - q) \qquad (6.18)$$

其中，$F^{-1}(1 - q)$ 为该金融资产或资产组合收益率的累计分布函数。

互联网金融平台业态 i 的 $CoVaR$ 表示在该机构遭受不良冲击时整个银行系统 s 的风险程度：

$$Pr(X^j \leqslant CoVaR_q^{j|i} \mid X^i = VaR_q^i) = q \qquad (6.19)$$

将机构 j 视为整个银行系统 s，则有：

$$Pr(X^s \leqslant CoVaR_q^{s|i} \mid X^i = VaR_q^i) = q \qquad (6.20)$$

其中，q 表示置信区间，在本章中，取 $q = 0.05$。业态 i 的 $CoVaR$ 与整个银行系统的非条件在险值 VaR 之间的差记作 $\Delta CoVaR$：

$$CoVaR_{q,t}^{s|i} = \varphi^{-1}(q)\sigma_{s,t}\sqrt{1-\rho_{is,t}^2} + \varphi^{-1}(q)\rho_{is,t}\sigma_{s,t} \qquad (6.21)$$

互联网金融平台业态 i 的风险溢出贡献度：

$$\Delta CoVaR_{q,t}^{s|i} = \varphi^{-1}(q)\rho_{is,t}\sigma_{s,t} \qquad (6.22)$$

第三节 指标选取

本章主要对互联网金融平台视角下银行业系统性风险识别，也即识别互联网金融平台及各业态与银行业之间的风险关联性，并根据模型估计结果识别风险溢出方向，因此选取互联网金融平台发展规模及商业银行盈利水平相关数据。

关于互联网金融平台发展规模，本章运用上海证券交易所和中证指数有限公司编制的"互联网金融平台主题指数"来替代互联网金融平台发展规模。由于本章还要研究互联网金融平台各业态与商业银行之间的关系，因此还要选取与其相关的第三方支付指数、网络借贷指数、互联网基金指数、互联网保险指数。

关于商业银行盈利水平，指代商业银行盈利的数据较多，但是考虑到模型需要基于时变相关系数监测银行整体风险水平，并探究银行业与互联网金融平台的相关性，因此本章选取申万银行指数和上证互金指数每一个交易日的收盘价，并对原始收盘价数据做相应处理，计算形式如下：$r_{i,t} = 100 \times \ln \dfrac{p_{i,t}}{p_{i,t-1}}$。其中 $p_{i,t}$ 和 $p_{i,t-1}$ 分别为 t 日和 $t-1$ 日收盘价；$r_{i,t}$ 为资产在 t 日当天的收益率。数据样本区间为 2013 年 7 月 2 日至 2017 年 11 月 5 日。这期间包含了互联网金融平台从开始发展到快速崛起，再到稳定发展的全过程。本章研究所需的数据主要来自 Wind 数据库，部分数据来自人民银行、金融监管总局和国家统计局官方网站。

第四节　结果分析

本章从互联网金融平台与银行业的风险关联性出发，运用 DCC – MV-GARCH 模型识别二者之间的风险溢出效应，并运用 BEKK 模型识别风险溢出的方向。之后分业态对第三方支付、网络借贷、互联网基金、互联网保险与银行业之间的风险关联性逐一进行分析，以识别互联网金融平台视角下的银行业系统性风险。

一　互联网金融平台视角下银行业系统性风险识别

互联网金融平台视角下银行业系统性风险识别，也即风险关联性及溢出方向的分析需要经过数据检验、DCC – MVGARCH 模型估计及 BEKK 模型估计，具体包括描述性统计、平稳性检验、残差检验、波动相关性、关联性验证、溢出效应识别验证等步骤。

（一）数据检验

时间序列数据检验的第一步是描述性统计，主要对银行指数和互联网金融指数的收益率进行描述性统计，统计结果如表 6.1 所示。

表 6.1　　　　　　　　指数收益率的描述性统计量

	均值	中位数	最大值	最小值	标准差	偏度	峰度	JB 统计
银行指数	0.046	-0.024	7.793	-9.360	1.606	-0.221	9.763	1896.520
互联网金融平台指数	0.079	0.146	6.198	-9.819	2.000	-0.689	5.733	461.364

互联网金融平台的均值、中位数及标准差均高于银行业，可见互联网金融平台市场属于典型的高风险、高收益市场，该特征符合互联网金融平台无序发展、野蛮生长的现状。从峰度及偏度结果看，偏度不为 0，且峰度均高于 3，符合金融投资产品"尖峰后尾"的特征。最后 JB 统计

结果显示两者资产日收益率呈显著非正态分布特征。再对以上日收益率序列分别进行 ADF 平稳性检验及 ARCH 效应检验，ARCH 效应运用的是 LM 检验方法。结果如表 6.2 所示。

表 6.2　　　　　　　　平稳性及 ARCH 效应检验结果

	ADF 检验	LM 检验
银行指数	−34.509	5.287
	(0.000)	(0.000)
互联网金融平台指数	−30.357	9.401
	(0.000)	(0.000)

注：括号内为在显著性为 1% 的水平上的 p 值。

在 ADF 检验中，两组数据的时间序列均在 1% 水平上拒绝原假设，说明两组资产收益率均序列平稳。此外，两组数据的时间序列 LM 统计量在 1% 的显著性水平上均大于临界值，说明时间序列数据存在明显的 ARCH 效应。接下来是 GARCH 模型估计结果和残差检验，具体为 ARCH 系数、GARCH 系数，以及对残差的 ARCH 检验。检验结果如表 6.3 所示：

表 6.3　　　　　　GARCH 模型估计结果和残差检验

	ARCH 系数 α	GARCH 系数 β	$\alpha + \beta$	ARCH 检验
银行指数	0.0853	0.9125	0.9978	0.2573
互联网金融平台指数	0.1028	0.8862	0.9890	0.7118

所有参数的估计结果均在 1% 的水平上显著，且 ARCH 系数 α 和 GARCH 系数 β 之和接近于 1。之后再对两项资产收益率的 GARCH(1,1) 模型残差进行检验，发现残差序列数据已不存在上述 ARCH 效应，可以进行下一步模型估计。

(二) 互联网金融平台与银行业风险关联性识别

数据检验之后将进行互联网金融平台与银行业的风险关联性识别，即运用 DCC – GARCH 模型识别二者之间是否存在风险溢出效应，并且测算出溢出效应程度。DCC – GARCH 模型过程同样采用 $GARCH(1,1)$ 模型。由于互联网金融平台指数和申万银行指数均存在数据缺失的情况，因此在对模型进行估计时，要先对两个指数进行测度以减少数据重合性较低带来的数据大量损失，测度结果如表 6.4 所示。

表 6.4　　　　　　　　DCC – GARCH 模型估计结果

	α	β	$\alpha + \beta$
银行指数与互联网金融平台指数	0.0309 (0.000)	0.9333 (0.015)	0.9642

注：括号里为标准误。

由估计结果可知，$\alpha + \beta$ 为 0.9642，接近于 1，说明互联网金融平台与银行业的相关性具有长记忆性，相关性冲击持续时间较久。根据上文接触式传染机制的分析，互联网金融平台机构的资金传染，不仅会对银行业产生冲击，而且冲击是长期持续的。

根据表 6.4 可以做出互联网金融平台与银行业之间的动态相关系数及风险贡献度，具体内容见图 6.1，两张图中第一个为互联网金融平台和银行业之间的风险相关系数，第二个为风险贡献度大小。

图中 1307 代表 2013 年，1407 代表 2014 年，1507 代表 2015 年，1607 代表 2016 年，1707 代表 2017 年。从相关系数图可知，互联网金融平台与银行业之间存在明显的风险相关性，且相关系数稳定在 0.5 左右，初步识别了互联网金融平台与银行业之间的风险关联性。2013 年时，互联网金融平台与银行业之间的风险相关性在 0.5 左右，半年后出现了短暂的下降，但是很快便大幅度上升，达到 0.6。2014—2015 年，相关系数一直在 0.5 和 0.6 之间上下浮动，2015 年年中相关性开始有下降的趋势，但是大幅度波动仍旧十分频繁。2017 年，二者之间的相关性出现短暂性低谷后开始升高，目测未来仍会反弹。风险贡献度与风险相关性变化情况

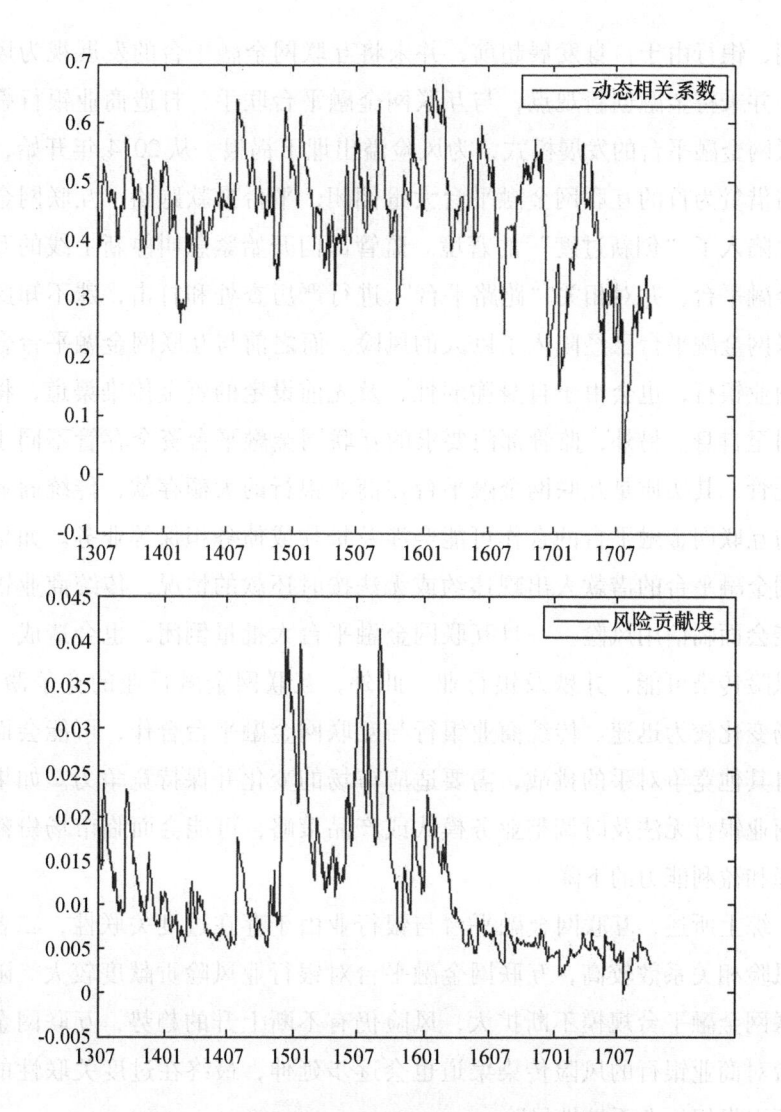

图 6.1 互联网金融平台风险相关系数及贡献度

类似,开始时贡献度处于较低状态,之后缓慢下降,最低降至 0.005,但是 2014 年中期左右突然出现几何形增长,最高值超过 0.04,一个月后风险贡献度出现短暂性下滑,之后迅速回升,再次超过 0.04,其后又是显著性的下滑,从尾部状况看,风险贡献度未来仍存在上升空间。

自 2013 年开始,由于缺乏监管,并且鼓励金融创新,互联网金融平台基于自身自组织及自适应性飞速发展,并开始了无序的生长态势。同时期，银行由于自身发展超前，并未将互联网金融平台的发展视为风险点，并秉持金融创新观点，与互联网金融平台联手，打造商业银行叠加互联网金融平台的发展模式，为风险溢出埋下祸根。从 2014 年开始，以网络借贷为首的互联网金融平台大量倒闭，平台携款跑路，互联网金融平台陷入了"创新过度"的窘境。监管部门开始紧急叫停新上线的互联网金融平台，并对相关"跑路平台"进行严厉查处和打击，殊不知此时互联网金融平台已经陷入了巨大的风险。而之前与互联网金融平台合作的商业银行，也会由于自身脆弱性，及先前设定的资金传染渠道，将风险引至自身。另外，监管部门要求的互联网金融平台资金存管不同于资金托管，其实质是互联网金融平台在商业银行的大额存款，传统商业银行与互联网金融平台的合作可能会涉及贷款或债务担保等业务。如果互联网金融平台的借款人出现违约或无法按时还款的情况，传统商业银行可能会面临信用风险。一旦互联网金融平台大批量倒闭，也会造成一定的风险传染可能，并殃及银行业。此外，互联网金融行业的竞争激烈，市场变化较为迅速。传统商业银行与互联网金融平台合作，可能会面临来自其他竞争对手的挑战，需要适应市场的变化并保持竞争力。如果传统商业银行无法及时调整业务模式或产品策略，可能会面临市场份额的下降和盈利能力的下降。

综上所述，互联网金融平台与银行业由于存在过度关联性，二者之间风险相关系数较高，互联网金融平台对银行业风险贡献度较大。随着互联网金融平台规模不断扩大，风险仍有不断上升的趋势，互联网金融平台对商业银行的风险传染渠道也会逐步延伸，最终在过度关联性的催化下引发银行业系统性风险。

(三) 互联网金融平台与银行业风险溢出方向识别

数据检验及 DCC – GARCH 估计结果表明，互联网金融平台与银行业之间确实存在风险关联性，且相关系数较大，风险贡献度较高。但是目前仍不能确定该关联性的方向，因此第三步要识别风险是否由互联网金融平台溢出至商业银行。BEKK 模型采用 RATS 对参数做出估计，识别互联网金融平台和银行业之间的波动溢出效应方向，具体分为 BEKK 模型估计结果及溢出效应识别的假设检验。结果如表 6.5 所示。

表6.5　　　互联网金融平台和银行业的波动溢出效应识别

BEKK 估计				
B		A	
0.94	0.02	0.356	0.018
(109.6)	(0.27)	(10.31)	(0.13)
0.008	0.976	−0.045	0.199
(1.79)	(187.16)	(−1.69)	(8.313)
溢出效应识别的假设检验			
两者不存在溢出效应：H_0			L = −4167.90
$\beta_{21}=0,\alpha_{21}=0$			LR = 12.07（<0.01）
$\beta_{12}=0,\alpha_{12}=0$			Wald = 24.32（<0.01）
不存在 A 向 B 的溢出效应：H_0			L = −4167.78
$\beta_{12}=0,\alpha_{12}=0$			LR = 0.554（0.73）
^			Wald = 1.53（0.47）
不存在 B 向 A 的溢出效应：H_0			L = −4165.68
$\beta_{21}=0,\alpha_{21}=0$			LR = 15.03（<0.01）
^			Wald = 23.96（<0.01）

注：在 BEKK 估计中，括号里为 t 值；对数似然率 L = −4160.56。

表6.5 中第一部分为不对参数施加限制的 BEKK 模型极大似然估计结果。第二部分是溢出效应识别的检验假设，根据表6.5 的结果可知，原假定为"参数矩阵 A 和 B 的非对角元素均为 0"，也即"两者不存在溢出效应：H_0：$\beta_{21}=0,\alpha_{21}=0$ 和 $\beta_{12}=0,\alpha_{12}=0$"。LR 检验结果和 Wald 检验结果均表明，可以在 1% 的显著性水平上拒绝原假设。该检验再次证明上文中 DCC-GARCH 模型估计结果，也即互联网金融平台与银行业之间存在风险关联性，之后本章将识别风险联动的传染方向。

根据"互联网金融平台不对银行业产生溢出效应"及"银行业不对互联网金融平台产生溢出效应"分别做出假设，即"不存在 A 向 B 的溢出效应：H_0：$\beta_{12}=0,\alpha_{12}=0$"和"不存在 B 向 A 的溢出效应：$H_0$：$\beta_{21}=0,\alpha_{21}=0$"。针对第一个假设，模型的 L 值相对于 BEKK 模型估计结果无显著下降，但 LR 检验和 Wald 检验由于 p 值大于 1%，因此均不能拒绝原假设。针对第二个假设，LR 和 Wald 检验结果 p 值小于 1%，因此拒绝原假设。此外，矩阵 A 和 B 的下三角元素接近 0，t 值不显著，但上三角元素显著性较强，尤其是 β_{12} 在 99% 置信水平上显著不为 0。综合两个假设及相关分析，可以识别出互联网金融平台和银行业之间的风险主要是由互联网金融平台传染至银行业。

互联网金融平台与银行业的风险溢出效应识别从描述数据入手，运用 DCC–GARCH 模型识别互联网金融平台与银行业之间的风险关联性，并运用 BEKK 模型估计参数，识别风险传染方向。结果表明，互联网金融平台与商业银行之间存在过度关联性且风险溢出方向为互联网金融平台至商业银行。

二 互联网金融各业态视角下银行业系统性风险识别

由于互联网金融平台不同业态的发展程度不同，因此下文将互联网金融平台拆分为第三方支付、网络借贷、互联网基金、互联网保险四个业态，分业态识别其与银行业之间的风险联动关系。

（一）数据检验

与前文一样，时间序列数据检验的第一步是对互联网金融平台各项业态的指数收益率进行描述性统计。本章中的描述性统计将互联网金融平台业态的指数与前文中互联网金融平台指数及银行业指数进行对比。具体结果见表 6.6。

表 6.6　　　　　　　　　指数收益率的描述性统计量

	均值	中位数	最大值	最小值	标准差	偏度	峰度	JB 统计
银行指数	0.046	-0.024	7.793	-9.360	1.606	-0.221	9.763	1896.520
互联网金融平台指数	0.079	0.146	6.198	-9.819	2.000	-0.689	5.733	461.364
第三方支付指数	0.099	0.924	9.599	-10.564	3.214	-0.045	5.415	251.8541
网络借贷指数	0.157	0.000	9.562	-10.553	4.090	0.004	3.806	26.8487
互联网基金指数	0.050	0.000	9.617	-13.561	2.975	-0.254	6.387	504.4116
互联网保险指数	0.120	0.031	9.545	-10.540	2.035	0.202	8.000	1097.481

对比银行指数、互联网金融平台指数及互联网金融平台各业态指数的描述性统计量可以看出，由于互联网金融平台市场属于典型的高风险高收益市场，因此互联网金融平台及其各业态的均值、中位数及标准差均高于银行业。这一点尤其体现在网络借贷指数上，网络借贷是金融投资产业中发展最迅速也是风险最高、收益最高的产业，因此其均值为 0.157，中位数为 0.000，标准差为 4.090，各项指标均高于其他业态。从峰度及偏度结果看，银行业、互联网金融平台及各业态偏度均不为 0，峰度均高于 3，均符合金融投资产品"尖峰后尾"特征。Jarque Bera 统计结果显示，各项指数日收益率均呈显著的非正态分布。接下来要对以上日收益率序列分别进行 ADF 检验及 LM 检验，以证明所选取的样本序列是平稳的时间序列且存在 ARCH 效应。检验结果如表 6.7 所示。

表 6.7　　　　　　　平稳性及 ARCH 效应检验结果

	ADF 检验	LM 检验
银行指数	−34.509 (0.000)	5.287 (0.000)
互联网金融平台指数	−30.357 (0.000)	9.401 (0.000)
第三方支付指数	−30.490 (0.000)	8.925 (0.000)
网络借贷指数	−28.028 (0.000)	5.194 (0.000)
互联网基金指数	−30.725 (0.000)	10.295 (0.000)
互联网保险指数	−33.443 (0.000)	7.905 (0.000)

注：括号内为在显著性为 1% 的水平下的 p 值。

从银行业指数、互联网金融平台指数与各业态指数对比的结果可以看出，ADF 检验中六组数据的时间序列均在 1% 水平下拒绝原假设，说明各组资产收益率均为平稳的时间序列数据。类似的，LM 检验中六组数据的时间序列均在1%的显著性水平下拒绝原假设。接下来是 GARCH 模型估计结果和残差检验,具体为 ARCH 系数、GARCH 系数及对残差的 ARCH 检验。检验结果如表 6.8 所示。

表 6.8　　　　　GARCH 模型估计结果和残差检验

	ARCH 系数 α	GARCH 系数 β	$\alpha + \beta$	ARCH 检验
银行指数	0.0853	0.9125	0.9978	0.2573
互联网金融平台指数	0.1028	0.8862	0.9890	0.7118
第三方支付指数	0.0641	0.9312	0.9953	0.3961
网络借贷指数	0.0740	0.9152	0.9892	0.8112
互联网基金指数	0.1610	0.8370	0.9980	0.6007
互联网保险指数	0.0916	0.9032	0.9948	0.9730

所有参数的估计结果均在 1% 的水平下显著,且 ARCH 系数 α 和 GARCH 系数 β 之和接近 1。之后再分别对资产收益率的 $GARCH(1,1)$ 模型残差进行检验,发现残差序列数据已不存在 ARCH 效应,可以进行下一步估计。

(二) 互联网金融平台各业态与银行业风险关联性识别

基本数据检验结束之后是互联网金融平台各业态和银行业风险关联性识别的第二步:运用 DCC - MVGARCH 模型识别银行业与互联网金融平台各业态之间是否存在风险溢出效应及溢出效应程度。首先仍然是对各业态指数进行测度,以避免出现指数时间不匹配而导致的数据重合性较低及数据大量损失等情况。测度结果如表 6.9 所示。

表 6.9　　　　　DCC - MVGARCH 模型估计结果

	α	β	$\alpha + \beta$
银行指数与互联网金融平台指数	0.0309 (0.000)	0.9333 (0.015)	0.9642
银行指数与第三方支付指数	0.0320 (0.000)	0.9521 (0.000)	0.9841

续表

	α	β	$\alpha+\beta$
银行指数与网络借贷指数	0.0120 (0.000)	0.9846 (0.000)	0.9966
银行指数与互联网基金指数	0.0275 (0.000)	0.9319 (0.000)	0.9594
银行指数与互联网保险指数	0.0506 (0.000)	0.9284 (0.000)	0.9790

注：括号里为标准误。

表6.9将互联网金融平台指数与各业态指数进行了对比，$\alpha+\beta$的结果分别为0.9642、0.9841、0.9966、0.9594和0.9790，四个数据均接近1，尤其是网络借贷指数无限逼近1，说明各业态与银行之间的相关性较高，具有长记忆性，且冲击时间较久。第三方支付、网络借贷、互联网基金及互联网保险等各业态与银行业之间的风险接触式传染，不仅冲击了银行业，并且其影响是长时间及持续性的。

模型估计后是测度互联网金融平台各业态与银行业之间的动态相关系数及风险贡献度，图6.2—6.5中上图为动态相关系数，下图为风险贡献度大小。图中1307代表2013年，1407代表2014年，1507代表2015年，1607代表2016年，1707代表2017年。

从四幅图中可以看出，除了互联网保险相关系数较低，其余业态的相关系数均在0.5左右，同上文互联网金融平台与银行业的动态相关系数持平。风险贡献度最高的为网络借贷，最高值达到0.06，第三方支付其次，为0.04，互联网基金和保险较低，最高值分别为0.035和0.025左右。互联网金融平台各业态发展速度较快，产业规模较小，所以与银行相比，风险相关系数及风险贡献度的波动性均较高，总体波动较大。

从四个业态之间的比较可以看出，相关系数最高的仍旧为网络借贷，在0.5至0.6间上下浮动，波动趋势与上文互联网金融平台类似。2013年年初相关性在0.45左右，之后上升至0.57，2013年年中系数一度跌落至0.3，但很快又恢复至0.5的平均水平，2014年间多次重复上述过程，

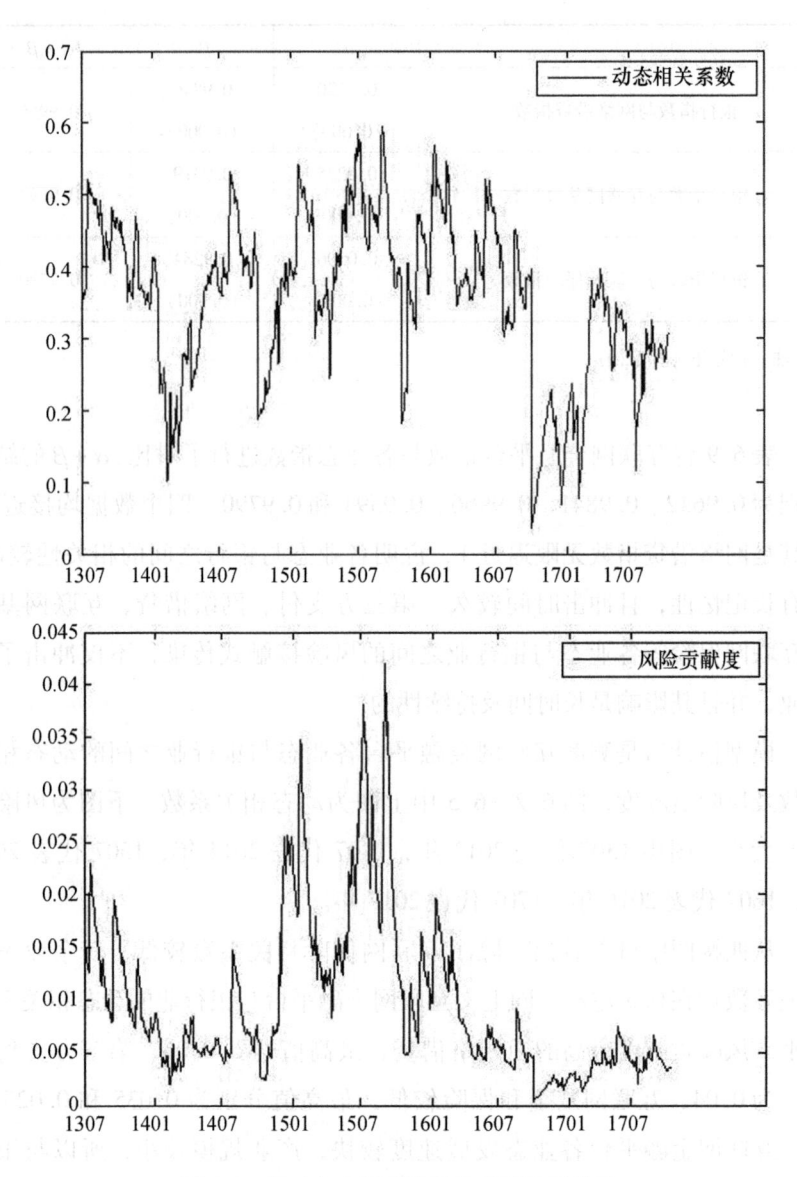

图 6.2 第三方支付风险相关系数及贡献度

直到 2015 年年初，相关系数升高至 0.6，2015 年中又出现频繁波动，直到 2015 年年底时相关系数出现了显著性的下降，2017 年降至最低值 0.1 以下。风险贡献度在 2013 年为 0.04，其后下降，2014 年降至 0.01，之

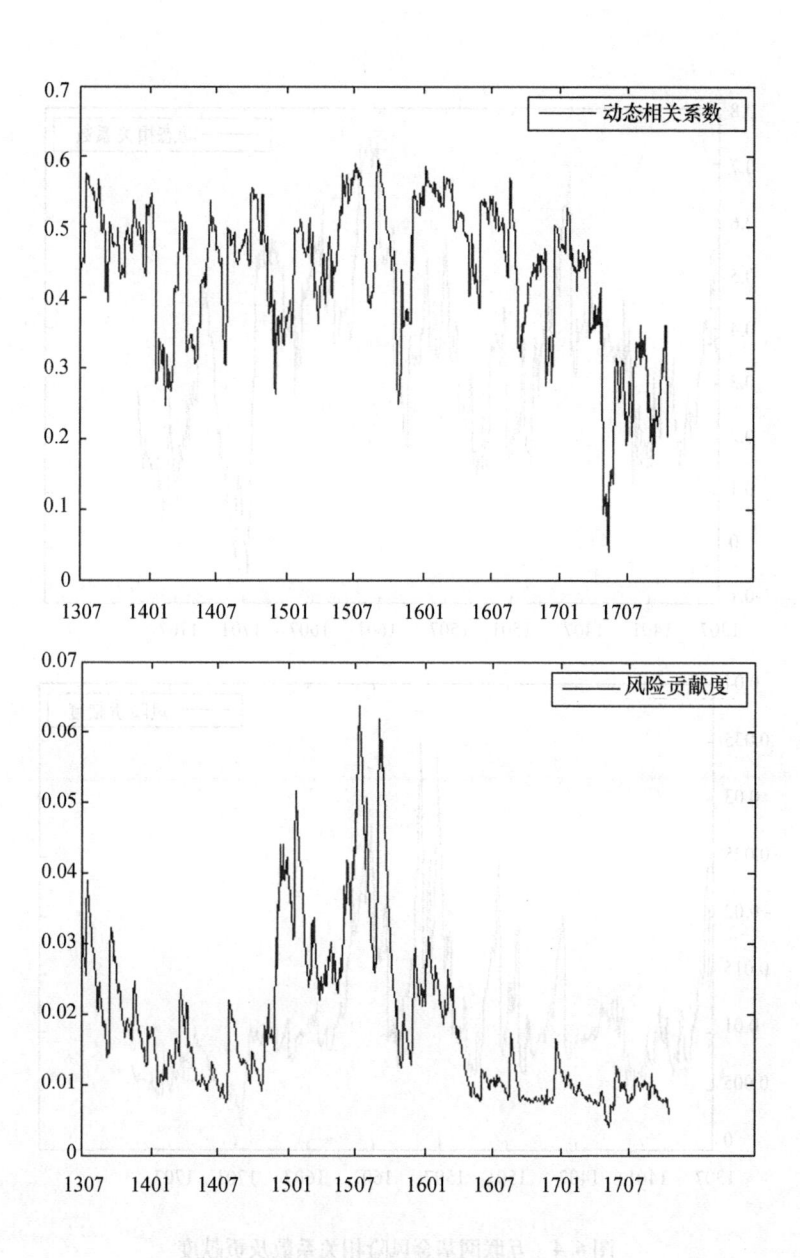

图 6.3　网络借贷风险相关系数及贡献度

后又显著上升,于 2015 年达到最高值 0.06,但很快又出现了大幅度降低,最低值为 0.003。

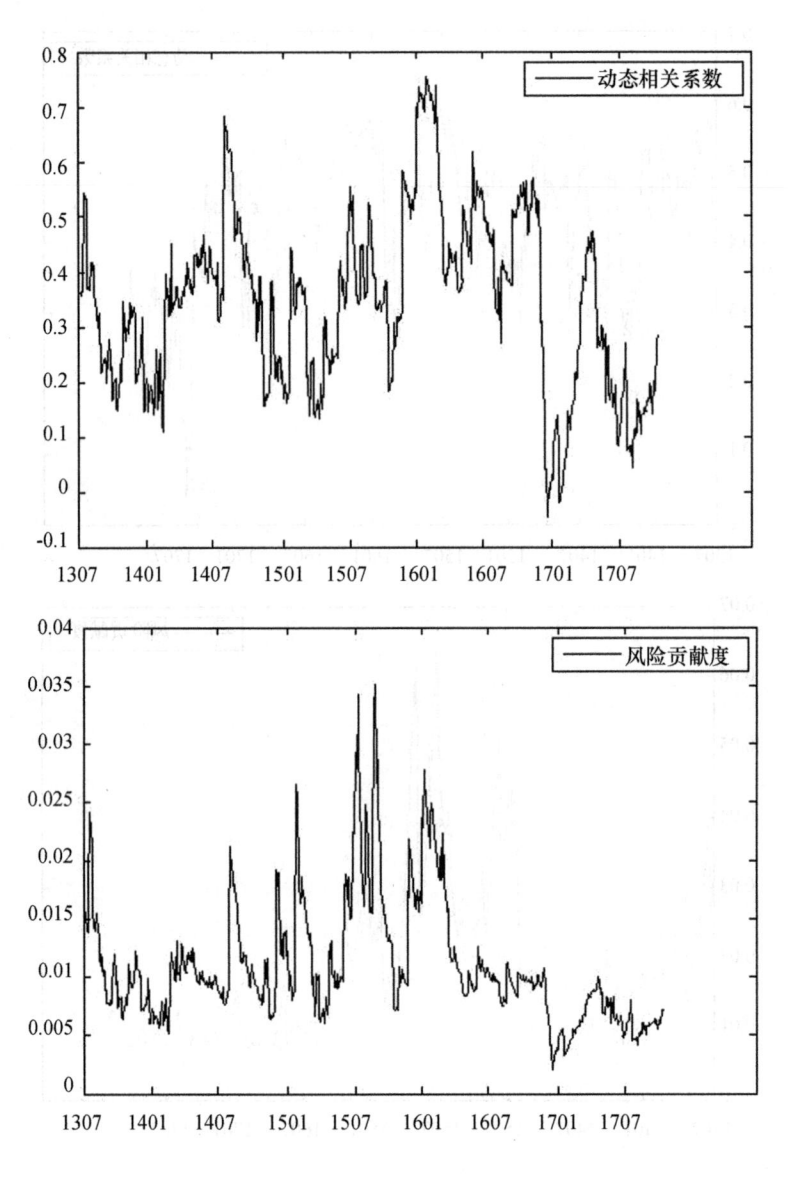

图6.4 互联网基金风险相关系数及贡献度

在其余业态中,相关系数较高的为第三方支付。开始时相关系数为0.5,2013年年中下降到最低值0.1左右,之后开始显著上升,分别在2014年年初及2015年年初达到平均值0.5,之后继续上升,于2015年年

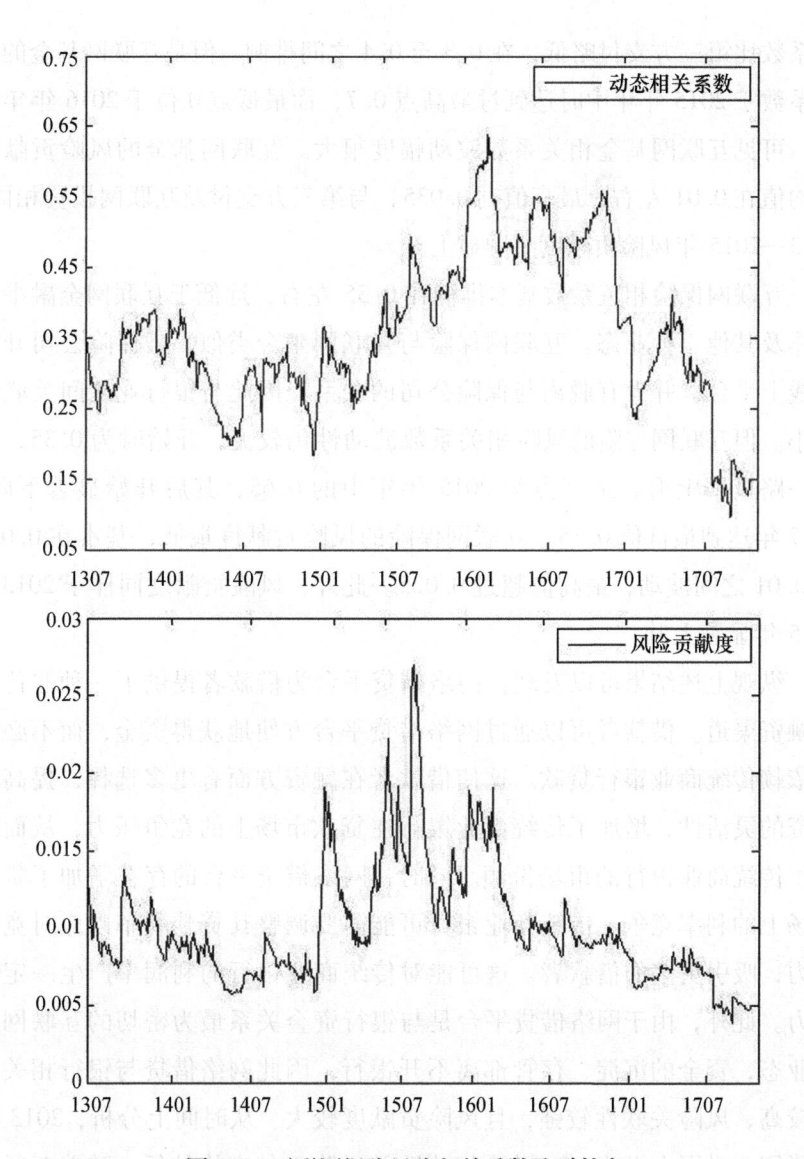

图6.5 互联网保险风险相关系数及贡献度

中时达到相关系数的最高点0.6,此后相关系数就开始逐步下降。风险贡献度与之类似,最高点超过0.04,最低点接近0,从2013年年中至2015年,风险贡献度存在显著的上升趋势。

由于互联网基金更多的是货币投资基金的线上平台,其与银行业资金往来不像互联网投资及第三方支付那样关系密切,因此互联网基金相关系数比第三方支付略低，在 0.3 至 0.4 之间徘徊。但是互联网基金的相关系数于 2015 年年中时达到过最高点 0.7，而最低点 0 位于 2016 年年中时，可见互联网基金相关系数波动幅度很大。互联网基金的风险贡献度平均值在 0.01 左右，最高值到 0.035，与第三方支付及互联网投资相同，2013—2015 年风险贡献度有明显上升。

互联网保险相关系数基本徘徊在 0.35 左右，远低于互联网金融平台整体及其他三种业态。互联网保险与互联网基金类似，是保险公司开设的线上平台，并没有脱离与保险公司的关系，因此与银行业之间关联性较小。但互联网保险的风险相关系数波动性仍较大，开始时为 0.35，之后一路显著上升，最高点为 2015 年年中的 0.65，其后开始显著下降，2017 年达到最低值 0.15。互联网保险的风险贡献度最低，基本在 0.005 至 0.01 之间波动，最高值超过 0.025。此外，风险贡献度同样于 2013—2015 年显著上升。

纵观上述结果可以发现，网络借贷平台为借款者提供了一种非传统的融资渠道。借款者可以通过网络借贷平台方便地获得资金，而不必完全依赖传统商业银行贷款。这使借款者在融资方面有更多选择，提高了融资的灵活性，增加了传统商业银行在贷款市场上的竞争压力，从而减少了传统商业银行的市场份额。同时，网络借贷平台的存在增加了贷款市场上的利率竞争。传统商业银行可能需要调整其贷款利率以应对竞争压力，吸引更多的借款者。这可能对传统商业银行的利润率产生一定的压力。此外，由于网络借贷平台是与银行资金关系最为密切的互联网金融业态，资金的沉淀、存管都离不开银行，因此网络借贷与银行相关程度较高，风险关联性较强，且风险贡献度较大。从时间上分析，2013 年互联网金融平台诞生时，风险相关性及风险贡献度均较低，随着互联网金融平台的野蛮生长，相关系数和贡献度一路上升，在 2015 年达到最高值，之后由于监管部门加强对互联网金融平台的监管，相关性和贡献度出现了下降的趋势。近两年互联网金融平台平稳发展，因此相关系数和贡献度均降至最低值。互联网金融平台的无序发展会通过资金关联渠道加大银行业的脆弱性，并将自身风险传染至银行业，导致银行业债务杠杆加剧，盈利水平显著降低，并在过度关联性的催化下，引发银行风险。

(三) 互联网金融平台各业态与银行业风险溢出方向识别

最后一步是运用 BEKK 模型描述互联网金融平台各业态和银行业之间的波动溢出效应，识别互联网金融平台各业态与银行业之间的风险传染方向，证明风险是由互联网金融平台各业态溢出至商业银行，识别结果如表 6.10 所示。

表 6.10　互联网金融平台各业态与银行业的波动溢出效应识别

网络借贷 BEKK 估计			
B		A	
0.97	0.017	0.24	-0.05
(16.79)	(0.756)	(9.059)	(-0.98)
-0.04	0.93	0.075	0.419
(-1.908)	(13.06)	(5.58)	(13.94)

注：括号里为 t 值；对数似然率 L = -4326.85。

网络借贷溢出效应识别的假设检验	
两者不存在溢出效应：H_0	L = -4319.35
$\beta_{21} = 0, \alpha_{21} = 0$	LR = 29.34 (0.057)
$\beta_{12} = 0, \alpha_{12} = 0$	Wald = 6.176 (<0.019)
不存在 A 向 B 的溢出效应：H_0	L = -4318.44
$\beta_{12} = 0, \alpha_{12} = 0$	LR = 1.424 (0.491)
	Wald = 2.26 (0.32)
不存在 B 向 A 的溢出效应：H_0	L = -4320.19
$\beta_{21} = 0, \alpha_{21} = 0$	LR = 19.48 (0.038)
	Wald = 13.77 (<0.01)

第三方支付 BEKK 估计			
B		A	
0.97	0.092	0.199	-0.039
(73.79)	(0.25)	(6.67)	(-0.46)
-0.114	0.85	0.02	0.163
(-25.71)	(62.75)	(2.629)	(5.035)

注：括号里为 t 值；对数似然率 L = -4287.12。

续表

第三方支付溢出效应识别的假设检验	
两者不存在溢出效应：H_0	L = -4280.37
$\beta_{21}=0, \alpha_{21}=0$	LR = 6.83 （0.13）
$\beta_{12}=0, \alpha_{12}=0$	Wald = 12.53 （<0.01）
不存在 A 向 B 的溢出效应：H_0	L = -4275.49
$\beta_{12}=0, \alpha_{12}=0$	LR = 0.98 （0.67）
	Wald = 1.609 （0.45）
不存在 B 向 A 的溢出效应：H_0	L = -4295.33
$\beta_{21}=0, \alpha_{21}=0$	LR = 6.7 （0.031）
	Wald = 13.57 （<0.01）

互联网基金 BEKK 估计

B		A	
0.968	0.093	0.028	-0.028
(65.12)	(0.25)	(8.39)	(-0.56)
-0.22	0.74	0.037	0.194
(-2.98)	(43.83)	(2.96)	(9.21)

注：括号里为 t 值；对数似然率 L = -4200.49

互联网基金溢出效应识别的假设检验	
两者不存在溢出效应：H_0	L = -4210.49
$\beta_{21}=0, \alpha_{21}=0$	LR = 6.99 （0.17）
$\beta_{12}=0, \alpha_{12}=0$	Wald = 15.44 （<0.01）
不存在 A 向 B 的溢出效应：H_0	L = -4212.53
$\beta_{12}=0, \alpha_{12}=0$	LR = 0.142 （0.93）
	Wald = 0.188 （0.91）
不存在 B 向 A 的溢出效应：H_0	L = -4215.44
$\beta_{21}=0, \alpha_{21}=0$	LR = 33.15 （<0.01）
	Wald = 93.61 （<0.01）

互联网保险 BEKK 估计

B		A	
0.992	-0.027	0.192	0.056
(47.17)	(-1.27)	(2.952)	(1.097)
0.09	0.905	-0.263	0.389
(3.07)	(41.35)	(-3.37)	(8.678)

注：括号里为 t 值；对数似然率 L = -3356.90

第六章 银行业系统性风险识别:互联网金融平台类　193

续表

互联网保险溢出效应识别的假设检验	
两者不存在溢出效应: H_0	L = -3355.18
$\beta_{21} = 0, \alpha_{21} = 0$	LR = 14.00 (<0.01)
$\beta_{12} = 0, \alpha_{12} = 0$	Wald = 24.31 (<0.01)
不存在 A 向 B 的溢出效应: H_0	L = -3358.49
$\beta_{12} = 0, \alpha_{12} = 0$	LR = 2.61 (0.27)
	Wald = 1.53 (0.12)
不存在 B 向 A 的溢出效应: H_0	L = -3359.63
$\beta_{21} = 0, \alpha_{21} = 0$	LR = 12.88 (<0.01)
	Wald = 14.76 (<0.01)

表6.10将互联网金融平台四大业态的 BEKK 结果进行合并,第一部分为各业态的 BEKK 估计,第二部分为溢出效应识别的假设检验。从结果可以看出,每个业态的矩阵 A 和 B 的角元素都十分显著,且波动存在聚类性,参数估计结果满足协方差平稳性条件,特征值之和接近1,说明波动具有高度持续性,且互联网金融平台各业态与银行业之间的波动受自身影响明显。

在溢出效应识别的假设检验中,原假定为"参数矩阵 A 和 B 的非对角元素均为0: H_0: $\beta_{21} = 0$, $\alpha_{21} = 0$ 和 $\beta_{12} = 0$, $\alpha_{12} = 0$"。相对于原来不加限定条件的 BEKK 估计结果,对角 GARCH 模型的 LR 值有了显著性降低,WALD 检验类似,因此可以在1%的显著性水平上拒绝原假设,即识别到互联网金融平台与银行业之间存在风险关联性。但是该关联性无法确定风险方向,因此还要进行下一步假设检验。

假设"不存在 A 向 B 的溢出效应: H_0: $\beta_{12} = 0$, $\alpha_{12} = 0$"和假设"不存在 B 向 A 的溢出效应: H_0: $\beta_{21} = 0$, $\alpha_{21} = 0$"。针对第一个假设,各业态的 L 值均有所降低,但是 LR 检验和 WALD 检验由于 p 值大于1%,不能拒绝原假设。针对第二个假设,各业态 L 值相对于 BEKK 模型几乎没有下降,且 LR 检验和 WALD 检验结果 p 值小于1%,因此拒绝原假设。综合两个假设及相关分析,可以识别出互联网金融平台各业态和银行业之间的风险溢出方向是由互联网金融平台传染至银行业。

第五节 小结

DCC – BEKK – MVGARCH 模型识别了互联网金融平台及各业态与银行业之间的风险关联性以及溢出效应方向。具体而言，首先运用 DCC – MVGARCH 模型分析了互联网金融平台及各业态与银行业之间的风险相关系数和风险贡献度，根据相关系数和贡献度，识别出互联网金融平台及各业态与银行业之间存在风险关联性。之后运用 BEKK 模型，借助假设及参数估计，识别风险溢出效应的方向，验证了风险是由互联网金融平台及各业态传染至银行业。DCC – BEKK – MVGARCH 模型从识别风险关联性和溢出效应方向两个方面证明了互联网金融平台对商业银行的风险溢出效应识别确实存在，风险传染造成的冲击力度大，并且传染效应持久，由此可知互联网金融平台的无序发展的确会对银行业造成巨大影响。

第七章

银行业系统性风险识别：
金融科技平台类

随着数字经济的深化发展和新冠疫情的持续暴发，"无接触"金融服务需求逐渐增大，商业银行的运营体系和产品服务开始转型。近年来，科学技术与银行业互相促进，包含"人工智能、大数据分析、区块链、云计算、机器学习"的金融形态打破了既有金融市场的稳定和秩序。[1] 现有的商业银行运行系统无法与数字经济发展趋势相适应，银行业产品服务难以与客户的需求相匹配，数字金融平台的快速发展暴露了银行系统性风险防范的冲突与协调问题，因此本章将以金融科技平台为例，对平台金融视角下银行业系统性风险进行识别。

第一节 模型设定

本章将金融科技平台出现后的银行盈利水平设定为实验组，出现之前的作为对照组。如果只使用实验组的数据结果，将无法厘清股价的变化是由于金融科技平台出现还是由其他因素导致。但如果确实存在风险生成，且是由于金融科技平台的影响，那么实验组银行在金融科技平台出现前后的变化会和对照组之间存在显著差异。因此，可以通过检验这个差异的结果来识别是否产生了溢出效应。在金融科技平台出现之前，我们观测到的实验组被解释变量为 P_1，出现之后为 P_2。并用虚拟变量对

---

[1] 左丽华：《数字金融对商业银行效率和系统性风险影响研究》，博士学位论文，北京交通大学，2022 年，第 123 页。

样本进行分组，变量 treat 用以区分实验组与对照组，treat 为 1 代表实验组，为 0 代表对照组；year 代表金融科技平台出现时间的先后，year 为 1 代表出现后，为 0 代表出现前。具体模型设置为：

$$BANKPROFIT_{i,t} = \beta_0 + \beta_1 treat_{it} \cdot IFTIME_{i,t} + \beta_t \\ + \beta_i + \beta_2 CONTROL + K + \varepsilon_{i,t} \quad (7.1)$$

其中，i 代表给定的银行，t 代表给定的时间。$BANKPROFIT_{i,t}$ 为银行 i 在给定 t 时的被解释变量，即商业银行盈利水平。β_i 为各家银行的固定效应，β_t 为时间的固定效应，K 为常数，$\varepsilon_{i,t}$ 为误差项，$treat_{it} \cdot IFTIME_{i,t}$ 为交叉项，β_1 为"政策效应系数"，即金融科技平台对银行是否产生冲击及冲击效果。$CONTROL$ 为控制变量，β_2 为控制变量系数。

第二节 指标选取

本章主要探究金融科技平台出现前后商业银行盈利水平的变化，因此解释变量和被解释变量均为商业银行盈利水平。商业银行盈利水平可以通过市场数据和经营数据表现，但股票价格是时变的，相比于资产负债表的季度数据，能更好地反映银行实时盈利水平。因此本章采用国内最早上市的 16 家上市银行的股票价格作为银行盈利水平替代指标。

关于金融科技平台的相关变量，研究界一直存在争议，目前仍没有准确的定义和指标可供参考。部分研究者运用金融科技平台相关词语出现频率，结合搜索频率构建金融科技平台指数，也有部分研究者运用第三方互联网支付和移动支付规模加权平均构建第三方支付指数。本书以"上市银行名称+金融科技平台"为标题，搜索其在中国重要报纸全文数据库中出现的日期（见表 7.1），将该日期近似的作为金融科技平台对该上市银行产生影响的时间，确定该时间前后上市银行的股票价格，将 16 家上市银行两两分组。由于出现金融科技平台的日期存在时间差，因此将差额时间段内股票价格的变化作为对照组数据，金融科技平台出现后的股票价格变化作为实验组数据，通过实验对比识别溢出效应是否存在。

表7.1   "上市银行名称+金融科技平台"新闻出现时间

排序	证券代码	证券简称	出现时间
1	601328.SH	交通银行	2015.09.10
2	601288.SH	农业银行	2015.11.29
3	600015.SH	华夏银行	2016.02.01
4	000001.SZ	平安银行	2016.02.06
5	601818.SH	光大银行	2016.02.06
6	600000.SH	浦发银行	2016.08.09
7	601398.SH	工商银行	2016.08.12
8	601939.SH	建设银行	2016.08.29
9	600016.SH	民生银行	2016.12.24
10	601998.SH	中信银行	2017.01.24
11	601169.SH	北京银行	2017.02.20
12	601988.SH	中国银行	2017.03.11
13	601166.SH	兴业银行	2017.05.26
14	601009.SH	南京银行	2017.08.26
15	600036.SH	招商银行	2017.09.22
16	002142.SZ	宁波银行	2018.04.24

考虑到盈利指标之间的简单对照并不能说明金融科技平台的出现对于商业银行盈利水平产生了冲击,因此本书根据前人文献,[1] 设置了控制变量。一是部分上市银行市场数据:成交金额、换手率、市销率、总市值。二是部分上市银行经营数据:资本充足率、不良贷款率、净资产收益率。三是部分宏观经济数据:沪深300指数、金融行业风险系数、金融行业生产总值等,用以控制上市银行本身、资本市场变化以及宏观经济形势变化导致的银行股票价格波动,以确保模型的准确性(见表7.2)。

---

[1] 陈一洪:《中国城市商业银行盈利能力影响因素分析——基于50家商业银行的微观数据》,《统计与信息论坛》2017年第3期。

表 7.2　　　　　　　　　　　　相关变量说明

指标分类	变量名称	定义	依据
被解释变量及解释变量	P	上市银行日开盘价	盈利水平
控制变量 上市银行市场数据	VOT	成交金额	市场行情
	TOR	换手率	
	PS	市销率	
	SIZE	总市值	
上市银行经营数据	CAR	资本充足率	经营水平
	NPL	不良贷款率	
	ROE	净资产收益率	
宏观经济数据	INDEX	沪深 300 指数	市场环境
	beta	金融行业风险系数	
	GDP	金融行业生产总值	

除了解释变量和被解释变量，模型控制变量总共分为三个层次，包括上市银行所处的金融市场行情、银行自身经营水平和宏观经济市场环境。

成交金额为上市银行股每日的成交量与成交价格的乘积，其变化反映了资金进出市场的情况，是判断市场走势的重要指标。成交金额既取决于投资者的投资热情，也取决于投资者对该股票的熟悉程度。换手率也称"周转率"，指在一定时间内市场中股票转手买卖的频率。换手率等于某一段时期内的成交量与发行总股数的比值，换手率高，意味着该只股票的交易和投资活跃，投资者的购买意愿高。

市销率等于总市值与主营业务收入的比值，市销率越低，说明该公司股票目前的投资价值越大。市销率在国内证券市场被用来剔除那些市盈率很低，但依靠非经常性损益而增加利润的股票，其也可以算是市盈率的替代指标。总市值是指特定时间内总股本数乘以当时股价得出的股票总价值，体现公司的资产规模。上述三项指标属于股票的市场数据，表明上市银行股票的市场行情，可以很好地解释股价的变化。

资本充足率是银行资本总额与其风险加权资产的比率，是保证银行等金融机构正常运营和发展所必需的资本比率，资本充足率较高的银行抗风险能力较强。不良贷款率是指金融机构不良贷款占贷款余额的比重，也是银行业最大的风险所在。净资产收益率是上市公司税后利润除以净资产得到的百分比，用以衡量公司资本运营的效率。上述三项指标是银行的经营数据，表明银行资本缓冲水平、风险状况及经营水平，也是描述上市银行经营的重要指标。

沪深300指数是由沪、深证券交易所联合发布的，能够作为投资业绩评价标准，并反映国内证券市场股票价格变动概貌和运行状况的指数。金融行业风险系数是测度证券系统性风险的工具，用以度量证券或证券投资组合相对总体市场的波动性。金融行业生产总值属于宏观经济指标，指代金融业对国内生产总值的贡献度。这三项指标表征银行运行外部经济环境的变化，属于宏观金融指标。

本书所需的数据主要来自Wind数据库，部分数据来自国泰安CSMAR数据库及同花顺数据库。

第三节 结果分析

一 变量描述性统计

变量描述性统计见表7.3。

表7.3 变量描述性统计

变量	平均数	标准差	最小值	最大值
P	5.63	3.66	0.69	24.66
VOT	11.22	11.79	0	14.83
TOR	1.01	1.81	0.00	85.46
PS	4.45	4.07	1.05	41.91
INDEX	2157	617.82	1445	4528
CAR	12.12	2.09	3.88	30.67
NPL	1.26	1.15	0.34	23.57
SIZE	15.28	15.52	11.20	17.00
GDP	8.16	1.15	4.93	10.51
ROE	38.03	7.08	4.23	58.79
beta	0.87	0.29	0.29	2.08

经过上述筛选，得到上市银行研究时间段内间断数据样本。由表7.3可知，各变量平均数、标准差、最大值、最小值存在较大差异。其中开盘价 P 和净资产收益率 ROE 的单位为元，成交金额 VOT 和总市值 SIZE 为取对数后结果，市销率的单位为倍，沪深300指数基期为1000，剩下的指标单位均为百分比。

开盘价 P 是指股票的交易价格，其中最大值为24.66元，最小值仅为0.69元。虽然同为上市银行，但是股票价格的差距仍较大，可能与银行自身经营状况及规模大小相关。数据中成交金额 VOT 最高为2746512万元，平均值为74896.66万元。表中换手率 TOR 最高为85.46，平均值为1.01，不同上市银行的换手率差距较大。市销率 PS 最高为41.91倍，最低仅为1.05倍。总市值 SIZE 最高为2400万亿元，平均值为432万亿元。

上市银行资本充足率 CAR 均值为12.12%，高于监管水平8%，即存在一定水平的资本缓冲，其中 CAR 最小值为平安银行3.88%，最大值为南京银行30.67%。不良贷款率 NPL 较高意味着风险较大。国际通行标准认为，金融机构 NPL 警戒线为10%。16家上市银行 NPL 均值为1.26%，其中最大值为农业银行的23.57%，最小值为兴业银行的0.34%。从净资产收益率 ROE 可以看出股票收益的质量水平，最高银行为每股收益58.79元，最低银行仅为4.23元，不同上市银行收益率存在较大幅度的波动。

在市场环境方面，沪深300指数 INDEX 以调整股本为权重，采用排序加权综合价格指数公式进行计算，数据中最高点为4528，最低点为1445，指数标准差较大，可知沪深300指数波动幅度较大。金融行业风险系数 beta 波动幅度较小，最高值为2.08。金融行业生产总值 GDP 表明市场环境，最小值为4.93%，最大值为10.51%，波动幅度较小，均值为8.16%。

二 平行趋势假设检验

由于不同组间样本在金融科技平台出现之前可能存在"事前差异"，继而导致金融科技平台对各家银行造成的冲击存在有偏估计，难以保证实验组和对照组在样本分配上的完全随机，因此我们需要进行平行趋势假设（见图7.1）。为缓解异常值的影响，本章对所有连续变量按照1%的标准进行 Winsorize 处理。

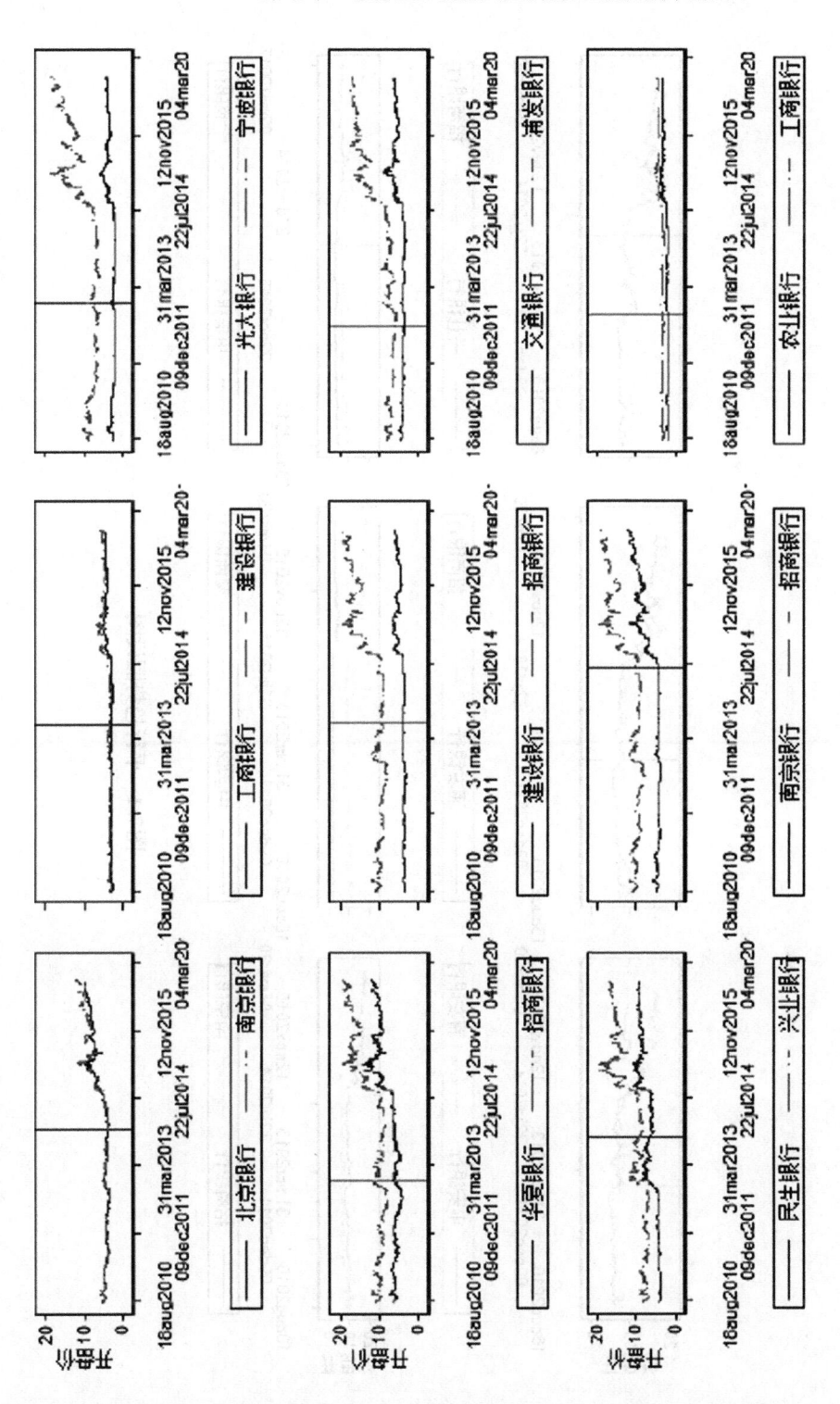

第七章 银行业系统性风险识别:金融科技平台类 201

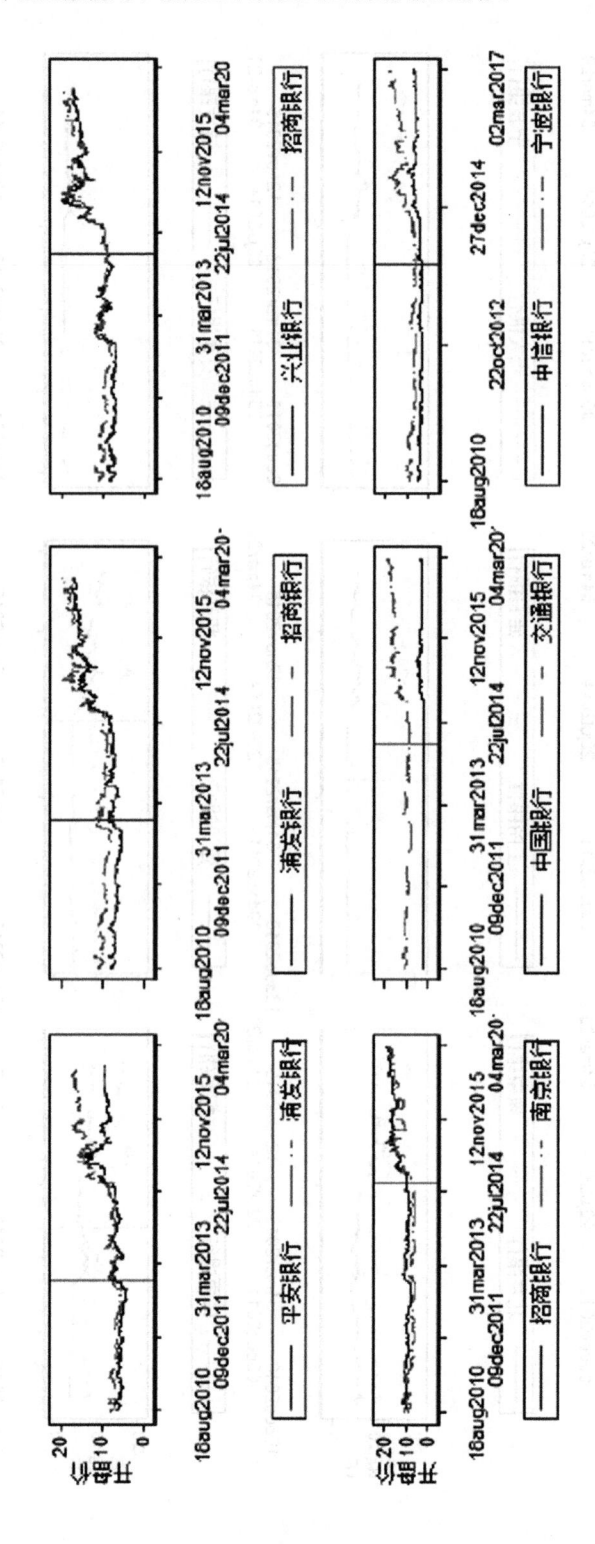

图7.1 平行趋势假设图

为保证结果的准确性,上市银行不区分类型,两两一组随机分配,根据配对情况,去掉违背假设的组合。每家银行均与其余 15 家银行进行比较,并选取最符合平行趋势的组合。例如,根据配对情况,交通银行与浦发银行在金融科技平台出现之前保持平行,出现后,趋势相互背离。而交通银行金融科技平台新闻出现时间为 2015 年 9 月 10 日,浦发银行新闻出现时间为 2016 年 8 月 9 日,二者时间差将近一年。这段时间里,交通银行已经受到金融科技平台的影响,而浦发银行还没有,因此金融科技平台对于交通银行盈利的影响会反映在该年的股票价格中。以此类推,在符合平行趋势假设的前提下,以 2015 年 9 月 10 日作为金融科技平台开始冲击商业银行的时间节点,16 家银行均在 2015 年至 2019 年期间与金融科技平台产生联系,每一家银行分别与其他银行配对。宁波银行是最后一家出现金融科技平台的上市银行,因此只作为对照组(见表 7.4)。

表 7.4　　　　　　　　　银行分组汇总

北京 2017.02.20；南京 2017.08.26	工商 2016.08.12；建设 2016.08.29	光大 2016.02.06；宁波 2018.04.24	华夏 2016.02.01；招商 2017.09.22	建设 2016.08.29；招商 2017.09.22
交通 2015.09.10；浦发 2016.08.09	民生 2016.12.24；兴业 2017.05.26	南京 2017.08.26；招商 2017.09.22	农业 2015.11.29；工商 2016.08.12	平安 2016.02.06；浦发 2016.08.09
浦发 2016.08.09；招商 2017.09.22	兴业 2017.05.26；招商 2016.08.29	招商 2017.09.22；南京 2018.04.24	中国 2017.03.11；交通 2015.09.10	中信 2017.01.24；宁波 2018.04.24

三　金融科技平台视角下银行业系统性风险识别

OSL 检验和稳健性检验见表 7.5 和表 7.6。

表 7.5　　　　　　　　　　OLS 检验

	北京：南京	工商：建设	光大：宁波	华夏：招商	建设：招商
id	0.119 ***	-0.322 ***	-5.150 ***	-3.994 ***	-6.230 ***
	(0.0209)	(0.00864)	(0.0737)	(0.0438)	(0.0325)
timeid	-0.247 ***	0.133 ***	0.403 ***	-0.101 **	-0.522 ***
	(0.0406)	(0.0454)	(0.0757)	(0.0492)	(0.0450)

续表

	交通：浦发	民生：兴业	南京：招商	农业：工商	平安：浦发
c.id#c.tim~d	-0.197***	-0.173***	-0.293***	-0.330***	-0.529***
	(0.0573)	(0.0660)	(0.107)	(0.0694)	(0.0633)
_cons	4.228***	3.499***	7.756***	9.643***	9.730***
	(0.0148)	(0.00613)	(0.0522)	(0.0310)	(0.0230)
id	-2.891***	-3.259***	-5.397***	-1.153***	-1.155***
	(0.0366)	(0.0646)	(0.0315)	(0.00604)	(0.0396)
timeid	0.0565	0.309**	0.267	0.137***	0.595***
	(0.0468)	(0.137)	(0.164)	(0.00885)	(0.0674)
c.id#c.tim~d	-0.280***	-0.581***	-0.0593	-0.0499***	0.505***
	(0.0661)	(0.193)	(0.229)	(0.0125)	(0.0951)
_cons	6.780***	8.258***	9.596***	3.145***	6.679***
	(0.0259)	(0.0458)	(0.0223)	(0.00429)	(0.0281)
	浦发：招商	兴业：招商	招商：南京	中国：交通	中信：宁波
id	-2.953***	-1.328***	2.111***	-7.363***	-3.818***
	(0.0415)	(0.0489)	(0.0526)	(0.0298)	(0.0623)
timeid	-0.535***	-0.178	3.540***	-0.531***	1.390***
	(0.0563)	(0.119)	(0.107)	(0.0570)	(0.0848)
c.id#c.tim~d	-1.396***	-1.226***	-0.495***	-0.547***	-0.815***
	(0.0793)	(0.168)	(0.150)	(0.0805)	(0.124)
_cons	9.752***	9.616***	7.495***	9.664***	7.575***
	(0.0294)	(0.0347)	(0.0372)	(0.0211)	(0.0442)

注：括号内为标准误；***、**、*分别表示在1%、5%、10%的水平上显著。

表7.6　　　　　　　　　稳健 OLS 检验

	北京：南京	工商：建设	光大：宁波	华夏：招商	建设：招商
id	0.119***	-0.322***	-5.150***	-3.994***	-6.230***
	(0.0220)	(0.00874)	(0.0446)	(0.0479)	(0.0361)
timeid	-0.247***	0.133***	0.403***	-0.101*	-0.522***
	(0.0219)	(0.0110)	(0.105)	(0.0551)	(0.0474)
c.id#c.tim~d	-0.197***	-0.173***	-0.293***	-0.330***	-0.529***
	(0.0365)	(0.0630)	(0.111)	(0.0660)	(0.0491)
_cons	4.228***	3.499***	7.756***	9.643***	9.730***
	(0.0142)	(0.00717)	(0.0422)	(0.0401)	(0.0354)

续表

	交通：浦发	民生：兴业	南京：招商	农业：工商	平安：浦发
id	-2.891***	-3.259***	-5.397***	-1.153***	-1.155***
	(0.0315)	(0.0683)	(0.0319)	(0.00617)	(0.0381)
timeid	0.0565	0.309***	0.267***	0.137***	0.595***
	(0.0728)	(0.0582)	(0.0381)	(0.00853)	(0.0705)
c.id#c.tim~d	-0.280***	-0.581***	-0.0593	-0.0499***	0.505***
	(0.0765)	(0.0803)	(0.0443)	(0.0121)	(0.108)
_cons	6.780***	8.258***	9.596***	3.145***	6.679***
	(0.0289)	(0.0451)	(0.0292)	(0.00554)	(0.0312)
	浦发：招商	兴业：招商	招商：南京	中国：交通	中信：宁波
id	-2.953***	-1.328***	2.111***	-7.363***	-3.818***
	(0.0460)	(0.0505)	(0.0415)	(0.0312)	(0.0378)
timeid	-0.535***	-0.178***	3.540***	-0.531***	1.390***
	(0.0470)	(0.0668)	(0.195)	(0.0594)	(0.155)
c.id#c.tim~d	-1.396***	-1.226***	-0.495***	-0.547***	-0.815***
	(0.0626)	(0.0962)	(0.274)	(0.0604)	(0.120)
_cons	9.752***	9.616***	7.495***	9.664***	7.575***
	(0.0361)	(0.0307)	(0.0302)	(0.0310)	(0.0348)

注：括号内为标准误；***、**、*分别表示在1%、5%、10%的水平上显著。

对比 OLS 检验和稳健 OLS 检验中的 15 组数据可以发现，与平行趋势假设一致，两家银行在金融科技平台出现之前股价走势一致，但是在金融科技平台出现之后，股价走势出现了明显的差别。例如，北京银行在 2017 年 2 月 20 日时第一次与金融科技平台产生联系，南京银行在大约半年后与金融科技平台产生联系，半年间北京银行股价下跌了 0.197 元。说明金融科技平台的发展对北京银行产生了显著的风险溢出效应，模型识别出金融科技平台视角下银行业系统性风险存在。

同理，工商银行在金融科技平台出现之前股价波动与建设银行相同，但是金融科技平台出现之后，二者波动幅度出现了差别，且工商银行的股票价格下跌了 0.173 元，说明金融科技平台的发展对工商银行造成了冲击，且效果显著。从光大银行和宁波银行的对比可以发现，2016 年至

2018年这段时间内,光大银行的股价下跌了0.293元,说明金融科技平台的发展对于光大银行的股价造成了显著的风险溢出效应。

华夏银行的股价下跌了0.330元,说明金融科技平台的发展对华夏银行产生了负向影响,且影响效果显著。建设银行在与金融科技平台产生联系之后,股价下跌了0.529元。对比平行趋势图可以看出,建设银行与招商银行开始时趋势一致,但在金融科技平台出现以后,逐渐分离,可以说金融科技平台的出现对建设银行的股价造成了显著的负向影响。

其余的,交通银行的股价下跌了0.280元,民生银行股价下跌了0.581元,农业银行的股价下跌了0.0499元,浦发银行股价下跌了1.396元,兴业银行股价下跌了1.226元,招商银行股价下跌了0.495元。此外,中信银行和中国银行在金融科技平台出现之后,股价分别下跌了0.815元和0.547元。说明金融科技平台的发展对上述各家银行均呈现显著的负面影响,且影响效果显著。

平安银行与其他银行不同,其在金融科技平台出现后,股价上涨了0.505元,而南京银行作为城商行,在2017年8月第一次与金融科技平台产生联系。尽管南京银行和招商银行满足平行趋势假设,但其结果并不显著,且t值较低,不具备较强说服力。

四 金融科技平台视角下银行业系统性风险识别稳健性检验

表7.7　　　　　　　　加入控制变量的OLS检验

	北京:南京	工商:建设	光大:宁波	华夏:招商	建设:招商
id	−0.346 ***	−0.776 ***	−8.219 ***	−1.795 ***	−9.451 ***
	(0.0641)	(0.0223)	(0.158)	(0.166)	(0.194)
$timeid$	0.349 ***	0.0699 **	0.258 ***	0.440 ***	−0.423 ***
	(0.0356)	(0.0320)	(0.0762)	(0.0684)	(0.0651)
$c.id\#c.timeid$	−0.256 ***	−0.493 ***	−0.852 ***	−0.233 ***	−0.274 ***
	(0.0399)	(0.0451)	(0.0762)	(0.0574)	(0.0696)
VOT	$9.80e^{-06}$ ***	$3.73e^{-07}$ ***	$-1.58e^{-06}$ ***	$2.88e^{-06}$ ***	$4.06e^{-06}$ ***
	($6.62e^{-07}$)	($1.44e^{-07}$)	($2.47e^{-07}$)	($4.14e^{-07}$)	($2.68e^{-07}$)

续表

	北京：南京	工商：建设	光大：宁波	华夏：招商	建设：招商
TOR	−0.227***	−0.00357**	0.0437***	−0.247***	−0.0672***
	(0.0277)	(0.00180)	(0.00596)	(0.0540)	(0.00481)
PS	0.172***	−0.0143*	0.267***	0.656***	0.128***
	(0.0145)	(0.00771)	(0.0190)	(0.0375)	(0.0252)
INDEX	0.000559***	0.000635***	0.00207***	0.00219***	0.00176***
	($5.45e^{-05}$)	($2.59e^{-05}$)	($6.17e^{-05}$)	($9.48e^{-05}$)	($8.86e^{-05}$)
NPL	0.0510***	−0.00660	−0.0890***	0.0976***	−0.0296
	(0.00604)	(0.0104)	(0.0168)	(0.0173)	(0.0251)
CAR	0.201*	0.101	−1.838***	−0.734***	0.596***
	(0.107)	(0.107)	(0.171)	(0.195)	(0.157)
SIZE	$6.96e^{-07}$***	$1.36e^{-07}$***	$1.84e^{-06}$***	$6.65e^{-07}$***	$3.19e^{-07}$***
	($7.11e^{-08}$)	($7.69e^{-09}$)	($9.13e^{-08}$)	($6.31e^{-08}$)	($1.87e^{-08}$)
beta	−0.00541***	0.00120	−0.0257***	−0.0358***	−0.0222***
	(0.000795)	(0.00120)	(0.00252)	(0.00209)	(0.00182)
ROE	0.00365***	0.00238***	−0.000555	0.00950***	0.00163
	(0.00116)	(0.000532)	(0.00232)	(0.00177)	(0.00161)
GDP	0.933***	0.0456	0.418***	−0.172	0.541***
	(0.0543)	(0.0358)	(0.0677)	(0.124)	(0.101)
Constant	0.497***	0.131	4.077***	0.389	3.874***
	(0.174)	(0.267)	(0.246)	(0.328)	(0.320)
	交通：浦发	民生：兴业	南京：招商	农业：工商	平安：浦发
id	−2.986***	−2.729***	−4.708***	−0.295***	0.682***
	(0.112)	(0.0593)	(0.158)	(0.0290)	(0.0889)
timeid	0.228***	−0.689***	0.401***	0.137***	0.401***
	(0.0340)	(0.0698)	(0.114)	(0.0133)	(0.0506)
c.id#c.timeid	−0.524***	−0.679***	−0.0345	−0.0253***	0.134**
	(0.0458)	(0.0658)	(0.154)	(0.0118)	(0.0594)
VOT	$1.77e^{-05}$***	$1.06e^{-05}$***	$6.41e^{-06}$***	$1.46e^{-07}$	$4.04e^{-06}$***
	($1.13e^{-06}$)	($5.98e^{-07}$)	($3.14e^{-07}$)	($9.61e^{-08}$)	($3.55e^{-07}$)
TOR	−2.594***	−2.037***	−0.169***	−0.00524	−0.236***
	(0.172)	(0.110)	(0.0344)	(0.00474)	(0.0329)

续表

	交通：浦发	民生：兴业	南京：招商	农业：工商	平安：浦发
PS	0.842***	1.535***	0.0361	0.315***	0.670***
	(0.0343)	(0.0508)	(0.0231)	(0.0152)	(0.0281)
INDEX	$2.12e^{-05}$	$9.82e^{-05}$	0.00121^{***}	0.000133^{***}	0.00129^{***}
	$(6.30e^{-05})$	$(9.89e^{-05})$	$(9.98e^{-05})$	$(1.95e^{-05})$	$(7.66e^{-05})$
NPL	-0.0941***	0.216***	-0.0389***	0.121***	-0.169***
	(0.0125)	(0.0329)	(0.0117)	(0.00726)	(0.0214)
CAR	-0.713***	1.180***	0.0828	-0.322***	0.419***
	(0.105)	(0.199)	(0.175)	(0.0228)	(0.100)
SIZE	$1.72e^{-07***}$	$2.02e^{-06***}$	$6.03e^{-08}$	$7.29e^{-08***}$	$1.24e^{-06***}$
	$(5.06e^{-08})$	$(5.45e^{-08})$	$(4.13e^{-08})$	$(4.75e^{-09})$	$(5.53e^{-08})$
beta	-0.0368***	0.00250**	-0.00657***	$8.05e^{-06}$	-0.00234**
	(0.00296)	(0.00119)	(0.00133)	(0.000462)	(0.00101)
ROE	-0.00814***	0.00693***	0.00281	-0.00084***	-0.00315**
	(0.00132)	(0.00153)	(0.00191)	(0.000322)	(0.00160)
GDP	0.672***	1.828***	1.251***	-0.0452	-0.0628
	(0.0811)	(0.127)	(0.122)	(0.0326)	(0.128)
Constant	6.004***	-6.050***	5.511***	-0.620***	-0.0545
	(0.315)	(0.514)	(0.276)	(0.130)	(0.413)
	浦发：招商	兴业：招商	招商：南京	中国：交通	中信：宁波
id	-2.133***	0.0240	0.605***	-10.06***	-4.502***
	(0.0336)	(0.0431)	(0.142)	(0.164)	(0.111)
timeid	-0.629***	-0.766***	0.412***	0.0170	0.681***
	(0.0530)	(0.0837)	(0.0796)	(0.0635)	(0.0463)
c.id#c.timeid	-1.457***	-1.040***	-0.967***	-0.607***	-0.344***
	(0.0541)	(0.0956)	(0.0968)	(0.0638)	(0.0828)
VOT	$8.45e^{-06***}$	$2.41e^{-05***}$	$1.48e^{-06***}$	$2.34e^{-05***}$	$2.04e^{-07}$
	$(6.60e^{-07})$	$(9.85e^{-07})$	$(1.68e^{-07})$	$(1.48e^{-06})$	$(4.25e^{-07})$
TOR	-1.428***	-4.319***	0.0644**	-5.051***	0.534***
	(0.114)	(0.184)	(0.0287)	(0.352)	(0.0249)
PS	0.536***	0.721***	0.201***	0.636***	0.298***
	(0.0384)	(0.0515)	(0.0168)	(0.0300)	(0.0134)

续表

	浦发：招商	兴业：招商	招商：南京	中国：交通	中信：宁波
INDEX	0.00170 ***	0.000527 ***	0.00282 ***	0.000516 ***	0.00163 ***
	(9.59e^{-05})	(0.000126)	(6.11e^{-05})	(7.06e^{-05})	(4.43e^{-05})
NPL	-0.183 ***	0.192 ***	-0.0832 ***	0.0339	-0.0426 ***
	(0.0204)	(0.0396)	(0.0113)	(0.0211)	(0.00884)
CAR	0.511 ***	-0.568 ***	0.377 **	0.143	-0.179
	(0.147)	(0.175)	(0.160)	(0.112)	(0.121)
SIZE	7.66e^{-07} ***	1.10e^{-06} ***	4.26e^{-07} ***	2.57e^{-07} ***	4.68e^{-07} ***
	(4.62e^{-08})	(6.23e^{-08})	(3.71e^{-08})	(1.54e^{-08})	(4.23e^{-08})
beta	-0.0313 ***	-0.00990 ***	-0.0369 ***	-0.0323 ***	-0.0172 ***
	(0.00185)	(0.00123)	(0.00152)	(0.00171)	(0.00183)
ROE	0.00540 ***	0.00150	0.00621 ***	-0.00731 ***	0.00170
	(0.00160)	(0.00200)	(0.00182)	(0.00143)	(0.00176)
GDP	0.995 ***	2.442 ***	0.619 ***	0.962 ***	0.239 ***
	(0.101)	(0.129)	(0.0643)	(0.0774)	(0.0509)
Constant	3.197 ***	-1.208 *	1.285 ***	5.411 ***	3.050 ***
	(0.338)	(0.674)	(0.213)	(0.342)	(0.203)

注：括号内为标准误；***、**、*分别表示在1%、5%、10%的水平上显著。

表7.8　　　　　　　　加入控制变量的稳健 OLS 检验

	北京：南京	工商：建设	光大：宁波	华夏：招商	建设：招商
id	-0.346 ***	-0.776 ***	-8.219 ***	-1.795 ***	-9.451 ***
	(0.0649)	(0.0200)	(0.236)	(0.160)	(0.209)
timeid	0.349 ***	0.0699 ***	0.258 ***	0.440 ***	-0.423 ***
	(0.0392)	(0.0116)	(0.0956)	(0.0905)	(0.0601)
c.id#c.timeid	-0.256 ***	-0.493 ***	-0.852 ***	-0.233 ***	-0.274 ***
	(0.0389)	(0.0441)	(0.0628)	(0.0695)	(0.0676)
VOT	9.80e^{-06} ***	3.73e^{-07} ***	-1.58e^{-06} ***	2.88e^{-06} ***	4.06e^{-06} ***
	(8.92e^{-07})	(1.21e^{-07})	(3.90e^{-07})	(6.36e^{-07})	(5.00e^{-07})
TOR	-0.227 ***	-0.00357 **	0.0437 **	-0.247 ***	-0.0672 ***
	(0.0328)	(0.00178)	(0.0200)	(0.0560)	(0.0235)

续表

	北京：南京	工商：建设	光大：宁波	华夏：招商	建设：招商
PS	0.172***	-0.0143*	0.267***	0.656***	0.128***
	(0.0155)	(0.00824)	(0.0328)	(0.0345)	(0.0414)
INDEX	0.000559***	0.000635***	0.00207***	0.00219***	0.00176***
	(6.26e^{-05})	(2.50e^{-05})	(0.000198)	(9.47e^{-05})	(0.000103)
NPL	0.0510***	-0.00660	-0.0890***	0.0976***	-0.0296
	(0.00829)	(0.0103)	(0.0139)	(0.0169)	(0.0252)
CAR	0.201	0.101	-1.838***	-0.734***	0.596***
	(0.125)	(0.103)	(0.252)	(0.177)	(0.156)
SIZE	6.96e^{-07}***	1.36e^{-07}***	1.84e^{-06}***	6.65e^{-07}***	3.19e^{-07}***
	(7.01e^{-08})	(7.37e^{-09})	(1.17e^{-07})	(6.79e^{-08})	(1.93e^{-08})
beta	-0.00541***	0.00120	-0.0257***	-0.0358***	-0.0222***
	(0.000895)	(0.00137)	(0.00242)	(0.00250)	(0.00241)
ROE	0.00365***	0.00238***	-0.000555	0.00950***	0.00163
	(0.00108)	(0.000506)	(0.00161)	(0.00184)	(0.00157)
GDP	0.933***	0.0456	0.418***	-0.172	0.541***
	(0.0512)	(0.0296)	(0.146)	(0.130)	(0.0951)
Constant	0.497**	0.131	4.077***	0.389	3.874***
	(0.219)	(0.276)	(0.278)	(0.394)	(0.327)
	交通：浦发	民生：兴业	南京：招商	农业：工商	平安：浦发
id	-2.986***	-2.729***	-4.708***	-0.295***	0.682***
	(0.0922)	(0.0630)	(0.177)	(0.0304)	(0.130)
timeid	0.228***	-0.689***	0.401***	0.137***	0.401***
	(0.0526)	(0.0627)	(0.0544)	(0.0158)	(0.0625)
c.id#c.timeid	-0.524***	-0.679***	-0.0345	-0.0253**	0.134**
	(0.0513)	(0.0516)	(0.0589)	(0.0108)	(0.0574)
VOT	1.77e^{-05}***	1.06e^{-05}***	6.41e^{-06}***	1.46e^{-07}	4.04e^{-06}***
	(1.96e^{-06})	(9.14e^{-07})	(6.96e^{-07})	(1.30e^{-07})	(4.68e^{-07})
TOR	-2.594***	-2.037***	-0.169***	-0.00524	-0.236***
	(0.285)	(0.154)	(0.0275)	(0.00541)	(0.0404)
PS	0.842***	1.535***	0.0361*	0.315***	0.670***
	(0.0441)	(0.0582)	(0.0217)	(0.0164)	(0.0322)

续表

	交通：浦发	民生：兴业	南京：招商	农业：工商	平安：浦发
INDEX	$2.12e^{-05}$	$9.82e^{-05}$	0.00121 ***	0.000133 ***	0.00129 ***
	($6.70e^{-05}$)	(0.000111)	(0.000112)	($2.05e^{-05}$)	($8.06e^{-05}$)
NPL	-0.0941 ***	0.216 ***	-0.0389 ***	0.121 ***	-0.169 ***
	(0.0114)	(0.0325)	(0.0100)	(0.00767)	(0.0269)
CAR	-0.713 ***	1.180 ***	0.0828	-0.322 ***	0.419 ***
	(0.0963)	(0.210)	(0.167)	(0.0224)	(0.0999)
SIZE	$1.72e^{-07}$ ***	$2.02e^{-06}$ ***	$6.03e^{-08}$	$7.29e^{-08}$ ***	$1.24e^{-06}$ ***
	($3.82e^{-08}$)	($6.50e^{-08}$)	($4.23e^{-08}$)	($5.43e^{-09}$)	($7.50e^{-08}$)
beta	-0.0368 ***	0.00250 **	-0.00657 ***	$8.05e^{-06}$	-0.00234 **
	(0.00356)	(0.00117)	(0.00105)	(0.000403)	(0.000934)
ROE	-0.00814 ***	0.00693 ***	0.00281	-0.00084 ***	-0.00315 **
	(0.00119)	(0.00155)	(0.00212)	(0.000317)	(0.00158)
GDP	0.672 ***	1.828 ***	1.251 ***	-0.0452	-0.0628
	(0.0867)	(0.123)	(0.114)	(0.0305)	(0.107)
Constant	6.004 ***	-6.050 ***	5.511 ***	-0.620 ***	-0.0545
	(0.301)	(0.551)	(0.265)	(0.135)	(0.517)
	浦发：招商	兴业：招商	招商：南京	中国：交通	中信：宁波
id	-2.133 ***	0.0240	0.605 ***	-10.06 ***	-4.502 ***
	(0.0370)	(0.0433)	(0.141)	(0.174)	(0.114)
timeid	-0.629 ***	-0.766 ***	0.412 ***	0.0170	0.681 ***
	(0.0451)	(0.0882)	(0.0687)	(0.0571)	(0.0630)
c.id#c.timeid	-1.457 ***	-1.040 ***	-0.967 ***	-0.607 ***	-0.344 ***
	(0.0484)	(0.0859)	(0.0872)	(0.0608)	(0.102)
VOT	$8.45e^{-06}$ ***	$2.41e^{-05}$ ***	$1.48e^{-06}$ ***	$2.34e^{-05}$ ***	$2.04e^{-07}$
	($1.22e^{-06}$)	($2.09e^{-06}$)	($2.18e^{-07}$)	($2.74e^{-06}$)	($5.26e^{-07}$)
TOR	-1.428 ***	-4.319 ***	0.0644 *	-5.051 ***	0.534 ***
	(0.183)	(0.340)	(0.0329)	(0.598)	(0.0574)
PS	0.536 ***	0.721 ***	0.201 ***	0.636 ***	0.298 ***
	(0.0391)	(0.0571)	(0.0188)	(0.0366)	(0.0218)
INDEX	0.00170 ***	0.000527 ***	0.00282 ***	0.000516 ***	0.00163 ***
	(0.000105)	(0.000128)	($8.76e^{-05}$)	($7.67e^{-05}$)	(0.000110)

续表

	浦发：招商	兴业：招商	招商：南京	中国：交通	中信：宁波
NPL	−0.183***	0.192***	−0.0832***	0.0339*	−0.0426***
	(0.0214)	(0.0382)	(0.0114)	(0.0194)	(0.00787)
CAR	0.511***	−0.568***	0.377**	0.143	−0.179**
	(0.141)	(0.198)	(0.151)	(0.109)	(0.0836)
SIZE	$7.66e^{-07}$***	$1.10e^{-06}$***	$4.26e^{-07}$***	$2.57e^{-07}$***	$4.68e^{-07}$***
	($4.74e^{-08}$)	($9.54e^{-08}$)	($3.61e^{-08}$)	($1.58e^{-08}$)	($4.01e^{-08}$)
beta	−0.0313***	−0.00990***	−0.0369***	−0.0323***	−0.0172***
	(0.00205)	(0.00106)	(0.00155)	(0.00222)	(0.00157)
ROE	0.00540***	0.00150	0.00621***	−0.00731***	0.00170
	(0.00157)	(0.00207)	(0.00178)	(0.00162)	(0.00165)
GDP	0.995***	2.442***	0.619***	0.962***	0.239**
	(0.0852)	(0.140)	(0.0678)	(0.0677)	(0.0950)
Constant	3.197***	−1.208	1.285***	5.411***	3.050***
	(0.403)	(0.816)	(0.212)	(0.329)	(0.245)

注：括号内为标准误；***、**、*分别表示在1%、5%、10%的水平上显著。

表7.8为加入控制变量的稳健OLS检验，十个控制变量依次为成交金额、换手率、市销率、沪深300指数、不良贷款率、资本充足率、总市值、金融行业风险系数、净资产收益率、金融行业生产总值。对比加入控制变量的OLS检验和加入控制变量的稳健OLS检验中15组数据可以发现，多数银行股价依然下跌。因此加入控制变量后的模型结果依然可以识别金融科技平台视角下银行业系统性风险。

金融科技平台出现后，半年间北京银行的股价下跌了0.256元，且结果显著。在控制了换手率TOR之后，北京银行股价显著下跌0.227元；控制了市销率PS之后，股价显著上涨了0.172元；控制了沪深300指数INDEX之后，股价显著上涨了0.000559元；控制了资本充足率CAR之后，股价显著上涨了0.201元；控制了金融行业风险系数beta之后，股价显著下跌了0.00541元；控制了净资产收益率ROE之后，股价显著上涨了0.00365元；控制了金融行业生产总值GDP之后，股价显著上涨了0.933元。

在加入控制变量后，工商银行股价显著下跌了0.493元。说明加入控制变量以后，金融科技平台的发展对于工商银行盈利水平冲击十分明显。在控制了换手率 TOR 之后，股价显著下跌了 0.00357 元，在控制了市销率 PS 和不良贷款率 NPL 后，股价分别下跌了 0.0143 元和 0.00660 元。光大银行股价显著下跌了 0.852 元，说明加入控制变量后，金融科技平台的发展对于光大银行具有明显冲击效应。在控制了不良贷款率 NPL 后，股价显著下跌了 0.0890 元，控制了资本充足率 CAR 之后，股价显著下跌了 1.838 元，控制了金融行业风险系数 beta 之后，股价下跌了 0.0257 元，且结果显著，但在控制了沪深 300 指数 INDEX 和金融行业生产总值 GDP 后，股票价格显著上涨。

加入控制变量后，华夏银行一年内股票价格显著下跌了 0.233 元，在控制了换手率 TOR 后，华夏银行的股价显著下跌了 0.247 元，控制了市销率 PS 后，股票价格显著上涨了 0.656 元。在控制了沪深 300 指数 INDEX 后，股票价格上涨了 0.00219 元。控制了金融行业风险系数 beta 之后，股价下跌了 0.0358 元，且结果显著。建设银行在加入控制变量后，股价显著下跌 0.274 元。其中，控制了换手率 TOR 之后，股价显著下跌了 0.0672 元，控制了市销率 PS 之后，股票价格显著上涨了 0.128 元，控制了沪深 300 指数 INDEX 后，股票价格上涨了 0.00176 元，控制了资本充足率 CAR 之后，股价显著上涨了 0.596 元，控制了金融行业风险系数 beta 之后，股价下跌了 0.0222 元，控制了金融行业生产总值 GDP 后，股票价格显著上涨了 0.541 元，结果均显著。

类似的，交通银行、民生银行、农业银行、浦发银行、兴业银行、招商银行、中国银行和中信银行的模型检验结果与上述结果相似，股票价格分别下跌了 0.524 元、0.679 元、0.0253 元、1.457 元、1.040 元、0.967 元、0.607 元和 0.344 元，且结果均显著。加入控制变量后的结果与未加入控制变量的结果在影响效果及显著性上均一致，说明模型准确地识别了金融科技平台视角下银行业系统性风险。加入换手率 TOR 后，除招商银行，其余银行股价均显著下跌，而市销率 PS 相反，为显著上涨，加入不良贷款率 NPL 作为控制变量后，交通、浦发、招商、中信 4 家银行股价下跌，而加入资本充足率 CAR 后，民生、浦生、招商 3 家银行股价上涨。金融行业风险系数 beta 会导致股价的下跌，控制了净资产收益率 ROE 之后，股价上涨，与 ROE 相同，加入金融行业生产总值 GDP 后，股票价格显著上涨。相比之下，上涨幅度远小于下跌幅度，因此加入控制变量后的模型结果均为显著的负向影响。

除平安银行，其余上市银行都出现了股价下跌的结果，而股价的下跌意味着金融科技平台出现之后，商业银行的盈利出现了波动。根据前文理论分析，在平台金融和银行业共同组成的复杂网络中，上市银行是复杂网络的中心节点，如果部分中心节点遭受来自其余中心节点的冲击导致复杂网络产生脆弱性，就会引发复杂网络风险。根据前文生成机制，股价的下跌反映了银行业盈利水平的降低，金融科技平台的发展对商业银行产生了冲击，并转化为经营风险，经由利率市场化改革和机构间同质化竞争的催化，加速顺周期性，最终演化为银行业系统性风险，而股价下跌则是风险溢出的重要体现。

五 金融科技平台视角下银行业系统性风险识别异质性分析

表 7.9　　　　　　　金融科技平台影响对比分析

	稳健的 OLS 检验				加入控制变量的稳健 OLS 检验		
银行	股价	银行	绝对值	银行	股价	银行	绝对值
北京	-0.197***	浦发	1.396	北京	-0.256***	浦发	1.457
工商	-0.173***	兴业	1.226	工商	-0.493***	兴业	1.040
光大	-0.293***	中信	0.815	光大	-0.852***	招商	0.967
华夏	-0.330***	民生	0.581	华夏	-0.233***	光大	0.852
建设	-0.529***	中国	0.547	建设	-0.274***	民生	0.679
交通	-0.280***	建设	0.529	交通	-0.524***	中国	0.607
民生	-0.581***	平安	0.505	民生	-0.679***	交通	0.524
南京	-0.0593	招商	0.495	南京	-0.0345	工商	0.493
农业	-0.0499***	华夏	0.33	农业	-0.0253**	中信	0.344
平安	0.505***	光大	0.293	平安	0.134**	建设	0.274
浦发	-1.396***	交通	0.28	浦发	-1.457***	北京	0.256
兴业	-1.226***	北京	0.197	兴业	-1.040***	华夏	0.233
招商	-0.495***	工商	0.173	招商	-0.967***	平安	0.134
中国	-0.547***	南京	0.059	中国	-0.607***	南京	0.0345
中信	-0.815***	农业	0.0499	中信	-0.344***	农业	0.0253

注：括号内为标准误；***、**、* 分别表示在 1%、5%、10% 的水平上显著。

对比稳健的 OLS 检验和加入控制变量的稳健 OLS 检验可以发现，国有大型商业银行因规模较大，业务涉及较多，范围较广，在产业转型升级过程中较为迟缓，风险防控能力较强，因此金融科技平台的出现对其冲击较小。股份制商业银行产权不明晰且过长委托代理链条等缺陷的存在，导致其在风险防控能力方面不及大型商业银行，因此金融科技平台的出现对其冲击较大。城市商业银行金融创新力度较大，客户群体与金融科技平台服务对象有较大的重叠性，其受到金融科技平台的冲击理应较大。但是城商行规模较小，上市相对较晚，因此在资本市场中，股价波动较为缓和，导致金融科技平台对其股价影响介于国有大型银行和股份制上市银行之间。总的来说，目前中国银行业的改革和发展，仍旧以股份制银行和城市商业银行为先，大型国有银行在改革升级和接受新事物的过程中往往较慢。此外，股份制银行相对于大型商业银行在应对金融科技平台转型时反应较为迅速；而国有大型商业银行行事相对保守，对新事物的反应相对迟缓，因此排名相对靠后。

除股价变化绝对值最高的浦发银行和兴业银行，分别下跌 1.457 元和 1.04 元外，招商银行和光大银行在未加入控制变量时，股价分别下跌 0.495 元和 0.293 元，加入控制变量之后，股价分别下跌 0.967 元和 0.852 元，前后两次检验均效果显著，且股价下跌绝对值增加。招商银行在股份制上市银行中接触金融科技平台时间较晚，目前主要对接个人零售金融，金融创新力度较为薄弱；光大银行的金融产业转型效果也并不明显，新业务拓展能力不强、速度不快，创新改革缓慢及滞后。因此，金融科技平台的发展对于上述几家上市银行作用效果明显。

排名第五位、第六位的是民生银行和中国银行，在稳健的 OLS 检验和在加入控制变量的稳健 OLS 检验中，二者股价均显著下跌。控制变量换手率 TOR、资本充足率 CAR、不良贷款率 NPL、金融行业风险系数 beta 及净资产收益率 ROE 等对民生银行的股价产生了显著效应，而成交金额 VOT、换手率 TOR、市销率 PS、沪深 300 指数 INDEX 等控制变量对中国银行的股价产生了显著效应，银行的股价从原先的下跌 0.581 元变为下跌 0.679 元，以及中国银行原先的下跌 0.547 元变为下跌 0.607 元，说明模型可以较好地识别出金融科技平台视角下银行业系统性风险。中国银行、交通银行和民生银行分别为国有大型商业银行和股份制上市银行，共同点在于资产规模均较大，资本市场上并不活跃，市盈率较低，且在金融产业转型升级过程中较为迟缓，因此金融科技平台对于两家银行冲击较大，同质化竞争作用明显。

换手率 TOR、金融行业风险系数 beta、净资产收益率 ROE 等控制变量加入后，交通银行的股价变化从原先的下跌 0.280 元变为下跌 0.524 元，工商银行的股份从原先的下跌 0.173 元，变为下跌 0.493 元。交通银行和工商银行均属于国有银行，虽然两家银行体量规模不同，但是相同点在于业务种类较少且结构较为简单，因此股价产生了显著变化。可以说，金融科技平台的产生和出现对上述两家上市银行作用效果相似且显著。

在未加入控制变量的 OLS 检验中，中信银行、建设银行、北京银行与华夏银行四家上市银行的股价分别下跌 0.815 元、0.529 元、0.197 元和 0.33 元，而在加入控制变量后，上述四家上市银行的股价分别下跌了 0.344 元、0.274 元、0.256 元和 0.233 元。与之前稳健的 OLS 检验结果相比，股价波动值发生了较大且较为显著的变化，说明金融科技平台在控制变量的作用下，对四家上市银行造成了显著冲击。上述四家银行在资本市场中的每股收益差别较小，可知金融科技平台对上述四家银行造成的影响也与每股收益有关。且四家银行在金融科技平台创新领域并不活跃，资本市场价格波动幅度较弱，因此金融科技平台虽对四家银行产生了冲击，但影响较小。

金融科技平台的出现确实对上市银行造成了直接冲击，并且产生了风险溢出效应。总体来看，该风险对国有银行、股份制商业银行和城市商业银行的作用效果不同，股份制商业银行更加显著，城市商业银行其次，国有大型商业银行较弱。可能是由于国有大型商业银行业务涉及较多，范围较广，在产业转型升级过程中较为迟缓，且在资本市场中表现不太活跃，因此在金融科技平台出现之后，股价波动幅度较小。股份制商业银行和城市商业银行由于体量较小，银行结构较为单一，金融创新力度较大，收益结构并不复杂，金融创新难度小且效果显著，面对金融科技平台的冲击时，有充分防备，因此，金融科技平台出现后，股价波动幅度较大。

第四节 小结

本章使用"文本挖掘"研究法，以商业银行股票价格变化为被解释变量，金融科技平台出现时间为核心解释变量，模型识别金融科技平台视角下银行业系统性风险。研究发现，除平安银行，其余上市银行均出现了股价下跌的结果，但该风险对国有大型商业银行、股份制商业银行和城市商业银行的作用效果不同，股份制商业银行更加显著，城市商业银行其次，国有大型商业银行较弱。股价的下跌反映了银行业盈利水平的降低，也是风险溢出的重要体现。可以说，商业银行确实受到了来自金融科技平台的冲击，冲击逐步演变为商业银行盈利水平的大幅度波动，模型可以有效识别金融科技平台视角下银行业系统性风险。

第八章

银行业系统性风险识别：大型互联网平台类

作为平台金融第三阶段的表现形式，大型互联网平台进一步巩固了其在金融领域的地位，并引领了行业的发展方向。大型互联网平台是指在互联网上提供多种服务和功能的大规模平台。这些平台通常具有庞大的用户基础，涵盖多个领域，并提供社交媒体、电子商务、搜索引擎、在线支付、视频分享、出行服务、云计算等多种功能。但是近年来，大型互联网平台借助其独特的用户、场景和技术优势，积极发展金融业务，并成功获得多项金融牌照，逐渐发展成具有独特特点的金融控股公司。

与美国不同，中国的大型互联网平台代表 BATJ（百度、阿里巴巴、腾讯、京东）与传统金融机构合作，滥用消费金融杠杆，引导过度借贷，实现资产的多倍杠杆化，放任资本的过度增长，从而形成了技术和金融的双重垄断，严重威胁中国金融行业的稳定。[①] 特别地，由于中国金融市场以银行为主导，银行业往往成为金融体系中最主要的风险承担者。本章将大型互联网平台和商业银行纳入统一研究框架，基于二者间的交叉业务关系，研究大型互联网平台对商业银行的风险溢出贡献度及其动态时变特征，同时识别大型互联网平台视角下的银行业系统性风险。

---

① 刘铭、华桂宏：《大型互联网平台对传统金融市场的风险溢出效应——来自蚂蚁集团的经验证据》，《现代经济探讨》2023 年第 4 期。

第一节　银行业系统性风险引发机制分析

首先,大型互联网平台和商业银行之间存在着相互依赖的关系。大型互联网平台通常提供支付和结算服务,允许用户在其平台上进行交易和转账。商业银行则提供存款、贷款和资金清算等金融服务。如果其中一方面临财务困境,其依赖方可能会受到影响。其次,大型互联网平台拥有大量用户数据,包括支付历史、交易信息和消费习惯等。商业银行可以利用这些数据来评估客户的信用风险和偿还能力,以支持贷款和授信决策。而一旦大型互联网平台的数据遭到泄露、滥用或未经授权的访问,可能导致商业银行面临信用风险和安全问题。大型互联网平台和商业银行都在积极开展新兴金融服务,这些服务的发展可能带来创新机会,但也伴随着新的风险。如果其中一方在新兴金融服务中出现系统性问题或违规行为,可能会使整个金融体系产生连锁反应。最后,大型互联网平台和商业银行都与广大用户进行交易。如果大型互联网平台上的商家出现经营问题或违约,可能会对平台的支付结算系统和用户信用造成冲击。当商业银行在大型互联网平台上有大量的贷款和授信业务时,这种信用风险传染可能会扩散到商业银行。

此外,大型互联网平台和商业银行在市场中扮演着重要的角色,它们的财务困境或危机可能引发市场的连锁反应。例如,某大型互联网平台陷入财务困境,投资者的信心可能受到影响,导致金融市场的不稳定。这种不稳定可能会传播到商业银行,引发资金流动性问题和风险扩散。同时,大型互联网平台和商业银行在其业务运作中过度依赖复杂的技术基础设施和系统。如果其中一个机构的技术系统出现故障、被黑客攻击或数据泄露,可能会导致金融交易的中断、信息安全问题和用户信任的破裂。这种技术风险可能会对银行体系的稳定性和安全性产生负面影响,并逐步引发银行业系统性风险(见图8.1)。

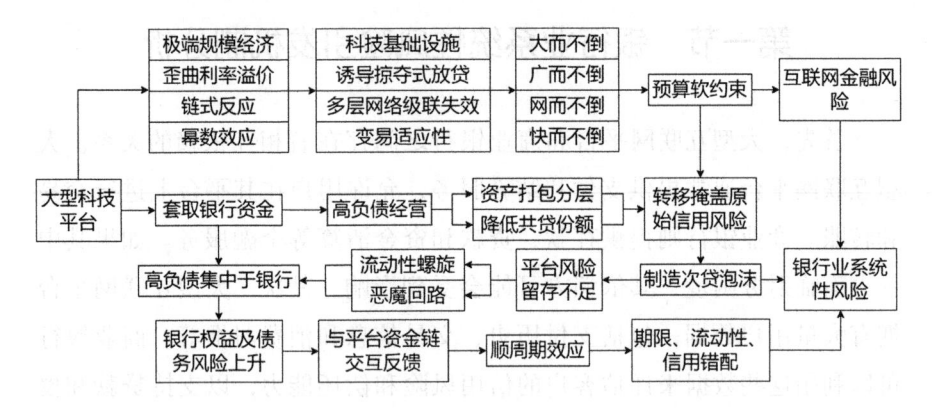

图 8.1　大型互联网平台视角下银行业系统性风险引发机制

第二节　模型设计

本章实证部分运用金融风险传染模型识别大型互联网平台视角下银行业系统性风险，具体为溢出效应识别方向和大小。BEKK 是考察风险溢出方向的有力工具。如果指数波动率的条件方差服从 $GARCH(1,1)$ 过程，则 BEKK 对方差方程的一般设定形式如下：

$$H_t = C'C + A'\varepsilon_{t-1}\varepsilon'_{t-1}A + B'H_{t-1}B \tag{8.1}$$

$$A = \begin{pmatrix} \alpha_{11} & \alpha_{12} \\ \alpha_{21} & \alpha_{22} \end{pmatrix} \tag{8.2}$$

$$B = \begin{pmatrix} \beta_{11} & \beta_{12} \\ \beta_{21} & \beta_{22} \end{pmatrix} \tag{8.3}$$

$$C = \begin{pmatrix} c_{11} & c_{12} \\ 0 & c_{21} \end{pmatrix} \tag{8.4}$$

A 矩阵和 B 矩阵分别代表 A 和 B 两只股票，[①] 本章在考察两个市场关系的 $VGARCH(1,1)$ 情形时，由于 C 为常数项，因此式（8.1）中仅有 8 个待估参数。模型的协方差矩阵可展开为：

[①] 该模型通常运用的数据是股票价格，因此一般形式的 A 矩阵和 B 矩阵分别代表 A 和 B 两只股票。本章则运用指数替换股票价格，但同样也存在 A 和 B 两个市场。

$$\begin{cases} h_{11,t} = C_{11}^2 + a_{11}^2 \varepsilon_{1,t-1}^2 + 2a_{11}a_{21}\varepsilon_{1,t-1}\varepsilon_{2,t-1} + a_{21}^2\varepsilon_{2,t-1}^2 \\ \qquad + b_{11}^2 h_{11,t-1} + 2b_{11}b_{21}h_{12,t-1} + b_{21}^2 h_{22,t-1} \\ h_{12,t} = C_{11}C_{21} + a_{11}a_{12}\varepsilon_{1,t-1}^2 + (a_{21}a_{12} + a_{11}a_{22})\varepsilon_{1,t-1}\varepsilon_{2,t-1} \\ \qquad + a_{21}a_{22}\varepsilon_{2,t-1}^2 + b_{11}b_{21}h_{11,t-1} + (b_{21}b_{12} + b_{11}b_{22})h_{12,t-1} \\ \qquad + b_{21}b_{22}h_{22,t-1} \\ h_{22,t} = C_{11}^2 + C_{22}^2 + a_{12}^2 \varepsilon_{1,t-1}^2 + 2a_{12}a_{22}\varepsilon_{1,t-1}\varepsilon_{2,t-1} \\ \qquad + a_{22}^2\varepsilon_{2,t-1}^2 + b_{12}^2 h_{11,t-1} + 2b_{12}b_{22}h_{12,t-1} + b_{22}^2 h_{22,t-1} \end{cases} \quad (8.5)$$

这里的 $h_{11,t}$ 代表 A 股条件方差，$h_{22,t}$ 代表 B 股条件方差，$h_{12,t}$ 代表 A、B 股的条件协方差。c_{ij}、α_{ij}、β_{ij} 分别为矩阵 C、A、B 的第 (i,j) 个元素。就本章的研究对象而言，某一大型互联网平台指数和银行股指数分别可以看作 A、B 两只股票价格。为了识别大型互联网平台与商业银行两个市场间波动溢出效应的方向，本章对矩阵元素进行似然比检验及 Wald 检验。若大型互联网平台 i 对商业银行 s 不存在直接的溢出效应，则原假定为：$H_0: \beta_{21} = 0, \alpha_{21} = 0$；若商业银行 s 对大型互联网平台 i 不存在直接的溢出效应，则原假定为：$H_0: \beta_{12} = 0, \alpha_{12} = 0$；若商业银行 s 与大型互联网平台 i 双向均不存在溢出效应，则原假定为：$H_0: \beta_{21} = 0, \alpha_{21} = 0, \beta_{12} = 0, \alpha_{12} = 0$，此时矩阵 A、B 非对角元素均为 0，由此构造似然比统计量。通过似然比检验，可以识别大型互联网平台和商业银行之间是否存在波动溢出效应及其方向。

设定 DCC – MVGARCH 模型如下：

$$y_t = \mu + \varphi y_{t-1} + \varepsilon_t, \varepsilon_t \mid \Psi_{t-1} \sim N(0, H_t) \quad (8.6)$$

$$H_t = D_t R_t D_t \quad (8.7)$$

$$Q_t = \left(1 - \sum_{m=1}^{M} \alpha_m - \sum_{n=1}^{N} \beta_n\right)\bar{Q} + \sum_{m=1}^{M} \alpha_m(\varepsilon_{t-m}\varepsilon'_{t-m}) + \sum_{n=1}^{N} \beta_n Q_{t-n} \quad (8.8)$$

$$Q_t^* = diag(\sqrt{q_{11,t}}, \sqrt{q_{22,t}}, \cdots, \sqrt{q_{kk,t}}) \quad (8.9)$$

$$R_t = (Q_t^*)^{-1} Q_t (Q_t^*)^{-1} \quad (8.10)$$

$$h_{i,t} = \omega_i + \sum_{p=1}^{P} \alpha_{i,p} e_{i,t-p}^2 + \sum_{q=1}^{q} \beta_{i,q} h_{i,t-q} \tag{8.11}$$

DCC – GARCH 模型的无第二阶段极大似然估计如式（8.12）所示：

$$QL_1(\varphi \mid r_t) = -\frac{1}{2} \sum_{t=1}^{T} (k\log(2\pi) + \log(\mid I_k \mid) + 2\log(\mid D_t \mid) + r'_t D_t^{-1} I_k D_t^{-1} r_t)$$

$$= -\frac{1}{2} \sum_{n=1}^{k} \left(T\log(2\pi) + \sum_{t=1}^{T} \left(\log(h_{it}) + \frac{r_{it}^2}{h_{it}} \right) \right) \tag{8.12}$$

$$QL_2(\psi \mid \widehat{\varphi}, r_t) = -\frac{1}{2} \sum_{t=1}^{T} (k\log(2\pi) + \log(\mid R_t \mid)$$

$$+ 2\log(\mid D_t \mid) + r'_t D_t^{-1} I_k D_t^{-1} r_t)$$

$$= -\frac{1}{2} \sum_{t=1}^{T} (k\log(2\pi) + \log(\mid R_t \mid) + 2\log(\mid D_t \mid) + \varepsilon'_t R_t^{-1} \varepsilon_t)$$

$$\tag{8.13}$$

$$QL_2(\psi \mid \widehat{\varphi}, r_t) = -\frac{1}{2} \sum_{t=1}^{T} (\log(\mid R_t \mid) + \varepsilon'_t R_t^{-1} \varepsilon_t) \tag{8.14}$$

$$R_t = \begin{bmatrix} 1 & \cdots & \rho_{i1,t} \\ \vdots & \ddots & \vdots \\ \rho_{1j,t} & \cdots & 1 \end{bmatrix} \tag{8.15}$$

R_t 为变量之间的系数矩阵，ρ_{it} 为与此对应的相关系数，且 R_t 可表示为二阶矩阵：

$$R_t = \begin{bmatrix} \rho_{is,t} & 1 \\ 1 & \rho_{is,t} \end{bmatrix} \tag{8.16}$$

其中 $\rho_{is,t}$ 为 t 时刻大型互联网平台 i 和商业银行 s 之间的相关系数，$\rho_{i,s}$ 值越大，说明大型互联网平台与商业银行之间风险关联性越高。为获得大型互联网平台对商业银行的风险溢出贡献度大小，将 $CoVaR_q^{j\mid i}$ 定义为 i 机构处于 $X^i = VaR_q^i$ 时机构 j 的 VaR：

$$Pr(X^j \leq CoVaR_q^{j\mid i} \mid X^i = VaR_q^i) = q \tag{8.17}$$

如果将机构 j 视为商业银行 s，则有：

$$Pr(X^s \leq CoVaR_q^{s|i} \mid X^i = VaR_q^i) = q \quad (8.18)$$

大型互联网平台 i 的 CoVaR 与商业银行 s 的 VaR 之间的差记作 $\Delta CoVaR$。DCC-GARCH 模型得到大型互联网平台和商业银行的相关关系 $\rho_{is,t}$，两者之间的 CoVaR 可以表示为：

$$Pr(X^s \leq CoVaR_q^{s|i} \mid X^i = VaR_q^i) = q \quad (8.19)$$

$$CoVaR_{q,t}^{s|i} = \varphi^{-1}(q)\sigma_{s,t}\sqrt{1-\rho_{is,t}^2} + \varphi^{-1}(q)\rho_{is,t}\sigma_{s,t} \quad (8.20)$$

$$\Delta CoVaR_{q,t}^{s|i} = \varphi^{-1}(q)\rho_{is,t}\sigma_{s,t} \quad (8.21)$$

其中，在5%的置信水平下，$\varphi^{-1}(q) = 1.645$。$\rho_{is,t}$ 表示大型互联网平台 i 和商业银行 s 之间的动态相关系数。$\sigma_{s,t}$ 表示大型互联网平台指数波动率的方差，也就是风险水平的高低。大型互联网平台 i 和商业银行 s 之间的相关系数越大，大型互联网平台对商业银行的风险溢出效应越大。

第三节 指标选取

本章选择上证银行股指数作为银行业发展程度指标。上证银行股指数包含了市场上大多数主要的银行股票，因此能够提供较为全面和准确的银行业发展情况。这使该指数成为衡量整个银行业的代表性指标。同时，中国的银行业具有较高的行业集中度，少数几家大型银行在市场中占据主导地位。上证银行股指数反映了这种行业集中度，通过观察指数的涨跌和成分股的表现，可以了解到整个银行业的整体发展趋势。此外，上证银行股指数是在上海证券交易所进行交易的股票指数，具有较高的市场参与度。这意味着指数的波动和变化受到了广大投资者的关注和交易活动的影响，能够更好地反映银行业发展的实际情况。

在选取大型互联网平台数据时，为保证样本数据的充足及可获得性，本章选取百度、阿里、腾讯、京东四家在国内颇具规模的互联网企业。这四家互联网企业开展平台金融业务的时间较早，且均已海外上市，各自拥有金融业务手机终端百度钱包、支付宝、微信钱包、京东金融，并且与国内商业银行均有业务往来。具体的，本章选取 Wind 概念指数中的百度金融指数、阿里金融指数、腾讯金融指数、京东金融指数。

基本数据为交易日的收盘价，来自 Wind 数据库，频率为日度，区间为 2008 年 1 月 1 日至 2019 年 12 月 31 日，该时间段内大型互联网平台发展速度迅猛、客流量高、网络流量大，对商业银行影响较大。本章对原始平台指数做了相关处理后得到各大型互联网平台与商业银行之间的风险关联性，可用于后续风险溢出贡献度的计算。

第四节　结果分析

一　时间序列的描述性统计量

在进行第一步参数估计之前，先给出各指数波动率的描述性统计量，结果如表 8.1 所示。

表 8.1　描述性统计量

	商业银行	百度	阿里	腾讯	京东
均值	-0.011	0.047	-0.016	0.018	0.087
中位数	-0.048	0.145	0.000	0.182	0.176
最大值	9.563	9.611	9.576	9.587	9.588
最小值	-10.499	-10.596	-10.557	-10.584	-10.63
标准差	1.979	3.298	3.175	3.456	3.659
偏度	-0.046	-0.298	-0.082	-0.222	-0.186
峰度	7.255	4.794	5.383	4.539	4.309
JB 统计	1703.7	248.228	520.509	224.24	158.27

大型互联网平台的标准差高于商业银行。相比于传统的银行体系，大型互联网平台表现出了明显的"高风险高收益"的市场特点。从峰度和偏度来看，各指数波动率的偏度不为 0，呈显著的左偏，说明左侧的尾部较长。各指数波动率的峰度均远高于 3，存在明显的"尖峰厚尾"特征。从 JB 统计量来看，各指数波动率呈现非正态分布，此外，

还需运用 LM 方法对以上指数波动率进行单位根检验及 ARCH 效应检验（见表 8.2）。

表 8.2　　　　　　　　　稳健性和 ARCH 效应结果

	ADF 检验	ARCH 检验
商业银行	−47.796	9.233
	(0.000)	(0.000)
百度	−37.659	10.323
	(0.000)	(0.000)
阿里	−44.758	14.119
	(0.000)	(0.000)
腾讯	46.526	5.979
	(0.000)	(0.000)
京东	−41.86	8.763
	(0.000)	(0.000)

注：括号内的数值为 p 值。

在 1% 的显著性水平下，各指数波动率的 LM 统计量均大于对应的临界值，表明存在明显的 ARCH 效应，接着再对各指数波动率进行 $GARCH(1,1)$ 模型的估计（见表 8.3）。

表 8.3　　　　　　　　　GARCH 模型回归结果

	ARCH 系数 α	GARCH 系数 β	$\alpha+\beta$	ARCH 检验 p 值
商业银行	0.067***	0.932***	0.999	0.3143
百度	0.059***	0.934***	0.993	0.3815
阿里	0.054***	0.944***	0.998	0.2534
腾讯	0.048***	0.945***	0.993	0.7763
京东	0.059***	0.932***	0.991	0.7178

注：*** 表示在 1% 水平下显著。

所有参数的估计结果均在1%的水平下显著。GARCH项和ARCH项之和非常接近1。

二 大型互联网平台对商业银行的风险溢出贡献度

由图8.2可知,各大型互联网平台的风险溢出贡献度走势基本一致,但不同类型大型互联网平台风险溢出贡献度大小不同。整体看来,首先,阿里贡献度最高,但在2009年全球金融危机期间,百度的贡献度达到0.055,远超阿里。其次,在2012年年中及2014年年中时,京东的风险贡献度最高,为0.02。此外,2016年年初时,腾讯的风险贡献度为0.045。2008—2012年,各大型互联网平台的绝对风险溢出平均值达到了0.03,这意味着大型互联网平台出现极端风险时,商业银行体系的极端风险敞口将提高3%以上。现有研究证明了不同类型的大型互联网平台对商业银行风险溢出贡献度不同,较少研究比较了不同类型大型互联网平台风险贡献度的高低。由图可知,阿里的风险溢出贡献度最高,腾讯其次,京东和百度较低。

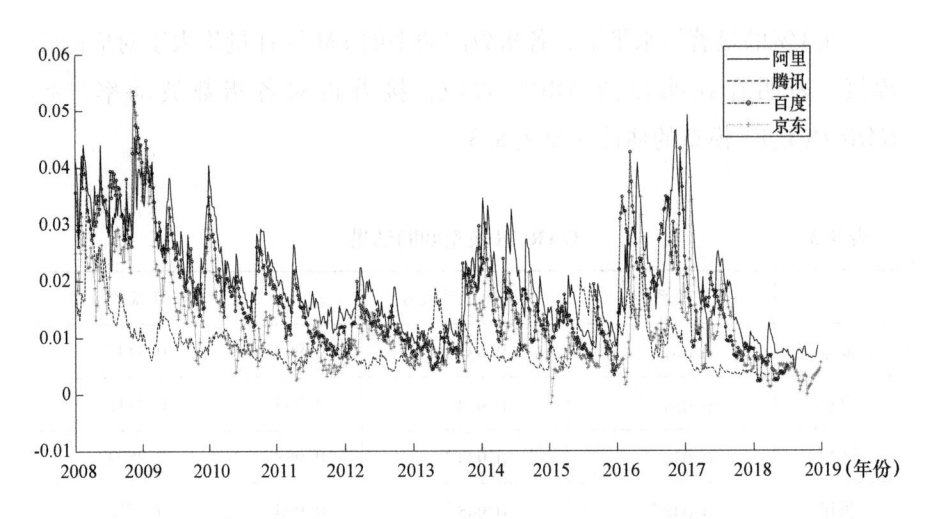

图8.2 大型互联网平台对商业银行风险溢出贡献度对比

蚂蚁集团作为阿里巴巴旗下的金融平台,在阿里巴巴的整体战略中扮演着举足轻重的角色。首先,随着时间的推移,蚂蚁集团与商业银行的合作关系进一步深化，其在平台金融体系中的比重也逐渐增大。蚂蚁集团与商业银行的合作时间最长，这为双方建立了深厚的合作基础。这种长期的合作使双方建立了互信和共赢的合作模式，为进一步合作提供了坚实的基础。其次，蚂蚁集团与商业银行的合作形式更为多样。除了最早的支付宝合作模式，蚂蚁集团还与多家商业银行建立了战略合作伙伴关系。通过合作，双方共享资源，实现互利共赢。蚂蚁集团在技术和用户洞察方面的优势与商业银行在资金渠道和风险控制方面的优势相结合，为用户提供更全面、便捷的金融服务。这种多样化的合作形式使蚂蚁集团能够更好地满足用户和商业银行的需求。在平台金融体系中，蚂蚁集团的比重最大，这得益于其丰富的金融产品和服务。蚂蚁集团通过整合旗下的支付宝、蚂蚁花呗等产品，构建了完整的金融生态系统。这一生态系统包括支付、贷款、理财、保险等多个领域，覆盖了个人用户和商业机构的各种金融需求。蚂蚁集团凭借其庞大的用户基础和领先的技术实力，成了平台金融体系中的核心力量。

然而阿里旗下的小贷公司拥有花呗、借呗两款产品。阿里最初 30 亿元的自有资本，通过循环将放款形成的债权进行 ABS，放出了 3000 亿元的贷款，杠杆高达 100 倍。而这 3000 亿元的贷款均来自与其合作的 2000 多家银行。一旦发生风险，对于商业银行的影响是不可估量的。[①]

银行作为小贷公司的合作伙伴，承担了巨大的风险，一旦阿里旗下的小贷公司遭遇经营困难或者出现违约情况，将直接冲击这 2000 多家银行的资产质量和经营稳定性。首先，由于阿里的杠杆比例高达 100 倍，这意味着小贷公司的资产负债表上只需 1% 的坏账率，就能让全部自有资本归零。如果小贷公司遭遇大规模的违约潮或者不良贷款激增，银行将不得不面临巨额的损失，甚至可能导致一些银行陷入资本短缺的境地，需要进行资本补充。其次，由于小贷公司与这 2000 多家银行存在合作关系，一旦小贷公司陷入危机，银行的声誉也将受到损害。客户可能对这些银行的风险管理和审慎性产生怀疑，导致资金流出和客户流失，进一步加

---

① 刘铭、华桂宏：《大型互联网平台对传统金融市场的风险溢出效应——来自蚂蚁集团的经验证据》，《现代经济探讨》2023 年第 4 期。

剧银行的困境。同时,金融市场也会对这些银行的风险承受能力进行质疑,可能引发市场的恐慌和信任危机。由于小贷公司与这 2000 多家银行的业务紧密相连,一旦小贷公司遇到困境,将直接影响银行的盈利能力和业务拓展。银行可能面临贷款损失的扩大、利润的下降及业务规模的收缩,从而导致银行的股权和债务风险上升。

作为国内第二大规模的互联网平台,腾讯旗下的微信钱包对于传统商业银行也存在风险溢出效应,包括减少商业银行的存款规模、竞争支付市场份额及增加金融科技竞争对手等方面的影响。首先,微信钱包作为一种第三方支付工具,提供了便捷的电子支付服务,方便用户进行线上和线下的消费和转账。这种便利性导致越来越多的用户选择使用微信钱包进行支付,从而减少了用户对传统商业银行的需求。其次,微信钱包的发展使用户趋向将资金存储在微信钱包账户中,而不是存入传统商业银行。这导致了传统商业银行的存款规模缩小,进而影响了它们的存款储备和负债结构。当大量的存款流失到微信钱包时,商业银行的资金来源受到了冲击,可能导致其难以维持正常的存贷比例和资金流动性。再次,微信钱包的普及也给商业银行的支付业务带来了竞争压力。微信钱包提供了便捷的电子支付功能,用户可以通过扫码、转账等方式直接在微信平台上完成支付。这种便捷性吸引了越来越多的用户,尤其是年轻人和互联网用户,选择使用微信钱包进行支付,而不再依赖传统商业银行的支付服务。商业银行在支付领域的市场份额可能受到挤压,从而影响其收入和盈利能力。此外,微信钱包在金融领域的发展也可能使商业银行面临更多的竞争对手。腾讯作为一家科技巨头,拥有庞大的用户基础和强大的技术能力,在金融科技领域的布局不断扩大。微信钱包不仅提供支付功能,还逐渐涉足理财、借贷、保险等领域,与传统商业银行形成了竞争关系。这使商业银行需要更加积极地创新和转型,以应对来自微信钱包等大型互联网平台的竞争压力。

百度虽然也属于中国互联网巨头,但在金融领域的市场份额相对阿里和腾讯较小。相比之下,传统银行拥有庞大的客户基础和深厚的金融实力,其在金融市场的地位难以撼动。百度金融平台的规模和影响力相对较小,因此其对传统银行业的冲击有限。京东金融平台主要聚焦于电商领域，提供与电商相关的金融服务，如消费金融、支付等。与其他巨头相比，其业务发展较晚，内容与阿里的淘宝相似，市场占有率有限。相比之下，传统银行业能提供更广泛的金融产品和服务，包括存贷款、投资、财富管理等。因此，京东金融平台的业务范围相对较窄，对传统银行业的冲击也相对较小。

三　大型互联网平台视角下银行业系统性风险识别

（一）大型互联网平台与银行业风险关联性识别

采用 $GARCH(1,1)$ 对单变量 GARCH 模型进行估计后，本章利用 $DCC(1,1)$ 估计相应的 DCC 模型参数，及百度、阿里、腾讯、京东和商业银行之间的动态相关系数，识别大型互联网平台与银行业风险关联性（见表8.4）。

表8.4　　　　　　　　DCC–GARCH 模型估计结果

	α	α 的标准误	β	β 的标准误	$\alpha+\beta$
百度	0.0171	0.0000	0.9590	0.0001	0.9761
阿里	0.0419	0.0001	0.9132	0.0002	0.9551
腾讯	0.0353	0.0007	0.9279	0.0017	0.9632
京东	0.0107	0.0001	0.9657	0.0016	0.9764

由表8.4可知，各大型互联网平台的 α 和 β 的估计值之和均接近1，最高的是京东，为0.9764；最低的为阿里，为0.9551，α 和 β 之和均接近1。

此外，该模型的测算结果还包括各大型互联网平台指数波动率与商业银行指数波动率之间的动态相关系数。结果如图8.3—8.6所示。[①] 由四张图可以看出，不同大型互联网平台与商业银行之间均存在动态相关关系，且呈正向相关，也即存在风险关联性。阿里与商业银行间的相关

[①] 由于大型互联网平台与商业银行之间的动态相关系数随时间变化而变化，本章省略具体数据结果，以齿状图形式呈现动态相关系数。

程度明显高于其他平台，系数均值在 0.7 左右。与阿里相比，腾讯与商业银行的风险关联性较弱，系数均值在 0.6 左右。百度和京东与商业银行的风险关联性最低，系数均值在 0.4—0.5 之间。

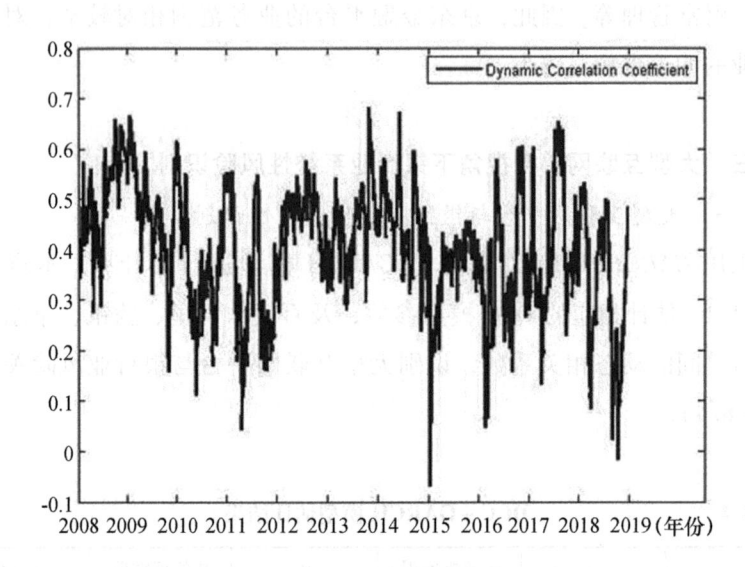

图 8.3　百度与商业银行动态相关系数

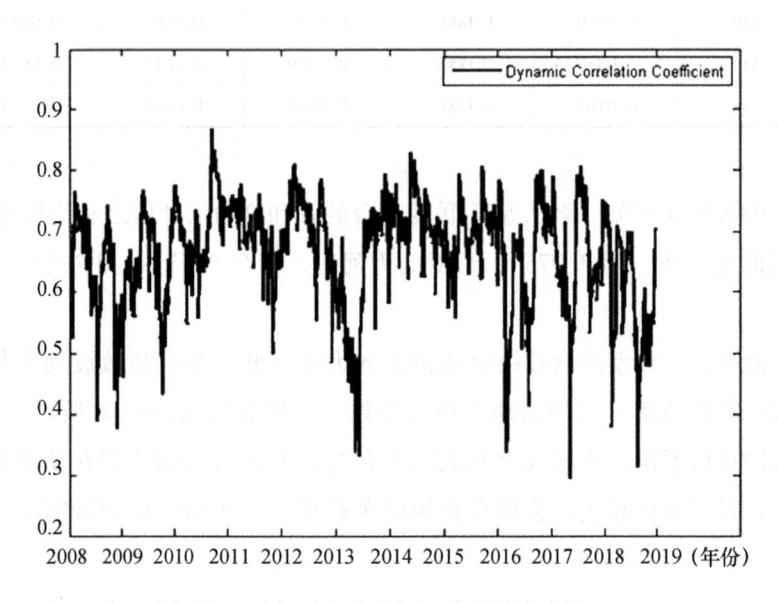

图 8.4　阿里与商业银行动态相关系数

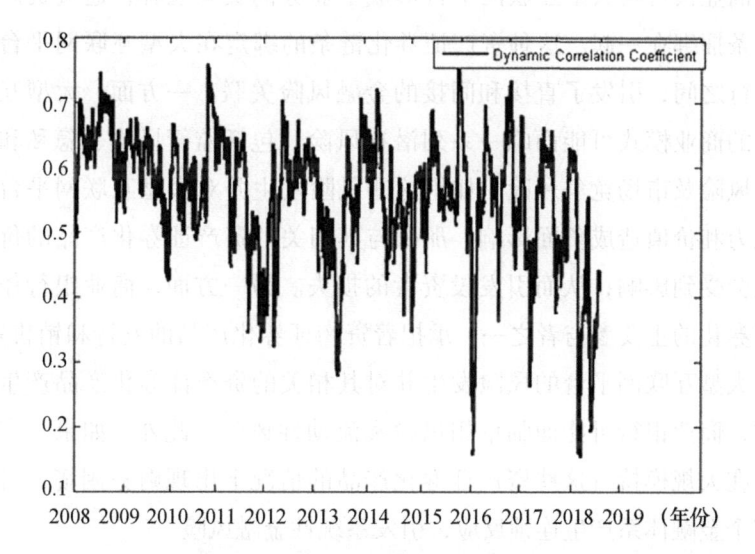

图 8.5 腾讯与商业银行动态相关系数

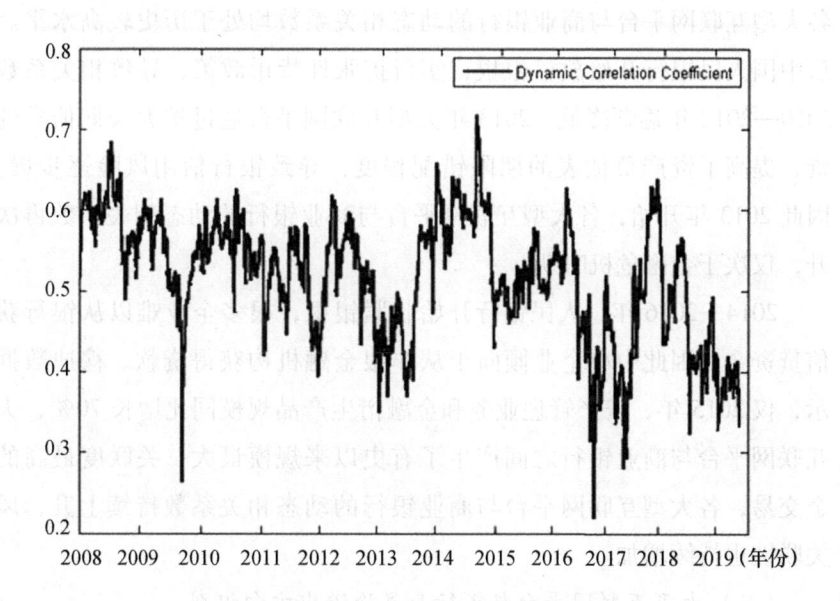

图 8.6 京东与商业银行动态相关系数

商业银行与大型互联网平台形成了业务的交叉互补，通过资产证券化链条捆绑在一起。这种资产证券化链条的绑定在大型互联网平台和商业银行之间，引发了直接和间接的金融风险关联。一方面，大型互联网平台的商业模式可能面临一系列潜在风险，包括监管风险、隐私和数据安全风险及市场竞争风险。如果这些风险发生并对大型互联网平台的盈利能力和价值造成负面影响，那么与其相关的资产证券化产品的价值也可能会受到影响，从而引发投资者的损失。另一方面，商业银行作为资产证券化的主要参与者之一，承担着资产证券化产品的发行和销售责任。如果大型互联网平台的风险发生并对其相关的资产证券化产品产生负面影响，商业银行可能面临信用风险和流动性风险。此外，如果一家商业银行在大规模持有这些资产证券化产品的情况下出现财务困境，可能会使整个金融体系产生连锁反应，引发系统性金融风险。

大型互联网平台和商业银行之间的风险关联性存在波动性。由图8.3—8.6可知，各大型互联网平台与商业银行之间的相关性在某些年份较陡峭，在某些年份较为平缓。2010—2011年，全球金融危机余威尚在，各大型互联网平台与商业银行的动态相关系数均处于历史较高水平。之后中国人民银行开始放松银根，实行扩张性货币政策，导致相关系数在2010—2012年逐渐降低。2013年大型互联网平台通过扩大长期债券的投资，提高了资产负债表的期限错配程度，导致银行信用风险逐步爆发。因此2013年开始，各大型互联网平台与商业银行的动态相关系数再次上升，仅次于金融危机时期。

2014—2016年，人民银行开始收紧银根，很多企业难以从银行获得信贷资金，因此中小企业倾向于从非银金融机构获得贷款。穆迪数据显示，仅2015年，资产管理业务和金融衍生产品规模同比增长70%，大型互联网平台与商业银行之间产生了有史以来规模最大、关联度最高的资金交易，各大型互联网平台与商业银行的动态相关系数持续上升，风险关联性也持续增加。

(二) 大型互联网平台与银行业风险溢出方向识别

为了识别大型互联网平台与银行业风险溢出方向，本章采用RATS软件对BEKK模型做出参数估计，估计结果如表8.5所示。

第八章 银行业系统性风险识别:大型互联网平台类

表8.5 大型互联网平台和商业银行间的波动溢出效应识别

	阿里	腾讯	百度	京东
	大型互联网平台 BEKK 模型			
矩阵 B	$\begin{Bmatrix} 0.97 & 0.092 \\ (73.79) & (0.25) \\ -0.114 & 0.85 \\ (-25.71) & (62.75) \end{Bmatrix}$	$\begin{Bmatrix} 0.968 & 0.093 \\ (65.12) & (0.25) \\ -0.22 & 0.74 \\ (-2.98) & (43.83) \end{Bmatrix}$	$\begin{Bmatrix} 0.97 & 0.017 \\ (16.79) & (0.756) \\ -0.04 & 0.93 \\ (-1.908) & (13.06) \end{Bmatrix}$	$\begin{Bmatrix} 0.992 & -0.027 \\ (47.17) & (-1.27) \\ 0.09 & 0.905 \\ (3.07) & (41.35) \end{Bmatrix}$
矩阵 A	$\begin{Bmatrix} 0.199 & -0.039 \\ (6.67) & (-0.46) \\ 0.02 & 0.163 \\ (2.629) & (5.035) \end{Bmatrix}$	$\begin{Bmatrix} 0.228 & -0.028 \\ (8.39) & (-0.56) \\ 0.037 & 0.194 \\ (2.96) & (9.21) \end{Bmatrix}$	$\begin{Bmatrix} 0.24 & -0.05 \\ (9.059) & (-0.98) \\ 0.075 & 0.419 \\ (5.58) & (13.94) \end{Bmatrix}$	$\begin{Bmatrix} 0.192 & 0.056 \\ (2.952) & (1.097) \\ -0.263 & 0.389 \\ (-3.37) & (8.678) \end{Bmatrix}$
对数似然率	$L = -4287.12$	$L = -4200.49$	$L = -4326.85$	$L = -3356.99$
	大型互联网平台假设检验			
I 和 S 不存在溢出效应: $H_0:\beta_{21}=0,$ $\alpha_{21}=0,$ $\beta_{12}=0,$ $\alpha_{12}=0$	$L = -4280.37$ LR = 6.83 [0.13] Wald = 12.53 [<0.01]	$L = -4210.49$ LR = 6.99 [0.17] Wald = 15.44 [<0.01]	$L = -4319.35$ LR = 29.34 [0.057] Wald = 6.176 [<0.019]	$L = -3355.18$ LR = 14.00 [<0.01] Wald = 24.31 [<0.01]
不存在 I 向 S 的溢出效应: $H_0:\beta_{12}=0,$ $\alpha_{12}=0$	$L = -4275.49$ LR = 0.98 [0.67] Wald = 1.609 [0.45]	$L = -4212.53$ LR = 0.142 [0.93] Wald = 0.188 [0.91]	$L = -4318.44$ LR = 1.424 [0.491] Wald = 2.26 [0.32]	$L = -3358.49$ LR = 2.61 [0.27] Wald = 1.53 [0.12]
不存在 S 向 I 的溢出效应: $H_0:\beta_{21}=0,$ $\alpha_{21}=0$	$L = -4295.33$ LR = 6.7 [0.031] Wald = 13.57 [<0.01]	$L = -4215.44$ LR = 33.15 [<0.01] Wald = 93.61 [<0.01]	$L = -4320.19$ LR = 19.48 [0.038] Wald = 13.77 [<0.01]	$L = -3359.63$ LR = 12.88 [<0.01] Wald = 14.76 [<0.01]

注:括号内为 t 值,S 为大型互联网平台,I 为商业银行。

假定大型互联网平台和商业银行之间不存在直接的溢出效应,即 H_0: $\beta_{21}=0,\alpha_{21}=0,\beta_{12}=0,\alpha_{12}=0$。似然比(LR)检验可以在1%显著水平上拒绝原假定。同样 Wald 检验可得出四个元素并不是联合为0。上述检验可以确认两个市场存在波动溢出,但是无法确定溢出方向。

进一步地,本章假定商业银行不会对大型互联网平台产生溢出效应,即 $H_0:\beta_{12}=0,\alpha_{12}=0$。此时模型的似然值相对于不加限定条件的 BEKK 模型,几乎没有下降。同样,Wald 检验也不能拒绝原假定(p 值大于

0.1)。相反，如果假定大型互联网平台不对商业银行产生溢出，即 H_0：$\beta_{21}=0, \alpha_{21}=0$，似然比检验和 Wald 检验均拒绝该原假定（p 值小于 0.01）。由此可识别，两个市场间的溢出效应方向主要是由大型互联网平台流向商业银行。

四 大型互联网平台视角下银行业系统性风险识别异质性分析

大型互联网平台与商业银行之间的风险关联性不仅表现为各类型大型互联网平台与银行业存在动态相关系数，还表现为各大型互联网平台与不同类型的商业银行之间存在风险关联性。因此，对大型互联网平台视角下银行业系统性风险识别进行异质性分析，也是风险关联性识别的重要内容。根据银保监会按照规模、所有权等特征对商业银行的分类，本章将商业银行分为大型商业银行、股份制商业银行和城市商业银行（简称"城商行"）三类，分别与阿里、腾讯、京东及百度进行风险关联性识别，结果发现，不同大型互联网平台与三类商业银行均存在风险关联性，且程度不同（见图 8.7—8.18）。

大型互联网平台利用其庞大的用户基础和先进的技术平台提供一系列金融服务，这些服务通过直接连接个人和企业绕过传统银行作为中介的需求，打破了传统银行模式。这导致大型商业银行面临日益激烈的竞争，并在某些领域影响了它们的市场份额。大型互联网平台在金融领域引入了技术创新、灵活性和以用户为中心的方法，提供便捷、用户友好和高效的金融服务。这给大型商业银行带来了适应和现代化运营、客户界面和数字产品的压力，以保持竞争力。一些大型商业银行已经通过投资数字化转型、与大型互联网平台合作或开发自己的金融大型互联网平台来应对这一挑战。大型互联网平台拥有海量的用户行为和交易数据，这为它们提供了洞察客户偏好和风险预警的能力。这种数据优势使它们能够开发更准确的信用评分模型、加强欺诈检测，并提供个性化的金融产品。大型商业银行不得不应对利用自身数据资源和投资先进分析技术改善风险管理和客户定位的挑战。

大型互联网平台与股份制商业银行之间的合作可能涉及信贷、融资和借款等方面，如果大型互联网平台出现经营困难或者债务违约等问题，将对商业银行的资产质量和信贷风险产生影响。大型互联网平台通常具有较大的资金需求，如果它们在资金周转方面遇到困难，或者无法及时偿还债务，股份制商业银行可能面临流动性风险。这可能导致银行资金链断裂，影响其正常运营。大型互联网平台股价的波动对股份制商业银行的投资组合和持有的股票产生影响。如果大型互联网平台股价大幅下跌，商业银行可能面临投资亏损风险。如果股份制商业银行过度依赖某个或少数几个大型互联网平台作为业务支撑或主要客户，那么大型互联网平台经营出现问题或变化可能对股份制商业银行的业务和收入产生负面影响。

大型互联网平台拥有庞大的移动支付和电子商务平台，如果这些公司涉足区域性银行的支付领域，可能对传统的银行支付系统造成竞争压力。这可能导致区域性银行的支付业务受到冲击，甚至影响其盈利能力。大型互联网平台拥有庞大的用户数据和交易信息，如果它们进一步涉足信贷业务，可能通过自身的预警模型对借款人进行信用风险预警，进而颠覆传统银行的信贷模式。这可能导致区域性银行的信贷业务受到冲击，面临信用风险的增加。大型互联网平台在处理用户数据和交易信息时面临着巨大的数据安全挑战。如果这些公司涉足区域性银行的业务，它们将接触到更多敏感的金融数据。数据泄露、黑客攻击或内部失职等风险可能会导致用户的金融隐私受到侵犯，对区域性银行的声誉和业务造成严重影响。

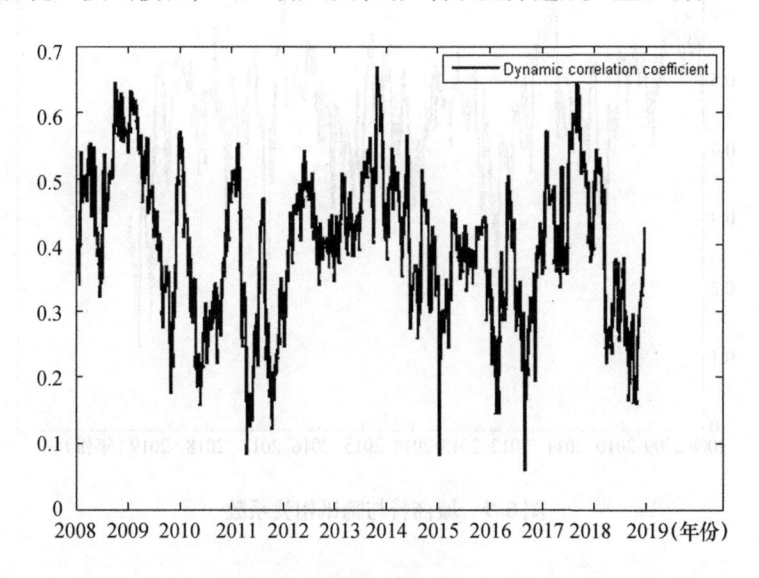

图 8.7　城商行与百度相关系数

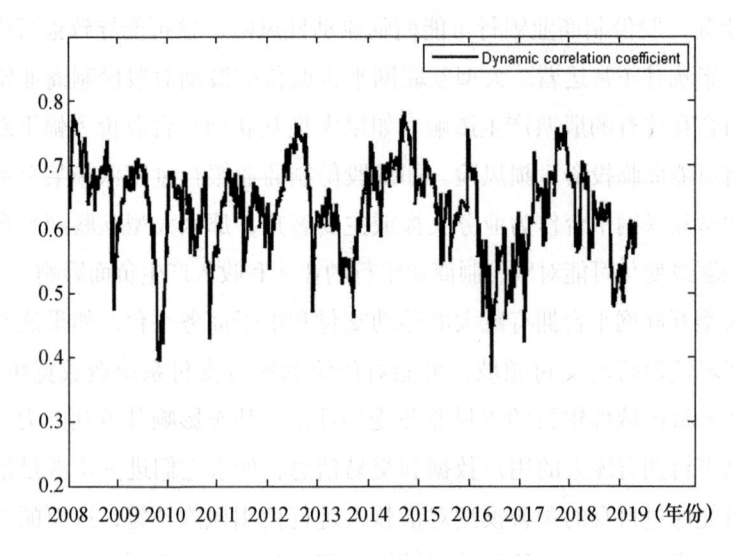

图 8.8　城商行与阿里相关系数

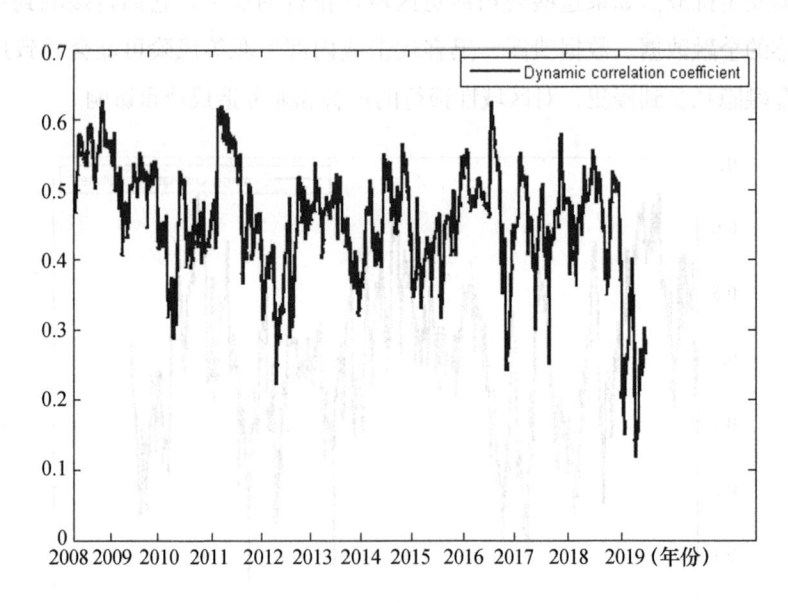

图 8.9　城商行与腾讯相关系数

第八章 银行业系统性风险识别:大型互联网平台类 237

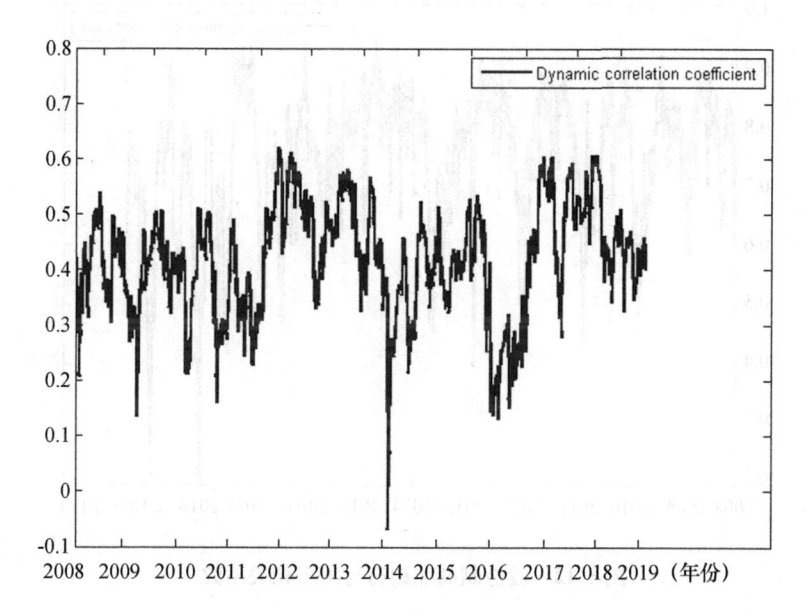

图 8.10 城商行与京东相关系数

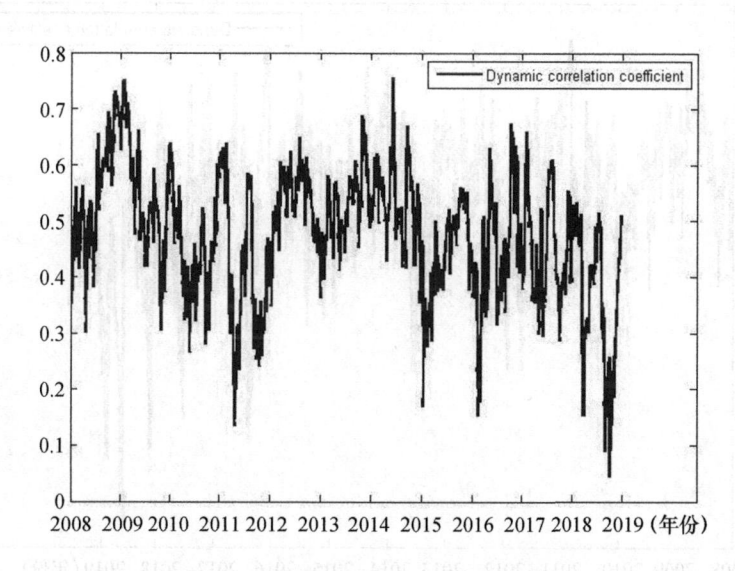

图 8.11 股份制商业银行与百度相关系数

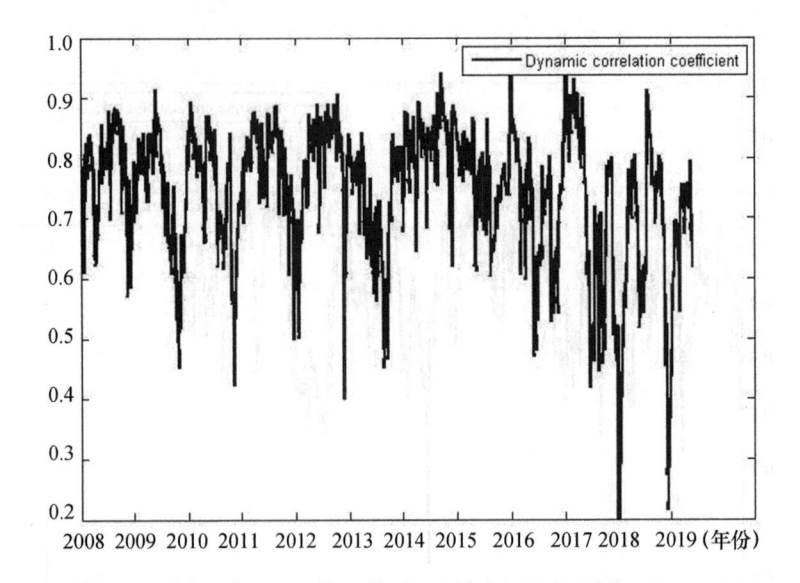

图 8.12　股份制商业银行与阿里相关系数

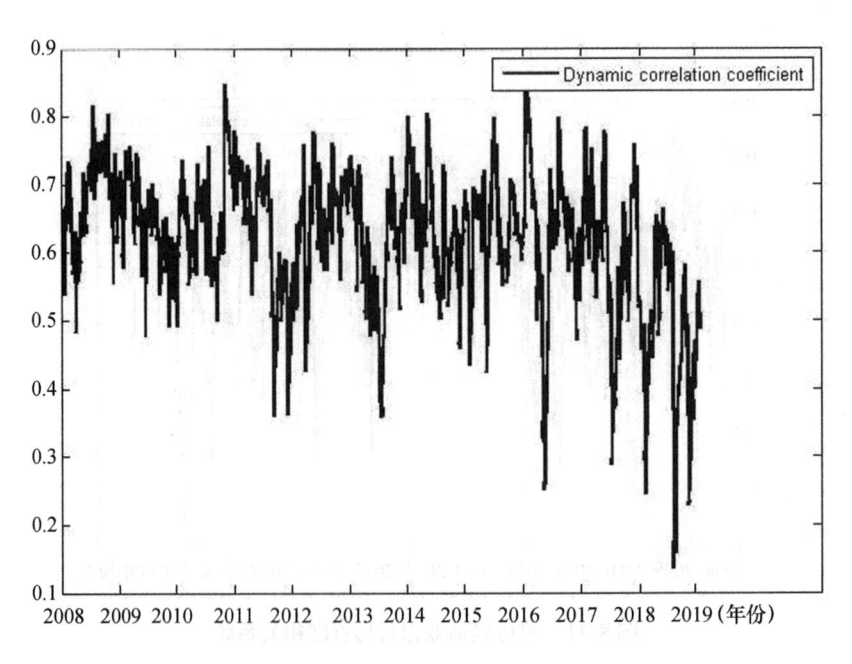

图 8.13　股份制商业银行与腾讯相关系数

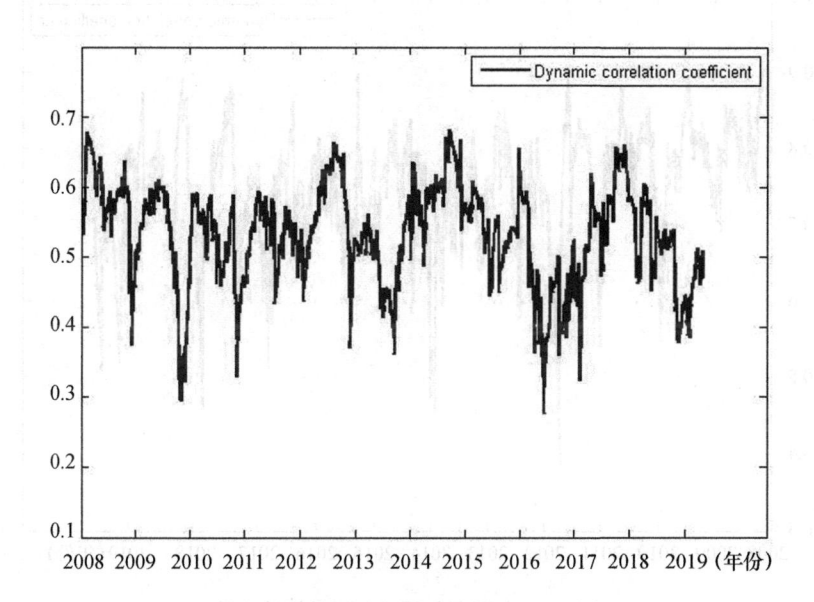

图 8.14　股份制商业银行与京东相关系数

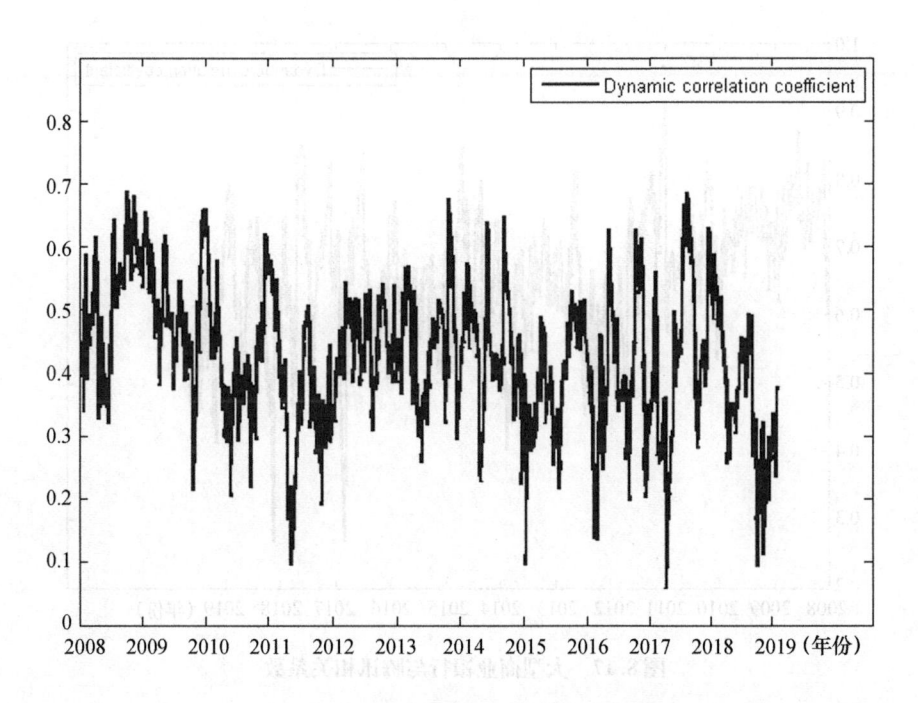

图 8.15　大型商业银行与百度相关系数

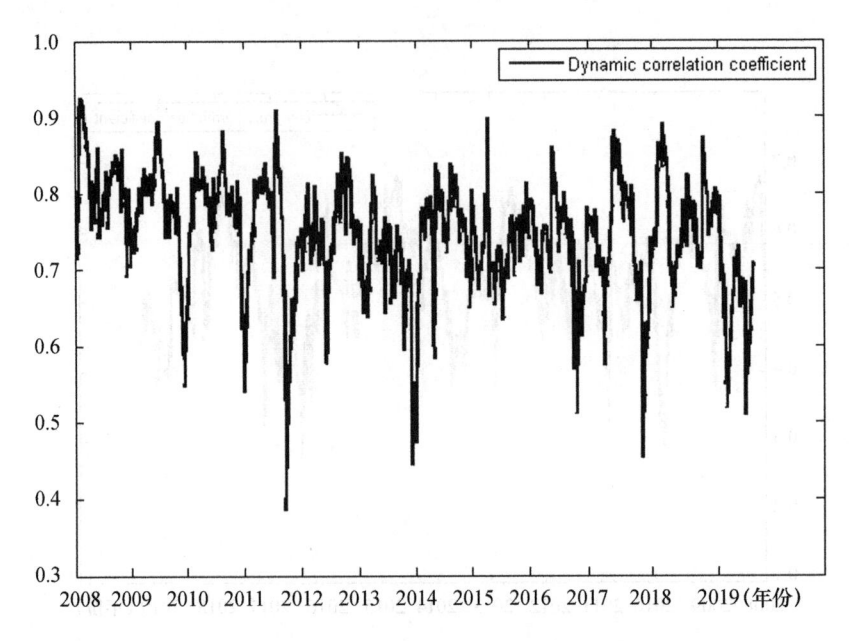

图 8.16　大型商业银行与阿里相关系数

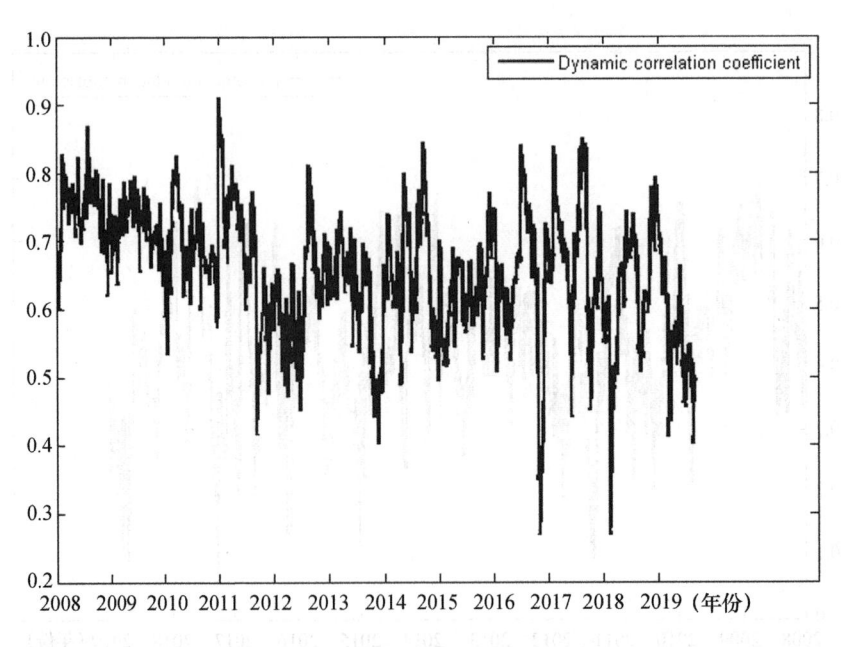

图 8.17　大型商业银行与腾讯相关系数

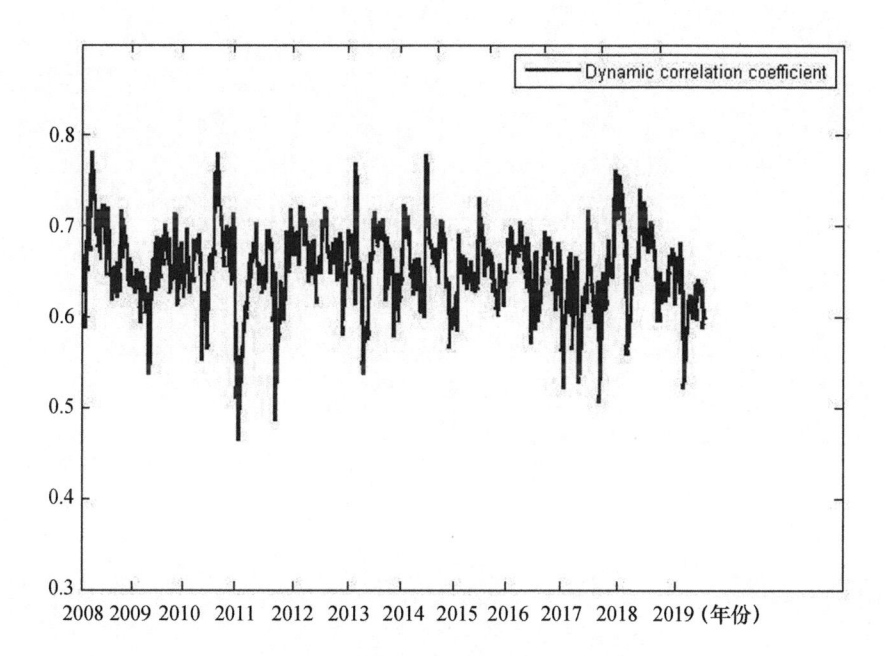

图 8.18 大型商业银行与京东相关系数

第五节 小结

本章采用一个统一的研究框架,将大型互联网平台和商业银行纳入考虑范围。基于它们之间的交叉业务关系,识别它们之间的风险传染机制,同时以百度、阿里、腾讯和京东为例,识别大型互联网平台视角下的银行业系统性风险,再对其动态时变特征进行量化分析。结果表明:大型互联网平台与商业银行之间具有风险关联性,且由于自身风险不同,大型互联网平台对于不同类型商业银行的风险溢出存在异质性。风险识别结果还显示,不同大型互联网平台对商业银行风险溢出贡献度不同。

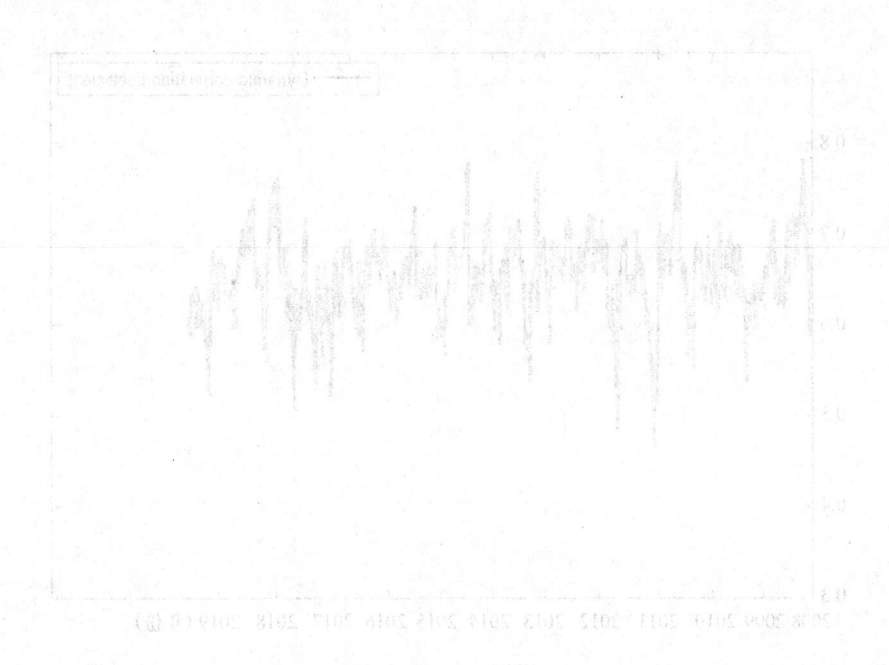

第Ⅲ部分

平台金融视角下银行业系统性风险防范

第Ⅲ部分

平金合成树脂及工程作业
系统性风险防范

第九章

银行业系统性风险预警

本书第三部分为系统性风险防范相关研究,包括风险预警和监管两部分。本章将运用风险预警模型对当前及未来银行业系统性风险水平进行预警。由于当前并无模型直接预警银行业系统性风险水平,因此本章运用拓展的 SCCA 模型,先对当前银行业系统性风险进行计量,然后基于逐步回归法找出影响风险变化的各项因素,以预警平台金融视角下的银行业系统性风险水平。

第一节 SCCA 模型设定

根据会计恒等式,银行资产等于风险债务和股权价值的总和,即:

$$A_t = E_t + D_t \tag{9.1}$$

其中 A_t 代表资产的市场价值,E_t 代表公司股权的市场价值,D_t 是风险债务的市场价值。并且资产的市场价值 A_t 服从几何布朗运动,即:

$$dA_t = \mu_A A_t dt + \sigma_A A_t dW_t \tag{9.2}$$

其中 W_t 代表维纳过程,满足 $W_t = \varepsilon \sqrt{t}$。$\mu_A$ 和 σ_A 为资产市场价值 A_t 的平均数和方差,也即资产的收益率和波动率。$\mu_A \in R$,$\sigma_A > 0$,$\varepsilon \sqrt{t}$ 服从正态分布。由于资产的期望收益率无法估计,因此用无风险利率 r 代替。

根据或有权益法,公司股权的市场价值 E_t 可以视为资产 A_t 的看涨期权,且期权的执行价格为公司债务违约阈值 B。假设负债到期日为 T,出始时刻为 0,根据 Black – Scholes 期权定价公式,公司股权市值 E_t 可以表示为：

$$E_t = A_t N(d_1) - B_t e^{-r(T-t)} N(d_2) \tag{9.3}$$

$$A_T = A_t e^{\left[(r - \frac{\sigma_A^2}{2})(T-t) + \sigma_A \varepsilon \sqrt{T-t}\right]} \tag{9.4}$$

其中 N 为标准正态分布函数。且：

$$d_1 = \frac{\ln\left(\frac{A_t}{B_t}\right) + \left(r + \frac{\sigma_A^2}{2}\right)(T-t)}{\sigma_A \sqrt{(T-t)}} \tag{9.5}$$

$$d_2 = d_1 - \sigma_A \sqrt{(T-t)} \tag{9.6}$$

由于 A_T 随机波动，T 时资产市值 A_T 可能小于 B 而出现违约。因此 t 时刻预期的实际违约概率 PD 为：

$$\begin{aligned} PD_t &= Pr(A_T < B) = Pr(\ln A_T < \ln B) \\ &= Pr\left[\varepsilon < -\frac{\ln\frac{A_T}{B} + \left(r - \frac{1}{2}\sigma_A^2\right)(T-t)}{\sigma_A \sqrt{(T-t)}}\right] = N(-d_2) \end{aligned} \tag{9.7}$$

d_2 为实际概率下的违约距离，$N(-d_2)$ 表示实际违约概率。当负债到期时，若公司的资产市值低于负债水平，违约即发生。

风险债务的市场价值 D_t 是违约阈值 B 与违约担保价值 PE_t 的差值，因此：

$$D_t = B e^{-r(T-t)} - PE_t \tag{9.8}$$

$$PE_t = B e^{-r(T-t)} \Phi(-d_2) - A_t \Phi(-d_1) \tag{9.9}$$

$$E_t = A_t \Phi(d_1) - B e^{-r(T-t)} \Phi(d_2) \tag{9.10}$$

从模型来看，式中 σ_A 和 A_t 无法直接观测，但是公司股权的市场价值 E_t 和公司债务违约阈值 B 可以从资产负债表中获得，因此 σ_A 可以用股票市值波动率 σ_E 转换得到，利用 E_{t-1} 反向求得 A_t 并反复迭代，直至 σ_A 收敛：

$$\sigma_A = \frac{E_t \sigma_E}{A_t \Phi(d_1)} \tag{9.11}$$

最终求出 A_t 和 σ_A 以及债务的违约距离 PD 和潜在损失 ES。

SCCA 是运用 EVT 理论描述个体银行预期损失的边际概率分布。极值的分布依据 Fisher – Tippett 定理，如果存在常数序列 $\{a_n\}(a_n > 0)$ 和 $\{b_n\}$ 及非退化的极限分布 G，使：

$$\lim_{n\to\infty} Prob\left\{\frac{M_n - b_n}{a_n} \leqslant x\right\} = G(x), x \in R \qquad (9.12)$$

则 $G(x)$ 为 Frechet、Weibull、Gumbel 三种分布族中的一种，且要根据拟合效果选择合适的边际损失分布。基于时变多元 Copula 函数的相依结构，选取常见多元正态 Copula 函数描述相依关系：

$$C(u_1, u_2, \cdots, u_{n-1}, u_n; \rho) = |\rho|^{-\frac{1}{2}} e^{\left\{-\frac{1}{2}\varepsilon^T \rho^{-1}\varepsilon - \frac{1}{2}\varepsilon^T\varepsilon\right\}} \qquad (9.13)$$

其中，$\varepsilon = (\varepsilon_1, \cdots, \varepsilon_n)^T = [\Phi^{-1}(u_1), \cdots, \Phi^{-1}(u_n)]^T$。$\rho$ 为相关系数矩阵，基于时间变化趋势中变量之间的相依关系，运用 DCC – GARCH 方法计算 ρ_t 的变化过程：[1]

$$Q_t = (1 - \alpha - \beta)\bar{Q} + \beta Q_{t-1} + \varepsilon^T_{t-1}\varepsilon_{t-1} \qquad (9.14)$$

其中 Q_t 为协方差矩阵，$\bar{Q}$ 为无条件协方差；α 和 β 为 DCC – GARCH 的估计参数。

根据上述极值分布及时变多元 Copula 函数的估计参数，利用 Monte Carlo 模拟样本数据，将置信度 a 下的银行业整体在险价值 VaR 和预期损失 ES 作为银行业系统性风险水平：

$$VaR_{a,t} = \sup\{F^{-1}_{t,\mu,\sigma} \mid Pr[P_{n,t} > F^{-1}_{t,\mu,\sigma}] \geqslant a\} \qquad (9.15)$$

$$ES_{a,t} = -E(P_{n,t} \mid P_{n,t} \geqslant VaR_{a,t}) \qquad (9.16)$$

第二节 SCCA 模型指标选取

根据上文设定，模型中的各变量分别为资产的期望收益率 μ_A、公司股权的市场价值 E_t、公司债务违约阈值 B 和股权波动率 σ_E。由于 μ_A 无法估计，因此用无风险利率 r 代替。

---

[1] 参考 Engle, R., "Dynamic Conditional Correlation: A Simple Class of Multivariate Generalized Autoregressive Conditional Heteroskedasticity Models", *Journal of Business and Economic Statistics*, Vol. 20, No. 3, 2002。

无风险利率 r。发达国家利率市场化程度较高，无风险利率水平通常由市场决定，所以国债利率可看作无风险利率。但是中国利率市场化程度较低，债券定价市场化程度不高，参考现有金融资产定价研究中的无风险利率选择，本章选取中国人民银行公布的三个月期存款利率作为无风险利率 r，也即资产的期望收益率 μ_A。

公司股权的市场价值 E_t。由于国内资本市场存在特殊性，因此推算国内上市银行金融股权市场价值时，需要利用每股净资产代替非流通股价格，且由于部分上市银行同时在 A 股和 H 股上市，因此 H 股的市值也应纳入计算范围。银行权益市场价值 E_t = 期末非流通股股本数 × 期末每股净资产值 + A 股总市值 + H 股总市值 × 港币兑人民币汇率。其中 A 股总市值 = A 股总股本 × A 股收盘价，H 股总市值 = H 股总股本 × H 股收盘价。

公司债务违约阈值 B。财务违约点介于流动负债与总负债之间，因此 B ≈ 流动负债 + 50% 非流动负债。流动负债包括同业存放、央行借款、拆入资金、交易性金融负债、衍生金融负债、卖出回售金融资产款、应付股利、应付职工薪酬、应付税费和其他应付款项目；非流动负债包括吸收存款、应付利息、应付债券、预计负债、递延所得税负债和其他负债等。[1]

股权波动率 σ_E。股权波动率是由每家银行收盘价信息和季度交易日数量计算得出。首先计算个股日收益：$k_i = \ln P_i - \ln P_{i-1} = \ln\left(\dfrac{P_i}{P_{i-1}}\right)$，之后根据标准差得到波动率 $\alpha_i = \sqrt{\dfrac{1}{n-1}\sum_{i=1}^{n}(k_i - \bar{k})^2}$，季度股权波动率 σ_E 为日股权波动率 $k_i \times \sqrt{n}$。

由于需要对平台金融出现前后的银行业系统性风险水平做出比对，因此本章的 SCCA 模型去掉上市时间较短的银行，选取剩下的 16 家上市银行。以最晚上市的光大银行为基准，选用 2010 年 8 月 18 日至今的市场

---

[1] 流动负债和非流动负债定义来自曹琳、原雪梅《基于或有权益分析法的中国银行业系统性风险测度》，《金融经济学研究》2017 年第 3 期。

数据及该时间段内上市银行的经营数据。数据期内，全球经济进入后危机时代，国内经济经历了资本市场的大幅波动，平台金融也在此期间从野蛮生长到平稳发展，因此该时间段内的数据可以有效说明平台金融影响下的银行业系统性风险水平，对于研究银行业系统性风险有较强的参考意义。本章研究所需的数据主要来自 Wind 数据库，部分数据来自人民银行、金融监管总局和国家统计局官方网站。

第三节 拓展的 SCCA 模型设定

拓展的 SCCA 模型将上文中 VaR 和 ES 结果作为银行业系统性风险替代指标，平台金融相关变量作为主要解释变量。并根据孙强和崔光华的研究,[①] 将其他银行业系统性风险水平影响因素作为风险导向指标。具体而言，运用平台金融数据、银行业经营水平数据及部分宏观经济中介变量数据，探究该变量组是否对银行业系统性风险造成了影响。模型设定如下：

模型 1：

$$VaR_t = \alpha_1 IF_t + \beta_1 BANKPROFIT_t + \gamma_1 CONTROL + K_1 + \varepsilon_1 \quad (9.17)$$

模型 2：

$$ES_t = \alpha_2 IF_t + \beta_2 BANKPROFIT_t + \gamma_2 CONTROL + K_2 + \varepsilon_2 \quad (9.18)$$

VaR_t 和 ES_t 为因变量，表示银行业系统性风险。VaR_t 为在险价值，ES_t 为预期损失，二者均为 SCCA 的模型结果。t 代表时间，ε_1、ε_2 为随机干扰项，K_1、K_2 为常数。IF_t 表示平台金融相关变量，为本模型主要解释变量，$BANKPROFIT_t$ 表示 t 时刻其他银行业系统性风险水平影响因素，$CONTROL$ 表示控制变量，α_1、α_2 为平台金融相关变量的系数，β_1、β_2 表示其他影响因素的系数，γ_1、γ_2 表示控制变量的系数。

第四节 拓展的 SCCA 模型指标选取

平台金融视角下的银行业系统性风险主要影响因素为平台金融相关

[①] 孙强、崔光华：《我国银行业系统性风险预警指标体系设计与实证分析》，《中央财经大学学报》2017 年第 2 期。

变量，此外，银行业经营水平和宏观经济发展水平均会对银行业系统性风险水平产生影响，因此 SCCA 模型结果 VaR 和 ES 为模型的被解释变量，平台金融相关变量为模型的主要解释变量，剩余解释变量为银行业经营水平相关变量，控制变量为宏观经济中介变量。解释变量和控制变量可以更好地说明平台金融发展规模、银行经营水平和宏观经济波动对于银行业系统性风险的影响（见表9.1）。

表9.1　　　　　　　　　　　相关变量说明

	指标分类	变量名称	定义	依据
被解释变量	系统性风险	VaR	银行业系统性风险	风险水平
		ES		
解释变量	平台金融	IF	平台金融指数	发展水平
	银行业经营水平	CAR	资本充足率	风险状况
		NPL	不良贷款率	
		LDR	贷存比	盈利水平
		NIM	净息差	
		CIR	成本收入比	
控制变量	宏观经济发展指标	GDP	金融行业生产总值	宏观经济
		$M2$	广义货币	货币供给
		CPI	居民消费价格指数	消费价格
		$SHIBOR$	银行间同业拆放利率	利率水平
		$INDEX$	沪深300指数	资本市场
		OD	各项存款余额	存款规模

在解释变量中，IF 为本模型的主要解释变量，表示平台金融发展水平，为自变量的主要影响因素。数据选取与上文模型一中的平台金融指数相同。剩余解释变量为风险导向指标，商业银行资本充足率 CAR 期望为负，资本缓冲较大的银行抗风险能力较强；商业银行不良贷款率 NPL 期望为正，不良贷款余额较高意味着风险较大；贷存比 LDR 是银行资产负债表中的贷款资产占存款负债的比例，50%是商业银行的盈亏平衡点。净息差 NIM 是生息资产的收益率，即净利息收入与平均生息资产规模的

比值；成本收入比 CIR 是银行营业费用与营业收入的比率，不应高于 45%。

在控制变量中，金融行业生产总值 GDP 属于宏观经济指标，指代金融业对国内生产总值的贡献度，M2 是货币供给指标，同时反映现实和潜在购买力，若 M2 增速较快，则投资和中间市场活跃。CPI 是消费价格指标，反映居民消费价格水平，银行间同业拆放利率 SHIBOR 属于利率水平指标，其为投资者在进行市场资金面分析时所需的一个重要指标。沪深 300 指数 INDEX 是国内首个涵盖沪深两市的指数产品，其样本股的行业分布状况基本与市场的行业分布状况接近，具有较好的代表性。金融机构存款余额 OD 表征存款规模。本研究所需的数据主要来自 Wind 数据库，部分数据来自人民银行、金融监管总局和国家统计局官方网站。表 9.2 为变量的描述性统计。

表 9.2　　　　　　　　　变量描述性统计

变量名	均值	标准差	最小值	最大值
VaR	42.31	47.76	0.218	197.6528
ES	48.33	52.15	0.238	202.6538
IF	199.61	129.60	71.54	715.57
CAR	12.52	2.09	11.10	13.45
NPL	1.26	1.15	0.90	1.76
LDR	65.31	4.73	63.10	67.74
NIM	2.11	0.11	1.67	2.44
CIR	29.67	4.73	25.30	35.30
GDP	9.06	0.44	8.25	9.75
M2	15.59	0.43	9.81	29.17
CPI	102.81	2.20	98.20	108.70
SHIBOR	2.38	0.90	0.80	6.69
INDEX	2157	617.82	1445	4528
OD	13.27	0.44	12.45	13.97

除被解释变量 VaR 和 ES，解释变量中 IF 为平台金融指数，表示平台金融发展水平，最大值为 715.57，最小值为 71.54，标准差为 129.60，波动幅度较大。剩余解释变量中，资本充足率 CAR 均值为 12.52%，高于监管水平 8%，最大值为 13.45%；不良贷款率 NPL 均值为 1.26%，最小值为 0.90%；贷存比 LDR 表示银行的盈利水平，表中 LDR 均值为 65.31%，标准差为 4.73；NIM 是生息资产的收益率，表中 NIM 平均值为 2.11%，标准差为 0.11，可以看出净息差 NIM 的波动性不强，数据较为平稳；成本收入比 CIR 是检验上市公司上年一年挣钱能力是否提高的标准，表中 CIR 的平均数为 29.67%，标准差为 4.73，最大值为 35.30%，最小值为 25.30%。

在控制变量中，金融行业生产总值 GDP 的最大值及最小值分别为 2007 年 8 月的 9.75% 及 2017 年 3 月的 8.25%。M2 发展趋势同 GDP 大致相同，只是从货币供给方面表征了中国经济形势的发展趋势，最大值为 29.17%。SHIBOR 在 2013 年年中时达到了最高点 6.69%，在 2009 年 3 月降至最低点 0.80%，均值为 2.38%。CPI 与 SHIBOR 走势类似，也在 2009 年降至最低点 98.20。由于 CPI 间接影响资本市场走势，因此 INDEX 与 CPI 的走势基本一致，均在 2008 年处于最高点 4528，2009 年处于最低点 1445。金融机构贷款余额 OD 取对数后均值为 13.27，最小值为 12.45，最大值为 13.97。

第五节　结果分析

运用系统或有权益分析法 SCCA 模型对平台金融出现前后的银行业系统性风险进行预警，之后运用拓展的 SCCA 模型及逐步回归法找出银行业系统性风险影响因素，预警平台金融视角下的银行业系统性风险。

一　SCCA 结果分析

运用 SCCA 模型预警平台金融影响下的银行业系统性风险分为三个主要步骤。第一步是根据各家上市银行资产 2010—2017 年各季度财务数据和股价，运用 CCA 模型计算该时间段内上市银行资产市值波动率及违约距离，如图 9.1 所示。

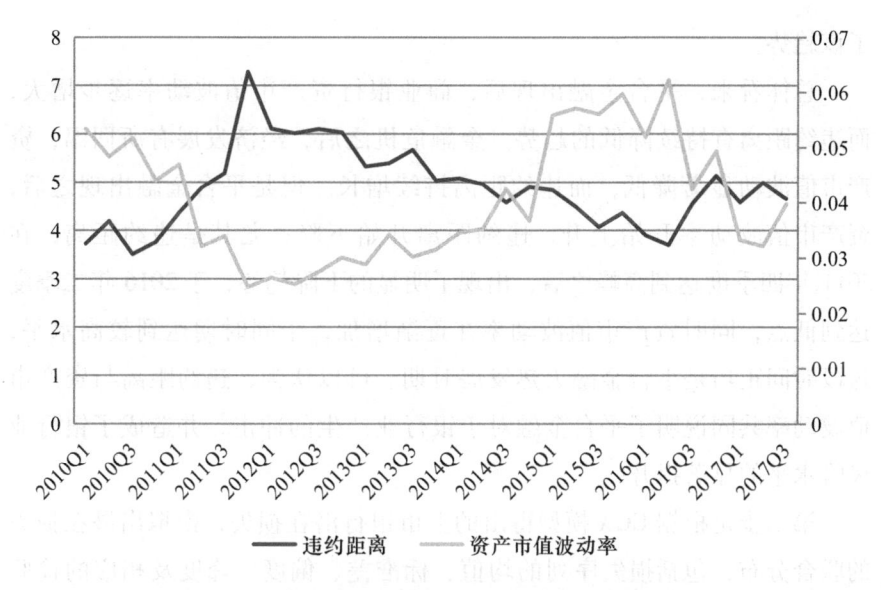

图 9.1 国内上市银行资产市值波动率及违约距离

图 9.1 反映了国内 16 家上市银行的资产市场价值波动率和相应的违约距离及其变化趋势。从图中可以看出，2010 年开始，国内上市银行市值波动率较高，之后开始下降，于 2011 年四季度降至最低点。2014 年三季度至 2015 年一季度之间出现小幅波动，此后继续上升。2015 年四季度升至次高位后出现小幅回落，2016 年二季度升至最高位。2015—2017 年波动幅度较大，近来又有上升趋势。

与资产市值波动率不同，违约距离在 2010 年一季度时较低，之后便持续上升，于 2011 年四季度达到最高点 7.281 后开始下降，2013 年一季度出现小幅回升后继续下降，并于 2016 年二季度时降至 3.698，之后违约距离缓慢回升，但于 2016 年四季度时开始下降。

在 CCA 模型中，资产市场价值波动率反映的是上市公司资产市值的离散程度，与方差类似，波动率越高说明离散程度越大，风险也越大。而违约距离反映的是上市公司资产市值期望值与违约点之间的距离，距离越大说明越不可能发生违约，相反距离越小说明公司越有可能违约。根据上述定义，违约距离与资产市值波动率通常呈现反向变化状态，也即违约距离越小，风险加剧，总资产市值波动率越大，图 9.1 较好地反映了该趋势。

总体看来，平台金融出现后，商业银行资产市值波动率逐步增大，而违约距离有持续降低的趋势。金融危机之后，经济发展有所回温，资产市值波动显著降低，而违约距离持续增长。但是平台金融出现之后，资产市值波动率开始上升，违约距离开始下降；尤其是违约距离，在2011年四季度达到高峰之后，出现了明显的下降趋势，于2016年二季度达到低点，同时资产市值波动率在逐渐增加，于同时期达到较高水平，这段时间正巧是平台金融火热发展时期。可以认为，违约距离与资产市值波动率共同说明了平台金融对于银行业产生的冲击，并造成了银行业风险水平的显著提升。

第二步是根据CCA模型得出的上市银行潜在损失，模拟出潜在损失的联合分布，包括损失序列的均值、标准差、偏度、峰度及相应的检验结果。表9.3为所有上市银行潜在损失序列分布描述性统计。

表9.3 上市银行潜在损失序列描述性统计

	均值	标准差	偏度	峰度	JB统计	ADF检验
工商银行	2.74	7.96	3.95	19.10	480.98	-3.422
农业银行	0.52	0.43	2.37	6.52	16.64	-4.734
中国银行	0.61	2.34	5.59	32.63	1502.38	-6.282
建设银行	1.85	5.57	4.16	20.27	549.38	-11.922
交通银行	1.30	3.38	3.18	12.01	181.57	-7.062
华夏银行	0.19	0.28	3.99	18.98	476.97	-9.892
民生银行	0.45	0.87	3.03	11.68	167.15	-3.392
平安银行	0.71	1.16	1.83	4.88	24.90	-12.322
浦发银行	1.86	4.16	2.71	9.54	107.49	-5.742
兴业银行	1.98	4.08	2.40	7.54	64.77	-4.162
招商银行	3.09	6.41	2.59	8.96	92.86	-7.092
中信银行	0.82	2.05	3.51	14.77	280.64	-9.442
光大银行	0.41	0.55	3.23	13.46	232.18	-5.632
北京银行	0.56	1.06	2.53	8.41	81.64	-3.982
南京银行	0.32	0.47	3.10	13.58	224.67	-6.792
宁波银行	0.49	0.59	1.49	4.00	14.53	-4.982

注：所有检验P值均为0。

在描述性统计时，本章将上市银行做了简单分类，一类是国有大型银行，包括工商银行、农业银行、中国银行、建设银行和交通银行；一类是股份制上市银行，包括华夏、民生、平安、浦发、兴业、招商、中信、光大；剩下的是地区性上市银行，包括北京银行、南京银行和宁波银行。

从表9.3可以看出，样本区间内，数据的峰度大于正态分布，即 K > 3，而偏度大于0，因此该样本数据的尾部较厚且左偏，分布呈现"尖峰"及"高瘦"形状，就是俗称的"尖峰厚尾"非对称分布特性。而从JB统计及ADF检验结果看，JB统计中，由于所有检验P值均为0，因此该样本在5%及1%的显著性水平下拒绝原假设；所有数据序列平稳，不存在单位根，因此ADF检验通过。表9.4是边际分布模型参数估计结果及检验值。

表9.4　　　　　　　　边际分布模型参数估计结果及检验值

	位置参数	刻度参数	Log likelihood
工商银行	7.65	14.04	−143.76
农业银行	2.32	3.43	−97.22
中国银行	2.08	4.74	−103.32
建设银行	5.29	9.98	−131.31
交通银行	3.24	5.36	−109.67
华夏银行	0.25	0.57	−20.15
民生银行	0.87	1.44	−59.86
平安银行	1.26	1.57	−65.43
浦发银行	4.21	6.25	−115.69
兴业银行	4.25	5.80	−113.58
招商银行	6.76	9.45	−130.96
中信银行	1.98	3.45	−92.86
光大银行	1.34	2.76	−76.48
北京银行	1.07	1.62	−65.27
南京银行	0.49	0.86	−38.40
宁波银行	0.71	0.82	−39.34

续表

	位置参数	刻度参数	Log likelihood
时变 Copula 参数估计			
α	β	Log likelihood	AIC
-0.0536	0.9924	-276.4592	15.734

在模型设定中，本章认为 $G(x)$ 是 Frechet、Weibull、Gumbel 三种分布族中的一种，且应根据拟合效果选择合适的边际损失分布。根据表 9.4 的似然值，对边际部分进行参数估计后，Gumbel 分布拟合效果最好。第三步是根据多元时变 Clayton Copula 函数参数估计结果度量银行业系统性风险。表 9.5 为 99% 置信度下的 SCCA 模型预警结果。

表 9.5　　　　　　2010—2017 年国内银行业 SCCA 结果

季度	VaR	ES	季度	VaR	ES
2010Q1	21.2405	35.2561	2014Q1	2.1506	2.5245
2010Q2	30.3302	39.7930	2014Q2	3.7963	4.3363
2010Q3	24.4987	29.3669	2014Q3	6.7225	8.5599
2010Q4	19.5817	21.8180	2014Q4	31.2645	32.5665
2011Q1	11.5316	13.1142	2015Q1	17.7574	19.7271
2011Q2	36.7663	39.7312	2015Q2	56.5363	59.4127
2011Q3	2.9203	3.2721	2015Q3	78.9362	89.9944
2011Q4	0.2300	0.3400	2015Q4	21.2464	27.4472
2012Q1	0.6983	0.9894	2016Q1	57.5353	62.4365
2012Q2	0.3670	0.5208	2016Q2	59.3227	66.8443
2012Q3	0.5673	0.7094	2016Q3	32.4774	47.5546
2012Q4	1.4020	1.6574	2016Q4	29.7920	37.2120
2013Q1	21.6715	23.9755	2017Q1	33.4620	38.2320
2013Q2	11.5460	11.8502	2017Q2	35.4445	42.3620
2013Q3	1.3606	1.6525	2017Q3	37.8952	44.6620
2013Q4	1.4504	1.7536			

表9.5可以看出,置信度99%水平下的ES比VaR高,说明各银行风险简单加总得出的值并不能说明加入了相关性分析后的银行业系统性风险,也即在险价值VaR低估了系统性风险水平。

平台金融出现前后,银行业系统性风险存在明显的差别。2009年全球爆发金融危机,银行业系统性风险达到峰值,后危机时代,系统性风险逐渐降低。从表中可以看出,2010年一季度开始,风险水平基本呈下降趋势,于2011年三季度至2014年一季度到达最低,一度降至0.2300。之后,随着平台金融的出现及相应的爆炸性增长态势,银行业系统性风险开始上升,于2015年三季度时达到高峰,之后虽有下降,但是短暂的下降后又是稳步的上升,依照表9.5所示,未来仍存在风险上升趋势。图9.2反映了置信度99%水平下的ES和VaR值,也即2010—2017年中国银行业系统性风险水平。

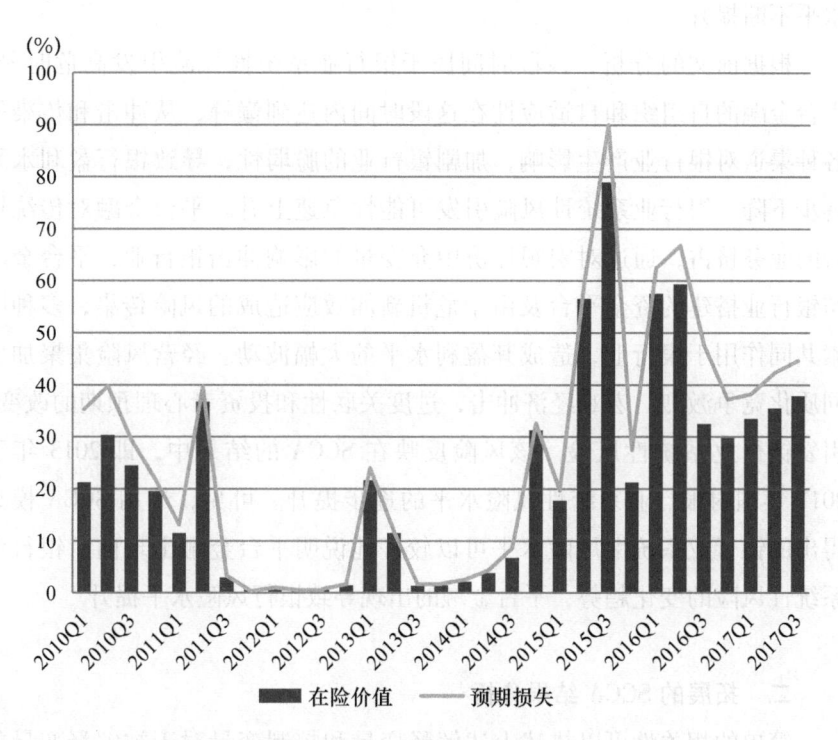

图9.2 2010—2017年中国银行业系统性风险水平

柱状图和折线图更加直观，从图9.2中可以看出，平台金融出现之前的系统性风险水平一度接近0，之后缓慢回升，2015年三季度时最高，之后便一直处于高位，且平台金融出现之前ES和VaR的波动幅度较小，出现之后波动幅度较大。从2010年一季度至2014年一季度，在险价值和预期损失基本呈现下降的态势，而在2014年平台金融出现之后，短短的三年时间，便出现了多次大规模的上升、下降及几个明显的拐点。

受美国次贷危机和全球金融危机的影响，2010年之前全球银行业系统性风险水平较高，但是随着经济的回暖，"三驾马车"等刺激政策及产业结构的调整，银行业系统性风险水平于2010—2013年降至最低水平。之后，由于产能过剩，企业债务压力增大，银行坏账不断增加，多方因素共同导致银行盈利水平显著下降。加上平台金融的规模不断扩大，挤占传统银行业务，对银行来说犹如"雪上加霜"，因此银行业系统性风险水平不断提升。

根据前文的分析，该段时间属于银行业系统性风险引发高危时刻，平台金融的自组织和自适应性在这段时间内达到巅峰，从冲击和传染等各种渠道对银行业产生影响，加剧银行业的脆弱性，导致银行盈利水平逐步下降，银行业系统性风险引发可能性急速上升。平台金融对传统银行的业务挤占，通过对宏观经济中介变量的影响冲击银行业，平台金融与银行业搭建的资金平台及由于危机新闻效应造成的风险传染，多种因素共同作用于银行业，造成其盈利水平的大幅波动。经营风险集聚加上同质化竞争激烈，宏观经济冲击，过度关联性和投资者心理预期的改变，引发银行业系统性风险。该风险反映在SCCA的结果中，即2013年至2017年国内银行业系统性风险水平的逐步提升。可见，运用SCCA模型得出的银行业系统性风险水平可以较好地说明平台金融出现前后银行业系统性风险的变化趋势，平台金融的出现导致银行风险水平提升。

二 拓展的SCCA结果分析

简单的相关性可以描述上述解释变量和控制变量对于被解释变量的影响及其显著性。相关系数越高，说明指标之间的相关程度越高，因此首先计算各指标的相关性。

表9.6 协方差矩阵

	SCCA	IF	NPL	NIM	OD	LDR	CIR	CAR	INDEX	GDP	M2	CPI	SHIBOR
SCCA	1												
IF	0.4437*	1											
NPL	0.7850*	0.6904*	1										
NIM	0.3748*	−0.1345	0.3393	1									
OD	−0.0124	0.7088	0.3528	0.0439*	1								
LDR	0.0919*	0.6219	0.3139*	−0.0347	0.6566*	1							
CIR	−0.4480*	−0.4774*	−0.5219	0.3576*	−0.4558	−0.3193	1						
CAR	−0.0638	0.6382*	0.1868	0.1750*	0.8210*	0.7315	−0.1847	1					
INDEX	0.6607*	0.7927	0.7569*	−0.6802*	0.3912	0.4101	−0.4422*	0.3718	1				
GDP	0.1335*	−0.6484	−0.1146	−0.287*	−0.8531	−0.8125	0.3336	−0.8704*	−0.2548*	1			
M2	0.2432*	−0.6001	0.0227	−0.3127*	−0.6392	−0.7308	0.2092*	−0.7235*	−0.2268*	0.8252*	1		
CPI	−0.1704*	−0.0598*	−0.1352	−0.0177*	−0.3121	0.0303*	0.2456*	−0.1988	−0.1423*	0.1710	−0.2599*	1	
SHIBOR	−0.4681*	−0.5271	−0.5460*	0.3193	−0.5521*	−0.3839	0.4293*	−0.4084*	−0.5360	0.4644*	0.0299	−0.2083*	1

注：*代表至少在10%的水平上统计显著。

可以看出，平台金融对银行业系统性风险的影响是正向显著的，说明平台金融发展规模与银行业系统性风险之间存在显著的正相关，也即随着平台金融规模的逐步扩大，银行业系统性风险水平逐步提升，初步可以认定平台金融发展规模是导致该风险引发的原因之一。在剩余的解释变量中，不良贷款率 NPL 与 SCCA 之间呈显著的正相关，相关系数为 0.7850，净资产收益率 LDR 与 SCCA 之间呈显著的正相关关系，相关系数为 0.0919，营业收入同比增长率 CIR 与 SCCA 之间呈显著的负相关关系，相关系数为 0.4480，资本充足指标 CAR 与 SCCA 之间呈显著的负相关，相关系数为 0.0638。上述四个指标，两个表示银行业风险状况，两个表示银行业利润水平。

从结果可以看出，银行业利润水平越高，风险越小；不良贷款率越高，风险越大，资本充足率越高，风险越低。这四个解释变量连同平台金融指数 IF 在内，共同说明平台金融发展水平以及银行业经营水平对银行业系统性风险造成了显著的影响。在控制变量中，金融行业生产总值 GDP、货币供给量 M2、金融机构存款余额 OD、居民消费价格指数 CPI 及沪深 300 指数 INDEX 与银行业系统性风险之间均具有显著的相关性。具体而言，金融行业生产总值 GDP 与 SCCA 之间显著正相关，相关系数为 0.1335，货币供给量 M2 与 SCCA 之间呈显著的正相关，相关系数为 0.2432，金融机构存款余额 OD 与 SCCA 之间呈显著的负相关，相关系数为 0.0124，居民消费价格指数 CPI 与 SCCA 之间呈显著的负相关，相关系数为 0.1704，沪深 300 指数 INDEX 与 SCCA 之间呈显著的正相关，相关系数为 0.6607。银行业的生存和发展离不开宏观经济环境，因此宏观经济中介变量对于银行业系统性风险也呈现出显著的影响，且基本为负向影响，也即经济上行时期，银行业系统性风险较小，反之经济发展处于下行时期，风险较大。接下来用逐步回归法、T 检验、R2 检验、DW 检验及 AIC 信息判断等对 SCCA 指标进行回归，选择银行业系统性风险的各类影响因素。表 9.7 为银行业系统性风险回归结果。

表 9.7　　银行业系统性风险回归结果

变量	Coef.
IF	0.099369 ***
	(6.05)
NPL	-18.99029
	(-0.39)
NIM	-0.468114
	(-1.37)
OD	-6.350335 ***
	(-3.37)
LDR	9.912657 **
	(2.63)
CIR	-3.682659
	(-2.57)
CAR	15.0986
	(1.07)
INDEX	-0.5908798
	(-0.78)
GDP	0.9077798
	(0.07)
M2	4.34742 ***
	(4.80)
CPI	-1.227229
	(-0.5)
SHIBOR	-0.437946
	(-1.08)
_cons	-162.9582
	(-0.63)

从表9.7可以看出，平台金融发展规模与银行业系统性风险呈显著的正相关，也即随着平台金融规模的逐步扩大，银行业系统性风险水平呈显著的上升趋势。从相关系数上分析，二者之间相关系数为0.099369，说明平台金融的发展水平可以作为银行业系统性风险的主要解释变量，

也证明了统计时段内的银行业系统性风险可以作为银行业系统性风险替代指标。

在剩余解释变量中，影响较大的是 NPL 和 NIM，说明银行业系统性风险对于不良贷款率和净息差反应较为敏感，而宏观经济中介变量中影响较大的是 M2 和 GDP，也即经济上行时期，银行业系统性风险水平会逐渐降低，而下行时期，风险水平会逐渐提高，货币供给对于银行业系统性风险有正向作用。

图 9.3 为回归模型的拟合效果。拟合效果图显示，显著性较大的 5 个变量与 SCCA 模型结果回归拟合效果较好，可以认为经由逐步回归法提取的变量组合可以准确说明银行业系统性风险水平。并且拟合效果可以更加直观地看出，平台金融出现之后，银行业系统性风险出现突然的显著性提升，之后是大幅度的剧烈波动。该现象也可以证明平台金融的无序发展对于银行业系统性风险的影响较大。

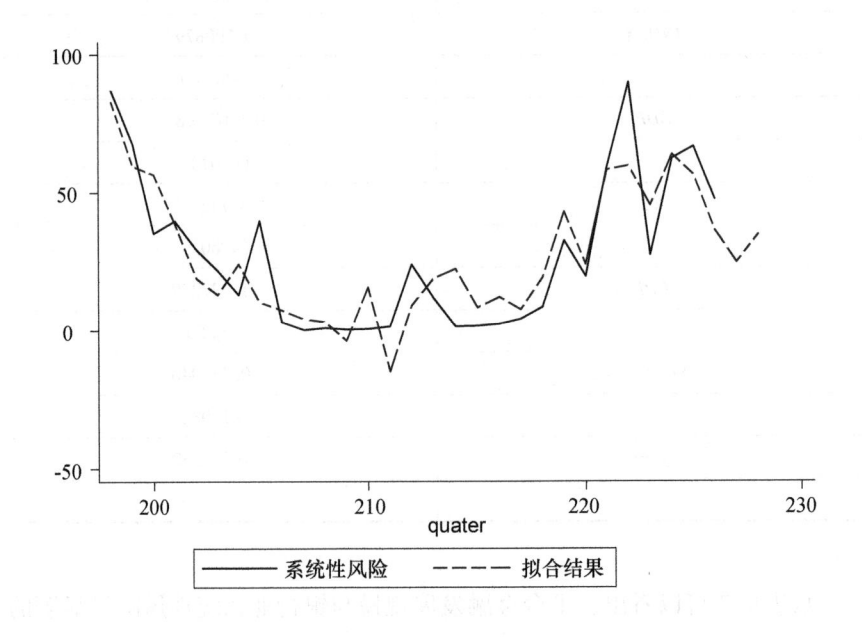

图 9.3　回归模型的拟合效果

由于平台金融存在自组织及自适应性，加之银行业的脆弱性，因此平台金融的发展从挤占传统银行业务、冲击宏观经济变量及风险的资金传染、信息传染等多角度对传统银行业的盈利水平造成了影响，传统银行在平台金融的冲击下风险集聚，最终引发银行业系统性风险，SCCA 模型结果证明了平台金融的无序发展对银行业风险水平提升所造成的影响。另外，平台金融的发展对宏观经济中介变量也会造成冲击，该冲击使银行业赖以生存的宏观经济环境出现了变化，宏观经济环境的变化又从经济发展水平、货币供需调整、利率汇率波动等角度对银行业整体盈利水平造成影响，并累积风险。平台金融的直接冲击和间接冲击共同作用于银行业，使银行业系统性风险水平大幅度提升。

第六节　小结

本章运用拓展的 SCCA 模型对银行业系统性风险进行了预警，结果表明当前银行业系统性风险水平比金融危机时低，但是与后危机时代相比，平台金融出现后的银行业系统性风险水平较高。后根据前文的风险引发机制，本章基于银行业系统性风险的影响因素及系数，建立回归模型，验证风险拟合效果，可以恰当地预警平台金融视角下银行业系统性风险。

第十章

银行业系统性风险监管

前文分析过，风险是在一定环境下和一定期限内，客观存在的风险构成要素相互作用的结果。在复杂网络中，风险要素就是各个节点，节点之间的相互作用既有可能推进复杂网络的升级，也有可能为复杂网络带来风险。复杂网络的三个重要特征：自适应性、自组织性及脆弱性，就是网络节点相互作用、引发风险的原因。复杂网络依靠节点进行发展和衍生，节点的变化离不开自适应性和自组织性，两种性质的结合使节点相互作用，为复杂网络带来风险可能性，并在脆弱性的催化下，演化为复杂网络风险。

第一节 复杂网络风险监管

复杂网络风险监管不同于一般线性关系和随机关系的风险监管。复杂网络结构复杂，节点之间连接多样，且连接关系不断改变；节点数量多，具有方向性，且状态随时间和空间发生变化，因此叠加性风险监管思路已不能满足复杂网络。在监管复杂网络风险时，除了针对所有节点采取统一措施，还要针对重要节点采取不同于一般节点的具体监管措施，此外还应将节点之间因相互作用造成的风险相关性纳入监管框架，将个体监管扩充为群体监管，最后引申至复杂网络监管。

平台金融视角下的银行业系统性风险作为平台金融与银行业组成的复杂网络的风险，在风险监管理念上也应从自组织、自适应及脆弱性三个风险引发原因入手，针对平台金融的无序发展、银行的被迫妥协和系统层面的脆弱性做出相应反馈。利用政府行政手段进行干预，改变市场环境对于金融机构的综合作用；控制平台金融的"发展欲"，打破其不规则发展和野蛮生长的恶性循环状态；调整银行的冗余体系结构，改变体制机制不够完善的现状，激发银行的自组织及自适应性，使其灵活性提升至正无穷，脆弱性降低至负无穷；完善银行与平台金融的合作，实现二者相辅相成的默契配合。[①]

具体监管手段也应遵循上述思路：首先对所有平台金融机构和银行采取个体统一监管措施，满足微观审慎要求，以避免个体金融机构出现信用风险、市场风险、操作风险等非系统性风险；其次将平台金融和银行业中规模较大、发展较快、重要性较高的大型机构单独列出，采取有针对性的措施进行一对一监管；最后基于风险相关性和业务关联度，将竞争与合作较为紧密的平台金融与银行作为共同体进行联合监管，从个体平台和机构入手，将个体监管扩展为群体监管，引申至平台金融和银行业组成的复杂网络，对整体风险进行监管。

因此银行业系统性风险监管将基于前文的引发机制，针对具体的监管对象，采取政策措施，并将每个主要监管渠道分别拓展，最终实现复杂网络体系下的风险监管。

第二节　促进平台金融健康发展

平台金融已经成为推动金融创新、提高金融服务效率的重要力量，因此规范发展平台金融是确保金融市场健康稳定发展的重要举措。监管部门应明确监管主体后，创新监管模式，升级监管手段，达到监管与创新的平衡统一。

一　"金融委"为监管主体

平台金融以及数字金融的发展凸显了中国金融领域跨界及综合经营的重大发展优势。对于平台金融的监管要区别于传统金融机构，突出其

[①] 朱辰、华桂宏：《基于内生驱动视角的欧洲金融互联网发展历程及启示》，《江苏社会科学》2018年第2期。

跨界及综合经营的特征，以功能和业态划分监管对象。在监管主体方面，平台金融要区别于传统的分业监管，由新成立的中央金融委员会统筹风险管控，结合国家金融监督管理总局，将原有管理结构变革为更加统一的金融监管组织架构。

2023年3月，中共中央、国务院印发《党和国家机构改革方案》深化党中央机构改革，组建中央金融委员会，加强党中央对金融工作的集中统一领导，负责金融稳定和发展的顶层设计、统筹协调、整体推进、督促落实，研究审议金融领域重大政策、重大问题等。[①]

平台金融的监管也应区别于传统金融的监管模式。由中央金融委员会下设数字金融创新和监管相关部门，协调金融创新与金融监管，并将平台金融的监管从机构监管转变为业态监管。中央金融委员会还可以与国家金融监督管理总局进行合作，统筹各部门，解决包括平台金融、影子银行、资产证券化等在内的监管协调问题，重点防范由平台金融、影子银行、资产证券化等金融业态无序发展引发的系统性金融风险。

二 "监管沙盒"为模式

平台金融作为数字金融创新主力，效率高、市场占比大、客户黏性强，许多业务一经推出便在社会上造成强烈反响，因此将其限制在一定的范围内进行"试验"是很有必要的。对此，监管部门可以引入英国金融行为监管局提出的金融"监管沙盒"模式。"监管沙盒"是一个"安全空间"，在安全空间内，数字金融平台可以测试其创新的金融产品、服务、商业模式和营销方式，不用在相关活动遇到问题时立即受到现实监管规则的约束。

"监管沙盒"的责任主体与平台金融监管主体一致，即国务院金融稳定发展委员会（以下简称"金融委"），同时中国人民银行和国家金融监督管理总局作为常规金融监管部门，可以协助监管主体进行试验，共同

[①] 《中共中央 国务院印发〈党和国家机构改革方案〉》，中华人民共和国中央人民政府，2023年3月16日，https://www.gov.cn/gongbao/content/2023/content_5748649.htm? eqid = d06ee613000041850000000066492b61c。

制定"监管沙盒"的详细计划，使监管流程透明化，监管目标标准化，设置负面清单促进平台金融企业的创新。将尽可能多的平台金融企业，包括从事互联网业务的金融企业或从事金融业务的互联网企业，纳入监管客体。尤其是作为复杂网络中心节点的一批系统性重要性平台金融企业，其对于复杂网络的影响可谓牵一发而动全身，应将其作为重点监管对象。

"监管沙盒"可设立限制性授权、监管豁免、免强制执行函等一系列具体措施，目的是以监管创新促进金融创新，同时又为风险及其应对留有制度空间。"监管沙盒"帮助金融创新在实际生活场景中进行测试，这种测试既不对消费者造成损害，也遵守了必要的法律规定。可以说，"监管沙盒"是在一定范围内，通过试验，主动合理地放宽监管规定，减少数字金融创新的规则障碍，并鼓励更多的创新方案由想法变成现实的创新监管模式。

三 数字金融为手段

平台金融利用大数据、社交网络、搜索引擎及云计算等信息技术优势，将互联网技术与金融业务结合，打造优于传统银行业务的数字金融服务。但同时，平台金融也会利用其轻资产、跨区域及高隐蔽性特征规避监管，游走在法律边缘，甚至凌驾于法律之上。因此对于平台金融的监管，除了明确以金融委为监管主体，构建"监管沙盒"模式，监管部门还应该针对平台金融的特殊性，将数字金融作为监管手段，对平台金融进行监管。

当前监管部门对于金融与科技的关系，二者的融合机制，数字金融的本质及表现形态，平台金融的风险环节和风险传染渠道的认识和研究仍不够深入。因此对于平台金融，要在把握上述问题的基础上，进行多方协调并运用数字金融手段进行监管。前文分析过，平台金融行业危机的主要原因在于平台金融的轻资产运营模式、跨区域经营；运用先进的科技手段和新名词诱骗投资者，混淆视听；自身虚假信息过多，风控水平低劣；大量"跑路平台"和以诈骗为目的的不法分子混于其中，逃避有关部门的监管。针对上述原因，在明确监管主体、模式、环境、标准的同时，必须利用数字金融手段，解决平台金融发展过程中面临的技术风控问题。具体措施包括建立数字金融风险管理体系，进一步促进数字金融监管的规则和工具的完善，建立有针对性的数字金融监管基础设施、基本原则、行业标准和监管工具等。

四 监管与创新平衡

针对中国平台金融发展中存在的某些问题与乱象，国务院办公厅公布了《互联网金融风险专项整治工作实施方案》。此后，全国各地陆续展开以平台金融专项治理为主要内容的统一监管行动。随着平台金融清理整顿工作的逐渐收尾，平台金融专项整治工作也逐步完成。各项监管细则渐次落地，行业治理持续深化，平台金融正式告别初期的无序发展状态，进入了理性发展的下一阶段。平台金融行业发展环境良好，风险水平总体可控是平台金融监管的最终目的，但是平台金融的监管也不能过于严苛，矫枉过正。

平台金融是当前数字金融创新的主要形态，其与现实生活联系紧密，创新速度较快。部分平台金融企业，如支付宝、财付通等将金融创新作为企业长期发展战略，因此对于平台金融而言，监管部门不能放弃传统监管过程及监管规范，但也应创新传统金融监管机制以适应创新金融市场。

创新与监管是左右手，互相补充，而非简单的矛盾关系。未来平台金融依然会基于互联网自身的特性不断向开放性和创新性发展，因此找到创新与监管的平衡点是平台金融有效风险监管的关键所在。金融委要提早转变传统监管模式，紧跟平台金融跨界与融合的步伐，出台原则性指导方针，保持监管措施弹性足够，建立全国范围内的联动监管机制，让平台金融企业在开发新型、改良产品服务及满足客户需求的同时，推动实现保护投资者、维护市场公平公正、保持金融稳定等监管目标。

第三节 数字手段推进银行发展

对银行业系统性风险进行监管，不能逆向科技发展趋势，一味地限制平台金融与银行业的竞争,而要顺应社会发展趋势,更换监管思路,鼓励银行业向平台金融学习。银行在精减机构框架的同时,应利用互联网技术提升发展规模,降低经营成本,提高盈利水平,更好地应对平台金融的挑战。国家金融监督管理总局应基于打造金融"网红"、实现"云端"模式转变、推动金融综合经营、建立数字化银行及优化现有"银平合作"等方面监督银行业的发展。

一 打造金融"网红"

当前是全球互联时代,"网红经济"十分热门,网络达人在互联网平台传递信息,通过打造品牌为自己"圈粉",同样银行业也可以打造金融圈"网红"。因此银行业向平台金融学习的第一步就是要运用互联网科技手段增强自身实力,树立品牌、创新宣传方式,营销产品,依靠互联网平台推动传统业务转型升级,将自身优势与热门产业结合,借鉴"网红"的思路,打造属于银行业的"网红现象"。

银行业打造金融圈的"网红"品牌,可以借鉴当前网络达人的营销方式,将银行搬至线上直播间进行业务宣传,加强银行与客户的线上互动,传递投资理财信息,增强消费者安全投资观念。更可以借用当下十分热门的智能聊天机器人,打造机器人"网红",一边与客户聊天,一边提供相应的金融服务。未来可以考虑将机器人和智能"投顾"结合,创新金融产品和工具,便于客户的投资组合管理。近年来,银行电子渠道占整体金融交易量的比例越来越高,因此银行业还可以借鉴消费零售行业4.0的场景消费概念和移动优先战略,加大智能投资顾问的运用,将银行服务和生活场景更紧密地结合,整合线下与线上渠道,未来的银行服务可能是集业务办理、逛街购物、娱乐消费甚至寻医问诊为一体的综合性服务。当然,传统银行打造平台金融产品成为"网红",应该放下过去的"偶像包袱",与消费者产生共鸣,银行本身的产品和服务还需为客户带来价值,打造正面的"网红"形象。[1]

---

[1] 朱辰:《互联网化的银行业系统性风险引发机制研究——基于复杂网络理论视角》,博士学位论文,南京师范大学,2019年,第176页。

二 实现"云端"模式转变

随着移动终端硬件技术和软件系统的发展,传统银行运营手段在互联网平台的辅助下,产生了新的模式。它们以互联网为平台,连接个人和企业的需求,以共享为表现形式和增长动力。一方面,依托移动终端的智能化使分散的银行业务随时随地互联;另一方面,保持诸如支付体系和身份识别等传统经营模式的安全功能。当下,第四次工业革命已经到来,传统的银行业乃至金融业已无法满足此次互联网产业的革新,数字经济发展亟须银行转型升级,告别原有金融模式,打造创新金融产品的云端架构,运用新的金融模式支撑第四次产业革命。[①]

因此,除了打造网红品牌,银行还可以通过整合资源,借力发展,将互联网技术作为抓手、金融互联网作为形式,开发基于社交平台的新型金融服务,使银行业从"柜台服务"转型为"云端服务"。具体而言,银行业应借助、移动通信、大数据、云计算、区块链等技术,提高银行业运行效率、科学决策水平和客户体验度,通过技术创新改变发展内核、运用金融互联网驱动传统银行业发展以提高其竞争力。传统银行业还应充分运用交易数据,延伸服务链条,加强金融互联网建设;基于信息化系统建设,为客户提供多元、个性化服务。此外,构建新型服务模式,如微信银行、微博银行等,将受"物理环境"约束的柜台服务转化为接近于"数理环境"的云端服务,引导研发团队进行技术创新,增强银行业科技含量,提高信息化和网络化程度,力求以银行业为基础,引领各行各业技术创新,驱动整体经济高效快速发展。

三 推动金融综合经营

金融综合经营是金融业全面发展、金融机构从业人员素质提高、金融产品不断创新的体现。现有研究表明,与区位经济、规模经济和政府推动类似,基于互联网的创新金融服务平台也是综合金融又一重要驱动

---

① 朱辰、华桂宏:《互联网金融对中国银行业系统性风险的影响——基于 SCCA 模型及逐步回归法的实证研究》,《金融经济学研究》2018 年第 2 期。

因素。传统银行业应通过网络平台服务和云端技术，拓展金融业务，推进金融综合经营，发挥数字金融对传统银行乃至经济发展的内生驱动作用。

由于金融产品不断创新，金融服务规模不断扩大，资金融通成本越来越低，金融各业态间的差异越来越小，综合金融变成了一种趋势，更为银行业带来战略优势和发展机遇。数字金融时代，银行业将以数字化技术为抓手，打破传统格局，增强银行业综合实力。互联网、移动通信和大数据技术的广泛运用有助于银行推出以数字平台为基础，服务、产品、功能和客户体验为一体的网络金融自选超市。数字金融可以将相对分散的众多个体通过平台集聚，形成更大势能，甚至可以将证券、保险等其他金融业态融合到传统银行业中，输出对应金融服务，打造金融综合经营。

银行业的竞争不仅取决于经营规模，更取决于信息化程度。国内银行应以数字技术为主要创新手段，将分散在各地的分支机构聚集到微型网点，业务范围从零售金融和企业金融拓展到金融市场。依托并购中小金融企业或银行，开启与金融领域内其他机构如保险公司、券商的合作，甚至可以将触角伸至其他行业，如地产企业、电信部门的合作，丰富线上平台的金融产品，打开云端银行的综合金融服务模式。

四 建立数字化银行

现有经济体系以企业部门为中心，经济活动多为企业服务，传统银行主要为企业建立往来账户并进行账目管理，居民对于传统的银行来说只是储蓄资源，银行也只是为家庭或个人提供简单的储蓄服务。然而现代网络数字技术及其应用使个人经济参与广度、频度、深度以及强度都获得了极大的提升，居民家庭部门庞大的经济势能得到了极大的释放，其已成为社会经济体系最为活跃的部分。借助于数字金融，银行可以建立一系列互联网交易平台，不但能满足大型企业账户管理的需求，也可以为小微企业或个人开立大量云端资金账户，支持个人或家庭进行平台金融交易。

国内银行业可以学习欧洲最大网络直销银行德国的直接银行 Entrium Direct Bankers 的金融互联网发展战略，建立自己的数字化银行。①通过核心金融数字化技术，促进传统业务发展和市场份额的增进；基于金融客户端的流程再造，实现效率提升和客户提升的双重改进；通过数字化银行和商业模式的变更，从数字化平台的战略准则层面，推进银行科技化生态体系的建设。以大数据和数字金融工厂的发展为契机，带动数字金融创新和架构再造步伐的加快。另外，以资金账户体系为中心的数字金融创新可以有效降低运营成本、增添服务渠道、简化交易流程、提升业务办理速度，改变当前银行业竞争模式，增强银行业的竞争实力。随着互联网技术和智能终端的快速发展，银行必须改变传统服务模式，使用计算机通信技术替代过去的业务拓展方式，为客户提供更加便捷的服务，缓解信息不对称，降低交易成本，扩大银行服务受众范围。

五 优化"银平合作"

银行业和平台金融的合作由来已久，监管部门并不能因为可能引发的风险而矫枉过正，切断平台金融和银行业的合作，相反，要更好、更积极地提升合作质量。商业银行可以与平台金融开展一系列涵盖多个领域的"微风险"合作业务。一方面，商业银行可以入驻平台金融，银行卡用户可绑定平台金融账户，在平台金融直接办理借记卡、贷记卡的开卡服务，为购买银行发行的理财产品提供便利；另一方面，平台金融可以提供技术支持，为商业银行提供个性化、定制化的产品和服务。银行可依靠互联网大数据的支持，为不同性别、不同职业、不同年龄层次的金融消费者提供不同种类的理财产品推荐。商业银行与平台金融还可以依靠信用等级互联互通，如平台金融信用等级高的客户可以自动转为商业银行客户。银行和平台金融可互认、互扫二维码，将信用的互联互通转变为财富的相互传递。平台金融基于自身技术优势，商业银行基于自身平台优势，双方发挥各自优势、取长补短，同时增强各自的核心竞争

---

① 朱辰、华桂宏：《行业锦标赛与企业绿色创新关系研究》，《现代经济探讨》2021 年第 11 期。

力，为广大金融消费者提供多元化、个性化及更加方便、快捷、高效的普惠金融服务。

第四节　加强平台金融法治建设

除了推进平台金融及传统商业银行的健康发展外，银行业系统性风险引发机制中，法律风险是最为重要的风险源。监管部门应为平台金融的发展营造透明良好的法律环境，修补平台技术漏洞，建立行业标准和风险预警中心，打造平台金融长效监管机制。

一　营造透明法律环境

中国目前尚缺乏与平台金融相关的基本法律，现有法规多是国务院或是十部委联合制定的平台金融相关规章制度。缺乏完善透明的法律环境，严重阻碍了平台金融的健康发展。为规范发展金融互联网，欧洲各国在立法部门的指导下，制定了各项法律及相关规定，内容涵盖平台金融的审批准入、业务审查、风险控制等。

中国可以参考欧洲各国制定的《电子商务指引》《远距离合同指引》《电子签名法》《网络空间隐私和知识产权保护指引》等法律法规，并借鉴其他国家关于平台金融的立法经验，尽快制定专门针对平台金融的法律，定期推出《平台金融审慎性监管报告》等，将监管政策落实到位，切实保护消费者权益和银行的利益。对平台金融的监管应强调维持"高效率、有秩序、无风险"的金融市场行为，以期实现交易的高效公平合理。平台金融需要在网站上披露相关业务及安全信息，并链接到行业监管部门的官方网站。此举不仅可以方便消费者检查网站的合法性，保护消费者权益，更可以为平台金融的发展提供一个清晰透明的法律环境。监管部门还应借鉴曾经网络银行风险管理的经验，以风险控制为核心，将高新技术融入监管，重点关注平台金融与黑客威胁、防火墙加密、数字签名认证及反洗钱等核心风控问题之间的关系，完备法律法规体系。只有做到有法可依，有法必依，平台金融才能有序健康发展。

二 修补平台技术漏洞

平台金融投资方式具有特殊性,其不提供传统意义上的实体营业网点,投资者需要通过移动客户端完成投资,平台工作人员和投资者不进行直接接触和交流沟通,因此该模式隐藏巨大风险。监管部门对平台金融从业人员,要进行金融专业知识的普及和教育,加强法律法规意识的普及,避免出现平台金融从业人员由于法律界限不清和自我约束机制不完善导致的违法乱纪行为。对于违规操作的平台金融从业人员,一定要在其信用状况和资料档案里将其标注为违法犯罪分子,终身不得参与平台金融相关工作,从职业生涯角度对平台金融从业人员起到一定的监管约束和震慑作用。

平台金融只有不断依靠互联网技术创新,才能带动各业态平台的发展,创造友好的市场环境。因此监管部门应鼓励平台金融投资基础设施,进行高层次链接及创新型服务,促进现有平台金融企业有效避免技术风险,实现以快速和精准为核心的创新性迭代。监管部门还应要求平台金融在互联网技术的选择上以搜集资料、科学评估、专家咨询、实地考察、最终反复比较为基础,与互联网企业深度合作,融合互联网企业的先进技术,建立网络安全防火墙,提升互联网企业和金融机构的优势互补。平台金融还应在已有大数据的完善进程中,全力加强平台金融操作体系的建设和信息技术的利用,查找平台设计漏洞,优化硬件系统及软件系统,减少互联网技术层面带来的风险。

三 建立"行标"预警中心

行业标准是一个行业在全国范围内的统一标准,由国务院有关行政主管部门制定,并报国务院标准化行政主管部门备案,交由行业标准归口部门统一管理。为适应平台金融及其各业态的发展需要,有关部门应制定第三方支付、网络借贷、众筹融资、互联网基金销售、互联网保险、互联网信托、互联网小额贷款、互联网消费金融、平台金融服务等各项产品与服务标准。此外,监管部门还应制定平台金融行业内部网络安全、信息交换、身份认证等互联网技术类标准,内部控制、风险管理、信用管理等平台金融运营管理类标准,以及新兴互联网技术等数字金融创新手段在平台金融领域内的运用标准,将平台金融及其各业态标准与专业认证资源进行深入结合,进行标准化试点,提高平台金融标准化业务水平。

除了建立平台金融行业标准,立法部门还应针对平台金融的无序发展,建立专门的平台金融风险预警中心。根据前文的风险预警,银行业系统性风险未来仍有不断上升的趋势,因此建立银行业系统性风险预警中心就显得尤为重要。2016年发布的《互联网金融风险专项整治工作实施方案》提出要"建立平台金融产品集中登记制度,依靠对账户的严格管理和对资金的集中监测,实现对平台金融活动的常态化监测和有效监管"。但是该方案的地域属性并不能凸显平台金融业务的跨区域特征,并且风险监控方式的实际监管效果并不理想,因此监管部门需要优化并建立全国性的银行业系统性风险预警中心。

四 打造监管长效机制

当下,第四次工业革命已经到来,传统的银行业和资本市场已无法满足此次互联网产业的革新,数字经济发展亟须新的金融模式支持。平台金融作为新的金融形式,即将推动新形势下的经济发展,支撑第四次产业革命。平台金融自2013年出现以来,便开启了爆发式增长态势至今,未来还会调整和改造现有模式,创造更为优化的数字金融业态。因此,针对银行业系统性风险的监管,应强调可持续发展。

平台金融对未来金融体系及宏观审慎风险监管框架的影响存在较多未知性,因此对平台金融的监管,需要构建动态数字金融监管长效机制,发挥平台金融监管的可持续发展特性。监管部门还应适当借鉴西方发达国家的经验,建立适合国内金融市场特征、数字金融发展态势和金融监管架构的可持续发展管理方式,鼓励互联网企业和金融机构深度合作。一方面,互联网企业可利用金融机构成熟的风控体系监控平台风险;另一方面,金融机构可以利用互联网企业研发的新兴技术发展金融互联网。二者深度融合,进行市场间知识共享和沟通,也可使监管部门对存储和分析大批量复杂数据有全局性的把握,整合化简合规监测活动,强化数字金融与金融体系的融合对金融监管长效机制的影响。

监管部门要完善数字金融监管的基础设施，建立与数字金融联系紧密的业务信息系统和预警体系，借鉴同行在使用新技术访问和处理日常可用数据方面的经验；也要逐步改革及完善数字金融监管机制，缓解平台金融发展成熟后出现综合经营而导致的监管错位问题，不断完善数字金融监管的长效治理体系，推动实现投资者保护，维护市场公平及金融体系的稳定。与此同时，转变平台金融经营观念，构建移动金融生态，以灵活的经营、丰富的产品、优质的服务，向境外延伸，拓展国际金融市场，实现平台金融行业国际化，推动国内经济快速稳定发展。

第五节 推动金融高质量发展

当前，各地各部门持续深化金融供给侧结构性改革，稳步扩大金融开放，统筹发展与安全，牢牢守住不发生系统性金融风险的底线，合力推进中国金融改革发展事业稳健前行。

一 财政政策务实有力

积极的财政政策对于保持社会经济平稳运行具有相当重要的意义。目前经济形势稳步回升，但是基础不稳固，在复杂的国内外形势下需要更加务实、有力的积极财政政策给经济以支持。作为天然的结构性政策，新经济形势下的财政政策将有效扩大总需求，保持财政收支和经济运行态势平稳。另一方面，面对错综复杂的经济形势和艰巨繁重的发展任务，经济增长态势仍面临诸多不确定性，因此务实有力的财政政策能够从供给、需求两侧对经济增长实现共同拉动。

供给侧方面，落实好结构性减税降费政策，对中小企业税收实行优惠，激励企业创新，激发企业活力；需求侧方面，政府与社会资本合作，扩大有效益的投资，购买社会服务，投资拉动经济增长。沉淀的财政资金运用于社会生产会产生更大的效用，充分发挥财政政策的积极有效性。在平台金融及数字金融发展越发迅速的未来，风险也会步步逼近，因此积极的财政政策效用仍存在空间，监管部门应根据经济走势调整财政政策力度，以求为企业创造更好的经营环境。此外，在经济回暖的作用下，国际石油价格和大宗商品价格出现一定程度的上涨，这意味着居民消费水平会受到影响。物价水平的上浮会为财政支出带来压力，监管部门需要维持当前财政赤字水平，保证居民消费水平不出现大幅波动。居民消费水平的稳定从另一方面也会增加银行业的流动性和安全性，从源头杜绝风险的引发。

二 货币政策"既稳又活，精准有效"

在银行业系统性风险间接生成机制中，货币政策作为重要宏观经济中介变量，连接着平台金融和银行业，且呈现显著的负向关联性。因此对货币政策的调整是风险监管最重要的步骤，满足"稳增长调结构"的同时，应把金融风险防控放在更加重要的位置，货币当局还应加快改革、完善及优化现有金融行业风险监管理念、措施和模式，以避免平台金融及数字金融创新过度造成的风险。另外，当前实体经济有效需求不足，金融市场大量资金通过加杠杆脱实向虚，进入资本市场。银行业资金业务收入贡献度较高，但是资产规模扩张减速导致净息差水平逐步降低，而总量型货币政策工具的信号意义容易使得市场调整对宽松货币政策的预期，因此对传统货币政策工具的使用须更加慎重。可以说，国内货币政策面临的改革环境更加复杂，不确定性大大增加。

因此货币政策既要保持稳健、精准，保持流动性合理充裕，也要增强灵活性，以应对可能出现的复杂状况和变化。此外，随着对外开放程度的逐步加深，货币政策需要站在宏观经济发展角度进行考量，过于宽松的货币政策将导致资产价格泡沫及人民币贬值。在平台金融和数字金融创新的影响下，未来金融市场可能会出现阶段性波动加剧，因此货币政策既要去杠杆，又不能过度剧烈，"稳增长""灵活性"和"控风险"三者间需要达到平衡。对于金融风险，要切实完善监管框架，强化风险管控力度，有序地推动金融行业去杠杆，实现稳定货币流动性的政策目标。

三　地方债务链监管强化

从 20 世纪 80 年代末开始，地方政府债务大量增加，近 30 年来某些地方存在盲目融资举债和泛滥投资的问题，包括房地产、基建、国有企业等，此举造成的严重后果包括银行向地方政府大量借出资金后，未评估未来偿还能力，面临违约和银行坏账风险；地方债难降，政府依靠高价出售土地使用权还债，又令地价房价高涨，房地产泡沫膨胀。此外，地方政府设立的"融资平台"通过发行债券和向银行借贷来筹集资金，其透明度低，被列为隐性债务。国际评级机构穆迪早在 2011 年就已经警告，地方政府累计的债务余额中很多是地方政府融资平台举债。

虽然地方政府债务风险总体可控，但个别地方政府继续通过融资平台公司、PPP、政府投资基金、政府购买服务等方式违法违规或变相举债，风险不容忽视。监管部门应坚决遏制隐性债务增量，进一步完善地方建设项目和资金管理。加大财政约束力度，有效抑制地方不具备还款能力的项目建设。管控好新增项目融资的金融"闸门"。督促金融机构尽职调查、严格把关，对没有稳定经营性现金流作为还款来源或没有合法合规抵质押物的项目，商业银行不得提供融资，严格按商业化原则提供融资。强化中央企业债务融资管控，严禁违规为地方政府变相举债。监管部门应建立市场化、法治化的债务违约处置机制，依法实现债权人、债务人共担风险，及时有效防止违约风险扩散蔓延。坚持从实际出发，分类审慎处置，继续整改违法担保，纠正政府投资基金、PPP、政府购买服务中的不规范行为，鼓励地方政府合法合规增信，防范存量债务资金链断裂风险。

四　锚定"建设金融强国"目标

加快建设金融强国是新时代新征程金融事业发展的重大目标任务，需把握以下几个方面的发展趋势和实践要点。首先，应优化金融市场结构，推动银行、证券、保险等各类金融机构健康发展，提高服务实体经济的能力。改革金融监管体系，加强和改进金融监管，确保金融市场稳定。还要鼓励金融科技创新，促进新型金融产品和服务的开发，如数字货币、区块链技术应用、数字金融服务等，以满足多元化的金融需求。

其次，应加大对金融人才的培养和引进力度，建设专业化、国际化的金融人才队伍。同时，培育良好的金融文化，提高公众的金融素养。建立健全金融教育体系，提升金融从业人员的专业能力和国际视野。通过政策优惠等措施吸引海外高层次金融人才，加快国际金融人才队伍建设。

再次，应扩大金融服务的覆盖范围，尤其是对中小企业、农村地区和低收入人群的金融服务，减少金融服务的地域和社会差异。通过数字化手段提升金融服务的便利性和可及性，利用移动支付、在线银行等技术降低金融服务成本。

最后，应积极参与全球金融治理，推进金融开放，加强与国际金融机构和金融市场的合作与交流。提升国内金融机构的国际竞争力，促进人民币国际化。扩大人民币在跨境贸易和投资中的使用，深化对外货币合作，发展两岸人民币市场。

第六节　宏观审慎监管

在宏观审慎风险管理理论出现之前，金融监管主要在微观层面，即关注个体金融机构的风险水平和稳定性，认为个体金融机构的稳健经营等同于金融体系的稳定。金融危机之后，监管部门意识到微观审慎监管存在弊端，由于金融机构之间存在相关性，因此对个体金融机构风险管控的简单加总无法避免系统性风险的发生。一些大而不倒、密而不倒的个体金融机构暴露经营风险可能会引发连锁效应，冲击金融体系的安全性，因此监管部门开始采取宏观审慎风险管理机制监管系统性风险。

对于银行业风险的宏观审慎监管，监管当局只考虑了银行业整体，关注较多的是银行之间的相关关系如何引发银行业系统性风险，但是本文将平台金融与银行业放在同一复杂网络框架中进行探究，因此，"新网络"的宏观审慎监管也应基于复杂网络的复杂性和多节点性，将平台金融与银行业经由竞争与合作而导致的相互关联性纳入监管机制进行考察。可以说，银行业系统性风险宏观审慎管理机制是针对平台金融与银行业的风险相关性，采取动态逆周期措施，并将平台金融纳入创新的监管工具，以保证"新网络"的稳定的风险管理机制。

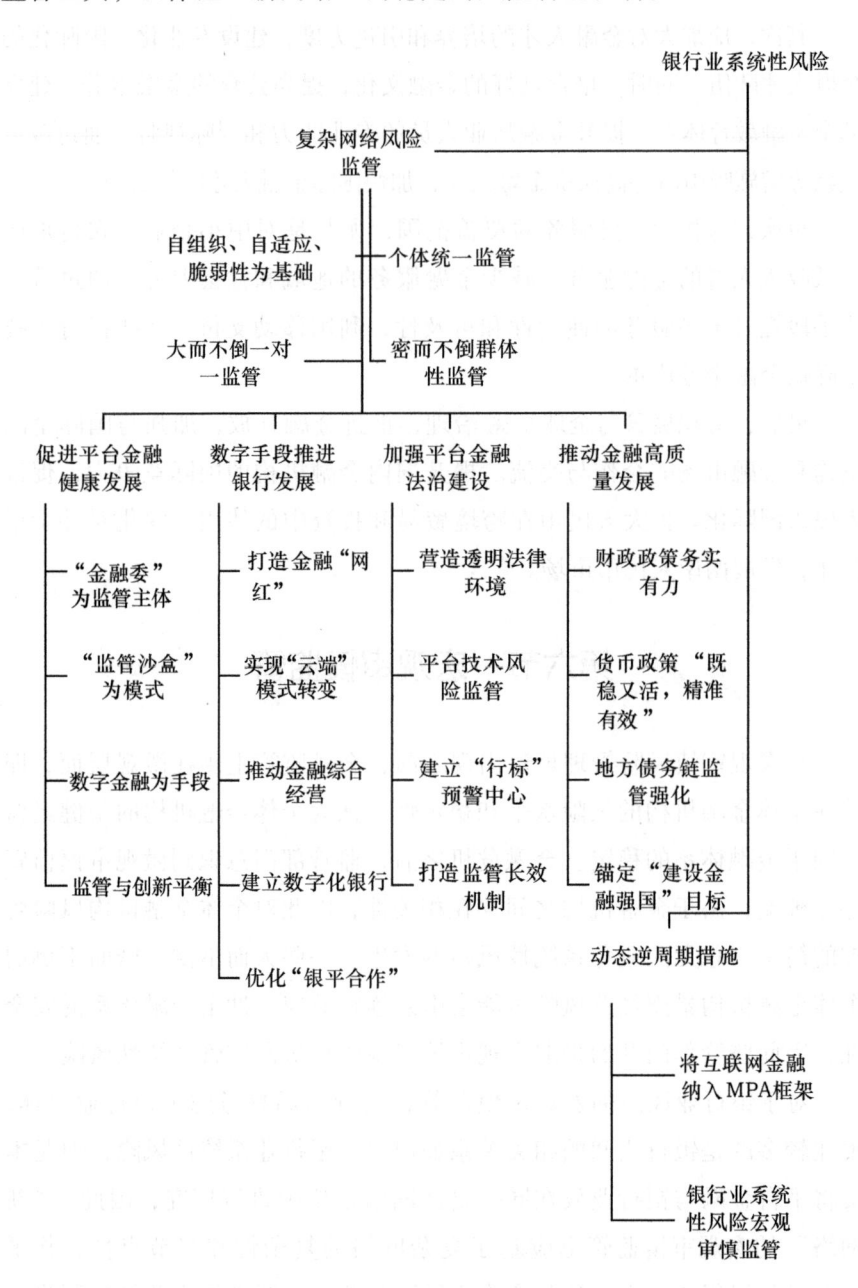

图10.1　平台金融视角下银行业系统性风险监管机制

经济周期的存在使金融体系在经济扩张时期风险集聚加速，经济衰退时期风险集中释放，金融体系和宏观经济波动加剧。因此银行业系统性风险宏观审慎监管的一项措施即为逆周期调控，在经济萧条时适度放松监管标准，在经济过热时适时提高监管标准。具体而言，监管部门应在准确把握宏观经济发展形势的基础上灵活逆向调控，通过逆周期资本缓冲，平滑金融体系的顺周期波动，并通过识别金融机构流动性和资本要求，限制机构规模和业务范围、降低杠杆率和风险敞口，实现总量调节和金融风险防范的有机结合。

另一方面，将平台金融纳入创新的监管体系也是银行业系统性风险宏观审慎监管的一项重要措施。《中国区域金融运行报告（2017）》首次提出将规模较大、具有系统重要性特征的平台金融业务纳入宏观审慎管理框架 MPA，对其实行宏观审慎监管。该举措与银行业系统性风险宏观审慎监管机制不谋而合。过去的平台金融专项整治聚焦风险概率较大的小平台，而针对平台金融的宏观审慎监管旨在将风险着眼点从行业内的小平台转变为系统重要性平台金融，以行业龙头为主要监管对象，重点关注大平台的风险溢出效应，化解并防范银行业系统性风险。

第七节 小结

对于系统性风险的监管，研究界已经提出了宏观审慎风险管理理论等一系列系统性风险监管理论。但是现有理论主要针对银行业风险，无法直接用于监管银行业系统性风险。因此本章基于上述理论分析、实证检验和风险预警结果，创新宏观审慎风险管理理论，从规范发展平台金融和提升银行业抗风险能力角度，借助复杂网络理论，设计出银行业系统性风险监管机制。

中国银行业系统性风险监管是确保金融体系稳定和防范系统性风险的关键任务，监管部门首先应加强监管机构的独立性和权威性，确保监管政策的制定和执行能够有效地防范系统性风险。同时，建立跨机构的合作机制，促进信息共享和协调行动，加强对银行业风险的识别和评估能力，及时发现潜在的系统性风险，并对其进行全面的评估。这包括对银行的资本充足性、流动性风险、杠杆比率等指标的监测和评估。

其次，监管部门应加强对银行业的监管要求，包括加大资本充足性要求、限制杠杆比率、设立逆周期缓冲区等。这样可以增强银行业的抗风险能力，减少系统性风险的传染性和蔓延性。建立完善的市场监测机制，密切关注银行业的市场表现和风险动态。及时发现异常波动和风险集中的迹象，采取相应的监管和风险防控措施，防止系统性风险的扩大。

此外，随着金融科技的快速发展，监管机构应积极跟进并推动监管创新。加强对大型互联网平台、数字货币等领域的监管，防范相关风险对银行业的冲击。系统性风险具有跨境性和全球性特征，因此加强国际合作至关重要。与其他国家和国际组织共享信息、经验和最佳实践，加强跨国监管合作，共同应对系统性风险。

国内银行业系统性风险监管需要不断加强和完善。通过健全监管框架、提高风险识别评估能力、强化监管要求、加强市场监测、推动金融科技监管创新以及加强国际合作，可以有效降低系统性风险，维护金融体系的稳定和安全。

第十一章

研究结论及展望

2005年，首批第三方支付平台开始涌现，这些平台改变了传统的支付方式，提供了更加便捷的电子支付服务。同时，一些P2P网络借贷平台也开始出现，中国平台金融行业经历了快速发展。平台金融是指传统金融机构与互联网企业利用互联网技术和信息通信技术实现资金融通、支付、投资和信息中介服务的新型金融业务模式，发展至今已衍生出多种业态。其作为一种新兴的金融模式，通过信息技术的发展和互联网的普及，为银行业带来了前所未有的机遇和挑战。然而，平台金融也带来了一系列新的风险，尤其是与银行密切相关的系统性风险问题。

平台金融作为金融科技的中坚力量，以其普惠性、丰富性、透明化等特点，在当前融资效率低下、资金错配严重的金融市场环境中，突破了当前金融运作体系和管理机制，拉开了金融脱媒的序幕，对银行业务产生冲击。一方面，新常态背景下的商业银行已经步入中低速、平民化发展模式，利率市场化改革的不断推进倒逼商业银行从"重资产"向"轻资产"转变；另一方面，利润增速放缓、不良贷款攀升、净利差降低、人员规模减小等问题亟待解决。除了经济形势造成的银行自身的问题，平台金融规模的不断扩大也是造成商业银行利润增速放缓、不良贷款攀升的直接原因。

作为金融模式的创新，平台金融开辟了独特的金融市场，形成了非传统的投资平台及支付结算体系。其与传统金融机构之间复杂的竞争与合作关系一方面对传统金融机构产生强大冲击，另一方面造成了风险传染，冲击与传染的叠加极易引发银行业系统性风险。就中国银行业而言，影响系统性风险积累演变的因素很多，但平台金融的急速发展导致银行激励机制扭曲，同质化竞争激烈、宏观经济冲击力度加大、关联性过度及投资者心理预期调整改变了过去银行业系统性风险生成和演化机制，引发银行业系统性风险。

当前银行业系统性风险成因理论已不能完全解释因平台金融直接冲击、间接冲击等飞速发展现象引发的银行业系统性风险，当前研究所总结出的风险传导渠道，也不能完全覆盖因平台金融发展而产生的资金和信息的传染机制，同时，缺乏以相关性为理论基础的风险预警模型和以宏观审慎机制为模式的监管手段，无法满足复杂网络框架下的银行业系统性风险的预警及监管，因此本书从复杂网络理论入手，分析银行业系统性风险引发机制。

在平台金融与银行业组成的复杂网络中，平台金融与商业银行作为中心节点，自身存在自组织及自适应性。二者在无限制发展中逐步形成了竞争与合作的相互作用，该相互作用包括平台金融业务发展对银行业造成的挤占；平台金融通过对宏观经济产生影响间接冲击商业银行盈利水平；平台金融通过与商业银行构建资金托管桥梁，将风险传染至银行业；平台金融通过"危机新闻效应"将自身危机传染至银行业。由于复杂网络天生存在脆弱性，平台金融与银行业之间的相互作用在复杂网络脆弱性的催化下，最终引发银行业系统性风险。

在直接生成机制中，平台金融利用其大数据、社交网络、搜索引擎及云计算等技术优势，从开始的"补充发展"到目前的"业务挤占"再到未来的"彻底颠覆"，经互联网借贷（资产）、互联网基金（负债）、互联网支付（中间）三种渠道对传统银行造成冲击，成功挤占了商业银行的资产、负债及中间业务。传统银行在二者竞争过程中不得不采取降低利率、提升效率、增加产品种类等措施，导致银行出现经营成本提升、盈利水平下降等问题。该问题一方面推进利率市场化改革，另一方面加剧金融业同质化竞争。资产负债的结构性失衡、缺口风险加上金融行业顺周期性，经由复杂网络的脆弱性催化，最终引发银行业系统性风险。

在间接生成机制中，平台金融通过改变货币供需、调节利率水平、刺激居民消费、带动经济增长等方式，对宏观经济中介变量产生了一定的影响。该影响是引发银行业系统性风险的第一步，而宏观经济不寻常波动通过货币政策及经济形势的改变对商业银行盈利水平造成的冲击为风险引发的第二步。可以认为，平台金融的野蛮生长经由宏观经济中介变量冲击了商业银行盈利水平，一方面导致银行信贷扩张，另一方面加速宏观经济波动。银行信用创造功能急剧放大，货币预防需求下降，宏观调控的有效性减弱，经由复杂网络脆弱性催化，最终引发银行业系统性风险。

接触式传染机制分析了平台金融如何通过其与银行业之间的资金传染渠道，将平台金融的整体行业风险、服务对象风险、法律监管风险及技术操作风险，通过互联网平台的虚拟账户、网关账户与银行电子账户、存款账户、存管账户、备付金账户的捆绑、结合等多种方式，传染至商业银行，造成银行业出现信用风险、操作风险、市场风险等经营风险。该风险传染一方面导致银行经营成本升高，债务杠杆加剧；另一方面提升了平台金融与银行业之间的过度关联性。信用风险、操作风险、市场风险等经营风险集聚，期限、流动性和信用错配，监管套利、道德风险、"大而不倒"、刚性兑付等各种问题的放大，加上市场间业务联系紧密造成的联动趋势大幅增加，最终引发银行业系统性风险。

非接触式传染机制找出了"危机新闻效应"除从众性和策略性以外的传媒性传染渠道，并在各大渠道中挖掘出了六个分渠道，解释了平台金融的危机如何经由"危机新闻效应"传染至商业银行，导致银行业的盈利水平出现波动。另外，抛售引发的挤兑风波影响了投资者对市场的心理预期。恐慌情绪在投资者之间相互传染，波及类似金融机构，并冲击原本毫无关联的银行，最终引发银行业系统性风险。

本书通过实证分析检验平台金融视角下银行业系统性风险生成机制及风险的传染机制。首先基于复杂网络自组织、自适应及脆弱性，将银行业系统性风险间接生成机制分为两步，探讨平台金融对于宏观经济中介变量的影响，以及中介变量对商业银行盈利水平的影响。结果证明，平台金融对宏观经济中介变量产生了显著影响，同时宏观经济波动，尤其是货币政策和居民消费指数对于商业银行盈利也会产生显著的负向影响，即平台金融视角下银行业系统性风险生成机制存在。其次对平台金融视角下银行业系统性风险传染机制进行分析，探究网络借贷平台"跑路新闻"持续传播的情况下,商业银行盈利水平是否与网络借贷平台的盈利水平出现同方向波动,实证研究结果表明,同向性波动存在,且效果显著,即网络借贷平台盈利水平下降的同时,上市银行盈利水平也出现了明显的下降,平台金融视角下银行业系统性风险传染机制存在。

本书从平台金融不同阶段的三种表现形式——互联网金融平台、金融科技平台、大型互联网平台着手,分类别对平台金融视角下银行业系统性风险进行识别。在互联网金融平台的风险识别中,本书运用 DCC - MVGARCH 模型分析了互联网金融平台及各业态与银行业之间的风险相关系数和风险贡献度,根据相关系数和贡献度,识别出互联网金融平台及各业态与银行业之间存在风险关联性。之后运用 BEKK 模型,借助假设及参数估计,识别风险溢出效应的方向,验证了风险是由互联网金融平台及各业态传染至银行业。DCC - BEKK - MVGARCH 模型从识别风险关联性和溢出效应方向两个方面证明了互联网金融平台对商业银行的风险溢出效应识别确实存在,风险传染造成的冲击力度大,并且传染效应持久,由此可知互联网金融平台的无序发展的确会对银行业造成巨大影响。

在金融科技平台的风险识别中,本书使用"文本挖掘"研究法,以商业银行股票价格变化为被解释变量,数字金融出现时间为核心解释变量,模型识别金融科技平台视角下银行业系统性风险。研究发现,除平安银行,其余上市银行均出现了股价下降的结果,但该风险对国有大型商业银行、股份制商业银行和城市商业银行的作用效果不同,股份制商业银行更加显著,城市商业银行其次,国有大型商业银行较弱。股价的下降反映了银行业盈利水平的降低,也是风险溢出的重要体现。可以说,商业银行确实受到了来自金融科技平台的冲击,冲击逐步演变为商业银行盈利水平的大幅度波动,模型可以有效识别金融科技平台视角下银行业系统性风险。

在大型互联网平台的风险识别中,本书采用一个统一的研究框架,将大型互联网平台和商业银行纳入考虑范围。基于它们之间的交叉业务关系,探讨它们之间的风险传染机制,同时以百度、阿里、腾讯和京东为例,识别大型互联网平台视角下的银行业系统性风险,再对其动态时变特征进行量化分析。结果表明：大型互联网平台与商业银行之间具有风险关联性，且由于自身风险不同，大型互联网平台对于不同类型商业银行的风险溢出存在异质性。风险识别结果还显示，不同大型互联网平台对商业银行风险溢出贡献度不同。

本书运用拓展的SCCA模型对银行业系统性风险进行了预警，结果表明当前银行业系统性风险水平比金融危机时低，但是与后危机时代相比，平台金融出现后的银行业系统性风险水平较高。根据前文的风险引发机制，本书基于银行业系统性风险的影响因素及系数，建立回归模型，验证风险拟合效果，可以恰当地预警平台金融视角下银行业系统性风险。

针对直接生成机制、间接生成机制、接触式传染机制、非接触式传染机制及风险预警结果，借助复杂网络理论，本书提出了银行业系统性风险监管措施，包括以金融委为监管主体、"监管沙盒"为模式、数字金融为手段、打造金融"网红"、建立"行标"预警中心、营造透明法律环境等具体政策建议。之后基于创新的宏观审慎风险管理理论，从规范发展平台金融和提升银行业抗风险能力角度，设计出了银行业系统性风险监管机制。

总的来说，本书是一项关于银行业系统性风险的研究，从平台金融的角度出发，对银行业系统性风险的形成和防范进行了探讨。本书以平台金融为背景，关注银行业系统性风险的形成和防范。本书指出，平台金融对银行业系统性风险具有双重影响。一方面，平台金融模式的出现，使金融市场更加复杂和互联网化，增加了系统性风险的传导速度和范围；另一方面，平台金融作为一种创新金融模式，也为银行业提供了机遇和发展空间，可以通过平台金融模式来降低风险、提高效率。本书通过平台金融的视角，对银行业系统性风险的形成和防范进行了深入研究，提出了相关的政策建议，为银行业和监管部门提供了有益的参考，以应对平台金融模式对银行业系统性风险带来的挑战。

参考文献

英文文献

Acharya, V. V., Pedersen, L. H., Philippon, T. and Richardson, M., "Measuring Systemic Risk", *Review of Financial Studies*, Vol. 30, No. 1, 2017.

Adam, H. J., Richardson, S. E., Jamieson, F. B., Rawte, P., Low, D. E. and Fisman, D. N., "Changing Epidemiology of Invasive Haemophilus Influenzae in Ontario, Canada: Evidence for Herd Effects and Strain Replacement due to Hib Vaccination", *Vaccine*, Vol. 28, No. 24, 2010.

Adhami, S., Giudici, G. and Martinazzi, S., "Why Do Businesses Go Crypto? An Empirical Analysis of Initial Coin Offerings", *Journal of Economics and Business*, Vol. 100, 2018.

Adrian, T. and Brunnermeier, M. K., "CoVaR", *The American Economic Review*, Vol. 106, No. 7, 2016.

Adrian, T. and Shin, H. S., "Liquidity and Leverage", *Journal of Financial Intermediation*, Vol. 19, No. 3, 2010.

Adrian, T. and Shin, H. S., "Money, Liquidity and Monetary Policy", *American Economic Review*, Vol. 99, No. 2, 2009.

Aharony, J. and Swary, I., "Contagion Effects of Bank Failures: Evidence from Capital Markets", *Journal of Business*, Vol. 56, No. 3, 1983.

Alessi, L. and Detken, C., "Quasi Real Time Early Warning Indicators for Costly Asset Price Boom/Bust Cycles: A Role for Global Liquidity", *European Journal of Political Economy*, Vol. 27, No. 3, 2011.

Alfarano, S., Milakovi, M. and Raddant, M., "Network Hierarchy in Kirman's Ant Model: Fund Investment Can Create Systemic Risk", Economics Working Paper, No. 2009 – 09, 2009.

Alfaro, R. A. and Drehmann, M., "Macro Stress Tests and Crises: What Can We Learn?", BIS Quarterly Review, 2009.

Allen, F. and Gale, D., "Financial Contagion", Journal of Political Economy, Vol. 108, No. 1, 2000.

Altunbas, Y., Gambacorta, L. and Marques – Ibanez, D., "Does Monetary Policy Affect Bank Risk – taking?", ECB Working Paper, No. 1166, 2010.

Arnold, B., Borio, C., Ellis, L. and Moshirian, F., "Systemic Risk, Macroprudential Policy Frameworks, Monitoring Financial Systems and the Evolution of Capital Adequacy", Journal of Bankingand Finance, Vol. 36, No. 12, 2012.

Ashta, A. and Biot – Paquerot, G., "FinTech Evolution: Strategic Value Management Issues in a Fast Changing Industry", Strategic Change, Vol. 27, No. 4, 2018.

Atay, E., "Macroeconomic Determinants of Radical Innovations and Internet Banking in Europe", Annales Universitatis Apulensis Series Oeconomica, Vol. 2, No. 10, 2008.

Bagehot, W., "Lombard Street: A Description of the Money Market", HS King and Company, 1873.

Baker, M. and Wurgler, J. "Investor Sentiment and the Cross – section of Stock Returns", The Journal of Finance, Vol. 61, No. 4, 2006.

Balcilar, M., Demirer, R. and Hammoudeh, S., "Investor Herds and Regime – switching: Evidence from Gulf Arab Stock Markets", Journal of International Financial Markets, Institutions and Money, Vol. 23, 2013.

Banerjee, A. V., "A Simple Model of Herd Behavior", The Quarterly Journal of Economics, Vol. 107, No. 3, 1992.

Battiston, S., Gatti, D. D., Gallegati, M., Greenwald, B. and Stiglitz,

J. E. , "Liaisons Dangereuses: Increasing Connectivity, Risk Sharing and Systemic Risk", *Journal of Economic Dynamics and Control*, Vol. 36, No. 8, 2012.

Becher, C. , Millard, S. and Soramaki, K. , "The Network Topology of CHAPS Sterling", *Bank of England Quarterly Bulletin*, Vol. 48, No. 4, 2008.

Bech, M. L. and Atalay, E. , "The Topology of the Federal Funds Market", *Physica A: Statistical Mechanics and Its Applications*, Vol. 389, No. 22, 2010.

Belleflamme, P. , Lambert, T. and Schwienbacher, A. , "Crowdfunding: An Industrial Organization Perspective", *Digital Business Models: Understanding Strategies*, 2010.

Berger, S. C. and Gleisner, F. , "Emergence of Financial Intermediaries in Electronic Markets: The Case of Online P2P Lending", *Journal Business Research*, Vol. 2, No. 1, 2009.

Bernanke, B. and Gilchrist, S. , "The Financial Accelerator and the Flight to Quality", *Review of Economics and Statistics*, Vol. 78, No. 1, 1996.

Bernanke, B. S. and Gertler, M. , "Agency Costs, Net Worth, and Business Fluctuations", *American Economic Review*, Vol. 79, No. 1, 1989.

Bernanke, B. S. and Gertler, M. , "Inside the Black Box: The Credit Channel of Monetary Policy Transmission", *Journal of Economic Perspectives*, Vol. 9, No. 4, 1995.

Bernanke, B. S. Gertler, M. and Blinder, A. S. , "Credit, Money and Aggregate Demand", *American Economic Review Papers and Proceedings*, Vol. 78, No. 2, 1988.

Bernanke, B. S. , Gertler, M. and Gilchrist, S. , "The Financial Accelerator in a Quantitative Business Cycle Framework", *Handbook of Macroeconomics*, Vol. 1, Part C, 1999.

Bernardo, A. E. and Welch, I. , "On the Evolution of Overconfidence and Entrepreneurs", *Journal of Economics and Management Strategy*, Vol. 10,

No. 3, 2001.

Bikhchandani, S., Segal, U. and Sharma, S., "Stochastic Dominance under Bayesian Learning", *Journal of Economic Theory*, Vol. 56, No. 2, 1992.

Billio, M., Getmansky, M., Lo, A. W. and Pelizzon, L., "Econometric Measures of Connectedness and Systemic Risk in the Finance and Insurance Sectors", *Journal of Financial Economics*, Vol. 104, No. 3, 2012.

Bluhm, M. and Krahnen, J. P., "Systemic Risk in an Interconnected Banking System with Endogenous Asset Markets" *Journal of Financial Stability*, Vol. 13, 2014.

Board, F. S., "Macroprudential Policy Tools and Frameworks: Progress Report to G20", BIS Working Paper, 2011.

Bollinger, B. and Yao, S., "Risk Transfer Versus Cost Reduction on Two-sided Microfinance Platforms", *Quantitative Marketing and Economics*, Vol. 16, No. 3, 2018.

Bordo, M. D. and Jonung, L., "The Stochastic Properties of Velocity: A New Interpretation", NBER Working Pager, No. 2255, 1987.

Borio, C. and Lowe, P., "Assessing the Risk of Banking Crises", BIS Quarterly Review, 2002.

Borio, C. and Shim, I., "What Can (macro-) Prudential Policy Do to Support Monetary Policy?", BIS Working Paper, No. 242, 2007.

Borio, C., "Central Banking Post-crisis: What Compass for Uncharted Waters" BIS Working Paper, No. 353, 2011.

Borio, C., Furfine, C. and Lowe, P., "Procyclicality of the Financial System and Financial Stability: Issues and Policy Options", BIS Working Paper, 2001.

Borio, C., "Implementing a Macroprudential Framework: Blending Boldness and Realism", *Capitalism and Society*, Vol. 6, No. 1, 2011.

Boyson, N. M., "Implicit Incentives and Reputational Herding by Hedge Fund Managers", *Journal of Empirical Finance*, Vol. 17, No. 3, 2010.

Brammertz, W. and Mendelowitz, A. I., "From Digital Currencies to Digital

Finance: The Case for a Smart Financial Contract Standard", *The Journal of Risk Finance*, Vol. 19, No. 1, 2018.

Brämer, P., Gischer, H. and Lücke, C., "A Simulation Approach to Evaluate Systemic Risk", *European Journal of Political Economy*, Vol. 34, No. S, 2014.

Buchak, G., Matvos, G., Piskorski, T. and Seru, A., "Fintech, Regulatory Arbitrage, and the Rise of Shadow Banks", *Journal of Financial Economics*, Vol. 130, No. 3, 2018.

Buiter, W. H., "Lessons from the 2007 Financial Crisis", CEPR Discussion Paper, No. 6596, 2008.

Burns, S., "M – Pesa and the 'Market – led' Approach to Financial Inclusion", *Economic Affairs*, Vol. 38, No. 3, 2018.

Caballero, R. J., "The Future of the IMF", *American Economic Review*, Vol. 93, No. 2, 2003.

Caballero, R. J., "The 'other' Imbalance and the Financial Crisis", NBER Working Paper, No. 15636, 2010.

Caccioli, F., Farmer, J. D., Foti, N. and Rockmore, D., "How Interbank Lending Amplifies Overlapping Portfolio Contagion: A Case Study of the Austrian Banking Network", arXiv: 1306.3704, 2013.

Caccioli, F., Farmer, J. D., Foti, N. and Rockmore D., "Overlapping Portfolios, Contagion, and Financial Stability", *Journal of Economic Dynamics and Control*, Vol. 51, 2015.

Cagan, P., "The Money Stock and Its Three Determinants", Determinants and Effects of Changes in the Stock of Money, 1875 – 1960, 1965.

Cai, C. W., "Disruption of Financial Intermediation by FinTech: A Review on Crowdfunding and Blockchain", *Accountingand Finance*, Vol. 58, No. 4, 2018.

Cajueiro, D. O. and Tabak, B. M., "The Role of Banks in the Brazilian Interbank Market: Does Bank Type Matter?" *Physica A: Statistical Mechanics and Its Applications*, Vol. 387, No. 27, 2008.

Capponi, A. and Chen, P. C. , "Systemic Risk Mitigation in Financial Networks", *Journal of Economic Dynamics and Control*, Vol. 58, 2015.

Capuano, C. , "The option – ipoD. The Probability of Default Implied by Option Prices Basedon Entropy", IMF Working Papers, 2008.

Caron, F. , "The Evolving Payments Landscape: Technological Innovation in Payment Systems", *It Professional*, Vol. 20, No. 2, 2018.

Carron, A. S. and Friedman, B. M. , "Financial Crises: Recent Experience in US and International Markets", *Brookings Papers on Economic Activity*, Vol. 1982, No. 2, 1982.

Caruana, J. , "Basel Ⅲ: Towards a Safer Financial System", *Bankarstvo*, Vol. 39, No. 9 – 10, 2010.

Cassar, A. and Duffy, N. , "Contagion of Financial Crises under Local and Global Networks", Agent – Based Methods in Economics and Finance: Simulations in Swarm, 2002.

Chaffee, E. C. and Rapp, G. C. , "Regulating Online peer – to – peer Lending in the Aftermath of Dodd – Frank: In Search of an Evolving Regulatory Regime for an Evolving Industry", *Wash. and Lee L . Rev.* , Vol. 69, No. 2, 2012.

Chakrabarty, B. and Zhang, G. , "Credit Contagion Channels: Market Microstructure Evidence from Lehman Brothers' Bankruptcy", *Financial Management*, Vol. 41, No. 2, 2012.

Chang, E. C. , Cheng, J. W. and Khorana, A. , "An Examination of Herd Behavior in Equity Markets: An International Perspective", *Journal of Banking and Finance*, Vol. 24, No. 10, 2000.

Chan – Lau, J. A. , Espinosa, M. , Giesecke, K. and Solé, J. A. , "Assessing the Systemic Implications of Financial Linkages", IMF Global Financial Stability Report, Vol. 2, 2009.

Chen, L. , "From Fintech to Finlife: The Case of Fintech Development in China", *China Economic Journal*, Vol. 9, No. 3, 2016.

Chen, Y. , Gong, X. , Chu, C. C. and Cao, Y. , "Access to the internet and access to finance: Theory and evidence", Sustainability, Vol. 10, No. 7, 2018.

Chiang, T. C. and Zheng, D., "An Empirical Analysis of Herd Behavior in Global Stock Markets", *Journal of Banking and Finance*, Vol. 34, No. 8, 2010.

Christie, W. G. and Huang, R. D., "Following the Pied Piper: Do Individual Returns Herd around the Market?", *Financial Analysts Journal*, Vol. 51, No. 4, 1995.

Ciciretti, R., Hasan, I. and Zazzara, C., "Do Internet Activities Add Value? Evidence from the Traditional Banks", *Journal of Financial Services Research*, Vol. 35, No. 1, 2009.

Cifuentes, R., Ferrucci, G. and Shin, H. S., "Liquidity Risk and Contagion", *Journal of the European Economic Association*, Vol. 3, No. 2 – 3, 2005.

Commodity Futures Trading Commission, "A Guide to the Language of the Futures Industry", https://www.cftc.gov/LearnAndProtect/AdvisoriesAndArticles/CFTCGlossary/index.htm.

Costa – Climent, R. and Martínez – Climent, C., "Sustainable Profitability of Ethical and Conventional Banking", *Contemporary Economics*, Vol. 12, No. 4, 2018.

Craig, B. and Von Peter, G., "Interbank Tiering and Money Center Banks", *Journal of Financial Intermediation*, Vol. 23, No. 3, 2014.

Dabrowski, M., "Managing Capital Flows in a Globalized Economy", A new model for balanced growth and convergence: Achieving economic sustainability in CESEE countries, 2013.

Datst, D. M., "The Art of Asset Allocation: Asset Allocation Principles and Investment Strategies for any Market", The McGraw – Hill Companies Inc., 2003.

Decamps, J. P. and Lovo, S., "A Note on Risk Aversion and Herd Behavior in Financial Markets", *The Geneva Risk and Insurance Review*, Vol. 31,

No. 1, 2006.

Degryse, H. and Nguyen, G., "Interbank Exposure: An Empirical Examination of Systemic Risk in the Belgian Banking System", *International Journal of Central Banking*, Vol. 3, No. 2, 2007.

Devenow, A. and Welch, I., "Rational Herding in Financial Economics", *European Economic Review*, Vol. 40, No. 3 – 5, 1996.

DeYoung, R., Lang, W. W. and Nolle, D. L., "How the Internet Affects Output and Performance at Community Banks", *Journal of Banking and Finance*, Vol. 31, No. 4, 2007.

DeYoung, R., "The Performance of Internet – based Business Models: Evidence from the Banking Mndustry", *The Journal of Business*, Vol. 78, No. 3, 2005.

Dimbean – Creta, D. O., "Fintech – already New Fashion in Finance, but What about the Future?", *Calitatea*, Vol. 18, No. S3, 2017.

Dorfleitner, G., Rad, J. and Weber, M., "Pricing in the Online Invoice Trading Market: First Empirical Evidence", *Economics Letters*, Vol. 161, 2017.

D'Souza, R. M., Brummitt, C. D. and Leicht, E. A., "Modeling Interdependent Networks as Random Graphs: Connectivity and Systemic Risk", Networks of Networks: The Last Frontier of Complexity, 2014.

Duarte, J., Siegel, S. and Young, L., "Trust and Credit: The Role of Appearance in peer – to – peer Lending", *The Review of Financial Studies*, Vol. 25, No. 8, 2012.

Duffie, D., How Big Banks Fail and What to Do about It, Princeton University Press, 2010.

Du, K., "Complacency, Capabilities, and Institutional Pressure: Understanding Financial Institutions' Participation in the Nascent Mobile Payments Ecosystem", *Electronic Markets*, Vol. 28, No. 3, 2018.

Economou, F., Kostakis, A. and Philippas, N., "Cross – country Effects in Herding Behaviour: Evidence from Four South European Markets", *Journal of International Financial Markets*, *Institutions and Money*, Vol. 21, No. 3, 2011.

Ellis, L., Haldane, A. and Moshirian, F., "Systemic Risk, Governance and Global Financial Stability", *Journal of Banking and Finance*, Vol. 45, 2014.

Elyasiani, E. and Mehdian, S. M., "A Nonparametric Approach to Measurement of Efficiency and Technological Change: The Case of Large US Commercial Banks", *Journal of Financial Services Research*, Vol. 4, No. 2, 1990.

Ely, B., "Bad Rules Produce Bad Outcomes: Underlying Public – policy Causes of the US Financial Crisis", *Cato Journal*, Vol. 29, No. 1, 2009.

Fahr, R. and Irlenbusch, B., "Who Follows the Crowd—Groups or Individuals?", *Journal of Economic Behavior and Organization*, Vol. 80, No. 1, 2011.

Fedorowicz, J., Gelinas Jr, U. J., Gogan, J. L. and Williams, C. B., "Strategic Alignment of Participant Motivations in e – government Collaborations: The Internet Payment Platform Pilot", *Government Information Quarterly*, Vol. 26, No. 1, 2009.

Fehr, E. and Tyran, J. R., "Individual Irrationality and Aggregate Outcomes", *Journal of Economic Perspectives*, Vol. 19, No. 4, 2005.

Fender, I. and McGuire, P., "Bank Structure, Funding Risk and the Transmission of Shocks Across Countries: Concepts and Measurement", BIS Quarterly Review, 2010.

Fink, K., Krüger, U., Meller, B. and Wong, L. H., "The Credit Quality Channel: Modeling Contagion in the Interbank Market", *Journal of Financial Stability*, Vol. 25, 2016.

Fisher, I., "The Debt – deflation Theory of Great Depressions", *Econometrica*, Vol. 1, No. 4, 1933.

Forbes, K. J. and Rigobon, R., "No Contagion, Only Interdependence: Measuring Stock Market Comovements", *The Journal of Finance*, Vol. 57, No. 5, 2002.

Fourel, V., Heam, J. C., Salakhova, D. and Tavolaro, S., "Domino Effects When Banks Hoard Liquidity: The French Network", Banque de France Working Paper, 2013.

Freedman, S. and Jin, G., "Dynamic Learning and Selection: The Early Years of Prosper.com", University of Maryland, 2008.

Frieder, L. and Subrahmanyam, A., "Brand Perceptions and the Market for Common Stock", *Journal of Financial and Quantitative Analysis*, Vol. 40, No. 1, 2005.

Friedman, M. and Schwartz, A. J., "Money and Business Cycles", *The Review of Economics and Statistics*, Vol. 45, No. 1, 1963.

Froot, K. A., Scharfstein, D. S. and Stein, J. C., "Herd on the Street: Informational Inefficiencies in a Market with Short-term Speculation", *The Journal of Finance*, Vol. 47, No. 4, 1992.

Furfine, C. H., "Interbank Exposures: Quantifying the Risk of Contagion", *Journal of Money, Credit and Banking*, Vol. 35, No. 1, 2003.

Furst, K., Lang, W. W. and Nolle D. E., "Internet Banking: Developments and Prospects", Economic and Policy Analysis Working Paper, 2000.

Gai, P. and Kapadia, S., "Contagion in Financial Networks", *Proceedings of the Royal Society A: Mathematical, Physical and Engineering Sciences*, Vol. 466, No. 2120, 2010.

Gai, P., Jenkinson, N. and Kapadia, S., "Systemic Risk in Modern Financial Systems: Analytics and Policy Design", *The journal of Risk Finance*, Vol. 8, No. 2, 2007.

Galati, G. and Moessner, R., "Macroprudential Policy – a Literature Review", *Journal of Economic Surveys*, Vol. 27, No. 5, 2013.

Garratt, R., Mahadeva, L. and Svirydzenka, K., "Mapping Systemic Risk in the International Banking Network", Bank of England Working Paper, 2011.

Gatteschi, V., Lamberti, F., Demartini, C., Pranteda, C. and Santamaria, V., "To Blockchain or Not to Blockchain: That is the Question", *It*

Professional, Vol. 20, No. 2, 2018.

Gauthier, C., Lehar, A. and Souissi, M., "Macroprudential Capital Requirements and Systemic Risk", *Journal of Financial Intermediation*, Vol. 21, No. 4, 2012.

Geanakoplos, J., "Solving the Present Crisis and Managing the Leverage Cycle", *Economic Policy Review*, Vol. 16, No. Aug, 2010.

Georg, C. P., "Basel Ⅲ and Systemic Risk Regulation – What Way Forward?", Working Papers on Global Financial Markets, No. 17, 2011.

Georg, C. P., "The Effect of the Interbank Network Structure on Contagion and Common Shocks", *Journal of Banking and Finance*, Vol. 37, No. 7, 2013.

Giesecke, K. and Kim, B., "Risk Analysis of Collateralized Debt Obligations", *Operations Research*, Vol. 59, No. 1, 2011.

Gimpel, H., Rau, D. and Röglinger, M., "Understanding FinTech Start-ups – A Taxonomy of Consumer-Oriented Service Offerings", *Electronic Markets*, Vol. 28, No. 3, 2018.

Girardi, G. and Ergün, A. T., "Systemic Risk Measurement: Multivariate GARCH Estimation of CoVaR", *Journal of Banking and Finance*, Vol. 37, No. 8, 2013.

Gomber, P., Koch, J. A. and Siering, M., "Digital Finance and FinTech: Current Research and Future Research Directions", *Journal of Business Economics*, Vol. 87, No. 5, 2017.

Goodhart, C. A., "The Regulatory Response to the Financial Crisis", *Journal of Financial Stability*, Vol. 4, No. 4, 2008.

Gozman, D., Liebenau, J. and Mangan, J., "The Innovation Mechanisms of Fintech Start-ups: Insights from SWIFT's Innotribe Competition", *Journal of Management Information Systems*, Vol. 35, No. 1, 2018.

Gray, D. F. and Jobst, A. A., "Systemic Contingent Claim Analysis – A Model Approach to Systemic Risk", Managing Risk in the Financial System, 2011.

Harras, G. and Sornette, D., "How to Grow a Bubble: A Model of Myopic Adapting Agents", *Journal of Economic Behaviorand Organization*, Vol. 80, No. 1, 2011.

Hasman, A. and Samartín, M., "Information Acquisition and Financial Contagion", *Journal of Banking and Finance*, Vol. 32, No. 10, 2008.

Hausenblas, V., Kubicová, I. and Lešanovská, J., "Contagion Risk in the Czech Financial System: A Network Analysis and Simulation Approach", *Economic Systems*, Vol. 39, No. 1, 2015.

Hernando, I. and Nieto, M. J., "Is the Internet Delivery Channel Changing Banks' Performance? The Case of Spanish Banks", *Journal of Banking and Finance*, Vol. 31, No. 4, 2007.

Herzenstein, M., Dholakia, U. M. and Andrews, R. L., "Strategic Herding Behavior in peer – to – peer Loan Auctions", *Journal of Interactive Marketing*, Vol. 25, No. 1, 2011.

He, Z. and Manela, A., "Information Acquisition in Rumor – based Bank Runs", *The Journal of Finance*, Vol. 71, No. 3, 2016.

Hirshleifer, D., Subrahmanyam, A. and Titman, S., "Security Analysis and Trading Patterns When Some Investors Receive Information Before Others", *The Journal of Finance*, Vol. 49, No. 5, 1994.

Hirtle, B., Schuermann, T. and Stiroh, K. J., "Macroprudential Supervision of Financial Institutions: Lessons from the SCAP", *FRB of New York Staff Report*, No. 409, 2009.

Hsieh, S. F., "Individual and Institutional Herding and the Impact on Stock Returns: Evidence from Taiwan Stock Market", *International Review of Financial Analysis*, Vol. 29, 2013.

Huang, R. H., "Online P2P Lending and Regulatory Responses in China: Opportunities and Challenges", *European Business Organization Law Review*, Vol. 19, No. 1, 2018.

Huang, X., Zhou, H. and Zhu, H., "Assessing the Systemic Risk of a Heterogeneous Portfolio of Banks During the Recent Financial Crisis", *Journal of Financial Stability, Vol. 8, No. 3, 2012.

Ignazio, V., "Financial Deepening and Monetary Policy Transmission Mechanism", BIS Review, No. 124, 2007.

Imakubo, K. and Soejima, Y., "The Microstructure of Japan's Interbank Money Market: Simulating Contagion of Intraday Flow of Funds Using BOJ – NET Payment Data", Monetary and Economic Studies, Vol. 28, 2010.

Iman, N., "Is Mobile Payment Still Relevant in the Fintech Era?", Electronic Commerce Research and Applications, Vol. 30, 2018.

Inaoka, H., Takayasu, H., Shimizu, T., Ninomiya, T. and Taniguchi, K., "Self – similarity of Banking Network", Physica A: Statistical Mechanics and Its Applications, Vol. 339, No. 3 – 4, 2004.

International Monetary Fund Staff., "Responding to the Financial Crisis and Measuring Systemic Risks", Global Financial Stability Report, 2009.

Iori, G., De Masi, G., Precup, O. V., Gabbi, G. and Caldarelli, G., "A Network Analysis of the Ltalian Overnight Money Market", Journal of Economic Dynamics and Control, Vol. 32, No. 1, 2008.

Iori, G., Reno, R., De Masi, G. and Caldarelli, G., "Trading Strategies in the Italian Interbank Market", Physica A: Statistical Mechanics and Its Applications, Vol. 376, 2007.

Iqbal, J., Strobl, S. and Vähämaa, S., "Corporate Governance and the Systemic Risk of Financial Institutions", Journal of Economics and Business, Vol. 82, 2015.

Ivashchenko, A., Britchenko, I., Dyba, M., Polishchuk, Y., Sybirianska, Y. and Vasylyshen, Y., "Fintech Platforms in SME's Financing: EU Experience and Ways of Their Application in Ukraine", Investment Management and Financial Innovations, Vol. 15, No. 3, 2018.

Jagtiani, J. and Lemieux, C., "Do Fintech Lenders Penetrate Areas That Are Underserved by Traditional Banks?", Journal of Economics and Business, Vol. 100, 2018.

Jayawardhena, C. and Foley, P., "Changes in the Banking Sector – the Case of Internet Banking in the UK", *Internet Research*, Vol. 10, No. 1, 2000.

Jun, J. andYeo, E., "Entry of FinTech Firms and Competition in the Retail Payments Market", *Asia – Pacific Journal of Financial Studies*, Vol. 45, No. 2, 2016.

Kang, J., "Mobile Payment in Fintech Environment: Trends, Security Challenges, and Services", *Human – centric Computing and Information Sciences*, Vol. 8, No. 1, 2018.

Kara, G. I., "Systemic Risk, International Regulation, and the Limits of Coordination", *Journal of International Economics*, Vol. 99, 2016.

Katafono, R., "The Implications of Evolving Technology on Monetary Policy: A Literature Survey", Economics Department, Reserve Bank of Fiji, 2004.

Kaufman, G. G., "Bank Failures, Systemic Risk, and Bank Regulation", *Cato Journal*, Vol. 16, No. 1, 1996.

Khandani, A. E., Kim, A. J. and Lo, A. W., "Consumer Credit – risk Models Via Machine – Learning Algorithms", *Journal of Banking and Finance*, Vol. 34, No. 11, 2010.

Kim, C., Tao, W., Shin, N. and Kim, K. S., "An Empirical Study of Customers' Perceptions of Security and Trust in e – payment Systems", *Electronic Commerce Research and Applications*, Vol. 9, No. 1, 2010.

Klafft, M., "Online peer – to – peer Lending: A Lenders' Perspective", Proceedings of the international conference on E – learning, E – business, enterprise information systems, and E – government, EEE, 2008.

Kloten, N., "The Control of Monetary Aggregates in the Federal Republic of Germany under Changing Conditions", Monetary Policy and Financial Innovations in Five Industrial Countries: The UK, the USA, West Germany, France and Japan, 1992.

Kodres, L. E. and Pritsker, M., "A Rational Expectations Model of Financial Contagion", *The Journal of Finance*, Vol. 57, No. 2, 2002.

Kotarba, M., "New Factors Inducing Changes in the Retail Banking Customer Relationship Management (CRM) and Their Exploration by the FinTech Industry", *Foundations of Management*, Vol. 8, No. 1, 2016.

Krause, A. and Giansante, S., "Interbank Lending and the Spread of Bank Failures: A Network Model of Systemic Risk", *Journal of Economic Behavior and Organization*, Vol. 83, No. 3, 2012.

Krishnamurthy, A., "Comment on Systemic Risk, Interbank Relations, and Liquidity Provision by the Central Bank", *Journal of Money, Credit and Banking*, Vol. 32, No. 3, 2000.

Krumme, K. A. and Herrero, S., "Lending Behavior and Community Structure in an Online peer – to – peer Economic Network", 2009 International Conference on Computational Science and Engineering, 2009.

Kshetri, N. and Voas, J., "Blockchain in Developing Countries", *It Professional*, Vol. 20, No. 2, 2018.

Kupiec, P. and Nickerson, D., "Assessing Systemic Risk Exposure from Banks and GSES under Alternative Approaches to Capital Regulation", *The Journal of Real Estate Finance and Economics*, Vol. 28, No. 2 – 3, 2004.

Ladley, D., "Contagion and Risk – sharing on the Inter – bank Market", *Journal of Economic Dynamics and Control*, Vol. 37, No. 7, 2013.

Lakonishok, J., Shleifer, A. and Vishny, R. W., "The Impact of Institutional Trading on Stock Prices", *Journal of Financial Economics*, Vol. 32, No. 1, 1992.

Langley, P. and Leyshon, A., "Capitalizing on the Crowd: The Monetary and Financial Ecologies of Crowdfunding", *Environment and Planning A: Economy and Space*, Vol. 49, No. 5, 2017.

Larios – Hernández, G. J., "Blockchain Entrepreneurship Opportunity in the Practices of the Unbanked", *Business Horizons*, Vol. 60, No. 6, 2017.

Laux, C., "Financial Instruments, Financial Reporting and Financial Stability", *Accounting and Business Research*, Vol. 42, No. 3, 2012.

Lee, I. and Shin, Y. J., "Fintech: Ecosystem, Business Models, Investment Decisions, and Challenges", *Business Horizons*, Vol. 61, No. 1, 2018.

Lee, M. R., Yen, D. C. and Hurlburt, G. F., "Financial Technologies and

Applications", *IT Professional*, Vol. 20, No. 2, 2018.

Lee, S. H. and Lee, D. W., "A Study on Analysis of FinTech Start-ups in Conversions Period", *Journal of Engineering and Applied Sciences*, Vol. 12, No. S4, 2017.

Lee, S. H., "Systemic Liquidity Shortages and Interbank Network Structures", *Journal of Financial Stability*, Vol. 9, No. 1, 2013.

Lenzu, S. and Tedeschi, G., "Systemic Risk on Different Interbank Network Topologies", *Physica A: Statistical Mechanics and Its Applications*, Vol. 391, No. 18, 2012.

Leong, C., Tan, B., Xiao, X., Tan, F. T. C. and Sun, Y., "Nurturing a FinTech Ecosystem: The Case of a Youth Microloan Startup in China", *International Journal of Information Management*, Vol. 37, No. 2, 2017.

Leonidov, A. V. and Rumyantsev, E. L., "Default Contagion Risks in Russian Interbank Market", *Physica A: Statistical Mechanics and Its Applications*, Vol. 451, 2016.

Lietaer, B. and Dunne, J., "Rethinking Money: How New Currencies Turn Scarcity into Prosperity", Berrett-Koehler Publishers, 2013.

Lin, M., "Peer-to-peer Lending: An Empirical Study", AMCIS 2009 Doctoral Consortium, 2009.

Li, S., "Contagion Risk in an Evolving Network Model of Banking Systems", *Advances in Complex Systems*, Vol. 14, No. 5, 2011.

Luther, W., "The Curse of Cash", *The Independent Review*, Vol. 22, No. 4, 2018.

Lux, T. "Emergence of a Core-periphery Structure in a Simple Dynamic Model of the Interbank Market", *Journal of Economic Dynamics and Control*, Vol. 52, 2015.

Maddaloni, A., Peydró, J. L. and Scopel, S., "Does Monetary Policy Affect Bank Credit Standards?", ECB working paper, 2008.

Maier, E., "Supply and Demand on Crowdlending Platforms: Connecting Small and Medium-sized Enterprise Borrowers and Consumer Investors",

Journal of Retailing and Consumer Services, Vol. 33, 2016.

Mamonov, S. and Malaga, R. , "Success Factors in Title Ⅲ Equity Crowdfunding in the United States", *Electronic Commerce Research and Applications*, Vol. 27, 2018.

Martínez – Climent, C. , Zorio – Grima, A. and Ribeiro – Soriano, D. , "Financial Return Crowdfunding: Literature Review and Bibliometric Analysis", *International Entrepreneurship and Management Journal*, Vol. 14, No. 3, 2018.

Martínez – Jaramillo, S. , Pérez, O. P. , Embriz, F. A. and Dey, F. L. G. , "Systemic Risk, Financial Contagion and Financial Fragility", *Journal of Economic Dynamics and Control*, Vol. 34, No. 11, 2010.

Masson, P. R. , "Contagion: Monsoonal Effects, Spillovers, and Jumps Between Multiple Equilibria", Working Paper No. 1998/142, 1998.

Maug, E. and Naik, N. , "Herding and Delegated Portfolio Management: The Impact of Relative Performance Evaluation on Asset Allocation", *The Quarterly Journal of Finance*, Vol. 1, No. 2, 2011.

Meltzer, A. , "The Effects of Financial Innovation on the Instruments of Monetary Policy", Carnegie Mellon University, 1996.

Memmel, C. and Sachs, A. , "Contagion in the Interbank Market and Its Determinants", *Journal of Financial Stability*, Vol. 9, No. 1, 2013.

Memmel, C. , Sachs, A. and Stein, I. , "Contagion at the Interbank Market with Stochastic LGD", Bundesbank Series 2 Discussion Paper, No. 201106, 2011.

Meschke, F. , "CEO Interviews on CNBC", SSRN Working Paper, 2004.

Mishkin, F. S. , "Remarks on Systemic Risk and the International Lender of Last Resort", Globalization and Systemic Risk, 2009.

Mishra, P. K. and Pradhan, B. B. , "Financial Innovation and Effectiveness of Monetary Policy", SSRN Working Paper, 2008.

Montagna, M. and Lux, T. , "Contagion Risk in the Interbank Market: A Probabilistic approach to Cope with Incomplete Structural Information",

Quantitative Finance, Vol. 17, No. 1, 2017.

Moussa, A., "Contagion and Systemic Risk in Financial Networks", Columbia University, 2011.

Nakashima, T., "Creating Credit by Making Use of Mobility with FinTech and IoT", *IATSS Research*, Vol. 42, No. 2, 2018.

Nam, K., Lee, Z. and Lee, B. G., "How Internet Has Reshaped the User Experience of Banking Service?", *KSII Transactions on Internet and Information Systems*, Vol. 10, No. 2, 2016.

Nier, E., Yang, J., Yorulmazer, T. and Alentorn, A., "Network Models and Financial Stability", *Journal of Economic Dynamics and Control*, Vol. 31, No. 6, 2007.

Nirei, M., Stamatiou, T. G. and Sushko, V., "Stochastic Herding in Financial Markets Evidence from Institutional Investor Equity Portfolios", BIS Working Paper, No. 371, 2012.

Onay, C. and Ozsoz, E., "The Impact of Internet-banking on Brick and Mortar Branches: The case of Turkey", *Journal of Financial Services Research*, Vol. 44, No. 2, 2013.

Ozili, P. K., "Impact of Digital Finance on Financial Inclusion and Stability", *Borsa Istanbul Review*, Vol. 18, No. 4, 2018.

Pakravan, K., "Bank Capital: The Case Against Basel", *Journal of Financial Regulation and Compliance*, Vol. 22, No. 3, 2014.

Palley, T. I., "Asset-based Reserve Requirements: Reasserting Domestic Monetary Control in an Era of Financial Innovation and Instability", *Review of Political Economy*, Vol. 16, No. 1, 2004.

Park, A. and Sgroi, D., "Herding, Contrarianism and Delay in Financial Market Trading", *European Economic Review*, Vol. 56, No. 6, 2012.

Puschmann, T., "Fintech", *Business and Information Systems Engineering*, Vol. 59, No. 1, 2017.

Qi, Y. and Xiao, J., "Fintech: AI Powers Financial Services to Improve People's Lives", *Communications of the ACM*, Vol. 61, No. 11, 2018.

Rajan, R. G. , "Has financial development made the world riskier?", NBER Working Paper, No. 11728, 2005.

Ranade, A. , "Role of 'Fintech' in Financial Inclusion and New Business Models", *Economic and Political Weekly*, Vol. 52, No. 12, 2017.

Rastogi, C. , "M - Kopa Solar: Lighting up the Dark Continent", *South Asian Journal of Business and Management Cases*, Vol. 7, No. 2, 2018.

Raza, S. A. and Hanif, N. , "Factors Affecting Internet Banking Adoption Among Internal and External Customers: A Case of Pakistan", *International Journal of Electronic Finance*, Vol. 7, No. 1, 2013.

Reinhart, C. M. and Rogoff, K. S. , "This Time is Different: Eight Centuries of Financial folly", Princeton University Press, 2009.

Richards, M. A. J. , "Idiosyncratic Risk: An Empirical Analysis, with Implications for the Risk of Relative - value Trading Strategies", IMF Working Paper, No. 1999/148, 1999.

Riikkinen, M. , Saraniemi, S. and Still, K. , "FinTechs as Service Innovators - Understanding the Service Innovation Stack", *International Journal of E - Business Research*, Vol. 15, No. 1, 2019.

Romanova, I. , Grima, S. , Spiteri, J. and Kudinska, M. , "The Payment Services Directive II and Competitiveness: The Perspective of European Fintech Companies", *European Research Studies*, Vol. 21, No. 2, 2018.

Rosengren, E. , "Asset Bubbles and Systemic Risk", Federal Reserve Bank of Boston, 2010.

Sachs, A. , "Completeness, Interconnectedness and Distribution of Interbank Exposures—A Parameterized Analysis of the Stability of Financial Networks", *Quantitative Finance*, Vol. 14, No. 9, 2014.

Savona, P. , Maccario, A. and Oldani, C. , "On Monetary Analysis of Derivatives", The new architecture of the international monetary system, 2000.

Scharfstein, D. S. and Stein, J. C. , "Herd Behavior and Investment", *The American Economic Review*, Vol. 80, No. 3, 1990.

Schulte, P. and Liu, G., "FinTech is Merging with IoT and AI to Challenge Banks: How Entrenched Interests Can Prepare", *The Journal of Alternative Investments*, Vol. 20, No. 3, 2018.

Schumpeter, J. A., "The Theory of Economic Development", Routledge, 2021.

Schwerter, S., "Basel Ⅲ's Ability to Mitigate Systemic Risk", *Journal of Financial Regulation and Compliance*, Vol. 19, No. 4, 2011.

Segoviano Basurto, M. and Goodhart, C., "Banking Stability Measures", IMF Working Paper, 2009.

Silva, T. C., de Souza, S. R. S. and Tabak, B. M., "Network Structure Analysis of the Brazilian Interbank Market", *Emerging Markets Review*, Vol. 26, 2016.

Simonsohn, U. and Ariely, D., "When Rational Sellers Face Nonrational Buyers: Evidence from Herding on eBay", *Management Science*, Vol. 54, No. 9, 2008.

Simpson, J., "The Impact of the Internet in Banking: Observations and Evidence from Developed and Emerging Markets", *Telematics and Informatics*, Vol. 19, No. 4, 2002.

Sinha, S., "A Glimpse into the World of Fintech Accelerators? The Open Vault at OCBC", *IEEE Potentials*, Vol. 36, No. 6, 2017.

Skorepa, M. and Seidler, J., "Capital Buffers Based on Banks' Domestic Systemic Importance: Selected Issues", *Journal of Financial Economic Policy*, Vol. 7, No. 3, 2015.

Sloboda, L., Dunas, N. and Limański, A., "Contemporary Challenges and Risks of Retail Banking Development in Ukraine", *Banks and Bank Systems*, Vol. 13, No. 1, 2018.

Souma, W., Fujiwara, Y. and Aoyama, H., "Complex Networks and Economics", *Physica A: Statistical Mechanics and Its Applications*, Vol. 324, No. 1-2, 2003.

Souza, S. R., Tabak, B. M., Silva, T. C. and Guerra, S. M., "Insolvency and Contagion in the Brazilian Interbank Market", *Physica A: Statistical Mechanics and Its Applications*, Vol. 431, 2015.

Stern, C., Makinen, M. and Qian, Z., "FinTechs in China – with a Special Focus on Peer to Peer Lending", *Journal of Chinese Economic and Foreign Trade Studies*, Vol. 10, No. 3, 2017.

Stoeckli, E., Dremel, C. and Uebernickel, F., "Exploring Characteristics and Transformational Capabilities of InsurTech Innovations to Understand Insurance Value Creation in A Digital World", *Electronic Markets*, Vol. 28, No. 3, 2018.

Sullivan, R. J., "How Has the Adoption of Internet Banking Affected Performance and Risk in Banks?" *Financial Industry Perspectives*, No. Dec, 2000.

Tedeschi, G., Iori, G. and Gallegati, M., "Herding Effects in Order Driven Markets: The Rise and Fall of Gurus", *Journal of Economic Behavior and Organization*, Vol. 81, No. 1, 2012.

Teteryatnikova, M., "Resilience of the Interbank Network to Shocks and Optimal Bailout Strategy: Advantages of 'tiered' Banking Systems", European University Institute, 2009.

Tetlock, P. C., "Giving Content to Investor Sentiment: The Role of Media in the Stock Market", *The Journal of Finance*, Vol. 62, No. 3, 2007.

Tobin, J., "Monetary Policy: Recent Theory and Practice", Current Issues in Monetary Economics, 1998.

Trelewicz, J. Q., "Big Data and Big Money: The Role of Data in the Financial Sector", *IT Professional*, Vol. 19, No. 3, 2017.

Tsai, C. H. and Kuan – Jung, P., "The FinTech Revolution and Financial Regulation: The Case of Online Supply – chain Financing", *Asian Journal of Law and Society*, Vol. 4, No. 1, 2017.

Upper, C. and Worms, A., "Estimating Bilateral Exposures in the German Interbank Market: Is There a Danger of Contagion?", *European Economic Review*, Vol. 48, No. 4, 2004.

Upton, E. J., "Chartering Fintech: The OCC's Newest Nonbank Proposal",

Geo. Wash. L. Rev., Vol. 86, No. 5, 2018.

Van Lelyveld, I. and Liedorp, F., "Interbank Contagion in the Dutch Banking Sector: A Sensitivity Analysis", International Journal of Central Banking, Vol. 2, No. 2, 2006.

Van Loo, R., "Making Innovation more Competitive: The Case of Fintech", *U. C. L. A. Law Review*, Vol. 65, No. 1, 2018.

Von Hagen, J. and Fender, I., "Central Bank Policy in a More Perfect Financial System", *Open Economies Review*, Vol. 9, No. 1S, 1998.

Wang, H. and Greiner, M., "Herding in Multi-winner Auctions", ICIS 2010 Proceedings, 2010.

Wermers, R., "Herding, Trade Reversals, and Cascading by Institutional Investors", SSRN Working Paper, 1994.

White, W. R., "Procyclicality in the Financial System: Do We Need a New Macro Financial Stabilization Framework?", BIS Working Paper, No. 193, 2007.

Wonglimpiyarat, J., "FinTech Banking Industry: A Systemic Approach", *Foresight*, Vol. 19, No. 6, 2017.

Yue, X., Shu, X., Zhu, X., Du, X., Yu, Z., Papadopoulos, D. and Liu, S., "Bitextract: Interactive Visualization for Extracting Bitcoin Exchange Intelligence", *IEEE Transactions on Visualization and Computer Graphics*, Vol. 25, No. 1, 2019.

Zalan, T. and Toufaily, E., "The Promise of Fintech in Emerging Markets: Not as Disruptive", *Contemporary Economics*, Vol. 11, No. 4, 2017.

Zetzsche, D. and Preiner, C., "Cross-border Crowdfunding: Towards a Single Crowdlending and Crowd Investing Market for Europe", *European Business Organization Law Review*, Vol. 19, No. 2, 2018.

中文文献

鲍勤、孙艳霞:《网络视角下的金融结构与金融风险传染》,《系统工程理论与实践》2014年第9期。

卞进、郭建鸾：《互联网金融对商业银行的影响："替代还是互补"？——基于协同度理论模型的研究》，《经济体制改革》2016年第4期。

蔡利、马可哪呐、周微、蔡春：《外部审计功能与银行业系统性风险的监控——基于公允价值审计的视角》，《经济学家》2015年第11期。

蔡利、周微：《政府审计与银行业系统性风险监控研究》，《审计研究》2016年第2期。

蔡庆丰、杨侃、林剑波：《羊群行为的叠加及其市场影响——基于证券分析师与机构投资者行为的实证研究》，《中国工业经济》2011年第12期。

曹琳、原雪梅：《基于或有权益分析法的中国银行业系统性风险测度》，《金融经济学研究》2017年第3期。

柴瑞娟：《监管沙箱的域外经验及其启示》，《法学》2017年第8期。

陈红、郭亮：《金融科技风险产生缘由、负面效应及其防范体系构建》，《改革》2020年第3期。

陈嘉欣、王健康：《互联网金融理财产品余额宝对商业银行业务的影响——基于事件分析法的研究》，《经济问题探索》2016年第1期。

陈建新、罗伟其、庞素琳：《银行风险传染的集合种群模型——基于元胞自动机的动态模拟》，《系统工程理论与实践》2012年第3期。

陈少炜、李旸：《我国银行体系的网络结构特征——基于复杂网络的实证分析》，《经济问题》2016年第8期。

陈庭强、李心丹、何建敏：《基于熵空间交互理论的CRT网络信用风险传染模型》，《中国管理科学》2016年第6期。

陈霄、叶德珠：《中国P2P网络借贷利率波动研究》，《国际金融研究》2016年第1期。

陈霄：《民间借贷成本研究——基于P2P网络借贷的实证分析》，《金融经济学研究》2014年第1期。

陈一洪：《中国城市商业银行盈利能力影响因素分析——基于50家商业银行的微观数据》，《统计与信息论坛》2017年第3期。

陈莹、袁建辉、李心丹、肖斌卿：《基于计算实验的协同羊群行为与市场波动研究》，《管理科学学报》2010年第9期。

崔海燕：《互联网金融对中国居民消费的影响研究》，《经济问题探索》2016 年第 1 期。

崔巍：《投资者的羊群行为分析——风险回避下的 BHW 模型》，《金融研究》2009 年第 4 期。

邓天佐、张俊芳：《关于我国科技金融发展的几点思考》，《证券市场导报》2012 年第 12 期。

董昀、李鑫：《中国金融科技思想的发展脉络与前沿动态：文献述评》，《金融经济学研究》2019 年第 5 期。

董志勇、韩旭：《基于 GCAPM 的羊群行为检测方法及中国股市中的实证依据》，《金融研究》2007 年第 5 期。

方蕾、粟芳：《全球银行业系统性风险的成因：内忧还是外患？——基于 74 个国家的比较分析》，《国际金融研究》2017 年第 8 期。

方意、王道平、范小云：《我国银行系统性风险的动态特征及系统重要性银行甄别——基于 CCA 与 DAG 相结合的分析》，《金融研究》2013 年第 11 期。

方意：《中国银行业系统性风险研究——宏观审慎视角下的三个压力测试》，《经济理论与经济管理》2017 年第 2 期。

冯超、肖兰：《基于 KLR 模型的中国银行业系统性风险预警研究》，《上海金融》2014 年第 12 期。

高国华、潘英丽：《基于资产负债表关联的银行系统性风险研究》，《管理工程学报》2012 年第 4 期。

高志勇：《系统性风险与宏观审慎监管——基于美国银行业的实证研究》，《财经理论与实践》2010 年第 3 期。

管仁荣、张文松、杨朋君：《互联网金融对商业银行运行效率影响与对策研究》，《云南师范大学学报》（哲学社会科学版）2014 年第 6 期。

郭海星、万迪昉：《期货市场中的信息精度与羊群行为实验研究》，《系统工程》2010 年第 10 期。

郭丽虹、朱柯达：《金融科技、银行风险与经营业绩——基于普惠金融的视角》，《国际金融研究》2021 年第 7 期。

郭品、沈悦：《互联网金融对商业银行风险承担的影响：理论解读与实证检验》,《财贸经济》2015 年第 10 期。

韩剑:《流动性冲击与金融危机传染》,《上海金融》2009 年第 4 期。

韩景倜、曹宇:《基于避险行为的银行间网络系统性风险传染研究》,《复杂系统与复杂性科学》2017 年第 1 期。

韩质栩:《互联网基金的兴起及其对传统商业银行的挑战——以余额宝为例》,《东岳论丛》2015 年第 2 期。

郝身永、陈辉:《互联网金融对传统商业银行的短期冲击与深远影响》,《上海行政学院学报》2015 年第 2 期。

胡滨、程雪军:《金融科技、数字普惠金融与国家金融竞争力》,《武汉大学学报》(哲学社会科学版) 2020 年第 3 期。

胡滨:《数字普惠金融的价值》,《中国金融》2016 年第 22 期。

胡赫男、吴世农:《我国基金羊群行为:测度与影响因素》,《经济学家》2006 年第 6 期。

黄建康、赵宗瑜:《互联网金融发展对商业银行的影响及对策研究——基于价值体系的视域》,《理论学刊》2016 年第 1 期。

黄益平、黄卓:《中国的数字金融发展:现在与未来》,《经济学》(季刊) 2018 年第 4 期。

金洪飞、李弘基、刘音露:《金融科技、银行风险与市场挤出效应》,《财经研究》2020 年第 5 期。

李炳、赵阳:《互联网金融对宏观经济的影响》,《财经科学》2014 年第 8 期。

李苍舒、沈艳:《数字经济时代下新金融业态风险的识别、测度及防控》,《管理世界》2019 年第 12 期。

李苍舒:《中国网络借贷新业态的规模及影响测度研究——基于 VAR 模型的实证》,《金融评论》2016 年第 6 期。

李丛文、闫世军:《我国影子银行对商业银行的风险溢出效应——基于 GARCH – 时变 Copula – CoVaR 模型的分析》,《国际金融研究》2015 年第 10 期。

李刚:《"互联网金融"发展现状及安全问题浅析 互联网金融和它的安全"心病"》,《中国信息安全》2014 年第 11 期。

李敏：《金融科技的系统性风险：监管挑战及应对》，《证券市场导报》2019年第2期。

李守伟、何建敏、龚晨：《银行风险传染随机模型研究》，《统计与信息论坛》2010年第12期。

李守伟、何建敏、孙婧超、谭音邑：《金融危机前后中国银行业系统性风险实证研究》，《华东经济管理》2014年第1期。

李淑锦、张小龙：《第三方互联网支付对中国货币流通速度的影响》，《金融论坛》2015年第12期。

李学峰、杨盼盼：《金融科技、市场势力与银行风险》，《当代经济科学》2021年第1期。

李悦雷、郭阳、张维：《中国P2P小额贷款市场借贷成功率影响因素分析》，《金融研究》2013年第7期。

李展：《我国金融科技风险的度量与监管研究》，博士学位论文，北京交通大学，2022年。

李志辉、李源、李政：《中国银行业系统性风险监测研究——基于SCCA技术的实现与优化》，《金融研究》2016年第3期。

廉永辉：《同业网络中的风险传染——基于中国银行业的实证研究》，《财经研究》2016年第9期。

廖理、李梦然、王正位、贺裴菲：《观察中学习：P2P网络投资中信息传递与羊群行为》，《清华大学学报》（哲学社会科学版）2015年第1期。

林采宜：《互联网如何改变金融？》，《上海国资》2015年第9期。

刘春航、朱元倩：《银行业系统性风险度量框架的研究》，《金融研究》2011年第12期。

刘国艳：《我国小额贷款公司对中小企业融资的影响》，《思想战线》2013年第S1期。

刘澜飚、沈鑫、郭步超：《互联网金融发展及其对传统金融模式的影响探讨》，《经济学动态》2013年第8期。

刘吕科：《货币政策与金融系统性风险关系研究述评》，《金融纵横》2012年第8期。

刘孟飞：《金融科技与商业银行系统性风险——基于对中国上市银行的实

证研究》,《武汉大学学报》(哲学社会科学版) 2021 年第 2 期。

刘铭、华桂宏:《大型互联网平台对传统金融市场的风险溢出效应——来自蚂蚁集团的经验证据》,《现代经济探讨》2023 年第 4 期。

刘士余:《互联网支付的创新与监管》,《中国金融》2013 年第 20 期。

刘阳、董俊杰:《贷款行业集中度对商业银行系统性风险影响的实证研究——基于 MES 方法》,《西安财经学院学报》2015 年第 1 期。

刘远翔:《互联网保险发展对保险企业经营效率影响的实证分析》,《保险研究》2015 年第 9 期。

刘志洋:《商业银行偿付能力风险、流动性风险与银行体系风险》,《财经论丛》2017 年第 6 期。

刘忠璐、林章悦:《互联网金融对商业银行盈利的影响研究》,《北京社会科学》2016 年第 9 期。

刘忠璐:《互联网金融对商业银行风险承担的影响研究》,《财贸经济》2016 年第 4 期。

陆军、林澍:《中国银行业的系统性风险研究——从隐性担保到优胜劣汰》,《南方经济》2016 年第 8 期。

陆岷峰、徐博欢:《普惠金融:发展现状、风险特征与管理研究》,《当代经济管理》2019 年第 3 期。

路磊、黄京志、吴博:《基金排名变化和羊群效应变化》,《金融研究》2014 年第 9 期。

罗长青、李梦真、杨彩林、卢彦霖:《互联网金融对商业银行信用卡业务影响的实证研究》,《财经理论与实践》2016 年第 1 期。

牛华勇、闵德寅:《互联网金融对商业银行的影响机制研究——基于新实证产业组织视角》,《河北经贸大学学报》2015 年第 3 期。

潘婉彬、丁瑜、罗丽莎:《基于自正则 K-S 方法对 QFII 羊群行为的变点检验》,《数理统计与管理》2016 年第 5 期。

彭惠:《信息不对称下的羊群行为与泡沫——金融市场的微观结构理论》,《金融研究》2000 年第 11 期。

彭建刚、孙满元、黄宇焓:《基于缓释乘数的房地产贷款逆周期调节方法》,《湖南大学学报》(社会科学版) 2017 年第 3 期。

彭建刚、童磊:《基于房价波动的我国银行业系统性风险防范研究》,《求索》2013年第5期。

皮天雷、刘垚森、吴鸿燕:《金融科技:内涵、逻辑与风险监管》,《财经科学》2018年第9期。

钱诚:《互联网金融对现有金融体系的影响》,《山东社会科学》2015年第S1期。

邱兆祥、王丝雨:《银行业系统性风险与资本补充行为研究——来自16家上市银行的证据》,《云南财经大学学报》2016年第5期。

全颖、杨大光:《互联网金融发展、支付货币电子化及对货币供给的影响》,《中国流通经济》2016年第7期。

阮青松、吕大永:《沪深300指数羊群效应研究》,《商业研究》2010年第8期。

申创、赵胜民:《互联网金融对商业银行收益的影响研究——基于我国101家商业银行的分析》,《现代经济探讨》2017年第6期。

沈庆劼:《新巴塞尔协议下是否依然存在监管资本套利》,《上海经济研究》2010年第5期。

沈晓晖、李继尊、冯晓岚:《互联网金融的监管思路》,《中国金融》2014年第8期。

沈悦、戴士伟、罗希:《中国金融业系统性风险溢出效应测度——基于GARCH–Copula–CoVaR模型的研究》,《当代经济科学》2014年第6期。

宋鹏程、吴志国、赵京:《投融资效率与投资者保护的平衡:P2P借贷平台监管模式研究》,《金融理论与实践》2014年第1期。

宋清华、姜玉东:《中国上市银行系统性风险度量——基于MES方法的分析》,《财经理论与实践》2014年第6期。

宋清华:《银行危机:中国必须正视的现实》,《中南财经政法大学学报》2000年第6期。

隋聪、谭照林、王宗尧:《基于网络视角的银行业系统性风险度量方法》,《中国管理科学》2016年第5期。

隋聪、王宗尧:《银行间网络的无标度特征》,《管理科学学报》2015年第 12 期。

孙强、崔光华：《我国银行业系统性风险预警指标体系设计与实证分析》，《中央财经大学学报》2017 年第 2 期。

孙艳霞、鲍勤、汪寿阳：《房地产贷款损失与银行间市场风险传染——基于金融网络方法的研究》，《管理评论》2015 年第 3 期。

汤凌冰、彭品、罗长青：《互联网金融对利率影响的实证研究》，《求索》2016 年第 8 期。

唐松、伍旭川、祝佳：《数字金融与企业技术创新——结构特征、机制识别与金融监管下的效应差异》，《管理世界》2020 年第 5 期。

滕超、叶蜀君：《互联网金融发展对我国金融结构的影响分析》，《深圳大学学报》（人文社会科学版）2016 年第 6 期。

田存志、赵萌：《羊群行为：隐性交易还是盲目跟风？》，《管理世界》2011 年第 3 期。

童文俊：《互联网金融洗钱风险与防范对策研究》，《浙江金融》2014 年第 8 期。

汪可、吴青、李计：《金融科技与商业银行风险承担——基于中国银行业的实证分析》，《管理现代化》2017 年第 6 期。

王达：《论全球金融科技创新的竞争格局与中国创新战略》，《国际金融研究》2018 年第 12 期。

王飞：《互联网金融策略行为对金融市场结构的影响》，《郑州大学学报》（哲学社会科学版）2016 年第 4 期。

王辉、李硕：《基于内部视角的中国房地产业与银行业系统性风险传染测度研究》，《国际金融研究》2015 年第 9 期。

王锦虹：《互联网金融对商业银行盈利影响测度研究——基于测度指标体系的构建与分析》，《财经理论与实践》2015 年第 1 期。

王璐、童中文：《风险相关性与银行系统性风险测度》，《金融论坛》2014 年第 11 期。

王倩：《互联网金融发展中伦理道德失范及原因分析》，《对外经贸实务》2016 年第 4 期。

王晓枫、廖凯亮：《商业银行同业业务风险传染特征及因素分析》，《东北财经大学学报》2017年第2期。

王亚君、邢乐成、李国祥：《互联网金融发展对银行流动性的影响》，《金融论坛》2016年第8期。

王占浩、郭菊娥、薛勇：《资产负债表关联、价格关联与银行间风险传染》，《管理工程学报》2016年第2期。

王征洋：《我国银行业系统性违约风险测度——基于系统性或有权益分析模型》，《经济问题》2017年第4期。

吴昊、杨济时：《互联网金融客户行为及其对商业银行创新的影响》，《河南大学学报》（社会科学版）2015年第3期。

吴恒煜、胡锡亮、吕江林：《我国银行业系统性风险研究——基于拓展的未定权益分析法》，《国际金融研究》2013年第7期。

吴佳哲：《基于羊群效应的P2P网络借贷模式研究》，《国际金融研究》2015年第11期。

吴诗伟、朱业、李拓：《利率市场化、互联网金融与商业银行风险——基于面板数据动态GMM方法的实证检验》，《金融经济学研究》2015年第6期。

吴卫星、邵旭方、吴锟：《中国商业银行流动性风险传染特征分析——基于商业银行同业负债的时间序列数据》，《国际商务》（对外经济贸易大学学报）2016年第4期。

吴文清、付明霞、赵黎明：《我国众筹成功影响因素及羊群现象研究》，《软科学》2016年第2期。

吴晓求：《互联网金融：成长的逻辑》，《财贸经济》2015年第2期。

吴燕妮：《金融科技前沿应用的法律挑战与监管——区块链和监管科技的视角》，《大连理工大学学报》（社会科学版）2018年第3期。

伍旭川、何鹏：《中国开放式基金羊群行为分析》，《金融研究》2005年第5期。

肖欣荣、刘健、赵海健：《机构投资者行为的传染——基于投资者网络视角》，《管理世界》2012年第12期。

谢凯、黄丹：《借助央行跨行清算系统建设规范第三方支付》，《中国金融》2010年第12期。

谢平、邹传伟、刘海二：《互联网金融监管的必要性与核心原则》，《国际金融研究》2014年第8期。

谢平、邹传伟：《互联网金融模式研究》，《金融研究》2012年第12期。

谢平：《互联网金融的现实与未来》，《新金融》2014年第4期。

星焱：《宏观波动、市场冲击与银行业系统性风险：基于中国92家银行的面板数据分析》，《金融评论》2014年第6期。

徐信忠、张璐、张峥：《行业配置的羊群现象——中国开放式基金的实证研究》，《金融研究》2011年4月。

徐勇：《国有商业银行如何应对互联网金融模式带来的挑战》，《经贸实践》2015年11月。

许多奇：《互联网金融风险的社会特性与监管创新》，《法学研究》2018年第5期。

许年行、于上尧、伊志宏：《机构投资者羊群行为与股价崩盘风险》，《管理世界》2013年第7期。

薛莹、胡坚：《金融科技助推经济高质量发展：理论逻辑、实践基础与路径选择》，《改革》2020年第3期。

闫海峰、李鑫海：《羊群效应对股指波动率的影响分析》，《现代财经》（天津财经大学学报）2010年第2期。

闫真宇：《关于当前互联网金融风险的若干思考》，《浙江金融》2013年第12期。

杨东：《监管科技：金融科技的监管挑战与维度建构》，《中国社会科学》2018年第5期。

杨霞、吴林：《我国银行业系统性风险预警研究》，《统计与决策》2015年第10期。

杨霞：《中美银行业系统性风险比较研究》，《中南财经政法大学学报》2012年第6期。

杨弋帆：《电子货币对货币供给及货币乘数的影响机制研究——包含第三方支付机构的三级创造体系》，《上海金融》2014年第3期。

叶青、易丹辉：《中国证券市场风险分析基本框架的研究》，《金融研究》2000年第6期。

易宪容：《金融科技的内涵、实质及未来发展——基于金融理论的一般性分析》，《江海学刊》2017 年第 2 期。

尹力、刘阳：《我国银行业系统性风险中的共同风险及溢出效应研究》，《经济体制改革》2016 年第 1 期。

俞勇：《金融科技与金融机构风险管理》，《上海金融》2019 年第 7 期。

袁博、李永刚、张逸龙：《互联网金融发展对中国商业银行的影响及对策分析》，《金融理论与实践》2013 年第 12 期。

袁新峰：《关于当前互联网金融征信发展的思考》，《征信》2014 年第 1 期。

曾江洪、杨帅：《P2P 借贷出借人的羊群行为及其理性检验——基于拍拍贷的实证研究》，《现代财经》（天津财经大学学报）2014 年第 7 期。

翟光宇、唐澈、陈剑：《加强我国商业银行次级债风险约束作用的思考——基于"相互持有"视角的理论分析》，《金融研究》2012 年第 2 期。

翟金林：《银行系统性风险的成因及防范研究》，《南开学报》（哲学社会科学版）2001 年第 4 期。

张芳芳：《互联网货币基金对我国商业银行经营绩效的影响研究》，《江淮论坛》2017 年第 2 期。

张红：《监管沙盒及与我国行政法体系的兼容》，《浙江学刊》2018 年第 1 期。

张宏妹、丁忠甫：《对我国互联网货币基金发展和监管的探讨——以余额宝为例》，《学术界》2016 年第 3 期。

张李义、涂奔：《互联网金融发展对中国经济增长影响的实证》，《统计与决策》2017 年第 11 期。

张天顶、张宇：《我国上市商业银行风险溢出评价与宏观审慎监管》，《现代财经》（天津财经大学学报）2016 年第 7 期。

张文庆、李明选、孟赞：《互联网金融对传统货币政策影响的实证研究——基于第三方支付视域》，《烟台大学学报》（哲学社会科学版）2015 年第 3 期。

张晓玫、毛亚琪：《我国上市商业银行系统性风险与非利息收入研究——

基于 LRMES 方法的创新探讨》，《国际金融研究》2014 年第 11 期。

张晓朴：《互联网金融监管的原则：探索新金融监管范式》，《金融监管研究》2014 年第 2 期。

张屹山、方毅：《中国股市庄家交易操纵的模型与政策分析》，《管理世界》2007 年第 5 期。

张英奎、马茜、姚水洪：《基于复杂网络的银行系统风险传染与防范》，《统计与决策》2013 年第 10 期。

张志波、齐中英：《基于 VAR 模型的金融危机传染效应检验方法与实证分析》，《管理工程学报》2005 年第 3 期。

赵红、姬健飞：《余额宝收益率对我国商业银行理财产品收益率的影响研究》，《河北经贸大学学报》2017 年第 3 期。

赵煜坚、叶子荣：《P2P 网络借贷对我国货币政策有效性的影响——对沪深 P2P 平台暂停注册的忖量》，《兰州学刊》2016 年第 4 期。

者贵昌：《"余额宝"冲击下我国商业银行理财产品的优化策略》，《学术探索》2015 年第 10 期。

郑联盛：《中国互联网金融：模式、影响、本质与风险》，《国际经济评论》2014 年第 5 期。

郑志来：《互联网金融对我国商业银行的影响路径——基于"互联网＋"对零售业的影响视角》，《财经科学》2015 年第 5 期。

钟伟、顾弦：《第三方支付的创新趋势与监管思路》，《中国金融》2010 年第 12 期。

周天芸、周开国、黄亮：《机构集聚、风险传染与香港银行的系统性风险》，《国际金融研究》2012 年第 4 期。

周再清、邓文、周云伯：《宏观审慎监管框架下银行系统性风险传染测度研究》，《广州大学学报》（社会科学版）2012 年第 6 期。

周展宏：《利率市场化对中国金融改革的重大意义——以互联网金融为契机启动直接融资市场的可行性探讨》，《人民论坛·学术前沿》2014 年第 12 期。

朱辰、华桂宏：《互联网金融对中国银行业系统性风险的影响——基于 SCCA 模型及逐步回归法的实证研究》，《金融经济学研究》2018 年第 2 期。

朱辰、华桂宏：《基于内生驱动视角的欧洲金融互联网发展历程及启示》，《江苏社会科学》2018 年第 2 期。

朱辰、华桂宏：《行业锦标赛与企业绿色创新关系研究》，《现代经济探讨》2021 年第 11 期。

朱辰：《互联网化的银行业系统性风险引发机制研究——基于复杂网络理论视角》，博士学位论文，南京师范大学，2019 年。

庄雷：《余额宝与国债市场收益率波动的实证研究》，《经济与管理》2015 年第 3 期。

邹静、王洪卫：《互联网金融对中国商业银行系统性风险的影响——基于 SVAR 模型的实证研究》，《财经理论与实践》2017 年第 1 期。

左丽华：《数字金融对商业银行效率和系统性风险影响研究》，博士学位论文，北京交通大学，2022 年。